CLARA MALRAUX · DAS GERÄUSCH MEINER SCHRITTE

D1929313

CLARA MALRAUX

Das Geräusch meiner Schritte

Erinnerungen

SCHERZ

Zweite Auflage 1982.
Von der Verfasserin autorisierte Bearbeitung der
sechsbändigen Originalausgabe (»Le Bruit de nos pas«).
Einzig berechtigte Übersetzung aus dem Französischen von
Annette Lallemand. (Teile aus Kap. 1 und 2 wurden, in der
Übersetzung von Ruth Groh, aus dem 1968 im Rainer Wunderlich Verlag
erschienenen Memoirenband »Wer den Ruf vernimmt« übernommen.)
Copyright © by Editions Bernard Grasset.
Gesamtdeutsche Rechte beim Scherz Verlag Bern und München.
Alle Rechte der Verbreitung, auch durch Funk, Fernsehen,
fotomechanische Wiedergabe, Tonträger jeder Art und
auszugsweisen Nachdruck, sind vorbehalten.

INHALT

LERNEN ZU LEBEN

Mit meinen Händen taste ich mich an der Wand entlang. Es ist dunkel, der Gang wird schmaler, und meine festen, runden Fingerkuppen nehmen jede Unebenheit wahr. Über Glattes gleiten meine Finger hinweg; Erhebungen, rauhe Stellen halten sie gebieterisch auf. Ich habe die Welt durch die Haut meiner Hände begriffen, die alles umschlossen, was sie berühren durften. »Immer mußt du alles anfassen«, sagte meine Mutter, und das Dienstmädchen schalt: »Was du anfaßt, geht kaputt!« Denn ich zerstörte vieles in meinem Entdeckungseifer, der auch vor fremdem Eigentum nicht haltmachte. Noch heute spüre ich die Rosen in meinen Händen, den sanften Widerstand der zwischen den Blättern eingeschlossenen Luft – ich war damals nicht größer als die Sträucher selbst. Unter dem Druck meiner Hand wurden die Blütenblätter ein wenig feucht und klebrig, und die Blüte verwandelte sich in einen weichen, unelastischen Ball und schließlich, kleiner und kleiner, in eine flockige Kugel, die ich in der Handfläche zerrieb. Das Abenteuer war vorbei. Ich zitterte leicht, hatte Tränen in den Augen, fürchtete mich und war glücklich, wenn meine Furcht sich als begründet erwies und man mich schalt.

Damals hatte ich ein rundes und ernstes Gesicht, leuchtende Augen, einen Kopf, der zu groß war für meinen Körper, und Haare, die zu lang und zu dicht waren für meinen Kopf. Wie alt ich war? Unmöglich, es genau zu sagen, wahrscheinlich aber sieben Jahre. Mein einziger Anhaltspunkt ist die Ankunft Fräulein Amalie Esteraks, denn ihr gefiel mein braver Scheitel nicht, und sie kam auf die Idee, meine Haare mit einer erstaunlichen Tolle zu schmücken, die werktags von einer braunen und an Sonntagen von einer weißen Schleife gehalten wurde. Und genau diese Frisur trage ich auf der Fotografie aus jener Zeit, die in Magdeburg aufgenommen wurde.

Wie gern hätte ich ein paar Zeugen jener Tage, um die sich meine Erinnerungen ranken könnten, ein paar Dinge, um sie hinter mir herzuziehen wie die Kinder ihre Pferdchen auf Rädern! So weiß ich von meiner ersten Kindheit kaum mehr, als daß ich ein erstaunlich betriebsames kleines Mädchen war, hin und her gerissen zwischen magischer und realer Welt, zugleich Puppenmutter und Beschwörerin geheimnisvoller, unbekannter Mächte. Schrecken, Geheimnis und Wunder bestimmten die Welt meiner Kindheit, und ich kann mich nicht erinnern, je ohne Angst gelebt zu haben; sie begleitete mich, wohin ich auch ging, mein ganzes Leben hindurch, das ich mir vorgestellt hatte als ein Leben in Kontinuität, ohne ernsthaften Widerstand und verbissene Kämpfe, als ein Leben, in dem die Jahre einander folgen wie Wellen, deren schimmernde Täler zu Bergen aufsteigen. Doch die Wirklichkeit sah anders aus: plötzliche Brüche, Verlassen und Verlassenwerden, Niederlagen und erneutes Sichaufraffen. Ich bin in keinem bestimmten Glauben erzogen worden oder, genauer gesagt, in vier verschiedenen Bekenntnissen. Drei von ihnen beeinflußten mich gleichzeitig: der katholische, der protestantische und der jüdische Glaube. Später, nach dem Tod meines Vaters, als ich etwa vierzehn Jahre alt war, kam die Steinersche Philosophie, die Anthroposophie, dazu.

Fräulein Esterak, die meine Kindheit beherrschte, war Protestantin. Wenn ich mich recht auf die Gefühle besinne, mit denen ich damals auf sie reagierte, vergällte sie meine Kindheit in mannigfacher Weise. Groß, rosig, blond und bei alledem ohne Anmut, weil das enge Schnürkorsett ihr jede Bewegung vorschrieb, unterschied sie mit ihren scharfen, wachsamen hellblauen Augen, ohne zu zögern, das Gute vom Bösen. Durch ihre Gegenwart in unserem Haus erfuhr ich schon sehr früh, daß es ein österreichisch-ungarisches Problem gab. Als Tschechin schimpfte sie auf die Ungarn, aber heute glaube ich fast, daß sie aus dem Sudetenland stammte. Meine Großmutter spottete über ihr Deutsch. Fräulein schimpfte auf die Ungarn, aber auch über die Götzendienerei der Katholiken und über manche Protestanten, die nicht viel besser seien. Sie war zwar Calvinistin, doch verachtete sie die Juden nicht, ganz im Gegenteil. In dieser

Hinsicht hatte meine Mutter mit ihrer Einstellung eine glückliche Wahl getroffen. Wir liebten sie nicht, aber ich glaube wohl, daß sie uns liebte, zumindest in dem Maße, wie ihr Vorrat an Gefühlen es ihr erlaubte.

Zu viele Götter erhoben Anspruch auf Verehrung zu Beginn meines Weges, dabei war meine Familie eigentlich areligiös. So konnte es zum Beispiel geschehen, daß man mich in die St.-Klothilden-Schule schickte, nur weil sie in der Nähe unserer Wohnung lag. Jeden Morgen vor dem Unterricht wurde gebetet. Zwei Stunden in der Woche hatten wir Katechismusunterricht, und auf Bibelkunde wurde ebensoviel Wert gelegt wie auf französische Geschichte. Ich nahm an diesen Stunden teil, und lange Zeit war ich die einzige Jüdin unter all den katholischen Mädchen, deren Glaube nie gefährdet wurde. Stehend lauschte ich dem Vaterunser, dem Ave Maria und dem Glaubensbekenntnis; sitzend und über das Buch meiner Nachbarin gebeugt folgte ich dem Katechismusunterricht, mal mit Interesse, mal mit träumerischer Gleichgültigkeit. Niemals jedoch fühlte ich mich zugehörig, wenn mich das damals auch nicht gestört hat. Was meinen Glauben anging, so war ich eben Katholikin, Protestantin und Jüdin, und zwar alles zur gleichen Zeit und in so raschem Wechsel, daß ich alles durcheinanderwarf. Nichts war unproblematisch. Einmal sagte ich: »Die Gallier, meine Ahnen . . .« – »Die Gallier, deine Ahnen?« fragte mein Vater ein bißchen spöttisch. Also war Vercingetorix nicht mein Ururururgroßvater? Als mir dieser Rückhalt genommen war, blieb ich einen Moment lang unschlüssig, bevor ich mir flugs eine neue Ahnenkette konstruierte: Ich erklärte mich zur Nachfahrin von König David und Königin Esther.

Zu viele Götter, zu viele Länder, zu viele Sprachen, zu viele Heimathäuser boten sich mir, dem Kind, damals an. Was hätte ich nicht alles von meinen jüdischen Ahnen lernen können! Das Porträt eines Ururahns hing im Salon und war eine hübsche Abwechslung beim Tonleiternüben, wenn er auch aus seinem Vatermörder recht grimmig auf mich niedersah. Er war Chemiker gewesen und häufig mit hochexplosivem Material im damaligen Deutschland herumgereist, was ihm eines Tages zum Verhängnis werden sollte . . .

Von Großmutter und Großvater väterlicherseits weiß ich nicht viel. Sie blickte recht streng und wenig liebevoll auf mich herab.

Vielleicht weil ihr Mann ein Verschwender war und das ererbte Vermögen in verrückten Kunstsammlungen »anlegte«? Mein Vater schließlich besaß von allen etwas: Er war ein Träumer, ein Forscher, ein Genießer und ein schöpferischer Mensch. Ein Satz von ihm ist mir stets im Gedächtnis geblieben: »Wir leben weiter in unseren Kindern, eine andere Unsterblichkeit gibt es für mich nicht.« Daher akzeptierte ich es wohl auch so schnell, daß nach seinem frühen Tod meine Augen so hart dreinschauen konnten wie seine, meine Stimme plötzlich metallen klang und Sanftmut und Zärtlichkeit in Herbheit und Ironie umschlugen. Das war das Erbe der Goldschmidts.

Von meinen Großeltern mütterlicherseits wird noch zu erzählen sein. Bei ihnen in Magdeburg war meine zweite Heimat, und von ihnen lernte ich tatsächlich vieles, was mir später helfen sollte, das Leben zu meistern.

Mein Vater und meine Mutter liebten sich. Diese Entdeckung machte ich eines Tages zufällig beim Spielen. Mein Vetter François, mit dem ich meistens spielte, war mein Mann und mein jüngerer Bruder unser gemeinsamer Sohn. »Wenn wir Vater und Mutter sind, müssen wir uns auch zanken«, meinte François. Ich überlegte eine Weile, bis mir klar wurde, daß ein normales Paar sich in der Tat zankt, worauf ich munter auch diesen Teil einer ehelichen Beziehung spielte. Aber gleichzeitig hatte ich erkannt, daß meine Eltern sich nicht stritten. Warum nicht? Von diesem Tag an beobachtete ich sie und merkte, wie glücklich sie miteinander waren. Meine Mutter war klein und hübsch und mein Vater ziemlich groß. Ihre gegenseitige Zuneigung gaben sie nach außen hin kaum zu erkennen; nur wenn meine Mutter morgens selbst die Tür öffnete, um ihn mit einem Kuß zu begrüßen, lag in ihren Bewegungen so viel Warmherzigkeit und Zutrauen, daß meine Vorstellung von der Liebe an diese Geste gebunden blieb.

Mit neunzehn Jahren hatte meine Mutter meinen Vater geheiratet, dem sie als kleines Mädchen einmal kurz begegnet war. Alle hatten gesagt, er würde später ihr Mann werden, und eines Tages kam er aus Frankreich angereist, in der Hoffnung, sie würden beide Gefallen aneinander finden. Sie gefielen sich wahrhaftig, trotz der fünfzehn Jahre Altersunterschied. Er nahm seine junge Frau von Magdeburg mit nach Paris in eine Fünfzimmerwohnung, die er ganz nach seinem Geschmack eingerichtet hatte. Meine Mutter bat ihn lediglich um einen verschließbaren Sekretär – ein Wunsch, den er ihr erfüllte. Danach war sie zufrieden, und zumindest in der ersten Zeit fand sie es ganz in Ordnung, daß er ihr verbot, Werke aus dem zweiten Fach des Bücherregals zu lesen, wo »gefährliche Bücher« von Bourget, Maupassant und Loti standen. Mein Vater verlangte ebenfalls, daß sie nicht alleine ausging und ihn nie ohne Begleitung des Mädchens vom Geschäft abholte. Eine Weile, allerdings nicht sehr lange, beugte sie sich dieser Forderung, die ihr um so seltsamer erscheinen mußte, als die jungen Mädchen in Deutschland schon seit dem Ende des vorigen Jahrhunderts große Freiheit genossen. Da sie jedoch aus der finstersten Provinz nach Frankreich gekommen war, hielt sie diese Verbote zunächst nicht für absurd.

Fast noch ein Kind, von der Familie entfernt und in einer völlig fremden Umgebung, fand sie nach den ersten einsamen Monaten ein paar Freundinnen unter den Frauen der Freunde ihres Mannes. Aber die Auswahl war nicht groß. Es waren Ausländerinnen wie sie, Frauen der jüdischen Bourgeoisie, zumeist Deutsche. Eine Art Kastenwesen verhinderte ihre Eingliederung in die französische Gesellschaft, weshalb sie eine künstliche Betriebsamkeit entwickelten, mit der sich meine Mutter so gar nicht anfreunden konnte. Die Liebe zu meinem Vater bildete ihren Lebensinhalt. Ob sie zu Hause war oder bei anderen, sie wartete auf ihn. Wir Kinder halfen ihr über die Wartezeit hinweg. Zweifellos bedeuteten wir ihr in jener Zeit mehr als ein Mittel, die Zeit zu überbrücken, mehr auch als ein Geschenk an ihren Gatten, dennoch hörte ich sie acht Tage nach dem Tod meines Vaters sagen: »Ich hätte meine drei Kinder geopfert, um meinen Mann zu behalten.« Wie fühlte ich mich entwertet, als ich erkannte, daß wir drei zusammen ihn nicht aufwiegen konnten! Es war schrecklich, aber ich akzeptierte es. Später, nach Jahren engen Zusammenlebens, wußte ich, daß sie mich geliebt hat, beinahe so sehr wie meinen Vater.

Es gehörte zur Stellung meiner Eltern, daß meine Mutter keine Hausarbeit verrichtete. Diese Stellung verlangte ebenfalls, daß sie für uns zuerst eine Amme und später eine Gouvernante nahm. Nach dem Tod meines Vaters verstärkte sie ihre Bemühungen, sich zu bilden, und hatte dabei auch Erfolg, doch fehlte ihr der eigentliche Antrieb, weil nie ein äußerer Zwang dazu bestand. Sie besuchte Kurse über Kunstgeschichte, las intensiv literarische Zeitschriften, verbesserte ihre Englischkenntnisse, nahm Unterricht in Philosophie, überlegte, notierte, begriff; aus ihrem Munde hörte ich zum ersten Mal den Namen Hegel. Doch alles blieb Liebhaberei, Dilettantismus, da die Zeiten es ihr nicht anders vergönnten. Wäre sie arm gewesen oder weniger reich, hätte sie im Haushalt ihre Aufgabe gefunden; wäre sie religiös gewesen, hätte sie in der Fürsorge wirken können. So war sie achtzehn Jahre lang Gattin gewesen und dann eine Mutter, die sich nicht für unentbehrlich hielt. Eines Tages brachte sie sich um.

Bis zur Ankunft von Fräulein Esterak war ich frei. Ich durfte sogar mit meinem Reifen auf dem Trottoir spielen und ganze Tage in einem Haus verbringen, das dem unseren gegenüberlag und von einem Herrn Jaurès und seiner Familie bewohnt wurde. Was wußte ich von diesem Mann, als ich mit sechs Jahren vor ihm stand, vor seinem mächtigen Bart, der an krause Petersilie erinnerte, vor seinen Armen mit den weit ausholenden Gesten? Er wandte allen Dingen eine Aufmerksamkeit zu, die man als Geschenk empfand. Der Klang seiner Stimme überraschte mich, doch fiel mir sein südfranzösischer Akzent nicht auf, wahrscheinlich weil ich gewöhnt war, Französisch mit verschiedenen Akzenten gesprochen zu hören. Der Mann war klein, leicht untersetzt und gleichzeitig lebhaft und schwerfällig. Wenn er seinen Sohn und mich in seinem Vorgarten traf, sprach er freundlich mit uns, wie Kinder es von ihren Eltern erwarten, versuchte aber nicht, in unsere Welt einzudringen. Im allgemeinen benahm er sich wie andere Erwachsene auch, bis zu dem Augenblick, in dem er die obere Etage betrat. Dort oben verwandelte er sich in ein brüllendes wildes Tier, in einen Tiger vielleicht oder einen Panther. Aber eher kam er mir wie ein Löwe vor, allerdings wie ein Löwe mit dem Fell eines Pudels. Und mit sehr guten Augen. Ja, daran erinnere ich mich genau: Er hatte blitzende und gute Augen.

Das Haus der Jaurès besaß anschließend an den Salon einen Wintergarten, der als Spielzimmer eingerichtet war. Sobald nun Jean Jaurès die Treppe hinaufstieg, sagte sein Sohn: »Wir müssen ganz leise sein.« Offenbar aus Respekt vor dem Lärm, den sein Vater gleich machen würde. Dieser lief oben ohne Rücksicht auf uns Kinder ständig hin und her. Dann ertönte plötzlich ein neues Geräusch, ein unregelmäßiges, seltsames und in gewisser Weise indezentes Gebrüll, wie ich es zu Hause noch nie gehört hatte: Jean Jaurès bereitete eine neue Rede vor. Uns störte er damit beim Spiel – nicht, weil es uns sehr unangenehm gewesen wäre, sondern weil es unsere Aufmerksamkeit anzog und uns faszinierte. Es war eindeutig ein sehr menschliches Gebrüll. Leidenschaftliche Passagen wechselten ab mit gefühlvollen, und sein Verstummen bedeutete, daß Jaurès einen Augenblick nachdachte. Als ich später die Worte kennenlernte, die diesen beinahe komischen Gesang begleiteten, fügten sie sich in meinem Bewußtsein auf natürlichste Weise zusammen, so sehr schienen sie füreinander gemacht.

Seltsam war, daß unser Dienstmädchen etwas gegen Jaurès zu haben schien. Viel später entdeckte ich, daß Jeanne trotz ihrer Zuneigung für mich und die Meinen Dreyfusgegnerin war. Ihre Einwände gegen Jaurès waren sehr merkwürdig: Sie warf ihm vor – ich hörte es aus ihrem eigenen Munde –, er habe seinen Sohn mit Jordanwasser taufen lassen und eine Frau geheiratet, die ihre Tage in einem halbverdunkelten Zimmer auf einem Diwan liegend verbringe und sich nicht um ihr Hauswesen kümmere. Beinahe hätte sie dem großen Sozialisten sogar übelgenommen, daß seine Tochter »schön war wie eine Engländerin«, wie sie sagte.

Das alles wunderte mich sehr, da ich meine Eltern ganz anders reden hörte. Ihnen zufolge war Jaurès ein sehr bedeutender Mann, dessen Tätigkeit über Kritik und Tadel seiner Person, in der sich Lächerlichkeit und Größe vereinigten, weit erhaben war. Mein Vater sprach über seinen Nachbarn anders als über andere Männer. Anscheinend setzte er große Hoffnungen in ihn, was ihn wahrscheinlich auch veranlaßte, für die Sozialisten zu stimmen. Aber manchmal enttäuschte Jaurès seine Erwartungen. Hatte Papa nicht eines Tages bei Tisch gesagt: »Ich werde nie begreifen, warum Jaurès am Empfang des Zaren teilgenommen hat?« Warum hätte Jaurès nicht dorthin gehen sollen? Zu solch einem feinen Fest? So klein ich auch war, ahnte ich doch, um was es ging: Der Zar war nicht nur der Vater eines kleinen Jungen, der ein Barett trug und genau wie ich weder Kuchen noch schwere Gerichte essen durfte, weil er von zarter

Gesundheit war, sondern auch ein mächtiger Herrscher, der sehr häßliche Dinge tat; die Menschen in seinem Land waren nicht sehr glücklich.

Die tatsächlichen Beziehungen zwischen der Familie Goldschmidt und der Familie Jaurès beschränkten sich indessen auf ein paar mehr oder weniger offizielle Besuche, die dazu dienten, den Umgang der Kinder zu sanktionieren. Doch eines Tages besuchte Madame Jaurès meine Mutter, um sich über meinen älteren Bruder zu beklagen. Die beiden Damen saßen einander gegenüber, steif und aufrecht wie zu Zeiten der Schnürkorsetts, ohne Rouge, fast ohne Puder und trotz des nachbarschaftlichen Verhältnisses die eine mit Hut und Handschuhen. »Madame«, sagte Madame Jaurès, die, so schien mir damals, wie eine Kreolin aussah, »Ihr Sohn hat meinen Sohn brutal geschlagen, obwohl er sehr viel älter ist.«

»Bevor mein Sohn Ihren Sohn schlug, hat der ihn einen dreckigen Juden geschimpft.«

»O nein, er hat ihn einen dreckigen Jesuiten genannt.«

Ich hatte keine Ahnung, was ein Jesuit war, und das Wort kam deshalb in meinem Schimpfwörtervorrat nicht vor, obwohl ich wußte, daß es Verachtung und Haß ausdrückte.

Ich liebte die Tagesanfänge, den Augenblick, in dem die Welt sich meinem Bewußtsein noch nicht hartnäckig aufdrängte, sondern gleichzeitig vertraut und weit entfernt erschien. Im Dämmerlicht streckte ich meine Hände gegen die verschwimmenden Konturen der Möbel, griff durch den Spalt zwischen den Vorhängen, deren Muster unversehens bis dahin nie bemerkte Tierfiguren bildeten, und sah draußen die Zweige der Bäume, die mit weichen Bewegungen ein Buch schrieben, das ich eines Tages würde entziffern können. Meine Phantasiegeschichten gerieten in Bewegung, schienen aber lustiger zu sein als am Abend zuvor; mit diesen Geschichten erwachte mein Wunsch zu wissen, zu entdecken und teilzunehmen.

Doch überfiel mich sehr schnell die Angst vor der Grausamkeit des kommenden Tages, der aus nichts anderem bestehen würde als ständiger Kontrolle durch die Erwachsenen.

Von sieben Uhr morgens an waren mein jüngerer Bruder Paul und ich einem Reglement unterworfen, das an ein Internat zu Napoleons

Zeiten erinnerte: Um fünf nach sieben kalte Dusche, um Viertel nach sieben gingen er oder ich, wer gerade an der Reihe war, abgetrocknet und in Unterwäsche und einem Hausmantel, in dem wir wie Novizen aussahen, in die Küche hinunter, um von dort eine Flasche mit abgekochtem Wasser zu holen, die wir wie eine Keule am Hals hinauftrugen. Mit diesem Wasser sollten wir uns aus Gründen der Hygiene die Zähne putzen. Dieser Ritus wäre an sich ohne jede Bedeutung gewesen, wenn er mir nicht jedesmal einige Sekunden Alleinsein auf diesem düsteren Treppenabsatz beschert hätte. Dort blieb ich stehen, holte Atem und dachte rasch an die Stunden, die mich erwarteten. Wenn ich nicht ganz sicher war, meine Lektionen so zu beherrschen, wie ich gern gewollt hätte, wenn ich voraussah, daß man mir Fragen stellen würde, auf die ich keine Antwort wüßte, und daß die Kälte unseren Spaziergang um den See in einen pausenlosen Dauerlauf verwandeln würde, griff ich zu einer List. Der Einfall stammte von mir: Ich lehnte den Rücken an die Wand, stellte die Flasche zu meinen Füßen nieder und öffnete die Lippen nur einen winzigen Spalt, um möglichst wenig Luft hereinzulassen. Mit geschlossenen Augen verlangsamte ich meinen Atemrhythmus, bis ich nach kurzer Zeit das Gefühl hatte, die Erde drehe sich um sich selbst wie ein riesiger Kreisel. Bleich, keuchend und erschrocken über meine eigene List, stieg ich dann die letzten Stufen hinauf, und wenn alles gut lief, ließ ich mich schließlich wirkungsvoll auf mein Bett fallen.

Danach spielte sich alles wie erwartet ab: Man behandelte mich mit zärtlicher Fürsorge. Ich mußte eine Zeitlang ruhen, und wenn meine Wangen wieder etwas Farbe zeigten, durfte ich lesen und später aufstehen; ich war dem normalen Tagesablauf entronnen und hatte mir Unabhängigkeit zurückerobert. Manchmal wunderte ich mich, daß mir niemand auf die Schliche kam. Die winterlichen Spaziergänge, die immer drei Stunden dauerten und mir für den Rest meines Lebens das Spazierengehen verleideten, waren nur erträglich, weil ich die ganze Zeit meinem kleinen Bruder Märchen erzählte, während Wiesen, Bäume und Seen an mir vorüberzogen, ohne daß ich sie sah. Er hörte stets mit der gleichen Aufmerksamkeit zu und verlangte wie alle Kinder nur, daß nichts Wesentliches verändert wurde. So begnügte ich mich damit, Varianten nur im Detail anzubringen, und während Fräulein in einiger Entfernung hinter uns herging, freuten wir uns zum fünfzigsten Male darüber, daß die gute Prinzessin den verräterischen Anschlägen ihrer bösen Schwester entkam. Die böse Prinzessin hatte die gute zu einem weit entfernten Weiher geschickt, um für sie Seerosen zu pflücken, und zwar die Blüten mitsamt den Kelchblättern. Dort wurde sie von gedungenen Häschern ergriffen, die sie töten wollten; diesem Anschlag entging sie mit Hilfe natürlicher und übernatürlicher Kräfte. Schließlich sperrten sie sie in einen Wagen, dessen Dach jedoch aufplatzte wie eine Kastanie im Sonnenlicht, worauf strahlend buntgefiederte Vögel sie durch die Luft entführten und vor einem fürstlichen Bräutigam niederlegten.

Mein kleiner Bruder Paul war damals mein einziger Gefährte. Voll Verlangen, einen anderen teilhaben zu lassen, zog ich ihn in meine Welt hinein. Als meine Eltern während der langen Krankheit meines Vaters abwesend waren, bildeten wir beide ganz allein eine Familie, die für uns so real war, daß er mich auch außerhalb des Spiels manchmal Mama nannte. Leider trugen diese Spiele dazu bei, daß er länger kindlich blieb als gut für ihn war. Insgeheim machte ich seine Schulaufgaben, und später unterzeichnete ich an Mamas Stelle seine Zeugnisse mit den vielen schlechten Noten.

Ich wurde »Tränenkrüglein« genannt, weil ich so oft weinte. Alles war für mich ein Grund zum Weinen: die Einsamkeit, in der man mich aufzog, meine Liebe zu meinem Vater, die Grobheit und Verachtung meines älteren Bruders Maurice – »meine Schwester ist hübsch und dumm«, hatte er kurz nach meiner Geburt gesagt, was beides nicht stimmte –, die mannigfachen Leiden, die mein Körper mir auferlegte, die seltsamen Torturen, mit denen man meine Appetitlosigkeit zu bekämpfen suchte, die ihrerseits nichts als ein Zeichen meiner Unlust zu leben war. Ich weinte in allen Ecken, ich weinte so heftig und so oft, daß ich schließlich die einzige war, die diesen Tränen überhaupt noch Beachtung schenkte.

In meiner Puppenecke stapelten sich allmählich Schachteln voller Steine, die ich sammelte. Wenn wir spazierengingen, hob ich kaum den Blick vom Boden, ganz erfüllt von dem Wunsch, meinen Schatz zu vergrößern. Wo die anderen nichts bemerkten, entdeckte ich Wunder. Sobald ich etwas flimmern sah oder auf einen ausgehöhlten oder unregelmäßig geformten Stein stieß, bückte ich mich hastig. Diese Funde wurden verheimlicht, denn weder Fräulein noch Mama liebten die Besessenheit, mit der ich sammelte – im Gegenteil, meine Leidenschaft irritierte sie. Wenn wir wieder zu Hause waren, nutzte ich jede Abwesenheit Fräuleins aus, um mich mit meiner Mineraliensammlung zu beschäftigen: Meine Finger griffen in die Steine, wie man mit den Händen durch die Haare fährt. Es waren Edelsteine für mich, Schmuckstücke, Landschaften, eine Miniaturwelt.

Fräulein wußte alles. Auf den Feldern zeigte sie uns den Rapssamen, im Wald lehrte sie uns, zwischen Tannen und Fichten zu unterscheiden, in der Stadt war sie das Sieb, das die guten Bettler durchließ und die schlechten zurückhielt. Noch heute kann ich nicht umhin, ganz offensichtlich falschen Bettlern eine doppelte Gabe zuzustecken. Fräulein wußte alles: Sie wies Wahrsagerinnen, Korbverkäuferinnen und Frauen mit rotznasigen Babies auf dem Arm ab und sparte dabei nicht mit guten Ratschlägen. Sie, Fräulein, arbeitete, sie setzte keine Kinder in die Welt – unsere Gegenwart hinderte sie, genau zu sagen, unter welch blamablen Umständen –, Kinder, die man nur dank der Mildtätigkeit anderer ernähren könne. Wenn es nach ihr ginge, hätten nur die, die arbeiteten, ein Recht auf Nahrung, und alle, die wirklich arbeiten wollten, würden auch Arbeit finden. Aber mich stellte das alles nicht zufrieden. Fragen wurden wach wie diese: Mein Gott, was ist denn das Gute und was das Böse? Damals tauchte vor mir das Bild Schlemihls auf, eines Menschen, dem ich nie begegnet war, der jedoch von Zeit zu Zeit in den Gesprächen meiner Eltern vorkam.

Ich stellte mir vor, es gäbe mehrere Arten von Schlemihls, die, wie seit der Arche Noah alle Tiere, in zwei Geschlechter aufgeteilt waren. In der Mehrzahl waren sie keine Franzosen. Und jung waren sie auch nicht. Beinahe hätte ich geglaubt, ihre Hauptbeschäftigung bestünde darin, im Büro meines Vaters zu erscheinen und ihn um Geld zu bitten, ohne zu versprechen, es zurückzuzahlen; Geld, mit dessen Hilfe sie sich endgültig aus einer unklaren, aber bedrückenden Notlage befreien wollten. Manche dieser Schlemihls hatten eine Besonderheit gemeinsam: Sie wollten im Heiligen Land sterben. Als mein Vater meiner Mutter davon erzählte, kommentierte er diesen Wunsch nicht ohne Ironie, aber ich erinnere mich nicht, daß er je den

Schluß gezogen hätte, denjenigen, die ihn verspürten, nicht helfen zu müssen. Diese Leute waren seiner Beschreibung nach im allgemeinen so alt, daß sie ihre Reise nicht verschieben durften, wenn sie lebendig in ihrer Ewigen Heimat ankommen wollten. Für mich, die schweigend zuhörte, war Schlemihl kein schlechter Mensch. Fräulein dagegen war der Ansicht, er sei an seinem traurigen Los selber schuld.

Als Fräulein uns verließ, um zu heiraten, nahm sie alle Barrieren mit, die sie um uns herum errichtet hatte und die, selbst wenn ich es nicht wahrhaben wollte, Geborgenheit und Schutz für uns bedeutet hatten, und sie setzte uns damit den Schrecken des Nicht-mehr-umsorgt-Werdens und des Unerwarteten aus und dem Zwang, erwachsen zu werden. Letzerem entzog ich mich noch zwei Jahre lang dadurch, daß ich fast nicht wuchs – doch in jenem Augenblick sagte ich mir, daß Unglück doch besser sei als Trennung.

Man ist mir sehr oft mit Verachtung begegnet, weil ich nicht genauso war wie meine Umgebung. Sicher haben Kinder meistens mehr oder weniger den Eindruck, nicht ganz in ihre Umwelt hineinzupassen, doch wie sollte sich dieses Gefühl derart tief einnisten, wenn es jeder realen Grundlage entbehrte? Der Eindruck des Unangepaßtseins, den ich als Kind hatte, gründete sich jedenfalls auf eine echte Sonderstellung, eine Fremdheit, die bestimmte Mitglieder der Gesellschaft, in der ich lebte, für verachtenswert hielten.

Ich sitze in einem kleinen, niedrigen Sessel und lese. Oh, dieser Sessel ist nur ein Rohrstuhl mit Armlehnen, nicht besonders bequem und kaum geeignet zum Träumen. Aber ich träume ja auch nicht, ich lese. Es war zu einer Zeit, in der mein Leben so peinlich genau geregelt war, daß das Irreale nur sehr schwer Eingang finden konnte. Jeder Tag beschwerte mich mit neuem Wissen, von dem ich am Abend zuvor noch nichts geahnt hatte. Ich las, und ich las sehr viel. Lesen ist, als lebe man gestern, heute und morgen, als lebe man sein eigenes Leben und gleichzeitig das des Nachbarn und all derer, die in China oder Amerika wohnen. Aber ich zog die zeitliche Veränderung der räumlichen vor. Das Leben auf einer Insel hielt ich für eine wunderschöne Sache, hätte aber eine winzige Insel in einem Fluß, den ich sehr gut kannte, der großen Insel von Robinson Crusoe vorgezogen. Die Insel im Bois de Boulogne hätte mir genügt. Ich betrachtete das Dickicht auf dieser Insel und fragte mich, welches wohl der beste Platz sei, um mich vor Unwettern zu schützen, vor *intempéries*, wie es im Französischen heißt. Ein hübsches Wort: *intempéries*, mit seinen beiden i am Anfang und am Ende und dem *temps* in der Mitte, was Wetter bedeutet und zugleich Zeit. Gutes und schlechtes Wetter, das Wetter, das einen nach draußen lockt, und das Wetter, das einen zu Hause bleiben läßt; und Zeit – die großen Ereignisse der Vergangenheit und die unbedeutenden der Gegenwart. Wahrhaftig, seit ich auf der Welt war, hatte es weder Kriege noch Revolutionen, noch Verfolgungen gegeben, und zwar ohne daß ich hätte sagen können, warum. Doch nein, da gab es diese Armenier und jenes Kind, halb Bub, halb Mädchen, das für mich alle Armenier verkörperte. Seine Familie – es besaß Vater, Mutter und Schwester – hatte Armenien verlassen müssen, weil sie dort Greueltaten ausgesetzt gewesen war. Welche Formen können Greuel annehmen? Oh, das wußte ich bereits recht genau von den Bildern auf den Schutzumschlägen meiner Schulbücher.

Eines Tages schnappte ich in Magdeburg Bemerkungen auf, denen ich entnahm, daß auch Juden umgebracht würden. Wie die Armenier? Ich wagte nicht zu fragen. Man durfte nur nach Dingen fragen, die ohne jede Bedeutung waren, mit den anderen Problemen mußte man allein zurechtkommen. In Rußland fanden Verfolgungen statt, und es kamen Polen nach Deutschland, die Juden waren, sehr unkultivierte Juden, was natürlich kein Grund war, ihnen nicht zu helfen. »Einverstanden«, sagte Großmutter, »aber nicht auf diese Weise.« Auf welche Weise denn sonst? Großvater tat, was er für richtig hielt. Als diese Leute nach einigen Jahren auszogen, mußten die Zimmer, in denen sie gelebt hatten, von Grund auf gereinigt werden, denn sie hatten unvorstellbare Mengen Schmutz hinterlassen.

Ich war damals zehn Jahre alt, und Großmutter tauschte in meiner Gegenwart mit Mama Erinnerungen aus: »Was war mit dieser Familie, die Vater aufgenommen hat?« – »Dein Vater machte oft seltsame Sachen. Man hätte ihnen bestimmt auch anders helfen können. Aber weißt du, sie sind sehr gut zurechtgekommen. Der Älteste hat sein Jurastudium beendet und bekleidet heute einen wichtigen Posten in Palästina. Und die beiden Mädchen sind auch sehr tüchtig, sie haben ein Stickereiwarengeschäft eröffnet. All das in einer Generation, stell dir vor.«

Ich weiß nicht, ob Mama das recht begriff. Aber ich hatte verstanden: In einer Generation – dazu also war eine der Gemeinschaften, denen ich angehörte, fähig.

Schon mit sieben Jahren glaubte ich an Kommunikation durch Sprache, obwohl es mir nicht bewußt war. Was machte es schon, daß die Worte in jedem Menschen etwas anderes wachriefen und bei mir nicht dasselbe bedeuteten wie bei dir? Die Gegenwart der Liebe veränderte die Zeichen, und die Übereinstimmung war entweder vor dem Gespräch da oder stellte sich hinterher ein. Später dachte ich, es müsse für meine Mutter traurig gewesen sein, daß sie nie auf meinen Lippen Worte hörte, die sie selbst als Kind gesprochen hatte; und dann dachte ich, daß ich selbst glücklich sein würde, wenn meine eigene Tocher eine Melodie sänge, auf deren Text ich mich nur noch mit Mühe besinnen könnte, die jedoch zwischen uns beiden eine Gemeinsamkeit, eine Beziehung herstellen würde, eine Brücke, die man überschreiten könnte oder auch nicht. So entdeckte ich schon sehr früh eine gewaltige Brücke, vor der niemand einen Brückenzoll verlangt.

Magdeburg mit seinen verschiedenen Türmen, Magdeburg, das starkfarbige Bild eines Lebens, das in Paris nur fahle, blasse Farben zeigte. In Magdeburg gab es Feen, gab es die Prinzessin Ilse, die im nahen Harz schönen Jünglingen auflauerte, um sie in ihr Wasserschloß zu locken, gab es jene Mieter meines Großvaters, die uns Juden auf der Treppe nicht grüßten, und dort erfuhr ich lange Zeit vor dem Tod meines Vaters, daß auch nahe Verwandte sterben können, denn drei meiner Onkel, Söhne meiner Großeltern, hatten nur wenige Monate gelebt. Auch die Kinder von Frau Abramowsky, die jeden Nachmittag mit meiner Großmutter Karten spielte, waren alle gestorben außer einem Sohn, der nur in der Höhenluft der Berge leben konnte. Als die alte Dame mit mir allein war, zeigte sie mir eine Schachtel, in der die zu einem Zopf geflochtenen Haare ihrer Tochter lagen. Das war der Tod: Haare, die niemandem mehr gehörten.

In Paris blieben die Hausangestellten zwanzig Jahre lang bei uns, ohne ihre ehrerbietige Haltung aufzugeben. In Magdeburg wechselten sie häufig, waren spöttisch, geschwätzig und benahmen sich schlecht. In Paris legte Mama in der Küche nie mit Hand an; wenn ich mich einmal in die Küche wagte, brummte die Köchin immer: »Hier hat Mademoiselle nichts zu suchen«, und nur eine gewisse Marie ließ mich in ihr Reich hinein – unter einer Bedingung: daß ich still und brav auf dem Strohstuhl neben dem dicken Kater Joseph sitzen blieb. Großmutter mochte am liebsten alles selber tun und werkelte fröhlich in dem allgemeinen Durcheinander, das sie zum Teil selbst hervorrief. Mama haßte Lärm und Papa übrigens auch. Während Mama in Paris sehr ausgeglichen und gelassen war, wurde sie in Magdeburg launenhaft, unverträglich und anspruchsvoll, zweifellos vor lauter Angst, angesichts einer so ungehemmt vitalen Mutter wieder das fügsame kleine Mädchen von einst zu werden. Jedesmal, wenn sie an den Ort zurückkehrte, an dem sie geboren war, fiel sie in ein geheimnisvolles Schweigen, das fünf bis acht Tage anhielt.

Trotz allem, was trennend zwischen ihnen stand, konnte sich meine Großmutter nie damit abfinden, daß ihre Tochter so weit von ihr entfernt lebte, aber daß diese Tochter mit ihren Kindern in regelmäßigen Abständen nach Magdeburg kam, um dort ein paar Wochen zu verweilen, bedeutete für sie ein Glück, das sie in allen Nuancen auskostete. Die Haustür war mit einem Kranz aus Tannengrün geschmückt, in dessen Mitte uns ein Spruchband willkommen hieß. Während unseres Besuchs wurden von morgens an schwarzseidene Pariser Kleider getragen, die an umgestülpte Blumenkronen erinnerten; sie waren zwar oben nicht entsprechend schmal, aber die voluminöse Weite der Röcke machte diesen Fehler wieder wett. Der Chauffeur wartete stets vor der Tür, bereit, uns zu Konditoreien, Spielwarengeschäften oder Restaurants in der Umgebung zu fahren, wo unter dem Vorwand der Erholung neue Betriebsamkeit entfaltet wurde. Großmutters angespannte Lebhaftigkeit und übergroße Lebensfreude gestalteten das Zusammensein mit ihr manchmal recht schwierig. Wenn wir mit dem Auto über Land fuhren, was sie sehr liebte, setzte sie sich neben den Chauffeur und trieb ihn an:

»Schneller, Eberhardt, schneller!« Und der Wagen, ein Modell von vor 1914, erreichte auf geraden Straßen eine Geschwindigkeit von achtzig Stundenkilometern.

Ich kann mich noch sehr deutlich an jene große Ebene erinnern, obwohl ich sie seit vielen Jahren nicht mehr gesehen habe. Man nannte sie wegen der Weizenfelder, die bis unmittelbar an den Straßenrand reichten, »die Goldene Aue«. Magdeburg erschien mir dadurch auf der einen Seite von etwas besonders Erdhaftem umgeben, während seine andere Grenze durch den breiten Fluß gebildet wurde, zu dessen geheimnisvollen Inseln meine Mutter als Kind und auch später als junges Mädchen oft auf Schlittschuhen gelaufen war. Ich weiß nicht mehr, war es Einbildung oder Wirklichkeit – jedesmal, wenn wir die Vorstadt hinter uns gelassen hatten und ich aus dem Auto stieg, meinte ich, der Ostwind, der von fern, aus den Ländern jenseits Europas herwehte, rieche nach Erde und Birken. Ich stand da, hielt meine Haare fest und betrachtete den weiten Horizont. Ich wußte nicht, was hinter diesem Horizont lag, und ich dachte tatsächlich, dort sei das Ende der Welt.

In Magdeburg war ich glücklicher als in Paris, denn ich genoß hier mehr Freiheit als dort, aber vor allem kam ich mir viel wichtiger vor. In der Familie meiner Mutter herrschte nämlich ein seltsames Matriarchat. Großmutter war offensichtlich das Oberhaupt der Familie. Ihre Herrschaft beruhte auf Autorität, Charme und zweifellos auf Intelligenz. Nur Mama ging in ihrer Kühnheit so weit, gegen diese Herrscherin zu rebellieren. War Großvater im täglichen Leben mehr als ein älterer Bruder seiner Söhne? Er verlor dadurch jedoch nichts an Würde: Er hielt sich so aufrecht, daß ich immer meinte, er sei groß, obwohl ich von Gruppenfotos wußte, daß er eher klein war; er trug einen Spitzbart, den ich nie anders als grau gekannt habe, besaß lebhafte kleine Augen, elegante Bewegungen und liebte die Künste.

Meine magdeburgischen Vorfahren hatten in jeder Generation nur ein einziges Mädchen und sonst lauter Jungen hervorgebracht. Mama besaß vier Brüder, und auch ich war neben zwei männlichen Exemplaren das einzige meines Geschlechts. Wir weiblichen Wesen wurden mit so viel Liebe überschüttet, daß wir uns über alle Maßen kostbar und natürlich auch undankbar vorkamen, denn was uns zuteil wurde, konnten wir ja nicht in gleicher Weise erwidern.

Dann kam der Tag, an dem meine Großmutter mich auf ihre Knie zog und mich fest in ihre Arme schloß, die noch genauso schön waren wie zu ihrer Jugendzeit, und sagte: »Ich habe versucht, deinen Bruder Maurice mehr zu lieben als dich. Er war der erste der nächsten Generation, der Älteste und außerdem ein Junge. Aber ich habe es nicht fertiggebracht. Ich liebe dich am meisten, weil du es verdienst.« Ich wurde die Erwählte. Mehr noch, ich war die Tochter, in die alle Hoffnungen gesetzt und der jenes Erbe übertragen wurde, das gemeinhin dem Jungen zukommt.

In Magdeburg war wirklich alles anders als in Paris. Ich erlebte Freude und Leid viel intensiver als dort. Ich wußte, daß ich mich von den meisten durch gewisse Besonderheiten unterschied: In Deutschland wie in Frankreich war ich eine halbe Ausländerin, und hier wie dort glaubte man, ich übe eine Religion aus, über die ich in Wirklichkeit nicht mehr wußte, als was mir die, die dieser Religion fernstanden, darüber berichtet hatten. Aber in der St.-Klothilden-Schule behandelten die Lehrerinnen mich sehr rücksichtsvoll, und sie waren vielleicht sogar zu mir noch freundlicher als zu meinen katholischen Mitschülerinnen. Sie betrachteten mich anscheinend als entfernte Verwandte von Jesus und erzählten mir oft von der Freude, die am Tag meiner Bekehrung im Himmel herrschen, und von dem Heil, das meine Familie auf diese Weise durch mich erlangen würde. Und ich war bereit, ihnen zu glauben.

Ich wußte genau, daß man mir außerhalb der Schule nicht mit derselben Freundlichkeit begegnete, eine Erkenntnis, die ich Fräuleins unbarmherziger Direktheit verdankte. Eines Tages hatte ich nämlich gewagt, mich mit einer Klassenkameradin zu verabreden, weil wir beide gern einen Nachmittag lang schwatzen und spielen wollten, wie wir es morgens in der Schule auch taten. »Renée Herlin kommt nicht, weil ihre Eltern es ihr nicht erlauben«, sagte Fräulein. »Warum?« Sie war durchaus nicht bösartig, denn wenn mir von außen irgendein Leid zustieß, war sie ehrlich bekümmert. Aber kein mitleidiges Gefühl veranlaßte sie, die Ecken bestimmter Ereignisse abzurunden. »Weil du Jüdin bist.«

Renée Herlin kam nicht. Ich stellte keine weiteren Fragen; ich wußte schon, daß man manches Leid allein tragen muß.

In Deutschland besaßen die meisten Gartenrestaurants, in die wir zum Kaffeetrinken zu fahren pflegten, einen Spielplatz mit Kletterstangen und Schaukeln. Dorthin ging ich, wie immer gekleidet als kleine Pariserin, was meiner Großmutter so gut gefiel; und an jenem bestimmten Tag trug ich dazu noch ein keckes Hütchen aus gestreiftem Jouy-Leinen, das den Spott der Kinder, die so etwas noch nie gesehen hatten, natürlich herausfordern mußte. Ich hätte diesen Hut am liebsten gar nicht aufgesetzt oder zumindest vorher abgenommen, aber das hatte man mir nicht erlaubt. Zu jener Zeit war es nicht üblich, ohne Kopfbedeckung auszugehen.

Der Spielplatz war vom Garten der Erwachsenen getrennt. Weder Mama noch Großmama, noch Fräulein, die an ihrem Tisch saßen, ihre Brezeln in der Hand und ihre Kaffeetassen vor sich, sahen die Kinder auf mich zukommen. »Woher bist du? Wer bist du? Warum bist du da?« Ich antwortete, aber sie waren zu laut, um mich zu verstehen. Schließlich drangen doch einige Worte an ihre Ohren: Französin, Großeltern, Ferien. »Wer sind deine Großeltern?« Ich war sicher nur stolz, als ich ihnen erzählte, mein Großvater sei der etwas beleibte und sehr freundliche Herr Heynemann, ein bekannter und geachteter Bürger. »Heynemann von Heynemann und Simon?« Nein, der nicht: Jener Heynemann besaß ein großes Wäschegeschäft und war etwas weniger Feines, weil man nur die Ladentür zu öffnen brauchte, um geradewegs von der Straße zu ihm hereinzuspazieren. Ich protestierte: »Gustav Heynemann, wißt ihr . . .«

»Seht ihr, sie ist Jüdin«, sagte ein großer Junge. »Bist du Jüdin?« Es kam mir nicht in den Sinn zu lügen; ich gab zu, daß ich Jüdin bin, dazu genügte ein einziges Wort: »Ja.« Ein plötzlicher Wandel. Es gab keine neugierigen Spielgefährten mehr, sondern nur noch eine wachsende Mauer von Haß. Ich wehrte mich: »Laßt mich doch gehn!« Sie sagten Worte, die ich nicht verstand, sie schrien lauter und lauter. Und wieder weinte ich. Dann kam ein größeres Mädchen auf uns zu. »Laßt sie doch in Ruhe«, sagte sie und versuchte, mich aus dem Knäuel, das mich umringte, zu befreien. »Sie versteht nicht genug Deutsch, deshalb hat sie irgend etwas geantwortet.« – »Das war nicht wahr, ich hatte genau verstanden, und ich hatte die Wahrheit gesagt. Aber jetzt nahm das große Mädchen mich in ihre Arme, und weil sie mich tröstete, wurde mir die Gefahr noch stärker bewußt. Diese Jungen und Mädchen waren meine Feinde, und ich wußte nicht, was sie mir antun wollten. Vielleicht waren sie sogar fähig, mich umzubringen, mir Arme und Beine auszureißen. Schauergeschichten aus Märchen, Heiligenlegenden und Heldensagen fielen mir ein.

»Nicht wahr, du bist keine Jüdin?« fragte meine Beschützerin. Ich antwortete nicht. Ihre Spielgefährten warteten hämisch grinsend. »Ihr seht doch, daß sie blond ist.« Sie zuckten die Achseln. »Bist du katholisch?« Ich wollte noch nicht lügen. »Protestantisch?« Ich schüttelte den Kopf. »Evangelisch?« Ich hörte dieses Wort zum ersten Mal, und weil es mir nichts sagte, murmelte ich: »Ja.« Und während das große Mädchen ein paarmal triumphierend rief: »Ich hab's ja gleich gesagt, ihr habt keine Ahnung«, machte ich mich los und lief fort, hinter mir ein unzufriedenes Grollen. Beim Rennen spürte ich, wie Steine meinen Rücken trafen und mir weh taten. Aber deutsche Kinder sind gehorsam: Niemand verfolgte mich, nachdem ich die Grenze des Spielplatzes überschritten hatte.

Ich konnte danach nicht sofort zu den Erwachsenen zurückkehren, die immer noch an ihrem Tisch saßen und sich unterhielten, sondern kauerte mich unter einen Busch, an dem viele kleine runde Beeren hingen, die knallten, wenn man sie auf dem Handrücken zerquetschte. Ich pflückte alle, die ich erreichen konnte, bis meine Hände ganz klebrig waren. Und weil ich sie am Kleid nicht abputzen konnte, denn das hätte Flecken gegeben, wischte ich sie am Gras ab. Daß man mich gedemütigt und daß ich mich selber erniedrigt hatte, daran durfte ich nicht denken.

Die Stadt, die heute zerstört ist, war vor langer Zeit schon einmal zerstört worden, und zwar durch Tilly, wie man mir erzählte. Obwohl es nicht meine Heimatstadt war, hielt ich damals Tilly für den grausamsten Eroberer aller Zeiten. Die Feuersbrunst, die er entfacht hatte und der nur wenige verwinkelte Gassen entgangen waren, weckte noch vor dem Überfall auf dem Spielplatz in mir den Gedanken, daß die Liebe zu Gott seltsamerweise zu Gewalt und Vernichtung führen kann, denn schließlich war die Umgebung jener alten Gassen infolge eines Religionskrieges verschwunden.

Die Stadt, wie ich sie als Kind gekannt habe, war häßlich. Mitten hindurch zog sich eine breite Dorfstraße, die fast immer dem Lauf des Flusses folgte und nach Salzlake roch, denn vor den Lebensmittelgeschäften standen große Heringsfässer aufgereiht, was den maritimen

Charakter der Stadt noch betonte. Aber den Rathausplatz hatte man recht gut im alten Stil wiederaufgebaut. Dort pflegte meine Großmutter, prächtig herausgeputzt, einzukaufen. Vor sich her schob sie ihre kleine Enkelin aus Paris und freute sich, daß sie mich den Marktfrauen vorführen konnte, die meine Kleider, mein hübsches Aussehen und mein Betragen bestaunten. Ich aber blickte verschämt nach rechts und links, und auf der Suche nach etwas, das meine Aufmerksamkeit fesseln konnte, fiel mein Blick auf ein bronzenes Standbild: ein seltsam gekleideter Mann zu Pferde und neben ihm zwei Frauen. Kaiser Otto der Große und seine beiden Gemahlinnen. Nach meiner Vorstellung – wobei ich jedoch zugeben muß, daß die sich keineswegs mit den Aussagen der Geschichtsbücher deckte –, nach meiner Vorstellung also hatte Kaiser Otto zuerst jene geheiratet, die hier zu seiner Rechten stand und eine Krone und ein Gewand trug, das der Bildhauer mit Ornamenten verziert hatte. Sie hieß Theophano von Byzanz. Die andere zu seiner Linken wirkte kleiner, weil sie nichts auf dem Kopf hatte, aber ihre scheinbar geschmeidigen Flechten, die bis über ihre Knie hinunterreichten, verliehen ihr in meinen Augen große Anmut. Sie hieß Editha von Sachsen. Die eine stammte aus dem zweiten Rom, die andere war eine germanische Fürstin. Ich weiß nicht mehr, wann ich mir einbildete, die eine verkörpere den Osten, die andere den Westen, die eine die Vergangenheit oder zumindest den verblassenden Glanz, und die andere Jugend und Zukunft. Noch heute mag ich kaum glauben, daß meine Interpretation falsch war, aber sie muß es trotzdem gewesen sein.

Während meine Großmutter einkaufte, was mich immer zum Lachen reizte, weil sie schließlich für alles einen höheren Preis zahlte als die anderen Kundinnen, betrachtete ich meine symbolbeladene Statue und identifizierte mich selber mit diesem Kaiser zwischen seinen beiden Frauen, seinen beiden verschiedenen Seelen. Auch ich war zwischen West und Ost geteilt und innerlich gespalten, aber ich war froh, zweierlei Erbe in mir zu tragen.

In der deutschen Stadt, in der ich eine glückliche Zeit verbrachte, hockte ich eines Tages auf dem Boden vor einem Bücherregal und erkannte, daß das, was hier Sieg genannt wurde, bei uns Niederlage hieß. Ich war allein in der Wohnung, zumindest ohne Aufsicht eines Erwachsenen, der verhindert hätte, daß ich den Schlüssel des untersten Faches umdrehte, in dem sich ungeordnet Bilderbücher stapelten: die Kinderbücher meiner Onkel. Hatte man sie dort versteckt mit der Absicht, sie meiner Neugier und der meiner Brüder zu entziehen? Das erste, das ich auf dem falschen Perserteppich aufschlug, trug auf dem grünen Einband in Goldschrift den Titel: *Unser Fritz*. Es handelte sich um die Abenteuer Friedrich Wilhelms von Preußen. »Unser Fritz« also widmete sich zuerst einer ganzen Reihe von Unternehmungen, die mich so wenig interessierten, daß ich sie vergessen habe. Umgeben von anderen Bartträgern in Uniform, schlug er sodann die Österreicher, eine Tatsache, der ich ebensowenig Bedeutung beimessen konnte. Aber dann sah ich ihn plötzlich gegen die Franzosen kämpfen. Es wäre falsch, wollte ich behaupten, ich hätte nicht gewußt, daß die, die für mich »wir« waren, im Jahre 1871 besiegt worden waren. Ich wußte es sehr wohl, aber ihre Niederlage erschien mir so ungerecht, daß ich glaubte, sie müsse allen gleich peinlich und könne aus diesem Grund nur eine vorübergehende sein. Niemand, dachte ich, könnte auch nur im geringsten stolz darauf sein. Krieg, Frieden, Sieg oder Niederlage besaßen für mich keinerlei Realität, bis sie sich meinem Geist durch dieses Bild einprägten. Und so wurde das Jahr 1871 für mich lebendig: Ich sah Franzosen auf dem Rückzug kämpfen, sah sie Reißaus nehmen, während der Kronprinz mit dem vertrauten Namen ihnen durch den Feldstecher nachblickte; französische Heerführer und Staatsmänner begaben sich zu dieser Person, die sie am Ende des Buches in vergoldeten, getäfelten, spiegelblitzenden Sälen zufrieden lächelnd empfing, und diese Männer – denen ich mich zutiefst zugehörig fühlte – unterzeichneten ein Schriftstück, welches besagte, daß sie dem Bild, das sie sich von sich selbst gemacht hatten, nicht hatten entsprechen können. Auf dem Bauch liegend, erkundete ich die Geschichte und begriff endlich, daß ich nicht alles lieben konnte, daß eine Liebe die andere ausschließt, und etwas in mir zerbrach, was vorher ein einziger fester Block gewesen war.

Ich schämte mich meiner Entdeckung, und weil ich fürchtete, daß andere sie bemerken könnten, schob ich das Buch ganz unten unter den Stapel. So gut ich konnte, schlug ich mich allein mit den Problemen herum, die das große Bilderbuch mir stellte, welches einen Erfolg verherrlichte, der mich beschämte. Ich versuchte, mit einer

Welt zurechtzukommen, in der es schärfere Trennungen gab, als ich vermutet hatte. Nach dem Tod meines Vaters und nach Fräuleins Fortgang gewann jedoch Frankreich immer größere Bedeutung für mich, was scheinbar widersinnig war, da wir von dieser Zeit an häufiger zu Besuch nach Deutschland fuhren als früher. Sobald meine zwei Brüder und ich mit meiner Mutter allein waren, beugten wir uns ohne Zögern dem Gesetz der Mehrheit und sprachen Französisch. Auch die Einflüsse von Schule und Lektüre fingen an, sich stärker auf unser Denken auszuwirken.

Bevor jedoch Schule, Lektüre, Freundschaften und internationale Ereignisse dazu beitrugen, daß ich mich immer mehr als Französin fühlte, lernte ich in Magdeburg auch noch etwas anderes: Meine dortige Freundin Amalie Liechenheim, die ein Jahr älter war als ich, wußte über Dinge Bescheid, von denen ich keine Ahnung hatte. Zum Beispiel, was das Gudrunlied war. Daraufhin wollte ich es auch wissen und ließ mir das Buch mit germanischen Sagen geben. Ich vergrub mich in die Nibelungen. Die Geschichte von dem Betrug beim Wettrennen mißfiel mir. Siegfried war also doch kein solcher Held, und die Deutschen erschienen hier als ziemlich zweifelhafte Gestalten: Ritter Roland stand hoch über ihnen. Andererseits fand ich Baldur viel schöner als Apollo, schon allein deshalb, weil meine Klassenkameradinnen ihn nicht kannten und er mir wie ein Geheimnis ganz allein gehörte.

Aber Amalie verdanke ich auch noch etwas anderes: Durch sie erfuhr ich von der Existenz des Zionismus. Ich hatte vorher nie davon gehört. Daß es alte Leute gab, die in Jerusalem sterben wollten, wußte ich und fand es albern. Aber was mich wirklich wunderte, war, daß junge Leute sich in einem Land, von dem ich mir kein Bild machen konnte, niederlassen wollten, daß sie dorthin gingen, nicht um ihr Ende zu erwarten, sondern um dort zu leben, zu arbeiten und den Boden zu bestellen. Für mich war im Grunde das alte Palästina genauso versunken wie Atlantis. Und nun tauchte es plötzlich auf, und Menschen machten sich daran, es zu bewässern und zu kultivieren; sie schliefen in Zelten und errichteten eine Ordnung der Gerechtigkeit, die ich trotz allem, was ich bereits vom Sozialismus wußte, für ebenso schön wie unpraktikabel hielt. Während ich mich langsam von einem meiner Heimatländer entfernte, erschien am Horizont ein Stück einer längst entschwundenen Vergangenheit, der ich jedoch viel inniger verbunden war.

Als ich Amalie nach dem ersten Krieg wiedersah, war ich der Sieger und sie die Unterlegene, war ihr Bruder gefallen, während meiner lebte. Ich spürte, daß sie noch immer Freundschaft für mich empfand, aber mich brachte ihre Gegenwart so sehr in Verlegenheit, daß ich ihr Gefühl nicht mehr erwidern konnte. Bei den folgenden Besuchen in Magdeburg mied ich sie, aber vielleicht ging auch sie mir aus dem Weg. Vor Hitlers Machtergreifung heiratete sie und zog nach Palästina.

Magdeburg, das war in erster Linie meine Großmutter. Ihre Söhne bewunderten sie und brachten ihr herzliches Vertrauen entgegen; ihr Mann bewunderte sie zweifellos ebenfalls und liebte sie auch, aber er hatte ein bißchen Angst vor ihr, und manchmal beleidigte er sie, indem er diskret darauf anspielte, daß sie vor ihm schon mit einem anderen Mann verheiratet gewesen war, was ihre Kinder und Enkelkinder jedoch erst nach ihrem Tode erfuhren.

Zuallererst muß gesagt werden, daß die »schöne Luise« wirklich schön war. Dessen bin ich ganz sicher, denn sie bewahrte ihre Schönheit bis zu ihrem Tod. Sie war zwar nicht hochgewachsen, dafür aber wohlproportioniert. Allerdings war sie im Alter und nach der Geburt etlicher Kinder um die Mitte herum recht rundlich geworden, so daß ich mich nicht mehr auf ihre Knie setzen konnte, ohne das Gefühl zu haben, gleich wieder herunterzurutschen, selbst wenn sie ihre Füße auf einen mit Petit-Point-Stickerei verzierten Schemel stellte. Aber ihr Gesicht erschlaffte nie, sie behielt immer ihre regelmäßigen Züge, ihren frischen Teint und die lebhaften braunen, klassisch geschnittenen Augen, und den Kopf trug sie bis zu ihrem letzten Tag sehr aufrecht auf einem Hals, der aussah wie der einer orientalischen Prinzessin. Wegen ihrer dunklen Haare und ihrer weißen Haut hätte man sie für den Typ der melancholischen und passiven Frau halten können, in Wahrheit habe ich jedoch nie einen temperamentvolleren, lebenslustigeren Menschen gekannt als meine Großmutter. Jeder im Haus spürte, daß sie etwas Besonderes war; manchmal rebellierte der eine oder andere gegen ihre allzu exzessiven Launen, aber wer kann sich gegen das Leben selbst auflehnen? Freude und Leid teilte sie ihrer Umgebung genauso unvermittelt mit wie ein neugeborenes Wesen, freilich war sie von Natur aus eher heiter als trübsinnig veranlagt. Weil die Feste im Kalender für sie nicht ausreichten, erfand sie selber noch welche dazu, und jeder Anlaß war ihr willkommen. Freudig und unbekümmert feierte sie alle möglichen Jahrestage, Geburtstage, Ostern, Weihnachten, Rosch Haschana und Jom Kippur. »Ich möchte eigentlich ganz gern wissen, wann die Mohammedaner ihre Feiertage haben«, erklärte sie uns.

Die Religion machte sich bei ihr nur noch in gewissen blasphemischen Handlungen bemerkbar. Am Osterfest pflegte sie uns zum Beispiel nachmittags ganz erstaunliche Sandwichs aus ungesäuertem Brot zu bereiten, das sie mit Butter und Schinken belegte, womit sie den religiösen Vorschriften gleich doppelt und dreifach zuwiderhandelte. Am Tag des großen Fastens duftete die ganze Wohnung nach Rebhuhn mit jungen Erbsen. Es war das Lieblingsgericht meines Großvaters, der im Alter, als seine Söhne ihn allmählich aus dem Geschäft verdrängt hatten, sein Bedürfnis nach Aktivität damit befriedigte, daß er mit einigen anderen die Interessen der Synagoge vertrat, was wiederum eine gewisse Religiosität wachrief. »Wenn du daran nicht glaubst«, sagte meine Großmutter einfach und geradeheraus, »dann mach keine Faxen. Und wenn du daran glaubst, dann richte dich danach.«

Großmama besaß auch die Gabe des Zweiten Gesichts. Davon waren wir alle überzeugt, selbst Mama, die sonst kaum bereit war, an übernatürliche Dinge zu glauben. »Wenn ich früh geheiratet habe«, gestand sie mir eines Tages, »so unter anderem, um von meiner Mutter fortzukommen; es ist nämlich nicht sehr angenehm, mit einer Hexe zusammenzuleben, die alles weiß, was man sagt und tut, auch wenn man ihr nicht davon erzählt.« Meine wunderbare Großmutter hat für mich die Grenzen des Möglichen, des Realen und Irrealen, des Falschen und Wahren, des Profanen und des Heiligen erweitert. Aber hat sie sie wirklich erweitert und nicht vielmehr alles miteinander vermischt, in Gott weiß welchem Kessel zu einer Mixtur zusammengebraut, vielleicht sogar auf jenem mit kurzem Gras bewachsenen Brocken, auf den wir in den Ferien immer hinaufstiegen? Ich glaube, meine Großmutter konnte innerlich nur sehr schwer zwischen Traum und Wirklichkeit unterscheiden, während ihr das im täglichen Leben außerordentlich gut gelang; so log sie zum Beispiel kaum, und zwar nicht aus Mangel an Phantasie, sondern aus Stolz.

Wäre ich, was ich heute bin, wenn ich diese Großmutter nicht gehabt hätte, wenn ich ihr Bild nicht in mir trüge wie ein kostbares Gut, das mir keine Trennungen und keine Verfolgungen rauben können? Wäre mein Leben so verlaufen, wie es verlief, wenn ich Großmama nicht lebendig vor mir sehen könnte, sobald ich die Augen schließe? Ich sehe sie in der Erinnerung sicher anders als die übrigen noch lebenden Mitglieder der Familie, aber jedenfalls hat das Bild, das ich mir von ihr machte, mich für alle Zeiten geprägt.

Dann kamen die Weltkriege. Im zweiten wurde die Stadt eine Woche lang von den Russen bombardiert. Als später die letzten Reste der deutschen Armee im Elbebogen eingekreist waren und sie sich nicht einmal mehr zu ergeben wagten, las ich in den Zeitungen die Namen der Orte, die früher unsere Ausflugsziele gewesen waren. Jetzt wurden die vernichtet, die meine Familie auseinandergerissen hatten. Unter den Bäumen des jüdischen Friedhofs, der von den Bomben nicht zerstört wurde, ruhte mein Großvater; er hatte seine Sterbestunde selbst gewählt und war nun im Tod vereint mit seinen Söhnen, mit dem, den sie umgebracht hatten, mit dem, der ins Exil gegangen und im Elend gestorben war, und mit dem, der in weiter Ferne ein mühsames Leben führte, weil er zu alt war, um sich an Sprache und Gebräuche eines fremden Landes zu gewöhnen.

Meine Großmutter hat das alles nicht mehr erlebt. Hätte sie angesichts der Katastrophe, die über die Ihren hereinbrach, ihre übernatürlichen Kräfte bewahren können? Ich kann mir kaum vorstellen, wie sie das Unglück ertrug, das sie härter traf als alles, was sie bis dahin erlebt hatte: die Trennung von meiner Mutter und uns Kindern, die der Erste Weltkrieg ihr auferlegte. Ich habe meine Großmutter, die im Jahre 1918 starb, nicht wiedergesehen. In ihrer letzten Minute richtete sie sich noch einmal im Bett auf und sagte: »Spannt die Pferde an, Margarete und Clara kommen.« Vielleicht hat sie an die Pferdekutsche vom Tag ihrer Verlobung gedacht, denn in der Familie war später nie mehr von Pferden die Rede gewesen, außer von den zwanzig oder dreißig Pferdestärken unter der Motorhaube. Die Legende will, daß sie vorhersagte, wir würden meinen Großvater in Wiesbaden im »Hotel zur Rose« wiedersehen; was auch geschah.

Zu Beginn ihrer Krankheit hatte Großmama das Zimmer verlassen, das sie vierzig Jahre lang mit ihrem Mann geteilt hatte, und war in jenes andere gezogen, das meine Mutter immer bewohnte, wenn wir in Magdeburg zu Besuch waren, um ganz allein mit dem Tod zu ringen. Unter der Obhut einer Krankenschwester, die den Auftrag hatte, ihr jede Aufregung zu ersparen, weigerte sie sich hartnäckig, ihren Lebensgefährten noch einmal zu sehen. Sie war älter als siebzig, aber trotz ihres Alters, denke ich, ist die schöne Luise gestorben, weil sie gegen die Welt und insbesondere gegen meinen Großvater aufbegehrte, der nicht verstanden hatte, in dieser Welt auch nur den Schein einer Ordnung aufrechtzuerhalten. Bis zu ihrem siebenundsechzigsten Jahr hatte sie keinen Krieg gekannt. Während man mich in der seltsamen, kleinen, kirchlich und chauvinistisch ausgerichteten Privatschule, die ich besuchte, gelehrt hatte, den Krieg als etwas anzusehen, das mit der Regelmäßigkeit von Jahreszeiten immer wiederkehrt, gehörte er in der Vorstellungswelt meiner Großmutter zu jenen weit zurückliegenden kuriosen Ereignissen, von denen die Bibel und die deutschen Geschichtsbücher erzählten. Für sie gab es nur solche Gestalten wie Aman und Esther, die Königin Luise, die in ihrem hübschen, unter dem Busen gerafften Kleid an der Pforte des Parks, der ihren Namen trug, Kinder willkommen hieß, ferner Napoleon und Bismarck und viele andere, aber sie betrachtete sie alle gewissermaßen als Gestalten außerhalb von Zeit und Wirklichkeit. Ihre Tochter lebte weit entfernt von ihr, aber wenn sie sie sehen wollte, gab es die Eisenbahn, und wenn sie sie sprechen wollte, das Telefon, und wenn sie ihr schreiben wollte, die Post. Aber plötzlich war von alldem nichts übriggeblieben und zwischen Deutschland und Frankreich ein ungeheurer Abgrund aufgerissen. Meine Großmutter starb daran.

Ich bin ein kleines Mädchen und zeichne eine Schnecke auf den Boden; nach Regeln, die ich heute vergessen habe, hüpfe ich vorwärts und rückwärts und stoße mit dem Fuß einen Stein vor mir her; wenn ich zum Mittelpunkt komme, habe ich gewonnen.

Im Mittelpunkt – mein Vater. Wage ich, mich ihm zu nähern? Zwischen uns liegt die ganze Distanz einer ersten Liebe, die ich nicht zu Ende leben konnte. War jede seiner liebevollen Gesten bereits vom Tode gezeichnet, wie es mir heute scheint? Aber nein, ich stand starr vor Staunen, als ich begreifen mußte, daß der Gegenstand meiner Liebe nicht unsterblich war. Und erst danach entdeckte ich, daß sich in vielen Worten und Gesten bereits die Trennung angekündigt hatte, und von jenem Augenblick an begleitete mich ein Abwesender auf all meinen Wegen.

Ich habe versucht, mir sein Bild anhand einer Fotografie zu vergegenwärtigen: ein intelligentes, hellwaches Gesicht, Augen, die genau wie meine ein wenig kurzsichtig sind, und ein Blick, der hart wirkt, ohne es zu sein. Aber was weiß man von einem Menschen, den man mit dreizehn Jahren verloren hat, wenn dieses Wissen nicht durch andere bestätigt wird? In diesem Fall stimmen jedoch meine Aussagen mit denen anderer überein. Meine Mythologie bleibt unversehrt. Jeanne, unser Hausmädchen, sprach von ihm wie von einem Vater. Als André Malraux nach seinem Prozeß in Indochina nach Frankreich zurückkam und sie besuchte, um ihr dafür zu danken, daß sie mich bei sich aufgenommen hatte, antwortete sie sehr nobel und ein bißchen gestelzt: »Vergessen Sie niemals, was sie für Sie getan hat. Papa sähe nicht gerne, wenn sie unglücklich würde.«

»Was du mir von deinem Vater erzählt hast, hat mich nie ganz überzeugt«, erklärte mir André, »aber daß er in der Erinnerung einer Frau, die in seinem Haus angestellt war, auf diese Weise weiterlebt, finde ich beachtlich.«

Diesem Toten fühlte ich mich damals zugehörig, ihm allein, und später, als ich an der Seite des großen und schlanken Mannes schritt, spiegelte sich in diesem Verhältnis das Bild des früheren: ein kleines Mädchen neben einem großen Gefährten.

Als ich zum ersten Mal begriff, daß er krank war, war ich neun Jahre alt. Ein paar Monate zuvor hatte ich mich in der Schule mit einer Freundin über den Tod ihres Vaters unterhalten, der kurze Zeit nach ihrer Geburt gestorben war, ein Gespräch, das mich ein bißchen traurig gestimmt hatte. Auch andere Klassenkameradinnen konnten von Todesfällen in der Familie berichten. Ich dagegen hatte niemanden zu betrauern, die gewisse Größe, die eine solche Erfahrung verleiht, fehlte mir, und ich fühlte mich deswegen benachteiligt. Aber gleichzeitig empfand ich diesen Umstand auch als Vorzug, vor allem, als ich an jenem Tag meine Eltern in unserem Wohnzimmer beieinandersitzen sah. Sie boten ein friedliches, harmonisches Bild. Nach kurzem Nachdenken kam ich zu dem Schluß, daß die Vorstellung, Waise zu sein, doch recht beunruhigend sei. Laut sagte ich: »In meiner Klasse haben alle außer mir einen Familienangehörigen, der gestorben ist.« Mein Vater las, meine Mutter strickte: Mir scheint, als hätte ich sie nie anders gesehen. An jenem Abend fragte er mich, ob ich diese Sonderstellung bedaure. Ich antwortete darauf mit Nein, zuerst aus Höflichkeit und dann aus Angst. Aber in der nächsten Sekunde dachte ich an den Tag zurück, an dem wir von verstorbenen Verwandten gesprochen hatten, und ich begriff, daß mein Vater krank war. Dieses Begreifen währte ebenfalls nur eine Sekunde, und es war nicht so sehr ein Gedanke, der sich mir aufdrängte, als vielmehr das etwas komische Bild eines kleinen Mädchens in Trauerkleidern, das ich selber sein konnte oder jemand anders. Danach und die ganzen fünf Jahre, die die Krankheit meines Vaters dauerte, lebte ich völlig unbekümmert. Seine Krankheit war unauffällig, erforderte außer einer mäßigen Diät keine aufwendige Behandlung, und ich merkte überhaupt nur etwas davon, weil ich jeden Sonntag zum Nachtisch mit Sacharin gesüßtes Eis essen mußte.

Eines Tages besuchten wir irgendeine Ausstellung, und ich erhielt zusammen mit der Eintrittskarte ein Los. Als ich erfuhr, daß ich mit diesem Stück Papier einen Kunstgegenstand gewonnen hatte, wollte ich es kaum glauben. Man überreichte mir eine vergoldete Bronzebüste, die eine junge Holländerin darstellte, deren Spitzenhäubchen reliefartig herausgearbeitet war. Zweifellos war dies das einzige, was ich je in meinem Leben umsonst, und ohne darum gekämpft zu haben, erhielt. Papa pflegte mich zu necken, indem er die Büste vor mir versteckte; um das zu verhindern, verbarg ich sie unter meiner Bettdecke. Eines Abends gingen meine Eltern aus. Ich schlief natürlich noch nicht, als sie zurückkamen, sondern spielte nur die Schlafende, wie ich es oft tat; ich verstand so gut, sie zu täuschen, daß sie glaubten, ihr Flüstern könnte mich nicht wecken. »Ich will ihre Puppe verstecken«, sagte mein Vater leise. »Warum mußt du sie ärgern?« wandte meine Mutter ein. »Sie muß lernen, Neckereien zu ertragen.« Das Einfachste wäre gewesen, die Augen aufzuschlagen. Ich habe es nur deshalb nicht getan, weil ich spürte, daß mein Vater diese ganz und gar fiktive Beziehung, die die Neckerei zwischen uns schuf, liebte; wir wußten beide, daß sie nicht mehr war als eine konventionelle Sprache, die jedoch, wenn wir sie benutzten, den Charakter eines Geheimkodes annahm, zu dem Mama keinen Schlüssel besaß.

Manchmal jedoch tat mir der Spott meines Vaters auch weh, so zum Beispiel, als er meine Tragödie las oder mein Geheimtagebuch und mich belustigt nach der Bedeutung dieser oder jener Passage fragte. Aber selbst diese Fragen zeugten von seinem Interesse für mich und von wacher Anteilnahme. Bisweilen ließ er danach meine Mutter an seinen Beobachtungen teilhaben, aber seltsamerweise sind es vor allem seine Fragen, an die ich mich am deutlichsten erinnere, wenn ich an das Verhältnis zu meinem Vater zurückdenke. Vielleicht sind sie der eigentliche und tiefste Grund für die Mutlosigkeit, die ich so oft vor dem berühmten unbeschriebenen Blatt empfunden habe. Bis zu meinem zwanzigsten Jahr und noch darüber hinaus lebte ich in der Welt meiner eigenen Erzählungen und sang selbsterfundene Verse: Aber als der Mann, den ich gewählt und der mich gewählt hatte, in mein Leben trat, war ich lange Jahre damit einverstanden, daß nur noch seine Stimme erklang.

Seit ich diesem Mann den Platz des toten Vaters an meiner Seite eingeräumt hatte, war ich davon überzeugt, daß ich selbst zurücktreten mußte. War die Tatsache, daß ich ihn so lange Zeit vermißt und mich nach ihm gesehnt hatte, nicht der Beweis dafür, daß ich ihn aus Unwissenheit und Ungeschicklichkeit zurückgestoßen hatte? Jener hatte, als ich klein war, meine Schreibversuche kritisiert, und ich hatte mich deshalb von ihm zurückgezogen und ihn so gezwungen, auf einen Teil von mir zu verzichten. Uns würde eine solche Dummheit erspart bleiben, dachte ich; dieses Mal wollte ich von Anfang an das Feld räumen und nicht erst, wenn mein Verzicht als feindseliger Akt aufgefaßt werden könnte. Die Bewunderung, die ich als Tochter und Frau meinem Gegenüber entgegenbrachte, ließ mich natürlich nie auf den Gedanken kommen, daß mein Opfer und das Werk des anderen in irgendeiner Weise gleichrangig sein könnten. Ich weiß, wie töricht Spekulationen darüber sind, was vielleicht hätte sein können; immerhin gab es zu Beginn unseres gemeinsamen Lebens weder Andrés Werk noch meins, und doch glaubte ich fest an das, was spätere Zeiten bewiesen: Er ist ein großer Schriftsteller geworden. Doch war das damals ein Grund, meine eigene kleine Melodie nicht zu singen?

Aber kommen wir auf die Fragen meines Vaters zurück. Die, welche er mir nach der Lektüre meiner »Isabella von Kastilien« stellte, enthielt in Form einer Hypothese bereits einen Teil der Antwort. Er saß vor mir, seine Wangen glänzten bereits ein wenig zu rot, und er fragte mich, warum ich es nicht fertigbrächte, meine Tragödie, die drei Akte hätte statt fünf und sich offenbar dem Schluß nähere, zu Ende zu schreiben. Ich habe noch nie widerstehen können, wenn ich geradeheraus gefragt wurde. Die eindeutige Frage forderte irgendwie eine ebenso eindeutige Antwort, eine Antwort, zu der ich mich selber noch nicht hatte durchringen können. »Wie soll dein Stück enden?« fragte er mich hartnäckig. »Die Prinzessin Isabella muß sterben.« Daß die Heldin einer Tragödie sterben muß, wenn der Vorhang fällt, stand für mich fest. »Du magst sie nicht töten, nicht wahr?« fragte mein Vater freundlich. Ich konnte nicht anders als zustimmen, beschämt über so viel sentimentale Feigheit.

Wie wenige und eigentlich ganz unwichtige Dinge genügen, um das Bild des Mannes wachzurufen, der mir in meinem Leben am meisten bedeutet hat! Aber niemals wird es mir gelingen, bis in den Mittelpunkt der Schnecke vorzudringen, obwohl ich beharrlich den immer enger werdenden Windungen der Kreise folge: Ich würde dort vielleicht meinen Vater finden, aber auch den Tod, der damals in Baden-Baden von seinem Gesicht Besitz ergriff, in der kleinen Villa russischer Großherzöge, die um ihre Macht zitterten. Tags zuvor war mein Vater fünfzig Jahre alt geworden. Was soll man fühlen, wenn man erfährt, daß man seinen Vater verloren hat? Zuerst ist da ein großes Schweigen, dann sagt man: »Mama«, und dann sieht sie einen starr an und geht aus dem Zimmer. Und man weint, aber bald schon fließen die Tränen spärlicher, denn man kann nicht glauben, daß ein so kurzer Moment der Angst und des Bewußtseins einer Gefahr Wirklichkeit geworden ist.

Sechs Uhr abends an einem Tag im Juli, die Sonne ist noch nicht hinter den Bergen verschwunden und das Zimmer noch ganz hell. Paul fragt, was wir machen könnten. Wir können nichts machen. Er möchte gern spielen, ich möchte lesen, aber das gehört sich nicht. Der Briefträger bringt Telegramme. Ein- oder zweimal hat das Telefon geklingelt. Jeanne weiß, daß mein Bruder Maurice kommt und drei meiner Onkel. Mama haben wir noch nicht wiedergesehen. In einer

Ecke des Zimmers liegt etwas Glitzerndes auf dem Teppich. Ich bücke mich: Mein Ring ist zertreten, der Amethyst zersplittert, der Reif verbogen. Papa ist tot, wirklich tot, und Maurice weint. Es ist schrecklich, ihn, den älteren Bruder, das Symbol junger Männlichkeit, weinen zusehen. Er tut mir leid, weil er Papa nicht mehr lebend wiedergesehen hat, weil ihr Verhältnis schwierig war und weil er der ältere ist. Gegen Abend kommen die Brüder meiner Mutter.

Trotz allem habe ich geschlafen, und es dämmert schon. Auch der Bruder meines Vaters ist da; er ist aus Paris gekommen. Eigentlich hätte er an Papas Stelle sterben sollen, denn er ist nicht schön, er ist nicht klug, er versteht sich nicht gut mit seiner Frau, und seine Kinder lieben ihn nicht so, wie ich meinen Vater liebte. Aber auch er trauert um ihn, und er blickt uns liebevoll an. Er fragt mich, ob ich meinen Vater noch einmal sehen will. Ich habe Angst, sage aber doch ja, während Paul schreit und sich wehrt. Zweierlei überrascht mich an dem Mann, der da ausgestreckt vor mir liegt. Er trägt keine Brille – der Gedanke, daß meine Mutter ihn so kannte, macht mich eifersüchtig –, und sein Atem bewegt die Bettdecke nicht mehr. Mein Vater ist schön, sehr einfach nur mit einem Hemd bekleidet, und seine Hände liegen flach übereinander. Ich betrachte ihn für den gesamten Rest meines Lebens. Von nun an wird er mir gehören und nie mehr altern. Eines Tages werden wir gleich alt sein, und dann wird eine Zeit kommen, in der ich seine ältere Schwester bin.

Es war schon dunkel, als ich hörte, daß Männer mit dem Sarg die Treppen heraufstiegen. Hinter der Tür hörte ich Deutsch sprechen, etwas wurde geöffnet und wieder geschlossen. Als die Männer gingen, klangen ihre Schritte schwerer als vorher. Maurice und meine Onkel fuhren mit dem Zug nach Paris, wo unser Vater beerdigt werden sollte. Wir, Mama, Jeanne, Paul und ich, wurden von Großmama in Magdeburg erwartet. Dort empfing sie ihre Tochter mit offenen Armen, aber diese stieß sie zurück: »Laß mich, du hast deinen Mann behalten.«

Dann schloß sich Mama im hintersten Zimmer der Wohnung ein, in dem Zimmer, in dem sie als Mädchen gewohnt hatte, und verharrte drei Tage lang in einem Schweigen, das wie das Schweigen nach dem Weltuntergang war und nur durch das demütige Flehen der schönen Luise – Demut paßte schlecht zu ihr – vor ihrer Tür unterbrochen wurde. Meine Großmutter war immerhin von den täglichen Pflichten in Anspruch genommen. Sie mußte den Haushalt führen und die Kondolenzbesuche empfangen, während ich, allein mit meinem kleinen, verängstigten Bruder, unter dem Tod meines Vaters und der Abwesenheit meiner Mutter litt. Ich war zerrissen zwischen meinem Schmerz und der Erwartung dessen, was die Zukunft mir bringen würde.

Gewiß, es geht nicht anders. Es gibt nichts, was nicht stirbt. Onkel Hans beugt sich über die Reling des Überseedampfers, und seine Abschiedsgesten besiegeln unsere Trennung. Hans, du warst häßlich mit deinem ungeschickt geformten Mund und deinen zusammengekniffenen Augen, die immer aussahen, als ob du lachtest oder ein Kummer dich plötzlich überwältigte. Du warst gutmütig, du warst intelligent, du liebtest mich. Nach dem Tod meines Vaters hast du mich im romantischen Bornholm abends die Namen der Sterne gelehrt und am Tag, daß die Welt groß ist und eine lange Vergangenheit hat. Du interessiertest dich für Gobineau; nicht seine These vom unterschiedlichen Rang der Rassen machte dir Eindruck, sondern daß die Kulturen einander nicht gleichen und jede ihren eigenen unersetzlichen und wertvollen Beitrag leistet. Du hast mir von den Assyrern erzählt, von den Phöniziern, von Mykene und sogar von den Hethitern. Danach fand ich alle Geschichtslehrer langweilig.

Auch ich beugte mich über die Reling eines Schiffes, damals, kurz nachdem mein Vater mich als Halbwaise zurückgelassen hatte. An jenem Tag stand Onkel Hans neben mir, der Chemiker war und sich für Geschichte und Literatur interessierte. Wir fuhren die Oder abwärts, und ich sah zum ersten Mal die Welt mit doppelter Fassade vorübergleiten: die vertikale mit klaren Konturen und die horizontale, die sich im Wasser spiegelte, genauso unscharf wie meine Erinnerungen heute. In der Gegend von Stettin fuhren wir nachts an einem Wald brennender Hochöfen vorüber. Auf dem Wasser hörten wir den Widerhall der arbeitenden Maschinen. Ich hatte mich noch kaum vom Verlust meines Vaters erholt, und der romantische Anblick der Flammen, das gewaltige metallische Dröhnen und die Burgruine auf der Insel begeisterten mich. Hans war dagegen, daß ich in banaler Schwärmerei für den Norden Trost fand. So nahm er mir eines Tages eine mittelmäßige Sammlung von Heimatsagen weg und gab mir statt dessen die Märchen von Brentano zu lesen, die ich später übersetzte. An *Gockel, Hinkel und Gackeleia* schätzte er vor allem die phantastische, aber ironisierende Darstellung. Mein Onkel aus Deutschland suchte solche Bücher für mich aus, deren Klarheit meinem französisch geschulten Verstand entgegenkam, während er selbst sich im Deutschland der Gelehrten, der Forscher und Denker heimisch fühlte.

»Muß i denn, muß i denn . . .« Man geht, man kommt, man besucht nahe und ferne Länder, doch man weiß, daß man ein Vaterland hat und eines Tages nach Hause zurückkehren wird. Aber plötzlich können manche nicht mehr nach Hause zurückkehren. Mein Onkel verließ Deutschland 1938, um mit Frau und Kind nach Brasilien auszuwandern. Das Schiff hatte in Boulogne einige Stunden Aufenthalt, und der Kapitän erlaubte seinen jüdischen Passagieren, die die Reise in deutscher Währung bezahlten und noch menschenwürdig reisten, den Fuß ein letztes Mal auf europäischen Boden zu setzen.

Das Schlimmste für meinen Onkel und seine Familie war es sicher gewesen, plötzlich einer Gesellschaft gegenüberzustehen, die sie ausstieß, aber den Griff nicht eher lockerte, bis sie den Ausgestoßenen alles genommen hatte, so daß sie schließlich für die Beamten nichts weiter bedeuteten als ein Formular, auf dem stand: an dem und dem Tag und Jahr mit der Familie ausgewandert. Aber schlimmer noch als die kalte Gleichgültigkeit muß das unerwartete Mitleid jenes Mannes gewirkt haben, der den Namen des blonden Kindes in den Sammelpaß eintrug und dann den Kopf des kleinen Juden streichelte. »Ich habe das Aufkommen einer entsetzlichen Religion erlebt«, sagte mein Onkel zu mir. »Was auch geschehen mag, ich kehre nie wieder nach Deutschland zurück.« Wenige Monate nach seiner Ankunft in Brasilien starb er völlig verarmt, noch bevor es ihm gelungen war, den Teil seiner Laborausrüstung, den er hatte mitnehmen dürfen, durch den Zoll zu bekommen.

»Wenn i komm, wenn i komm, wenn i wieder- wiederkomm . . .« Ich wußte, daß mein Onkel und die Seinen nie wiederkommen würden, weder tot noch lebendig. Es war gewiß weder Zufall noch pure Dummheit, daß man dieses Lied spielen ließ: Mehr noch als die

Verfolgung, die ich bereits ahnte – ich kümmerte mich im Namen einer Hilfsorganisation um die Flüchtlinge –, offenbarte mir dieses sentimentale Liedchen den Sadismus der Deutschen: Es genügte nicht, ihr Land zu verlassen, nein, Worte und Melodien, die sie von Kindheit an gehört hatten, sollten den Auswanderern zeigen, daß dieses Deutschland, dem sie für immer den Rücken kehrten, ihr Fleisch gebrandmarkt hatte.

Taschentücher werden geschwenkt wie bei jedem Abschied, bekannte Silhouetten verschwimmen, das Heck des Schiffes gleicht einem dunklen Dreieck, das sich schließlich im grauen Dunst eines regnerischen Tages auflöst.

Mein Onkel hätte Professor an der Universität werden können, wenn er in eine Konversion eingewilligt hätte. Der Lehrberuf hätte ihm Spaß gemacht, denn er liebte es, sein Wissen an andere weiterzugeben. Er hätte selbst jetzt noch in Deutschland bleiben können – als »Ehrenarier«, wie man ihm vorschlug.

In der Heiligengeschichte mit dem grauen Einband, die wir in der St.-Klothilden-Schule gelesen hatten, gab es ein Bild, auf dem Baalspriester Kinder mit langen Gabeln in einen brennenden Ofen werfen. Im Hintergrund sah man die Mütter verzweifelt die Hände ringen.

Ich habe dieses Bild seit meiner Kindheit im Gedächtnis behalten, es ist eines der kleinen »Urbilder«, die mich geprägt haben, und vielleicht hatte es die Bedeutung einer Vorahnung. Einige Jahre noch, und die Öfen des Baal wurden zu Krematorien. Aber diesmal gab es nicht die geringste Möglichkeit, das Opfer für sinnvoll zu halten.

Zu Hause in Paris, in einem Haus, in dem jedes Möbelstück die Endgültigkeit der Trennung bestätigte, mußten wir unser Leben neu einrichten. Ich sollte von nun an in Mamas Zimmer schlafen, in dem Bett neben ihrem, das Papa gehört hatte.

Am ersten Tag nach unserer Rückkehr verließ Mama noch im Morgengrauen das Haus, ohne uns gesagt zu haben, wohin sie ging. Jeanne lief ihr nach. Ich wußte, daß Mama zum Friedhof ging und daß sie dort sterben würde, ohne sich selbst Gewalt anzutun. Jeanne fand sie auf jenem Stein liegend, der bis jetzt nur einen Namen trug.

Sie kehrten zusammen zurück, aber meine Mutter war so still, daß ich keine Ruhe fand.

Doch ausgerechnet in dieser Zeit, als ich nirgends einen Ausgleich fand für die erlittenen Ängste, verwandelte das kleine Tränenkrüglein sich plötzlich und unerwartet in eine fröhliche junge Person, die zwar in keiner Weise schön zu nennen war, darauf aber offenbar auch verzichten konnte, weil sie allein durch ihre Lebhaftigkeit gefiel. Ich begründete meine Veränderung mit konventionellen Sätzen wie: »Ich muß Mama neuen Mut machen, und mein kleiner Bruder braucht eine heitere Atmosphäre.« Ich übernahm die Rolle meines Vaters und fühlte mich für meine Familie irgendwie verantwortlich. Ich war überzeugt, daß Papa mir meine hilflose Mutter, den immer noch so jungenhaften Maurice und den ganz und gar kindlichen Paul anvertraut hatte. Meine Großmutter hatte mich vor den anderen auserwählt, mein Vater Hoffnungen in mich gesetzt und gewünscht, daß ich später mit Erfolg studierte, und beides verband sich in mir zu dem Glauben, ich sei die Trägerin eines geheimen Auftrags, wenn ich auch nicht wußte, worin genau er bestand.

Lag der Grund meiner Wandlung nicht ganz einfach darin, daß ich, meiner übergroßen Liebe zu meinem Vater ledig, mich nun bemühte, ich selbst zu werden? Die Trauer um meinen Vater war leichter zu ertragen als die Furcht, meiner Aufgabe als Auserwählte nicht gewachsen zu sein.

Dann wurde ich vierzehn. Jahrelang hatte ich dieselben Kleider getragen, die je nach Jahreszeit aus dem großen Schrank im zweiten Stock geholt wurden und mir immer wieder paßten, gerade als ob mein Körper sich nie verändern sollte. Aber plötzlich fing ich an, in die Höhe zu schießen, genau wie andere Kinder. Ich war begeistert, glaubte, ein Wunder sei mit mir geschehen, und wartete voller Hoffnung darauf, daß es sich wiederholte; denn zu jener Zeit hielt ich Wunder zwar für außergewöhnlich, aber für durchaus wiederholbar; eine törichte Vorstellung, die mir viele Enttäuschungen bereitete. Doch damals half mir dieser Glaube, der sich als gar nicht so falsch erwies, die weitere Entwicklung geduldig abzuwarten. Mein älterer Bruder war für mich die Verkörperung der Helden aller Mythologien: Er besaß die Statur eines Apollo, den Mut eines David und das Gesicht eines Siegfried. War er wirklich so heldenhaft und männlich, wie ich dachte, oder gab er sich nur so? Es fehlte ihm jedenfalls nicht an Härte gegen sich selbst. Er war sehr kampflustig, und bis zu seinem sechzehnten Jahr habe ich ihn, glaube ich, immer nur voller Narben und Verbände gesehen. Aber er jammerte nie, und noch heute denke ich mit leichtem Schauder daran, daß er, als Jeanne einmal einen mit einem Desinfektionsmittel getränkten Wattebausch in ein tiefes Loch in der Nähe seines Knies einführte, durch nichts zu erkennen gab, wie sehr er litt, außer daß sein normalerweise blasses Gesicht plötzlich errötete. Woraufhin er mir sagte, Männer müßten so sein. Und ich glaubte ihm. Später sagte er mir, daß Männer nie ihre Gefühle zeigen dürften, und auch das glaubte ich ihm.

Ich hatte nie etwas von Maurice erwartet. Ich hatte ihn als etwas Höheres betrachtet und zu ihm aufgeschaut. Aber plötzlich befand er sich an meiner Seite und öffnete mir wie selbstverständlich die Tür zur Welt der Erwachsenen, gerade als ob es von Anfang an so vorgezeichnet gewesen wäre.

Im Jahr zuvor war mein älterer Bruder am Blinddarm operiert worden. Als die Diagnose ergab, daß nun ich an der Reihe war, und man mich mit dem Krankenwagen in die Klinik brachte, freute ich mich im stillen, daß ich ihn endlich eingeholt und sogar überrundet hatte.

Warum sollte ich nicht ein wenig mit dem Gedanken an den Tod spielen? Daß man sterben konnte, wußte ich, seit Papa tot war. Damals hatte sein Tod mir die Bilder anderer Toter der Familie ins Gedächtnis gerufen – wie im Film, wenn die Kamera vom Detail in die Totale überschwenkt.

Was ist eine Jugend, die der Tod nicht angerührt hat, die nicht in ihrem tiefsten Innern durch eine endgültige Trennung getroffen wurde? Dem Tod als solchem kann man nicht zustimmen, aber der Tod eines Menschen, der »eigentlich da sein sollte«, stellt einen jungen Menschen immer wieder von neuem vor ein Problem. Was die Welt des Geistes mir geben würde, wußte ich noch nicht genau, aber ich sagte mir, daß ein geistiges Leben von dem Hin und Her zwischen Ablehnung und Zustimmung geprägt wird und daß meine Eltern und ihre Freunde sich zum Beispiel für den Atheismus entschieden hatten, während Tolstoi und Bergson den Glauben keineswegs verwarfen. Da ich durch den Steinerschen Synkretismus einer Freundin meiner

Mutter beeinflußt war, fand ich, zwischen den Religionen bestünden trotz großer äußerer Unterschiede keine unüberbrückbaren Gegensätze.

Mit der Logik der Jugend unterzog ich die ethischen Werte, die bis dahin Geltung für mich gehabt hatten, einer Revision. Ich beobachtete die Menschen in meiner Umgebung, um in ihrem Verhalten irgendwelche Reste einer Kosmogonie zu entdecken, an die sie selber längst nicht mehr glaubten. Jaurès fiel mir ein, und ich hätte gern gewußt, welcher Ordnung er sich widersetzte und welche er mir statt dessen vorschlug. Ich tendierte mehr und mehr dazu, diejenigen zu verachten, die Gott verworfen hatten und nun so handelten, als ob sein Wille in der Organisation der Gesellschaft zum Ausdruck käme. Man mußte im Leben jedoch auch die anderen gelten lassen.

Mit Begeisterung las ich die Gedichte von Jules Laforgue, deren düstere Stimmung, Schärfe und Ironie mir gefielen und die von gleicher Art waren wie meine eigenen angstvollen Fragen. Ich las populärwissenschaftliche Werke, Reisebeschreibungen, die auf mich die Wirkung ethnologischer Abhandlungen ausübten: Mir wurde nämlich plötzlich klar, daß das, was bei uns für richtig erachtet wurde, woanders vielleicht überhaupt nicht galt. Ich befand mich mitten in einer inneren Revolution, als der Erste Weltkrieg ausbrach: Damals fiel ich in wenigen Tagen um etliche Jahre zurück.

Seit ich zur Schule ging, hatte ich auf den Krieg gewartet. Der Verlust Elsaß-Lothringens bedrückte mich. Ich litt darunter so, als wäre ich Zeuge eines Mordes gewesen, den ich nicht verhindern konnte, für den ich mich aber trotzdem ein bißchen verantwortlich fühlte. Seit der St.-Klothilden-Schule hatte ich ständig die Landkarte Frankreichs vor Augen, die neben der schwarzen Tafel hing und auf der rechts ein violettes Dreieck »unsere verlorenen Provinzen« bezeichnete.

»Immer daran denken, nie davon sprechen.« In der Schule jedoch wurde dauernd davon gesprochen, und zwar zu Recht, denn es gibt vielleicht kein anderes Mittel, eine Tatsache im Gedächtnis zu behalten, als davon zu reden. Unsere Direktorin erzählte, wie sehr die ganze Bevölkerung gehungert habe und daß sie selbst habe Pferdefleisch essen müssen. Gerade weil meine eigenen Vorfahren diese Not nicht geteilt hatten, litt ich vielleicht um so mehr darunter. Ich fühlte mich eins mit dem Volk in der Erwartung des Tages, an dem Frankreich den verlorenen Besitz wiedererlangen würde.

Da meine Empörungsfähigkeit großenteils durch die Märtyrerprovinzen in Anspruch genommen war, blieb für die soziale Ungerechtigkeit nicht mehr viel übrig. Doch hatte ich immerhin Jaurès erlebt und Diskussionen mitangehört, in denen es um die Einführung des freien Sonntags und um Arbeitszeitverkürzungen ging. Meine Mutter sprach von der deutschen Sozialpolitik, die viel weiter fortgeschritten sei als die französische, von Streiks und Kämpfen, bei denen es Tote gegeben habe. Mein Vater hatte sozialistisch gewählt und dazu gesagt: »Mein Kandidat kommt zwar nicht durch, aber dafür hat er wenigstens eine Stimme mehr.« Der Sozialismus, dachte ich, würde es den Menschen erleichtern, ein menschenwürdiges Dasein anzustreben. Ganz gewiß jedoch würde schon die Schulgeldfreiheit denen, die es verdienten, manchen Weg ebnen: Die Vorstellung des Verdienstes spielte nämlich in meinen Überlegungen eine große Rolle. Die Welt, so wie ich sie sah, schien mir nicht unveränderbar zu sein; sie hatte sich bereits verändert, und zwar zum Besseren, dessen war ich sicher, in einem Prozeß, den ich zeitlich nicht genau festlegen konnte, der aber jedenfalls seinen Höhepunkt in der Französischen Revolution gehabt hatte. Ich wußte, daß die Lage der Juden sich seit jener Zeit gebessert hatte, ein Faktum, das gewisse Zweifel an den Äußerungen unserer Geschichtslehrerin in mir weckte, die, wenn auch nicht sehr nachdrücklich, behauptete, die Revolution habe mehr zerstört als aufgebaut, und außerdem habe die Aufhebung des Zunftzwangs den Arbeitern viel Positives genommen, ohne sie dafür glücklicher zu machen.

Genau bis zur Mitte des Krieges bestand das Problem für mich nicht darin, mich von der Gesellschaft zu distanzieren, mich ihr entgegenzustellen, sondern vielmehr, mich in sie einzugliedern und mich von ihr bestätigen zu lassen, damit ich mich selbst bestätigen konnte. Revoltiert, und zwar ganz offen, habe ich erst später, während ich anfangs meinen Hang zur Rebellion hinter dem Versuch zur Anpassung verbarg, hinter der Furcht, meine Verbindung mit der Gesellschaft aufs neue in Frage zu stellen.

Der Krieg überraschte uns in England, wo wir die Ferien verbrachten. Bis zum Jahre Vierzehn hatte ich weder in Frankreich noch in

Deutschland einen Mann getroffen, der mir hätte sagen können: Wenn ich meine Augen oder einen Arm verloren habe, dann deshalb, weil ich gekämpft habe. Vierzig Friedensjahre hatten eine Generation heranwachsen lassen, deren Erfahrungen mit denen der vorangegangenen nichts mehr gemein hatten. Und deshalb war auch für mich die Idee des Leidens nicht mit der des Kämpfens verknüpft.

Empfand ich deshalb angesichts der Plakate, auf denen die Mobilisierung bekanntgegeben wurde, mehr Begeisterung als Kummer? Vor allem – und ich halte das für eine wesentliche Erfahrung, die ich in jenen Tagen der Kriegserwartung machte – freute ich mich zum ersten Mal darüber, einer Gemeinschaft anzugehören: Ich fühlte, was andere fühlten, hoffte, was andere hofften, wollte, was andere wollten. Ich schwamm in dem einen großen Strom kollektiven Willens.

Die Ermordung Jaurès' tat meinem Verhältnis zu diesem Volk keinen Abbruch. Der große freundliche Mann meiner Kindheit erschien mir als erstes Opfer des Krieges, dessen Berechtigung er selbst sicher anerkannt hätte, aber auch eines Krieges, dessen Ausbruch er vielleicht hätte verhindern können. Doch wünschte ich überhaupt, daß er nicht ausbrach?

Weder mein Bruder noch seine engen Freunde wurden sofort einberufen: Sie gehörten zum Abiturjahrgang von 1914 oder waren zum Teil noch jünger. Hatte es je einen Sommer gegeben, in dem ich so viele Freunde besaß? Das Wetter war schön, des Abends gingen wir auf den Straßen oder in den Gärten spazieren, und nachmittags ruderten wir auf dem See im Bois de Boulogne. Als die ersten »Tauben« Bomben auf Paris warfen, eilten wir zu den Stellen, die angeblich getroffen sein sollten, hakten uns unter und sangen: »Das ist uns ganz egal, ja, das ist uns ganz egal!«

England war als Verbündeter Frankreichs in den Krieg eingetreten, das stärkte unseren Glauben an den Sieg; Belgien war überrannt worden, das bestärkte uns in der Überzeugung, daß das Recht auf unserer Seite sei. Und die Nachricht, daß unsere Truppen Thann eingenommen hätten, steigerte unser Glück und unsere Begeisterung.

Aber eines schönen Tages erfuhren wir, daß wir weniger siegreich waren, als wir gedacht hatten. Es war um diese Zeit, daß wir eines Nachmittags, als wir vom Rudern zurückkamen, auf dem für Briefe und Visitenkarten bestimmten Teller meines Bruders Gestellungsbefehl vorfanden. »Jetzt bist du an der Reihe zu gehen«, sagte meine Mutter.

Obwohl wir nicht wußten, was wirklich geschah, merkten wir, daß die, die unsere Feinde geworden waren, vorrückten. Mama sagte: »Wenn die Deutschen siegen, kehre ich nie wieder nach Deutschland zurück.«

Die Deutschen rückten vor, daran gab es keinen Zweifel mehr. Wie alle anderen wurden wir von der allgemeinen Angst angesteckt, wie sie regten wir uns darüber auf und empörten uns, weil wir glaubten, Recht und Sieg seien auf unserer Seite. Aber eine leichte Unruhe störte unsere Gewißheit, denn immerhin hatte es 1870 gegeben. Der Krieg nahm mir meine Kindheit, meine zweifache Sicherheit, gab mir jedoch statt dessen etwas anderes: Meine Vergangenheit war von nun an identisch mit der meiner Umwelt. Gestern war ich besiegt worden, heute mußte ich siegen. Als es eines Tages hieß, die Deutschen seien in Noyon, entschloß sich mein Onkel, uns nach Le Havre zu schicken, wo das Unternehmen Goldschmidt eine Niederlassung besaß. Doch Le Havre war genauso gefährdet wie Paris.

Also zogen wir nach kurzer Zeit mit dem Einverständnis meines Onkels nach Saint-Lunaire, wo sich meine Tante Arianne mit ihren kleinen Kindern befand. Das Unglück hatte gewollt, daß ihr Mann, jüngster Bruder meiner Mutter, dessen französischer Patriotismus glühender war als der einer ganzen Pariser Hausgemeinschaft, sich im Augenblick der Kriegserklärung in Magdeburg aufhielt. Da er noch die deutsche Staatsangehörigkeit besaß, erhielt er alsbald einen Gestellungsbefehl, dem Folge zu leisten er sich unter Zureden seiner Eltern und Brüder entschloß, zumal er annahm, es handle sich lediglich um eine Art großes Manöver. Nach dem damals geltenden Recht besaß eine Frau automatisch die Staatsangehörigkeit ihres Mannes, so daß Arianne, die weder deutsch sprach noch je einen Fuß auf deutschen Boden gesetzt hatte, in ihrer eigenen Heimat an der Bretagneküste sich nur noch einer sehr begrenzten Freiheit erfreute; indessen versuchten wir, ihre Angelegenheit zu regeln. Eine logische Folge von Ereignissen hatte uns in eine absurde Situation gebracht.

In Saint-Lunaire bewohnte meine junge Tante mit ihren beiden Kindern und der Amme ihres Jüngsten eine schöne, in einem Park gelegene Villa, in die sie uns aufnahm. Der Krieg ging weiter, und obwohl jetzt häufiger von einem Sieg Frankreichs gesprochen wurde, standen die Deutschen immer noch auf unserem Boden. Wir verbrachten den größten Teil unserer Tage in der Wäschestube des Hauses und richteten für das Krankenhaus Verbände und Kompressen her.

Der Krieg zog sich hin; gegen Jahresende, als Arianne endlich ein *Laissez-passer* nach Deutschland erhalten und uns verlassen hatte, eilten wir voller Sorge nach Sens, wo Maurice stationiert war. Unser großer Junge hatte sich in einen schimpfenden, ja aufsässigen Rekruten verwandelt. Allerdings hatte niemand daran gedacht, diesen Abiturjahrgang von 1914 auch nur im geringsten zu schonen. Maurice war einem jener Infanterieregimenter in Ostfrankreich zugeteilt worden, die ständig Nachschub an jungen Männern brauchten, und die Berichte derjenigen, die aus der vordersten Linie zurückkamen, hatten ihm jede Illusion genommen: Der Krieg war für ihn nicht länger eine Art glanzvoller Reiterparade. Außerdem beklagte er sich über die Dummheit seiner Vorgesetzten; kaum daß wir uns an sein militärisches Aussehen gewöhnt hatten, kündigte er uns an, er und ein paar Kameraden würden, sobald sie an der Front wären, zuallererst auf gewisse Unteroffiziere schießen.

Ich war sehr erschrocken: Warum wurde mein großer und schöner Bruder gedemütigt? Wir hatten keine Beziehungen, keine einflußreichen zumindest. Das war die Antwort. Als ich am selben Abend im Bett lag, versuchte ich herauszufinden, wodurch sich unsere Familie von anderen unterschied, die in etwa das gleiche Vermögen besaßen und den gleichen Bildungsstand hatten wie wir. Und ich mußte mir eingestehen, daß wir nicht voll in die französische Nation integriert waren. Ich lehnte mich nicht dagegen auf, sondern war nur traurig darüber. Zweifellos hatten wir bisher in den Augen des französischen Volkes unsere Loyalität noch nicht ausreichend bewiesen, aber wir waren jedenfalls bereit dazu. Warum also mutete man Maurice zu, was seinesgleichen nicht zugemutet wurde? Daß man den untersten Schichten die bittersten Leiden auferlegte, schockierte mich damals noch nicht, und wenn man es mir gesagt hätte, hätte ich geantwortet, daß diese einfachen Leute das Elend wenigstens mit ihresgleichen teilten. Überdies glaubte ich, daß ein gebildeter junger Mann im Krieg zu Haus von viel größerem Nutzen sein könnte als ein ungebildeter, und ich verlangte, daß man daraus die Konsequenzen zöge. Als aber wenige Monate später die Arbeiter von der Front zurückgerufen wurden, begriff ich, daß sie in einer bestimmten Phase des Krieges wichtiger sein konnten als ein Abiturient aus bürgerlichem Hause.

Maurice' Briefe waren ebenso kurz wie die offiziellen Meldungen vom Frontgeschehen. Er berichtete nichts anderes, als daß er noch lebe, daß es ihm gut gehe, daß er unsere Päckchen erhalte und genügend Kopfschützer besitze. Zu jener Zeit wurden in Frankreich so viele Kopfschützer gestrickt – lange Schläuche, in der Mitte mit einem Schlitz für das Gesicht –, daß man nicht nur die französische, sondern auch die deutsche und vielleicht sogar noch die russische Armee damit hätte versorgen können.

Ein ganzes Jahr lang erhielt er keinen Urlaub. Manchmal bekamen wir Besuch von geheilten Verwundeten, die nicht wußten, was sie uns sagen sollten. Wir boten ihnen ein wenig Alkohol an, den sie fast widerwillig tranken, nachdem sie das Glas eine ganze Weile in der Hand gehalten hatten; wir gaben ihnen Zigaretten und Tabak. Als sie die Front verlassen hatten, ging es Maurice gut, aber das war vor zwei oder drei Monaten gewesen. Ja, in der Ecke sei viel los. Maurice sei Postmeister geworden und dann Melder. Ja, sie würden dorthin zurückkehren, natürlich, und sie würden ihm Taschenlampen und Batterien überbringen. Ja, sie wußten, daß er eine Schwester hatte. Und sie starrten das Mädchen an, dessen staksige Beine in schwarzen Strümpfen steckten und dessen Gesicht von zu Schnecken aufgesteckten Zöpfen umrahmt wurde wie das ihrige an der Front von wollenen Ohrenschützern: Absolut nicht ihr Typ, diese Göre, und überhaupt viel zu jung. Maurice wurde immer unwirklicher für mich, und ich zweifelte, ob ich ihn erkannt hätte, wenn ich ihm auf der Straße begegnet wäre. Sicher ja, trotz allem. Aber wahrscheinlich hätte er selbst sich nicht wiedererkannt in dem Bild, das ich mir von ihm zu jener Zeit machte. Er war für mich mein vollkommener großer Bruder, der Held, das wissende Opfer, der scheue, taktvolle junge Mann, der seine Empfindsamkeit verbirgt, der Erfahrene und aufgrund seiner Erfahrungen Überlegene. Jeden Tag schrieb ich ihm ellenlange Briefe, da ich jede freie Minute zum Schreiben ausnutzte. Er antwortete mir nie. Nur auf den Karten, die er an meine Mutter schickte, stand manchmal ein freundlicher Gruß an mich: Helden schreiben nicht.

Was soll man in Kriegszeiten mit einem siebzehnjährigen Mädchen anfangen? Ich nahm mir vor, das Baccalauréat zu machen und arbeitete sehr fleißig. Während der Unterrichtsstunden kritzelte ich meine Wut über die anderen Mädchen, über ihre Spießbürgerlichkeit, ihr hysterisches Lachen, ihre Neigungen, sich mit dem Mittelmäßigen zufriedenzugeben, auf Blätter, die ich dann an Maurice schickte. Die Lehrer mochten mich gern, obwohl ich ihnen ein bißchen unheimlich war und es sicher noch viel mehr gewesen wäre, wenn sie gewußt hätten, was in meinem Kopf vorging. Um die Schulzeit schneller hinter mich zu bringen, nahm ich Privatstunden in Englisch und Latein. In meiner freien Zeit schob ich in der Tracht einer Krankenschwester einen Wagen mit Büchern durch den Teil eines Gymnasiums, in dem man ein Lazarett eingerichtet hatte. Ich verteilte Bücher an verwundete Soldaten, die zumindest mit Worten anfingen, sich für meine Person zu interessieren, zweifellos weil ihnen nichts anderes vor Augen kam.

Zweimal kam Maurice auf Urlaub nach Hause, 1916 und 1917. Das erste Mal sprach er sehr wenig. Gleich nach seiner Ankunft warf er seine verlauste und mit der Zeit ausgeblichene Uniform böse in eine Wanne voll kochenden Wassers. Ich hatte den Eindruck, er verachtete uns. Eines Tages erzählte er mir in einer Anwandlung von Mitteilungsbedürfnis, sein Schützengraben sei voller Ratten. »Ich hatte die Wahl zwischen diesem Loch und einem anderen, in dem mir das Wasser bis zu den Knien stand.« Ich hätte ihm am liebsten die Hände geküßt. Beim Abschied befahl er mir: »Du schreibst mir wieder jeden Tag. Abgemacht? Keine Widerrede!« Er las also meine Briefe.

Beim zweiten Urlaub war es noch schrecklicher: Niemand konnte ihn zum Schweigen bringen. Er redete im Haus, er redete auf der Straße, er redete in der Tram. Als ein alter Mann, der entfernt mit uns verwandt war, ihn fragte, ob er viele Boches getötet hätte, antwortete er: »Ich bin doch kein Schlächter.« Auf der Straße brüllte er, daß Zivilisten ihn anekelten, in der Tram, daß die Offiziere Bestien wären, die ihre Männer aus reiner Geltungssucht in Lebensgefahr brächten. Er hatte den Strafaktionen beigewohnt, die auf die Meuterei vom Chemin des Dames folgten. »Sie mußten abzählen, und jeder zehnte mußte vortreten. Er kehrte nie mehr an seinen Platz zurück. ›Eines für einen Soldaten unwürdigen Todes gestorben‹ stand auf dem Papier, das die Eltern kurz darauf ebenso traf, wie die Kugel ihren Sohn getroffen hatte.«

Im Jahr 1917 wurde Maurice von der Infanterie zur Luftwaffe versetzt.

Der Krieg ging weiter. Wie er genau stand, wußten wir nicht, doch wir versuchten, uns aus den bruchstückhaften Nachrichten, die uns erreichten, ein Bild zu machen. Ich klammerte mich an das, was sicher schien: Die Wiedereingliederung des Elsaß in das französische Territorium würde einer Ungerechtigkeit ein Ende setzen; die Bedingungen, die das österreichische Ultimatum an die Serben stellte, waren unannehmbar. Bald kam das Gerede von den Kriegsgewinnlern auf, und die Vorstellung, daß es Leute gab, die Kanonen verkauften, um sich daran zu bereichern, war nur allzu einleuchtend. So einleuchtend, daß mir nicht einmal in den Sinn kam, daß meine Familie, die Leder an die Armee verkaufte, durch den Krieg auch nicht gerade ärmer wurde.

Es gab jedoch Leute, die der Meinung waren, unsere Anteilnahme am Leben der Nation sei unzureichend. Ich weiß nicht, ob uns jemand denunzierte oder ob es eine Folge des Dalbiez-Gesetzes war, das eine Überprüfung der Staatsangehörigkeit verlangte. Eines Tages brachte der Briefträger einen gelben Zettel, auf dem das meiste vorgedruckt war und der meine Mutter zum Untersuchungsrichter bestellte – in einer »Denaturalisierungsangelegenheit«, wie es hieß. Die Tatsache, daß mein Onkel zu Beginn des Krieges in seinem Haus ein Heim für verwaiste Kinder eingerichtet hatte, das Stricken von Kilometern von Kopfschützern, das Bügeln von Verbänden, das Zupfen von Scharpie, alle die Trostbriefe an Patensöhne, alle die Päckchen, die wir an die Front geschickt hatten, die schweren Wagen voller Bücher, die ich durch das Lazarett geschoben hatte, die Sorge um Frankreich, die Angst um Freunde und Verwandte, die Tatsache, daß wir unsere deutschen Verwandten beinahe vergessen hatten, der Sohn und Bruder, der für Frankreich kämpfte – nichts bewies unsere Loyalität. Wollte man uns wirklich zu Menschen ohne Vaterland machen? In dem Schreiben war nur von meiner Mutter die Rede, aber die Sache ging uns alle an. Ich sah Maurice gleichsam verwaist in ein leeres Haus zurückkehren. Überdies bedeutete die Denaturalisation den finanziellen Ruin, da man unser Vermögen einziehen würde, weil wir Kinder alle noch nicht volljährig waren. Daß ausgerechnet Mama dieses Schicksal treffen sollte, empörte mich besonders, denn sie glaubte in jenen Jahren noch fester als ich daran, daß die Gerechtigkeit auf seiten der Alliierten sei; nie hatte ich ein Wort des Zweifels gehört.

Mama stand regungslos im Flur, wo sie auf einem kleinen Tisch das Schreiben gefunden hatte, und las den gelben Zettel wieder und wieder. Schließlich rief sie nach mir: »Weißt du, was das bedeutet?« Sie weinte. Ihre frühere Staatsangehörigkeit wurde zu einem Fluch, und sie wehrte sich dagegen, daß er auch über uns käme; wieder sprach sie davon, sich umzubringen, und ich versuchte, ihr klarzumachen, daß ihr Tod nichts ändern würde. Plötzlich wußte ich, was ich tun mußte. Ich rief eine Freundin an, deren Stiefbruder Rechtsanwalt war. Obwohl es bereits sehr spät am Abend war, erklärte er sich bereit, unverzüglich zu kommen. Weil seine Schwester mich nett fände, sagte er. Vielleicht aber auch, weil er sich über jeden neuen Klienten freute, da er erst vor kurzem aus Gesundheitsgründen die Armee hatte verlassen müssen.

Ich glaube, in jenem tabakbraunen, im ersten Stock des Hauses gelegenen Arbeitszimmer meines Onkels trat ich zum ersten Mal aus der Welt des Lernens in die des Handelns hinüber. Vor mir saß ein kleiner, trotz seiner Jugend bereits glatzköpfiger Mann. Er sprach geläufiger als ich, aber zunächst einmal mußte er anhören, was ich ihm zu sagen hatte. Von dieser Zeremonie hing zum Teil unser Schicksal ab. Schon seit Jahren hatte ich mich für meine Familie verantwortlich gefühlt, und jetzt war ich es tatsächlich. Nach anfänglicher Verwirrung begriff ich, worauf es in unserer Situation ankam: Wir mußten Zeugen nennen, Beweise sammeln, Garantien geben. Spontane Gesten wurden plötzlich zu Entlastungsmaterial. Er riet mir, einen Lebenslauf zu schreiben, eine Liste aufzustellen und außerdem einen bekannten Rechtsanwalt, dessen Name allein schon unsere Loyalität verbürgen würde, für unsere Sache zu gewinnen. Ich fühlte mich auf einmal erwachsen. Ich hörte mich meine Sätze sehr präzise formulieren und war glücklich, als der Anwalt mir beipflichtete. Dies war nicht nur meine Reifeprüfung, sondern zugleich die aller Frauen meiner Generation! Mein Onkel, der das Gespräch mitanhörte, saß da und schwieg; er schien sich unbehaglich zu fühlen, ahnend, daß ihm dasselbe bevorstand, und er machte sich bereits mehr Sorgen um sich als um uns – tatsächlich brachte ihm der Postbote das gelbe Formular am nächsten Morgen.

Die äußere Erscheinung und die Stimme des zweiten Anwalts, den wir hinzuzogen, sind meinem Gedächtnis entschlüpft wie ein Fisch dem Netz. Ich weiß nur noch, daß er sich unserer Sache mit großem Eifer annahm und mich sehr zuvorkommend, ja mit einer gewissen Galanterie behandelte. Inzwischen hatte die Familie – mein Onkel, der sozusagen über Nacht zu meinem Schützling geworden war, ebenfalls – sich zur Zahlung der beträchtlichen, jedoch keineswegs übertrieben hohen Summe bereit erklärt, die er als Provision verlangte. Da bisher kaum ähnliche Prozesse geführt worden waren, mußte die günstigste Taktik erst erarbeitet werden. Angesichts bestimmter Entdeckungen gerieten unsere beiden Verteidiger geradezu in eine Erfolgseuphorie, so zum Beispiel, als sie herausfanden, daß wir auf dem Friedhof Montparnasse ein Erbgrab besaßen, in dem bereits meine Großmutter väterlicherseits und mein Vater ruhten; ein Punkt, der später im Plädoyer mit besonderer Verve vorgetragen wurde.

Einige Wochen darauf fand die Verhandlung vor dem Untersuchungsrichter statt. Am Vorabend sagte der junge Anwalt zu mir: »Lassen sie Ihre Mutter nicht allein, denn Sie wissen am besten über jeden Punkt der Verteidigung Bescheid.«

Als ich, in einem der ersten Jerseykleider, die es gab – es war ein graues mit einem weißen Tuch im geschwungenen Ausschnitt, darüber eine hüftlange Jacke –, die Stufen emporschritt, nicht gestützt, sondern stützend, kam ich mir ein bißchen vor wie Esther. Das Warten war das Schlimmste; zuerst wartete ich neben Mama und dann allein, denn der Gerichtsdiener weigerte sich erbarmungslos, mich hineinzulassen, da nur meine Mutter und nicht ich zum Termin bestellt sei. Es war aufregender als das Warten auf den Ausgang einer Operation, weil es keinen Präzedenzfall gab, an den man sich halten konnte. Ich wußte, daß Mama keine geschickte Rednerin war und daß wir uns deshalb alle in Gefahr befanden.

Doch als Mama das Amtszimmer verließ, war sie rührend anzusehen. Sie war Esther, nicht ich, sie hatte Esthers Zartheit und Hilflosigkeit wirkungsvoll eingesetzt: Vor dem Mann, von dem sie abhing, war sie unfähig, etwas anderes zu tun als zu weinen, und auf die Frage, ob sie nach ihrer Denaturalisierung nach Deutschland zurückkehren würde, hatte sie mit soviel Überzeugungskraft »Niemals« gemurmelt, daß er aufstand, um sie zu trösten und sie brüderlich wieder in die französische Nation aufzunehmen. Damit war der Fall abgeschlossen.

Maurice war gerade nach Etampes gekommen, wo er einen Fortbildungskurs absolvieren sollte. Ein paar Tage früher hatte er während eines Aufklärungsflugs entdeckt, daß die deutsche Front zurückgewichen war. »Du kannst dir nicht vorstellen, wie komisch das war. Nicht mehr Boches als Wasser in der Wüste«, sagte er zu mir, als wir uns wiedersahen. »Wir haben uns die Augen aus dem Kopf geguckt.« Glockengeläut verkündete, daß der Waffenstillstand Wirklichkeit geworden war, daß die Besiegten vor ihre Sieger traten, die sich weigerten, ihnen die Hand zu reichen.

Ich besitze heute nur noch zwei Fotos aus meiner Jugendzeit: Das eine wurde am Tag des Waffenstillstands aufgenommen, als ich auf unserem Balkon neben einer Fahne stand, die ich selber dort angebracht hatte. Mein Gesicht war ernst, beinahe traurig, an Stelle der Zöpfe trug ich das Haar offen und glatt herabfallend. Mein Triumph war wohl zu dieser Stunde noch ein innerlicher. Nach außen zeigte ich ihn erst, als meine Brüder, mein Vetter, ein paar Freunde und ich am Abend zur Place de la Concorde zogen. Vier Jahre war es her, daß ich mich eins gefühlt hatte mit einem ganzen Volk in der Stunde der Entscheidung; diesmal teilte ich seine Freude und seinen Jubel.

Am Sonntag, der auf den Waffenstillstand folgte, ging ich in die protestantische Kirche. Schon vor drei Monaten hatte man mich darauf aufmerksam gemacht, mit welcher Offenheit sich die Pastoren in ihren Predigten äußerten. Nie war die Zensur in Frankreich strenger gewesen als zu dieser Zeit. Die Zeitungen erinnerten mit ihren schwarzen und weißen Feldern auf den ersten Blick an ein Schachbrett. Denunziation war an der Tagesordnung. Daß ein Mann von der Höhe einer Kanzel herab verkündete, der Krieg sei nicht die erhabenste Form menschlichen Lebens, ohne ihn andererseits kategorisch abzulehnen, befriedigte mich so, daß ich jeden Sonntag am Gottesdienst teilnahm. An diesem Tag hielt Pastor Roberty die Predigt. Die schwarze Gestalt über uns blieb lange regungslos stehen, richtete sich dann langsam auf und legte die Hände sichtbar auf den Rand der Kanzel. Pastor Roberty blickte seine Schäfchen an, seine ganze frohlockende, sich im Glanze ihres reinen Gewissens sonnende Gemeinde. Plötzlich konnte er nicht länger an sich halten: »Ihr habt alle Blut an den Händen. Ihr habt alle getötet, ja schlimmer noch, ihr habt alle veranlaßt, daß andere sich gegenseitig umbrachten.«

Ich war zwanzig Jahre alt, der Krieg vorbei, keine materiellen Sorgen, und der Wunsch, alles zu sehen und alles zu verstehen, so stark wie eh und je.

Zunächst einmal verbrachte ich vier Monate allein in Florenz, um mir selbst zu beweisen, daß die Welt mir offenstand. Die Toskana, in jenen Tagen kurz nach dem Krieg noch fast frei von Touristen, war eine erstaunliche Entdeckung für mich. Die reine, sanfte Linie der Hügel antwortete auf die exakte Linie der alten Paläste. Es leuchtete mir ein, daß das Fehlen jeglicher Verschwommenheit zwangsläufig zur Vorherrschaft des Zeichnerischen führen mußte. Vom Werk Giottos, Fra Angelicos, Masaccios wußte ich noch kaum etwas. Auch von Uccello hatte ich noch keine Ahnung, als ich in den Uffizien vor seinem Bild »Die Schlacht« stand. Ich verharrte lange vor diesem Gemälde, die Absichten des Malers eher intuitiv erfassend, und ich sah im Geiste eine Verbindung zu den Werken einer ganzen Folge von Malergenerationen. In diesem Augenblick überschritt ich eine Schwelle. Nun konnten Cézanne, Juan Gris und die Kunst der Primitiven vor meiner Tür erscheinen: Ich würde sie glücklich willkommen heißen.

Aber das Wichtigste blieb für mich das geschriebene Werk, das ich mehr und mehr als Sinn und Ziel meines ganzen Lebens zu empfinden begann. Der schöpferische Prozeß würde mich glücklich machen, und alles andere Glück würde aus diesem entspringen. Er würde mich einer gewissen Einsamkeit entreißen und mir erlauben, in vollem Umfang an der Welt teilzuhaben, zu lieben und geliebt zu werden;

und dennoch würde er seinen Sinn nur in sich selbst finden und nichts darüber hinaus anstreben. Sicher enthielten diese Gedanken einen Widerspruch; worauf es jedoch vor allem ankam, war, daß ich mich zum Schreiben gedrängt fühlte und bereit war hinzunehmen, daß die Befriedigung dieses Dranges mehr Opfer und Verzicht als Freuden mit sich bringen würde. Aber das war unwichtig angesichts dessen, was in mir nach Ausdruck verlangte und durch Schreiben Gestalt annehmen wollte, genauso wie ich als Kind den Wunsch, das Leben intensiver zu erfassen, dadurch verwirklichte, daß ich beim Spazierengehen Geschichten erzählte.

Ich denke, daß Pierre Bertin ähnliches im Sinn hatte, als er mich, seine ehemalige Schülerin, Florent Fels vorstellte, der damals der Herausgeber einer avantgardistischen Zeitschrift war. Ich wünschte sehnlichst, an allem teilzunehmen, was meine Generation bewegte. Fels besaß hervorragende Mitarbeiter. Zu seinen Freunden zählten sowohl Männer wie Gide und Suarès, die bereits zur literarischen Elite gehörten, als auch sehr junge Leute und Anfänger wie Malraux und Gabory, aber auch solche, deren Werke nur von wenigen geschätzt wurden, wie Reverdy, Max Jacob oder André Salmon. Um meine Zugehörigkeit zu diesem Kreis zu rechtfertigen, mußte ich nicht unbedingt selber geschrieben haben: Als Übersetzerin durfte ich mich ohne Zögern denen nähern, die fähiger waren als ich. Außerdem kannte ich mich – was zu jener Zeit und in jenen Kreisen ungewöhnlich war – ein wenig in der Malerei aus, und wenn mein Wissen auch nicht sehr gründlich war, so beruhte es immerhin auf unmittelbarem Erleben. Ich erinnere mich noch heute an die Verwunderung, die meine Uccello-Reproduktionen hervorriefen, die ich übrigens fast immer mit mir herumtrug.

Meine Kenntnisse ausländischer Literatur konnte ich ebenfalls sehr gut verwerten; auch auf diesem Gebiet entdeckte man gerade erst, was mir geläufig war, sowohl die weniger bedeutenden unter den Romantikern als auch Novalis und Hölderlin. Kurz, ich fühlte mich unter diesen Männern, die mehr oder weniger alle schöpferische Menschen waren, keineswegs fremd, geschweige denn eingeschüchtert. Mein Wissen stärkte mein Selbstbewußtsein mehr noch als mein Gefühl, daß ich eines Tages selber etwas würde schaffen können. Ich liebte die Werke dieser Männer, und für mich waren sie eins mit ihren

Werken. Die Sprachgewandtheit eines Max Jacob, seine krausen Einfälle und seine Spottlust gehörten einfach zu diesem Mann mit dem großen Kopf und den riesigen Augen, der mich stets an jenen lustigen kleinen Vers erinnerte: *Oh dahlia, lilas que Dalila lia*. Die hohe Gestalt eines André Salmon, gekrönt von einem eindrucksvollen Kopf, einem hageren Gesicht, in dem jeder Knochen scharf hervortrat, rief Verse aus seinem Gedichtband *Prikaz* auf meine Lippen, der soeben erschienen war: »Eines Tages werden die Menschen so gelebt haben, wie ihr Herz es ihnen befahl.« Waren diese Zeilen das einzige, was ich über die Revolution wußte, die sich im Osten ausbreitete, so wie sich früher Feuersbrünste und Überschwemmungen in meinen Träumen ausgebreitet hatten? Nein, ich wußte mehr darüber. Ich fing an, die Ereignisse in Rußland mit dem zu vergleichen, was ich von unserem Nachbarn Jaurès gelernt hatte. Ich diskutierte über jenen unblutigen Ersten Mai, der das Proletariat in die eleganten Stadtviertel geführt hatte, und in den Zeitungen verfolgte ich die Ereignisse in Ungarn. Meine erste echte literarische Freundschaft klärte mich noch mehr über politische Verhaltensweisen auf: Das Ehepaar Goll hatte den Krieg in Altona verbracht, in einem Kreis von Pazifisten, zu dem einige berühmte Männer gehörten, die sich wie sie geweigert hatten, sich auf jenes unheilvolle Abenteuer einzulassen, zu dem man sie hatte zwingen wollen.

Als ich nach dem Krieg zum ersten Mal nach Deutschland fuhr, erzählten meine Onkel mir von den Tagen der Revolution, wie sie selbst sie in der Industriestadt Magdeburg erlebt hatten: Arbeiter, nackte Mädchen neben sich, waren auf Lastwagen durch die Straßen der Stadt gefahren. Danach verschwanden diese Extremisten wieder, und die Ordnung kehrte zurück, eine republikanische Ordnung, mit der meine Familie sehr einverstanden war. Claire Goll erzählte mir von der Münchner Revolution, von der Hoffnung, die sie dareingesetzt hatten, und von ihrem Scheitern. Wörter und Namen füllten sich mit Inhalt, und ich sah sie in ihrem historischen Zusammenhang: Menschewiki, Bolschewiki, Béla Kun, die Matrosen von Kronstadt. Das Fundament war errichtet.

Eine Festtafel, etwa dreißig Gäste – und mitten unter ihnen ein junger Mann, der mir lange Jahre mehr bedeuten wird als jeder andere

Mensch. Seinetwegen werde ich alles verlassen, wie es das Evangelium von den Liebenden fordert. Aber noch weiß ich nichts von ihm, denn er sitzt neben meiner Freundin Jane; wenn ich ihn sehen will, muß ich mich ein bißchen vorbeugen. Sie sprechen, oder vielmehr: Er spricht. Er ist ein sehr großer, schmaler junger Mann mit zu großen Augen, deren Pupillen fast zu klein sind für die riesigen Bälle, so daß sich unter der verwaschen grünen Iris ein weißer Streifen abzeichnet. Später sage ich ihm: »Größer dürften sie nicht sein«, später denke ich an seine seefahrenden Ahnen, die wahrscheinlich denselben von der Ferne angesogenen Blick besaßen wie er, später sage ich mir – ein dummer Gedanke zweifellos: Er kann den Leuten nicht ins Gesicht sehen.

Ich habe nie von ihm gehört, ich kenne ihn nicht. Erst seit fünf Minuten weiß ich, daß es ihn gibt, weil Jane manchmal lacht. Neben mir sitzt ein Luxemburger, der deutsche Bücher ins Französische übersetzt, und auf der anderen Seite die Frau des Dichters André Salmon. Ihre Stimme ist ein bißchen zu schrill, und ihre Arme sind mit Silberarmbändern beladen; ich trage einen aus Florenz mitgebrachten, leicht verzierten hohlen Goldreif, der aus dem 18. Jahrhundert stammt. Meine Nachbarin – ich sehe noch ihre dunkelbraunen Arme vor mir – beugt sich zu mir herüber, um den Reif aus der Nähe zu betrachten und mir zu sagen, sie sammle solchen Schmuck. Es heißt, daß sie eine Schwäche für Frauen hat. Deshalb ist mir ihr Interesse ein bißchen peinlich. Überhaupt amüsiere ich mich bei diesem Festessen kaum, das von der Zeitschrift veranstaltet wird, in der soeben eine meiner Übersetzungen erschienen ist. Hätte ich die Hefte ein wenig sorgfältiger durchgelesen, dann wüßte ich, daß der große Jüngling dort drüben in derselben Nummer eine Art Erzählung, ein Gedicht in Prosa, veröffentlicht hat. Aber da ich nicht einmal seinen Namen kenne, kann ich auch diese Verbindung nicht herstellen.

Das Essen ist beendet, aber wir müssen sicher noch eine ganze Weile hierbleiben, da Zusammenkünfte dieser Art sich meist bis Mitternacht hinziehen. Doch da kommt Jane und flüstert mir ins Ohr, sie möchte gern tanzen. Gehen wir also tanzen. Wir sind zu fünft: Yvan Goll, Jane, der Luxemburger, der Unbekannte und ich. Habe ich schon an jenem Abend bemerkt, daß er sich beim Gehen wiegt wie ein Schiffsmast, oder bin ich erst später auf die Idee gekommen, daß er irgendwie mit dem

Meer verwandt ist, erst als ich erfuhr, daß sein Großvater Küfer und Schiffseigner gewesen und seine Familie väterlicherseits seit dem 17. Jahrhundert zwischen Dünkirchen und Calais zur See gefahren war? Das Diner hatte in einem Restaurant des Palais Royal stattgefunden. In einer der Straßen, die den prächtigen Hof säumen, gelangte man, nachdem man einige Stufen hinabgestiegen war, in ein Nachtlokal, das mit Girlanden in den Farben der Trikolore geschmückt war. Es hieß *Caveau Révolutionnaire*. Unter Papierfähnchen, die das Symbol der Revolution waren, habe ich die ersten Worte mit meinem künftigen Gefährten gewechselt.

Er tanzte schlecht, aber das merkte ich erst gegen Ende des Abends, als er endlich von meiner Freundin abließ und mich zu einem Tango aufforderte, vor allem übrigens, um mir zu sagen, daß sie ihm in kaum verhüllter Form zu verstehen gegeben habe, sich besser nicht mit mir zu beschäftigen. Stimmte das, oder hatte er schon damals die Neigung, die Wirklichkeit ein wenig zurechtzubiegen? Ich glaubte seinen Worten, obwohl ich nicht im geringsten an die Falschheit der Frau glaubte, weder im allgemeinen noch in diesem Fall, da ich Jane sehr gern mochte. Nachdem er uns verlassen hatte, bemerkte Jane, der junge Mann sei sehr geistreich. Ich hatte keine Gelegenheit gehabt, das festzustellen.

An Sonntagnachmittagen empfingen Claire und Yvan Goll ihre Freunde in einer Zweizimmerwohnung, die nur fünf Minuten von unserem Haus in Auteuil entfernt lag. Sie war im Biedermeierstil eingerichtet, und ich fühlte mich dort gleich heimisch. Überhaupt genoß ich die Mischung aus Französisch und Deutsch, die hier gesprochen wurde, und die Gegenwart all dieser Schriftsteller und Maler, die mir noch vor sechs Monaten unerreichbar erschienen waren. Zum ersten Mal sah ich Marc Chagall und seine Frau Bella mit ihrem zarten Gesicht und dem jungfräulichen, mütterlichen Lächeln. Hier traf ich Gleizes und seine Frau: Man wußte, daß sie reich war und daß sie in die Ehe mit diesem Maler eingetreten war wie andere in ein Kloster. Ich traf Céline Arnaul und Paul Dermée. Auf dem Kaminsims stand eine Plastik von Archipenko, und an den Wänden hingen Bilder von Jawlensky und Delaunay. Niemand wunderte sich über meine Anwesenheit, und auch mir kam sie wie selbstverständlich vor: Ich duzte Claire, ich war in meinem Reich.

Warum fürchtete ich mich vor diesem großen Jungen, dessen Haut und Augen fast dieselbe fahle Farbe besaßen und sich auch im Ton nur wenig unterschieden – »Du bist monochrom«, sagte ich ihm später einmal –, dessen breiter Mund etwas schlaff gegen ein dreieckiges Kinn abfiel, das im Vergleich zu der hohen Stirn klein wirkte, vor diesem jungen Mann mit seinen hübschen Zähnen und wundervollen Händen? Wir ließen uns Seite an Seite in einer Fensternische nieder, um uns im allgemeinen Lärm leise miteinander zu unterhalten, während wir die anderen nur noch durch einen bläulichen Schleier von Zigarettenrauch wahrnahmen. Seine Stimme mit dem leichten Pariser Akzent sagte schon bald eigentümlich konzentrierte Dinge, die ich mit Begeisterung aufnahm, ich fühlte augenblicklich, daß ich ein eingeweihtes Mitglied jener Sekte war, zu der auch mein Gefährte gehörte, und er spürte dasselbe. Ein Satz folgte dem anderen, ein Thema auf das andere. Wir waren Anfang Zwanzig, man schrieb das Jahr 1921. Er sprach von Dichtern des hohen Mittelalters – hatte er nicht vor kurzem Teile aus der *Eulaliasequenz* übersetzt? – und von französischen Satirikern, die ich nicht kannte.

Ich sprach über Hölderlin und Novalis, wir redeten zusammen über Nietzsche, Dostojewski und Tolstoi, dessen *Krieg und Frieden* er noch nicht gelesen hatte, er erzählte mir von Spanien und El Greco, ich ihm von Italien und den Malern, die ich liebte. »Ich fahre im August wieder nach Italien.« – »Ich werde Sie begleiten.« Ich zögerte keine Sekunde; der Augenblick der Entscheidung war gekommen.

Wieder zu Hause sagte ich meiner Mutter: »Es ist fein, intelligent zu sein, denn dann gefällt man intelligenten Männern.« Um zehn Uhr morgens rief *er* mich an. Ich lag im Zimmer meiner Mutter auf dem Bett, den Apparat neben mir. Es war Juni. »Ich liebe Ihre Stimme«, sagte er, und dieser am Telefon gesprochene Satz war der erste, mit dem er mir die Welt der Sinnlichkeit erschloß. Mama kam immer wieder herein und lief ungeduldig im Zimmer umher, weil sie ihre Freundinnen nicht anrufen konnte, während ich in der herrlichsten Gelassenheit redete und zuhörte. Schon jetzt konnte ich genau sagen, welche Bedeutung jedes einzelne Wort für ihn besaß, wie er es verstand, mit Nuancen dieses hervorzuheben und jenes abzuschwächen. Wir traten beide der Welt unsystematisch gegenüber, ohne festgefügte

Anschauungen, aber mit gar nicht so wenigen Kenntnissen, mit sehr viel Begeisterung, großer geistiger Wachheit, dem gleichen Sinn für Dichtung und Malerei und dem Wissen um den Einfluß der Vergangenheit auf die Gegenwart. Beide hatten wir eine Vorliebe für das Romantische und Abenteuerliche; wir waren reich, und Zeit und Raum standen uns offen . . . »Du kannst ja machen, was du willst«, sagte meine Mutter, »aber jetzt möchte ich auch mal telefonieren.«

Am nächsten Morgen kam er mich besuchen. Im halbdunklen Zimmer – die Läden blieben wegen der Hitze geschlossen – setzte er sich auf den Diwan. Zwischen uns stellte ich eine Schale mit Früchten, die das harte Blau des Stoffes dunkelrot leuchten ließ. Plötzlich, weil er es begutachtete, sah ich mein Zimmer, das ich im damals unmodernen Louis-Philippe-Stil eingerichtet hatte, mit ganz anderen Augen. Neben der Tür hing ein bestickter Glockenzug, auf dem Boden lag ein Teppich, der mit unzähligen Rosen bestickt war: die Arbeit einer höheren Tochter; auf dem Kamin ein albernes Arrangement von einer Mahagoniuhr mit bunten Emailleornamenten, eingerahmt von zwei Alabastervasen. Nichts von alledem war so originell, wie man hätte vermuten können; etwas ähnliches hätte ich einmal in Deutschland gesehen, sagte ich meinem neuen Freund.

Ohne die geplante Reise auch nur mit einem Wort zu erwähnen, bereiteten wir uns in der nächsten Zeit gemeinsam darauf vor, indem der eine den anderen in seine Welt einführte: Er nahm mich mit ins Musée Gustave Moreau und zeigte mir Mappen von Ensor und Toulouse-Lautrec, während ich ihn in die entlegensten Winkel des Trocadéro führte, wo wir auf dem Weg zur gefiederten Schlange die verstaubten, lebensgroßen Puppen grüßten, die meistens mit Trachtenhauben und Trachtenhüten auf den Köpfen, in Küchen voller Spinnräder und Bettkästen bäuerliches Familienleben darstellten und mir samt und sonders genauso fremd waren wie mexikanische Gottheiten. Ich ging mit ihm in den von mir bevorzugten Alleen des Bois de Boulogne spazieren und lehrte ihn rudern, und er nahm mich mit zu Pferderennen – wir waren beide begeisterte Wettspieler. Eines Tages entdeckten wir, daß wir unabhängig voneinander *Goldhaupt* von Claudel gesehen hatten und beide die letzte Szene fast auswendig kannten. Sein Wissen war besser geordnet als meines, meine Bildung internationaler als seine, und einmal sagte er zu mir: »Ich kenne nur einen Menschen, der so intelligent ist wie Sie, und das ist Max Jacob.«

Bildung und Gelehrsamkeit waren ihm damals alles: »Wenn ich dich nicht getroffen hätte, wäre ich vielleicht nur ein Bücherwurm geworden«, bekannte er mir später einmal. Wer weiß? In den Jahren unseres Zusammenlebens wurde er zu einem herrlichen Abenteurer und großen Schriftsteller, der trotz allem ein genialer Amateur blieb. Schon bevor wir uns kennenlernten, war er besessen von Nietzsche. Schon damals teilte er gern die Leute in »amüsante« und »unamüsante« ein und warf den Surrealisten vor, sie nähmen sich selbst zu ernst. Es gab tausend Dinge, über die wir sprachen, wenn wir nebeneinander saßen oder spazierengingen, Schaufenster betrachteten, die Seineufer entlangbummelten oder in Bars etwas tranken.

Bereits in jenen ersten Wochen beunruhigte mich bisweilen seine Vorstellung von weiblicher Solidarität, deren Existenz mir unbekannt war, so daß ich argwöhnte, es könnte dementsprechend auch so etwas wie eine männliche Solidarität geben, die mir ebenfalls unbekannt war. Er sprach über das Ewigweibliche, von dem ich angenommen hatte, es käme nur in Gedichten vor, und verriet mir, daß Frauenfeindlichkeit gar nicht so selten sei, was mir, ich muß es gestehen, einen schweren Schlag versetzte. Hieß das, daß man mich nicht nur als »Ich« betrachtete und beurteilte? Ich hatte mich ja schon beinahe damit abgefunden, daß man in mir zugleich immer die Jüdin und halbe Ausländerin sah, und von nun an mußte ich zu allem Überfluß auch noch darauf gefaßt sein, daß mir die halbe Menschheit grundsätzlich mit Geringschätzung begegnete, die ich erst besiegen mußte, um auf eine Stufe mit denen gestellt zu werden, die mir vielleicht nicht einmal das Wasser reichen konnten. Seit kurzem war ich geistig viel wacher als mein älterer Bruder und seit langem schon intelligenter als mein jüngerer. Und außerdem hatten die Mädchen in unserer Familie immer schon ein gewisses Vorrecht genossen. Ich brauchte mich nur umzuschauen, um festzustellen, daß die Frauen, die ich kannte, wenn nicht intelligenter, so doch zumindest kultivierter waren als ihre Männer, die die Notwendigkeit des Geldverdienens voll in Anspruch nahm. »Ihm« gegenüber protestierte ich jedoch nicht sehr heftig, denn es ist schwierig, sich gegen bestimmte Angriffe zu verteidigen, selbst wenn man stellvertretend für die Seinen kämpft.

Ich behielt meine Meinung für mich, aber ein wenig enttäuscht war ich schon, trotz des ermutigenden Vergleichs mit Max Jacob.

Wenn er neben mir saß oder ging, blickte ich ihn oft aus den Augenwinkeln an, diesen Mann, der vielleicht nicht mein Ehemann sein, mir aber dennoch viele Welten öffnen würde. Für den Augenblick bestand zwischen uns nicht mehr als Freundschaft, eine Freundschaft allerdings, die uns ganz ausfüllte. Immerhin hatten wir ja beschlossen, zusammen zu reisen. Dann kam der Sonntag, der mit einer Zusammenkunft im Tal der Bièvre beginnen sollte. Es handelte sich um ein Treffen der Mitarbeiter jener Zeitschrift, durch die wir uns kennengelernt hatten. Wie sehr wir bereits gewohnt waren, miteinander allein zu sein, merkten wir erst durch die Gegenwart der anderen. Uns wurde bewußt, daß unsere Gespräche ihren eigenen Ton hatten und daß wir oft auf Bemerkungen aus unseren Unterhaltungen anspielten.

Der Treffpunkt war eine Lichtung, die man mittels kleiner Holzhäuser in einen Hof verwandelt hatte. In der Mitte erhob sich eine Estrade, von der aus an diesem Tag jemand zu uns über moderne Dichtung sprechen sollte. Vor der Estrade war ein langer Tisch aufgestellt, an dem wir saßen und irgendeine mittelmäßige Mahlzeit zu uns nahmen. Der Vortrag war kurz, und die Namen der Autoren sowie die Theorien, die ihren Werken zugrunde lagen, kannte ich bereits. Danach wurden von denen unter uns, die deklamieren konnten, einige Gedichte als Beispiele rezitiert, und deshalb sah ich auch meinen Freund die wenigen grünlackierten Holzstufen hinaufschreiten und sich auf dem Podium den allgemeinen Blicken aussetzen. Wir, ein Publikum von etwa zwanzig Leuten, saßen wie Mitglieder einer religiösen Geheimsekte auf unseren Bänken. Hinter den Häuschen ragten die hohen Bäume des Parks auf. Die Frauen zeigten ihre Arme bis zu den Schultern; eine von ihnen trug eine Art griechischer Tunika von grüner Farbe. Ich hatte ein Kleid aus weißem Seidenjersey mit weiten Ärmeln an und fühlte mich körperlich und geistig wohl, was selten vorkam und auch nie lange anhielt. Sogar jetzt genügte das Erscheinen meines Gefährten auf der Estrade, um ein leichtes Unbehagen in mir zu wecken – ein gewisses Schamgefühl, das ich nie ganz verloren habe. Das Unbehagen wuchs noch, als er anfing, Gedichte zu rezitieren; das Vibrato der vertrauten Stimme erregte mich zutiefst. Er machte seine Sache gut, trug trotz seiner seltsam hastigen Sprechweise mit Gefühl und Geschick vor, und obwohl er jeden einzelnen anzusprechen schien, wußte ich genau, daß er mich doch noch ein bißchen mehr als die anderen meinte. Nach wenigen Augenblicken hatte ich nur noch das Gefühl, daß alle meine Begeisterung teilten, und nachdem er die letzten Verse mit großem Pathos gesprochen hatte, freute ich mich über den einmütigen Applaus.

Kurz darauf fanden wir die ganze Versammlung langweilig und fuhren mit dem Zug nach Paris zurück. Wir schlenderten eine Weile über den Boulevard, amüsierten uns über die Menge, mit der wir nichts gemein hatten, und gingen schließlich in das heute verschwundene Restaurant »Noël Peters«, das sich seiner italienischen Küche rühmte und etwas teuerer war als das beliebte »Poccardi«. Die Bänke waren üppig mit rotem Samt bespannt und die Fenster mit Arabesken im Metro-Stil verziert, den wir schon damals lächerlich fanden. Das Ganze lag in einer Passage, und den Reiz solcher Passagen hatte Aragon mich sehen gelehrt. Allein mit einem jungen Mann in ein ziemlich luxuriöses Restaurant zu gehen, bedeutete an sich schon ein berauschendes Abenteuer. Genießerisch wählte ich die Gänge aus, denn bisher hatte ich immer essen müssen, was auf den Tisch kam, sei es zu Hause oder im Hotel. Sie war gar nicht so übel, die Freiheit! Eine winzige Überlegung hätte mich zu dem Schluß geführt, daß ich sie einem Mann verdankte, genau wie alle anderen bürgerlichen Frauen. Aber darüber dachte ich damals nicht nach, und hätte ich es doch getan, so wäre ich zu dem Ergebnis gekommen, mein Fall sei trotzdem ein ganz besonderer, da zwischen uns keinerlei Bindung bestand, abgesehen von unserem Plan, gemeinsam nach Florenz zu reisen, über den wir selten sprachen, den wir aber nie vergaßen. Die Erregung, in die mich das Gedicht versetzt hatte, war immer noch nicht abgeklungen, ich trug sie mit mir herum wie eine im letzten Augenblick gerettete Ophelia die Algen an ihren Armen und Füßen. Über das Gesicht des jungen Mannes vor mir huschte wie stets dann und wann ein nervöses Zucken, das in diesem Moment anscheinend eine Folge des Erlebens der intensivsten Empfindungen war, die die Poesie zu wecken vermag. Und dann erlebten wir ein paar Stunden lang Gefühle, die nur das Leben zu erregen vermag.

Warum hatte ich mich so angezogen? Um ihm zu gefallen. Ich spürte, daß er Luxus und Schmuck liebte, und ich sagte mir, zu

Recht; denn er gehörte zu jenen feinsinnigen Menschen, die unter ärmlichen Wohnungen, schlechter Kleidung, enervierenden Geräuschen und widerlichen Gerüchen ganz besonders leiden. Und weil ich nun mal in der Lage war, meinem Gefährten die Gegenwart einer durch luxuriöse Dinge verschönten Frau zu bieten, tat ich es auch. Bevor wir in die Stadt zurückfuhren, hatte ich ein graues Samtcape mit Satinfutter umgelegt, eine schwarze Kappe aufgesetzt, und Perlenkollier, Brillantarmband, Brillantring sowie »Après ondée«, ein Parfum von Guerlain, vervollständigten diesen eleganten Aufzug. Es war fast absurd, aber andererseits auch amüsant, so angetan in eine der abgelegensten Tanzdielen zu einem *bal musette* zu gehen.

In meiner Phantasie hatte ich mir alles mögliche vorgestellt, außer diesen Blicken, die das zu junge und zu gut gekleidete Paar musterten, außer dem Pernodgeruch, der die Ausdünstungen der Körper überlagerte, außer dem Duft billiger Parfums, außer dem Geräusch der über den rauhen Boden schleifenden Schuhe und vielleicht auch außer dem Reiz, den der ungewöhnliche Rhythmus auf mich ausübte. »Sagen Sie nicht nein«, flüsterte mein Begleiter mir zu, als ein Kerl, der aussah wie ein Zuhälter, mich zum Tanzen aufforderte. Dieser Tanz war ein Spiel der Körper: Es machte mir Spaß, hin und her gerüttelt zu werden, und ich lachte. Danach tanzte ich mit dem jungen Mann, der mich hierhergeführt hatte; er bewegte sich ein wenig unbeholfen, und doch fand ich es inmitten all diesen Trubels, unter all diesen folkloristisch kostümierten Leuten, deren Sprache ich fast nicht verstehen konnte, viel lustiger als anderswo.

Die Nacht näherte sich dem Morgen; ich fühlte mich beinahe so, als sei ich mit diesem jungen Mann, den, wie ich glaubte, nichts je würde befriedigen können, ganz allein auf einem Schiff. Er wollte alles – zumindest bildete ich mir das ein –, und ich wollte auch alles und zunächst einmal ihn. Schon damals ahnte ich, daß »alles« sehr viel Verzicht erfordern würde, aber ich war einverstanden, zweifellos, weil ich mir Ausmaß und Art des Verzichts kaum vorstellen konnte. Wir standen auf, um Seite an Seite durch die Straßen zu gehen. Hinter uns schlug die Tür zu. Ein paar Männer, die aus dem Lokal kamen, überholten uns und rempelten uns an. »Paß auf!« sagte mein Begleiter.

Noch bevor wir an der Ecke waren, von der aus eine schmale Treppe zu einer Fußgängerbrücke führte, merkten wir, daß die

Männer, anstatt sich zu entfernen, auf uns zukamen. Es war heiß in dieser Nacht, sehr heiß. Mit dem linken Arm schob mich mein Freund hinter sich, den Arm ausgestreckt, um mich besser beschützen zu können. Seine rechte Hand steckte er in die Tasche, und nachdem die anderen geschossen hatten, krachte auch auf unserer Seite ein Schuß. Das Ganze ging sehr schnell, und danach war es still. Ich umschloß die verwundete linke Hand meines Beschützers in einer ersten innigen Umarmung.

In jenen Tagen gab es auf dem Boulevard des Gobelins hinter der Treppe, die zu einer tiefer gelegenen Straße führte, eine Wasserpumpe, an der ich die Wunde auswaschen konnte. Die Kugel war zwischen zwei Knochen hindurchgegangen. Als die Hand weniger stark blutete, sagte ich: »Wir müssen die Wunde desinfizieren. Was wir dazu brauchen, habe ich zu Hause.«

Im Taxi fühlte ich mich ihm sehr nahe, aber vielleicht nicht mehr als nach seinem Vortrag am Morgen, als das Gedicht ein Gefühl der Zusammengehörigkeit in uns geweckt hatte. Unsere ersten Prüfungen hatten wir bestanden: die gemeinsame Gefahr, der wir mutig begegnet waren, das Zusammenstehen vor den anderen. Ich wußte, dies würde ein Teil meines Lebens sein, und ich wollte es so. Vorsichtig öffnete ich das Gartentor. Was tun, damit der Kies unter den Schritten des großen Jungen nicht knirscht? Dann die Steinstufen, die Haustür, die Treppe, deren Teppich uns half, keinen Lärm zu machen, dann noch eine Tür, gegenüber dem Zimmer meiner Mutter. Mama war natürlich wach; schlaftrunken und nur mit einem Nachthemd bekleidet, erschien sie gerade in dem Augenblick, in dem ich die Flasche mit Wasserstoffsuperoxyd öffnete, das erstbeste Mittel, das ich finden konnte. »Aber was macht dein Freund denn hier mitten in der Nacht?« – »Er hat mich nach Hause gebracht und ist mit mir heraufgekommen, um ein Buch zu holen.« – »Ah so«, erwiderte Mama, die nicht wußte, daß es draußen schon beinahe Tag war. Bevor sie das Zimmer verließ, fügte sie noch hinzu, es sei Zeit für mich, schlafen zu gehen, wie sie immer gesagt hatte, als ich noch ein kleines Mädchen war.

Die verwundete Hand rief keine Vorstellung von Schmerz mehr wach. Dick verbunden hing sie wie ein Paket am Ende seines Arms. Wir waren beide ungeschickt, verwirrt und glücklich.

AUF DIEBES-SAFARI DURCH DEN DSCHUNGEL

Für uns junge Leute zählten damals Claudel und Gide, Morand und Giraudoux, Picasso, Gris und Chagall. Doch bald schon folgten auf die Literaten aus der Bourgeoisie Diplomaten oder berühmte Politiker, denen sich »Proletarier« wie Guilloux, Giono und Mac Orlan zugesellten. Die Zeiten, da man sich nur mit dem Segen der Universität an die Schriftstellerei heranwagte, lagen weit zurück. Cendrars, Delteil, Kessel, welch herrlicher Reigen literarischer Wagnisse und Talente!

Wir sind junge Menschen von 1921.

Obwohl es schon Flugzeuge gibt, finde ich Züge immer noch schön. Auf der Erde dahinrollend, in sie eingebettet wie ein Fluß, leben sie ihr eigenes Leben und das all der Menschen, die sie mit sich führen; sie werden zusammen- und wieder auseinandergekoppelt, Fließbänder, Häuser auf Rädern, geschlossene, rauschene Muscheln. Im Abteil verabschiede ich mich von Mama; und als der Zug abgefahren ist, kommt André zu mir in den Schlafwagen. Nur eins beunruhigt mich: Ist die Stadt, in die ich ihn führen werde, seiner würdig? Ich bin mir meines eigenen Geschmacks nicht ganz sicher. Würde ich es jemals sein? Wenn er mir nun beweist, daß der Arno reizlos und »mein« Giottino, der, den ich mir unter allen anderen ausgesucht habe, ein unbedeutendes Werk oder gar die Pfuscharbeit eines Fälschers ist?

Oben im Gepäcknetz liegen unsere Koffer nebeneinander; animistisch, wie ich nun einmal bin, meine ich fast, sie miteinander sprechen zu hören, als André seinen für einen Augenblick herunterholt, um ein Buch herauszunehmen. Dann sitzen wir wieder nebeneinander, und die Koffer droben fahren in ihrer Konversation fort.

Das gemeinsame Essen ist für uns nichts Neues mehr, aber diese

Mahlzeit im Speisewagen ist noch etwas anderes, denn danach werden wir zusammenbleiben. Der Kellner bewegt sich unsicher zwischen den Tischen hindurch, unsere Nachbarn blicken sich suchend nach unseren Eltern um, die Dächer der Dörfer leuchten goldbraun, die Weinberge sehen aus wie ein Bild von Dufy. Er erzählt mir, daß sein Vater ihm die Einwilligung zur Ausstellung eines Passes (er ist schließlich noch minderjährig) mit den Worten gegeben habe, es sei ihm lieber, er führe nach Italien, als daß er heirate: Der Gedanke, man könne mit einer Frau oder sogar mit einem Mädchen verreisen, ohne sie zuvor geheiratet zu haben, ist ihm wohl gar nicht in den Sinn gekommen.

Es wird Abend, wir fahren immer noch durch Frankreich. Die nächsten Stunden werden uns gehören wie nie zuvor.

Als der Morgen dämmert und wir gerade eingeschlafen sind, schreckt uns ein Klopfen an der Tür auf: Der Schaffner bittet mich, zu ihm ins Abteil zu kommen. Wir haben die Grenze bereits überschritten. Die Weinstöcke recken sich wie junge Bäume, und die Dächer laufen nicht mehr spitz zu. Wahrscheinlich will uns der Mann in der braunen Uniform die Pässe zurückgeben, die wir ihm am Abend ausgehändigt haben. Nein. Ein großes Register, braun wie sein Anzug, liegt aufgeschlagen auf dem Sitz. »Gnädiges Fräulein, der Herr im Abteil neben Ihnen hat mich gebeten, in die Liste der Reisenden Einblick nehmen zu dürfen. Als er Ihren Namen sah, sagte er: ›So eine Schande, ein Mädchen aus guter Familie!‹«

Noch vor einem Augenblick war ich ein Wesen ohne Angst, doch von nun an wird das Leben nie mehr so sein wie bisher. Was erwartet dieser Beamte von mir? Ein Trinkgeld? Er soll es bekommen. »Nun, gnädiges Fräulein?« Ach ja, ich muß noch herausfinden, wer dieser Mensch ist. Nun ist es an mir, die sorgfältig linierten Blätter durchzusehen: »Herr Z.«, ein Freund meines Bruders, der mich ein einziges Mal gesehen hat. Manche Leute haben ein gutes Gedächtnis für Gesichter. Der Mann im Nebenabteil fährt sicher bald nach Paris zurück, wo er vielleicht alles herumerzählt. Verzauberungen sind von kurzer Dauer. Warum muß ich meine friedvolle Insel verlassen, um mich von neuem in der Wirklichkeit zurechtzutasten? Eines Tages, früher oder später, mußte es so kommen. Aber daß es so schnell und in so unzweideutiger Weise geschehen würde, das hatte ich nicht erwartet. »Ich habe sie in einem Schlafwagen auf dem Weg nach Italien erwischt . . .« Es ist von vornherein sinnlos, sich eine Geschichte auszudenken, man würde sich nur lächerlich machen. Es kann auch nichts nützen, den Tatbestand zu bagatellisieren; man braucht nur daran zu denken, mit welcher Entrüstung Frau R. kürzlich erzählte, sie hätte gesehen, wie S. K. in einem – seltsamerweise erleuchteten – Taxi den Surrealisten B. küßte, ein Vorgang, der ihrer Ansicht nach keinerlei Aussicht auf eine Heirat versprach! Ein Schlafwagen ist schlimmer als ein Taxi . . .

Z. wird nach Paris zurückkehren und zu meinem Onkel laufen, der mich mit pathetischen Worten aus dem Haus jagen oder irgend etwas ähnlich Altmodisches tun wird. Mama, in Tränen aufgelöst, wird versuchen, ihn zur Vernunft zu bringen, ohne natürlich zu vergessen, daß wir völlig von ihm abhängig sind. Denn wir haben zwar Geld, aber in gewisser Hinsicht ist es, als hätten wir keines: Zahlen auf dem Papier, ein Scheck am Monatsende, ein anderer zwischendurch, wenn man darum bittet, und von diesem Geld wissen wir nur, daß es aus der Lederfabrik kommt, in der es nach Salzlauge riecht. Keine Abrechnungen, keine Verträge: Wir gehören einer guten jüdischen Familie an, in der man einander vertraut, in der sich die Frauen nicht in geschäftliche Angelegenheiten mischen und in der man auf seinen Ruf bedacht ist. Schöne Aussichten! Arbeiten? Wo? Wie? Was? Ich habe nichts gelernt, womit ich auch nur einen Franc verdienen könnte . . .

Was der Schaffner wollte? Ich sage ihm die Wahrheit. – »Ist es dir unangenehm?« Jetzt schon nicht mehr so sehr. Aber ich darf ihm nichts verheimlichen, und so – ob nun aus dem Wunsch, das Gesicht zu wahren, oder aus einer mir selbst unbewußten Aufrichtigkeit – spreche ich zuerst von Mamas Kummer. Dann erklärte ich ihm, ich hätte keine Lust, jene klägliche Heldin zu werden, als die ich mich im Geiste schon sah. Ich hörte mich sagen: »Meine Brüder werden mich hinauswerfen, und mein Onkel wird froh sein, mir keinen Franc mehr geben zu müssen.« – »Würde unsere Heirat die Sache einrenken?« – »Natürlich.« – »Dann kann mein Vater nichts mehr dagegen haben.«

Wieder ist eine Falle zugeschnappt. Das kommt mir zu Bewußtsein, noch bevor mir klar wird, daß meine Feigheit mich in Zukunft wie ein Haustier überallhin begleiten wird. Ein kleiner Versuch, wieder loszukommen: »Wir lassen uns nach einem halben Jahr scheiden.« Er nickt. Im Grunde schert er sich den Teufel darum; er hat ja schon vor zwei Wochen an eine Heirat gedacht. Seine Eltern leben, glaube ich, schon seit langem getrennt; die Ehe, provisorisch oder definitiv, kann für uns beide nicht dasselbe bedeuten.

»Ich werde diese Angelegenheit mit dem Menschen nebenan ins reine bringen«, sagte er. Wenn wir bereit wären, dieses halbe Jahr, in dem wir »erwachsen« spielen wollen, als Komödie aufzufassen, könnte diese Geschichte sogar recht vergnüglich werden, wer weiß. Im Augenblick stehen die Aussichten jedenfalls ganz gut. Er kommt zurück. »So ein Idiot, mit seiner lästigen Neugier! Ich habe ihm mit der größten Selbstverständlichkeit erklärt, daß wir verlobt sind und mit Erlaubnis unserer Eltern reisen. Aber zuvor habe ich ihm ein kleines Duell angeboten.«

In seinen Armen warte ich lachend darauf, daß er mich küßt, als der Schaffner, eine braune Silhouette vor dem grüngrauen Hintergrund der Hügel, noch einmal im Türrahmen auftaucht und uns eine Visitenkarte überreicht: »Monsieur Z. entbietet Mademoiselle Goldschmidt seine vorzügliche Hochachtung und versichert ihr, daß außerhalb dieses Waggons niemand von dem Zwischenfall erfahren wird.«

Artig formuliert. Bei meiner Rückkehr werde ich erfahren, daß Z., kaum in Paris angekommen, jedem, der es hören wollte – und das waren nicht wenige – von der reizenden Begegnung erzählte, die ihm der Zufall in einem Zug nach Florenz beschert hatte.

Von der Hauptpost in Florenz schicken wir meiner Mutter ein Telegramm, um ihr unsere Verlobung mitzuteilen. Gegen elf Uhr morgens sitze ich bei Da Giacosa oder bei Deneux in der Via Tornabuoni neben einem Begleiter in heller Kleidung, lasse in meinem Mund ein Fruchteis zergehen und höre zu, wie junge, mehr oder weniger ruinierte Grundbesitzer die Mädchen begutachten, die ihre Schritte vor den Schaufenstern verlangsamen, in denen sich Kuchen zu üppigen Landschaften türmen. Wir essen in einer Trattoria zu Mittag und zu Abend, ich trinke eine Tasse Schokolade auf der Piazza della Signoria, gegenüber der Statue des David in seiner vollendeten Siegerpose. Wir haben ganze Straßen fast für uns allein.

Der rege Dialog, der uns vereint, wird jeden Augenblick lebhafter; »mein« Giottino hat ihm gefallen, er konnte mir sogar erklären, warum er uns gefällt; von Uccellos »Schlacht« rät er mir: »Betrachte dieses Bild so, als ob es keine historische Begebenheit darstellte.«

Etwas später verdeckt er mit vorgehaltener Hand einen Teil des Gemäldes: »Versuche es auch, du wirst sehen, daß es so viel besser wirkt.« Er hat recht.

Amüsiert beobachte ich, wie er, kaum daß er einen Saal betreten hat, umherrennt, als sei er in Gefahr, hastig die Gemälde mustert, um nach seiner eiligen Erkundungstour dorthin zurückzukehren, wo es ihm lohnend scheint. »Ich werde mir Rollschuhe kaufen, um dir besser folgen zu können«, scherze ich.

Sein umfassendes Wissen setzt mich immer wieder in Erstaunen, ebenso die Phantasie und der Sarkasmus, die abwechselnd in seinen Worten mitschwingen, seine originellen Assoziationen, sein rasches Urteil. Seine Schwärmerei hat zwei Aspekte: Sie ist zugleich pathetisch und dandyhaft – in diesem von Savonarola und Michelangelo geprägten Florenz werde ich vor allem den Dandy in ihm kennenlernen.

Dann kommt der Tag, an dem wir neben dem Friedhof von San Miniato al Monte im Gras liegen, hinter uns die unvollendete, von Michelangelo entworfene Mauer, vor uns die golden glänzende Stadt, deren Dächer und Fassaden vom Abendlicht ganz in Rot getaucht werden. Schützend wölbt sich die Kuppel von Santa Maria del Fiore über den scharfen Umrissen der Türme, deren Namen uns bekannt sind. Im selben Rhythmus werden wir mit der Stadt und miteinander vertraut, erzählen uns gegenseitig von unseren früheren Leben und bereichern uns gleichzeitig an einer Vergangenheit, deren Zeugen die Fresken sind, die mittelalterliche Enge der *bifurchi* und die unerwartete Strenge der Boboli-Gärten.

»Wie glücklich wir sind«, sagt er zu einem Körper, der neben seinem liegt, zu Augen, deren Blick dem seinen folgt.

Warum soll ich diesen Augenblick nicht genießen? Warum dieses Zögern? Ist es Aberglaube oder Scham? Ich schäme mich etwas vor mir selbst, weil ich so leicht ein Glück annehme, das auf meiner Feigheit beruht. Vor uns im Tal versinkt die Stadt; alles, was er gesagt hat, erstarrt wie die Bewegung in einem unterbrochenen Film. Steckt in mir eine Neigung, das Schöne zu schmälern? Es ist wohl eher Angst, Angst vor den vielen Unbekannten in ihm. Ich wage nicht, etwas zu sagen, aber auf dem Gras hat meine Hand die seine ergriffen, die ich schon einmal geküßt habe in einer Aufwallung von Dankbarkeit, die mich selbst überraschte. Er sagt: »Wenn du stirbst, werde ich mich umbringen.« Ich habe seine Hand zwar schon geküßt, aber verpflichten kann ich mich in diesem Augenblick nicht. Er wiederholt: »Ich würde mich umbringen«, und fügt hinzu: »Und du?« Wozu bin ich fähig? Natürlich könnte ich mich umbringen, aber genausogut könnte ich auch weiterleben. Der Besitz dessen, was ich seit kurzem besitze, hat meine Begierde nicht gestillt, im Gegenteil. Noch nie war ich so voller Erwartung. Alles, ganz einfach alles erhoffe ich: ihn, den Glanz, den er jedem Augenblick meines Lebens verleiht, auch meine Freiheit und schließlich die Unvergänglichkeit. Dazu bin ich berufen, zur Unvergänglichkeit, zur Intensität, zu überraschenden Entdekkungen. Ja, ich liebe dich, Unvergänglichkeit ... Nein, ihn liebe ich.

»Jetzt, in diesem Augenblick ...« Die Anstrengung zu reden verleiht mir die Stimme einer jungen Nonne: »Jetzt bin ich sicher, daß ich es tun würde«, doch zu sagen, ich würde mich auch umbringen, scheint mir etwas unangebracht. »Aber woher soll man denn wissen, wie man später einmal sein wird? Ich kann nichts versprechen.« Und scherzend weiche ich aus: »Außerdem verstehen wir uns jetzt nur so gut, weil ich so sanft und gefügig bin, aber wenn wir erst einmal verheiratet sind, werde ich nicht mehr so entgegenkommend sein.«

Wer ahnt schon, daß ich, während ich atemlos neben ihm einen Hügel hinunterstolpere, auf das Ende der Welt warte? Während des ganzen Weges, der zuerst durch den schön angelegten Park und dann durch die Vorstadt mit ihren zahlreichen Gassen führt, schweigt er. Aus den Gassen kommen wir wieder in hellerleuchtete Straßen; die Menschen an den Straßenecken fühlen, wie die Steine, gegen die sie sich lehnen, allmählich abkühlen. Ich möchte nicht mehr so schnell laufen, ich möchte auch stehenbleiben und den Rücken an die Wand lehnen, an die Wand, nicht gegen seine Arme. Wie konnte ich nur alles zerstören? Ich habe mich einer Verpflichtung entzogen. Ich erlebe zuviel, als daß ich sagen könnte, was mir noch bevorsteht. Ich bin erst am Anfang. Ich habe Angst vor seinen Worten, ich weiß nicht, ob er daran glaubt, und ich verstehe auch nicht alles, was er sagt ...

Siena mit seinem Platz, der wie eine riesige Jakobsmuschel aussieht. Auf den Mauern des Palazzo Civico ein einsamer Eroberer, der in uns keine Vorstellung von Kämpfen wachruft, weil seine ergreifend klaren Formen keine Assoziationen wecken, die über das Dargestellte hinausgehen.

San Gimignano, bei dessen Anblick ich entdecke, daß mein Begleiter das, was er vor Augen hat, immer ungeduldig mit dem vergleicht, was er sich, weil er es noch nicht gesehen hat, in seiner Phantasie ausmalt. Jede Situation unserer Reise erweckt in ihm den Wunsch nach der nächsten, die seine Ahnung bestätigen oder widerlegen wird: Entspricht dieses Fortschreiten von einem Wunsch zum anderen seinem innersten Wesen, oder rufe ich es durch meine Gegenwart hervor? Auf jeden Fall bin ich bereit, ihm auf diesem Weg zu folgen, solange er nichts Unmögliches verlangt.

Diese Vorstellung von innerer Freiheit muß für mich wohl mit der nüchternen Strenge und Geradlinigkeit der florentinischen Architektur verbunden gewesen sein, da es mir so schwer fiel, an Venedig Gefallen zu finden. Seit meiner Kindheit hatte ich barocke Schnörkel abgelehnt, überreiche Verzierungen und ausladende Gesten mißfielen mir. In Venedig sprang einfach kein Funke über, obwohl André mir einredete, ich müsse beim Anblick von San Marco die Signoria vergessen. Um ihn ein bißchen zu ärgern und auch um zu sehen, wohin diese Meinungsverschiedenheiten führen, widerspreche ich. Ich frage mich, ob mein puritanischer Geschmack nicht auf die Angst zurückzuführen sei, eines Tages erleben zu müssen, wie sich die tausend Möglichkeiten, die ich in mir berge, in alle Winde zerstreuen. Doch kann ich den *piazzette* im Augenblick wirklich wenig abgewinnen, und indem ich sie ablehne, bestätige ich mich selbst.

In Venedig fühle ich mich eigentlich erst am Abend wohl, wenn in der Dunkelheit jene verhaltene Leidenschaft aufflammt, die unserem fast verzweifelten Verlangen nach Maßlosigkeit entspricht. Und obwohl ich nach wie vor die Zeichenkunst der Malerei vorziehe, bin ich in einem solchen Augenblick bereit zuzugeben, daß diese ungeschützte Welt der Titanen bedarf, mit denen Tintoretto die Palastwände belebte.

Inzwischen schrieben wir August 1921. Unsere finanziellen Reserven waren erschöpft, wir mußten abreisen.

»Wir werden bei dir die zweite Etage beziehen, die ja ein Appartement für sich ist«, sagte ich zu Mama, die sich über diesen Entschluß sehr freute.

»Eigentlich wollte ich nicht, daß mein Sohn so jung heiratet«, meinte mein Schwiegervater bei dem Höflichkeitsbesuch, den er meiner Mutter abstattete, »aber da uns die Kinder vor vollendete Tatsachen stellen, bleibt uns keine andere Wahl.«

»Diese Bemerkung hätte er sich sparen können«, meinte Mama zu mir.

»Sie ist bezaubernd«, sagte mein Schwiegervater zu seinem Sohn, »und für eine Jüdin sehr einfach gekleidet.« Ich hatte das weiße Kleid mit dem ägyptischen Figurenmuster selbst gemacht. »Dein Onkel ist ein Bettler, und du bist nichts weiter als ein armes Mädchen«, sagte mein Onkel, als ich ihn bat, mir die Erbschaft meines Vaters auszuzahlen. »Ich werde mich an meinen Rechtsanwalt wenden«, erwiderte ich ihm. Daraufhin lenkte er ein, allerdings nicht ohne mir vorher noch eine ziemlich hohe Rente anzubieten, die ich jedoch ausschlug; mein Onkel konnte nämlich großzügig sein, wenn es darum ging, andere weiterhin zu bevormunden.

»Sie müssen einen Vertrag abschließen«, riet mir der Anwalt, der uns schon bei unserem Ausbürgerungsprozeß vertreten hatte. Ich lehnte ab, denn es schien mir unnötig, schwarz auf weiß festzuhalten, daß ich ein gewisses Vermögen besaß, André aber von seiner Familie keinerlei Unterstützung erhielt. Mein Bruder fragte mich: »Möchtest du, daß Isa (das war seine Geliebte) deinen Brautkranz macht?« Ich stimmte begeistert zu, weil ich darin einen Verstoß gegen die bürgerliche Ordnung sah.

»Ich habe mir bei Poiret für die standesamtliche Trauung ein mit Feh besetztes Kostüm aus schwarzem Samt bestellt«, sagte ich. Dann fügte ich ein wenig verschämt hinzu: »Könnten wir nicht noch etwas anderes machen, ich meine irgend etwas religiöser Art, es ist ganz unwichtig, um welche Religion es sich dabei handelt?«

»Einverstanden«, antwortete er, »aber in diesem Fall besuchen wir nacheinander alle religiösen Stätten; wir gehen in eine protestantische und in eine katholische Kirche, in die Synagoge, in eine Moschee, in eine Pagode, wenn wir eine finden, und in ein Versammlungshaus der Christian Science.«

»Ich mag nicht, daß du dich über mich lustig machst«, sagte ich zu ihm.

»Du wirst noch im Kloster enden«, erwiderte er.

Acht Tage vor unserer Hochzeit ging ich zum Standesbeamten. »Monsieur, ich wünsche, daß die Geburtsdaten nicht verlesen werden«, erklärte ich ihm und schob ihm dabei mit einer Geste, die keinen Widerspruch duldete, dreihundert Francs zu.

»Ich verstehe«, erwiderte er, »die zukünftige Braut ist wohl nicht mehr die Jüngste.«

»Die zukünftige Braut steht vor Ihnen«, sagte ich.

»Dann«, meinte er traurig, »ist wohl der Bräutigam zu alt?«

»Im Gegenteil, er ist zu jung.«

»Sie werden sehr glücklich sein«, erklärte der Bürgermeister, »weil Sie sehr jung sind.«

»Übrigens sind ihre Geburtsdaten nicht verlesen worden«, fiel einer meiner Tanten auf.

»Was machen wir damit?« fragte mein Bräutigam, als wir die Treppen des Bürgermeisteramtes hinuntergingen, und zog unsere Trauringe aus der Tasche. Der seine war zu weit, denn er hatte gedacht, er gehöre an den Mittelfinger.

»Du hättest den Vater heiraten sollen«, sagte Tante Jeanne. »Er sieht viel besser aus als der Sohn.«

Selten war ich so dumm wie zu jener Zeit. Von allen Gründen, die mich einen Menschen vielen anderen vorziehen ließen, blieb ein einziger übrig: die Liebe. Durch die beruhigende Erinnerung an die Übereinstimmung unseres Geschmacks in bezug auf Bücher, Kunstwerke, Ereignisse und Landschaften empfand ich keinerlei innere Unruhe, ließ mich gehen und lebte nur meiner wichtigsten Entdekkung. Höchst selten fragte ich mich, was ich über den Mann wußte, an den ich mich vorläufig und endgültig gebunden hatte.

Ja, was wußte ich eigentlich? Daß er in bewundernswerter Weise mit Ideen jonglierte und auf vielen Gebieten bewandert war, daß er Mut besaß, manchmal humorvoll und oft gereizt war, ein brillanter Gesprächspartner, aber weder frei von Snobismus noch von einer gewissen gesellschaftlichen Unbeholfenheit. Ich wußte, welche Zuflucht er in der Kunst fand, wie sehr Literatur und Malerei ihm Beweis waren, daß die Welt sich einfangen ließ; ich vermutete, daß er von dem Wunsch beseelt war, alles aufs Spiel zu setzen, um die Begeisterung des Augenblicks intensiver zu empfinden, und ich wußte, wie sich seine Angst vor dem Tod äußerte. An seinen ersten schriftstellerischen Versuchen gefielen mir die Leichtigkeit und die herbe Poesie. Es beeindruckte mich, welche Bedeutung er den Gerüchen beimaß und mit welcher Ausführlichkeit er beschrieb, wie sich die verschiedensten Stoffe anfühlten, ob sie glatt waren oder rauh. Aber hinter dem, was nur wie ein Produkt der Laune wirken sollte, verbarg sich, wie mir schien, das Bedürfnis, das Abenteuer des menschlichen Daseins, wie es die meisten Menschen erleben, zu bagatellisieren. Der wirkliche Mensch war in seinem ironisierenden Essay *Lunes en papier*, das man seinem Wesen nach als christlich bezeichnen konnte, nicht vertreten: Obwohl darin kaum vom Menschen als beseeltem Wesen die Rede war, so war er doch spürbar, wenn auch zur Marionette erstarrt, denn dem, woran der Mensch sich messen sollte, ermangelte es einfach an Größe.

Außerdem glaubte ich nicht, daß mein Gefährte damit zu einer eigenen Audrucksform gefunden hatte. Schon in jener Zeit schienen mir seine wenigen kritischen Artikel ihm gemäßer zu sein. Den Romanschriftsteller aber, der aus ihm werden sollte, sah ich in ihm überhaupt nicht.

Unsere Hochzeitsreise führte uns zunächst nach Straßburg, dann nach Prag. Die Gräber des alten jüdischen Friedhofs – früher hatte der Golem diese Toten beschützt, und dann hatte er sie getötet, zumindest einige von ihnen. Zuvor hatten sich ihre bedrohten Leiber in der alten Synagoge im Rhythmus der monotonen Gesänge gewiegt. Wir gehen zum Gebetshaus hinüber; die bärtigen Greise vor der bescheidenen Pforte erinnern mich an die Gedichte von Apollinaire und keineswegs an meine Vorfahren, die ihnen vielleicht ähnlich sahen. Belustigt über unsere Neugierde, holen sie einen Schlüssel, zünden Lichter an wie bei einem feierlichen Anlaß und zeigen uns mit dem Eifer von Fremdenführern den bestickten Samtvorhang und die vielarmigen Kandelaber. Noch lange denken wir ergriffen an die warme Brüderlichkeit dieser Armen zurück.

»Wie sympathisch sie sind«, meint mein Begleiter.

»Auch für mich sind sie etwas Neues«, erwidere ich.

Nein, das stimmt nicht ganz, ich habe vor dem Krieg, während der

Ferien in Karlsbad, ähnliche gesehen. Damals schämte ich mich dieser sonderbaren Geschöpfe mit ihren Kaftanen, ihren Schläfenlokken, ihren Käppchen und ihren zittrigen Händen; heute rühren sie mich, obwohl sie mir vielleicht noch genauso fremd sind.

Als André ein paar Tage später zu mir sagte: »Sei du so sehr Jüdin und so sehr Frau wie möglich, denn so gefällst du mir«, dachte er sicher nicht an diese Männer, sondern daran, was es für ihn bedeutete, daß ich keinen bestimmten Typ verkörperte. Denn noch zwei oder drei Tage vor der Hochzeit hatte er mir anvertraut: »Wir Franzosen – ich muß dir das sagen – beginnen mit vierzig Jahren unseren Vätern zu ähneln.« Hoffte er, daß ich ihn davor bewahren würde? Sein Vater, soweit ich ihn kannte, war mir nicht unsympathisch. Er war ein Träumer, der seine Träumereien ernst nahm, weil er sie in die Tat umsetzte. Was hatte er nicht alles erfunden, das schon zwanzigmal erfunden worden war: einen Reifen, der nicht platzen kann, eine unzerbrechliche Lampe, eine kippsichere Flasche. Doch stets hatten Interessen, deren Existenz er kaum ahnte, die Verwirklichung dieser Projekte verhindert, deshalb hatte seine Vermögenslage Höhen und Tiefen gekannt, meistens aber Tiefen. Einer seiner Gründe gegen unsere Heirat war ein maßloser Patriotismus, der an meiner germanischen Herkunft Anstoß nahm. Nie sprach er von Frankreich anders als von »la douce France«, dem lieblichen Frankreich. Hier sei alles besser; er mußte es wissen, denn er hatte fast ein Jahr in Spanien gelebt und dachte an diese Zeit wie an ein Martyrium zurück. Danach hatte er nie wieder die Grenze überschritten und sich vorgenommen, aus freien Stücken auch keine mehr zu überschreiten. Daß der Krieg, in dem er es zum Leutnant gebracht hatte, ein gerechter war, lag für ihn auf der Hand.

Nachdem wir uns an Prag satt gesehen hatten, gönnten wir uns einen kurzen Aufenthalt in Wien. Schon damals war die Geldentwertung für mich kein leeres Wort mehr. Ich war nämlich schon nach der ersten Abwertung wieder in Deutschland gewesen, als die Menschen nur noch über Körbe voll wertloser Banknoten sprachen, traurig von ruinierten Familien erzählten oder erleichtert berichteten, wie sie sich aus der Affäre gezogen hatten, was für meine Familie zutraf. Wien machte auf uns den Eindruck einer Stadt, deren Bevölkerung zu drei Vierteln ausgehungerter war als die einer belagerten Festung. In langen Schlangen standen sie vor den Volksküchen, in denen ein dünner Brei sparsam verteilt wurde, und die Armen von heute gesellten sich zu den Armen von gestern. Man konnte sie voneinander unterscheiden, weil die letzteren leichtsinnigerweise ihre Mäntel verkauft hatten und jetzt in der Kälte Offiziers- oder Husarenjacken trugen. Trotzdem waren die Theater voll besetzt, ebenso die vornehmen Restaurants, und zwar nicht nur von Ausländern, die auf legale Plünderung aus waren.

In den breiten Alleen mit Häusern, deren Frontseiten mit steinernen Blumenornamenten geschmückt waren, glich das Elend einem tragischen Karneval. Ich wunderte mich, daß sich mein Gefährte über die Unsinnigkeit des Militarismus viel mehr aufregte als über den Krieg selbst, für dessen Folge ich die damaligen Zustände in Österreich hielt. Ich hatte die Lehren von Jaurès und Romain Rolland nicht vergessen. Ungeschickt versuchte ich nun, das wenige, was ich wußte, zueinander in Beziehung zu setzen, um dadurch zu neuen Erkenntnissen zu gelangen. Deshalb sprach ich von den Streiks in den Fiat-Werken, deren Augenzeugin ich bei meinem ersten Aufenthalt in Florenz geworden war. Die Forderungen der Arbeiter erschienen mir berechtigt. Ich sprach – wenn auch nicht ganz logisch – von der sozialen Ungerechtigkeit, von einer zukünftigen Revolution in Westeuropa. Die Antwort, die ich erhielt, setzte mich in Erstaunen und verwundert mich noch heute: »Du gehörst zu jenen, die für das Wohl einiger weniger alle anderen umbringen wollen.« Aber nein, ich wollte genau das Gegenteil. Wie gewöhnlich, wenn ich glaube, eine zugleich wichtige und angefochtene Position zu vertreten, wollte ich alles sagen, ereiferte mich, redete unzusammenhängend, verwechselte gestern und heute und endete mit einem Satz, den ich in der Folgezeit nur zu oft gebrauchte: »Es sieht so aus, als hättest du recht, aber ich weiß, daß du unrecht hast.«

Der Zug rollte durch eine endlose Schneelandschaft, die sich nicht zu verändern schien. Wir standen im Gang, und hinter uns richtete der Schaffner unser Abteil für den Tag her. André sagte zu mir: »Ich werde kein Schriftsteller. Der Amateur ist dem schöpferischen Geist überlegen. Die Chinesen hatten das erkannt und stuften den, der den Garten zu würdigen weiß, höher ein als den Gärtner. Der Mensch, der es versteht, das Leben und die Schöpfungen anderer Menschen zu genießen, ist der vollendetste Künstler.« Ich hörte ihm zu, ohne zu antworten, und war zum Teil mit seinen Worten einverstanden, denn ich habe noch nie etwas für Menschen übrig gehabt, die das Leben auf künstlerisches Schaffen reduzierten. Für mich war das Leben selbst immer das Wichtigste, und das hieß, ihm in seiner vielfältigen Gestalt entgegenzutreten, sich ihm zu stellen. Doch mein Gefährte schien mir eindeutig zum Schriftsteller berufen, und ich erwartete auch von ihm, daß er dieser Berufung folgen würde, freute mich aber trotzdem darüber, daß dies nicht der höchste Anspruch war, den er an sich selbst stellte.

Nürnberg, ein Restaurant mit Butzenscheiben und dicken, rauchgeschwärzten Balken. Wir hörten Lieder, die ich übersetzte:

»Wenn der weiße Flieder wieder blüht . . .«

Und plötzlich diese improvisierte Strophe:

»Wenn Franzos' und Deutsche sich verstehn . . .«

Mein Begleiter schaute sich im Lokal um. »Wie wenig nachtragend sie sind«, sagte er, »und wie schnell sie sich mit allem abfinden!« Damals glaubte ich es auch. Am Nebentisch, an dem eine Gruppe von zehn jungen Leuten sitzt, erhebt sich ein Mann und kommt zu uns herüber. Er spricht französisch mit deutschem Akzent: »Je suis con«, sagt er, womit er meint, daß er Kohn heißt, und fügt hinzu: »Meine Freunde und ich möchten Sie an unseren Tisch bitten.« Nachdem wir ihm erklärt haben, daß wir den Abend zu zweit verbringen wollen, geht er zu seinen Leuten zurück. Den ganzen Abend nickt man uns freundlich zu und beschießt uns hin und wieder mit kleinen bunten Papierkugeln.

Auf die Zugfahrten folgten endlose Schiffsreisen. Ich sah durch unzählige Fenster die Landschaft vorbeifliegen, auf unzähligen Decks fürchtete ich mich vor der Ankunft, und ich machte unzählige Bekanntschaften, die, wie ich glaube, spurlos an mir vorübergingen.

Griechenland. Das Athen der zwanziger Jahre war noch nicht das Athen von heute: Damals war es fast eine Provinzstadt, mit winzigen runden Kirchen, die zum Wesen der Stadt paßten, aus der man nur auf überwucherten Wegen zu einem Parthenon gelangte, der noch nicht so reich an aufrechtstehenden Säulen war wie der heutige. Hatte man jedoch die Akropolis erreicht, dann war alles klare Ordnung und kühle Präzision. Ich aber wandte mich von dieser starren geometrischen Architektur ab und betrachtete in der Ferne die weichen Umrisse der Inseln. Bis an einem Spätnachmittag diese unmenschliche Strenge im Licht der untergehenden Sonne lebendig wurde und ich mich um so bereitwilliger ergreifen ließ, weil ich mich vorher so hartnäckig gesträubt hatte. An eine dieser lebendigen Säulen gelehnt, akzeptierte ich die genaue, vom Menschen gewollte Aufteilung und Abgrenzung der Landschaft.

Da ein lokaler Streik unseren geplanten Ausflug ins Tal von Tempe vereitelte, begnügten wir uns damit, nach Larissa zu fahren. Es wurde unsere erste Begegnung mit dem Nahen Osten. An der Grenzstation hielt der Zug etwa zehn Minuten, bis endlich ein halbuniformierter Mann auftauchte: »Ich bin General Graf Barnat-Brischenski«, stellte er sich vor. »Gestatten Sie mir, Platz zu nehmen? Sie haben französische Bücher dabei. Es ist schon lange her, seit ich die letzte französische Neuerscheinung gelesen habe. Schenken Sie mir diesen neuen Giraudoux? Danke. Ja, ich bin General Graf Barnat-Brischenski, habe an der Seite General Wrangels gekämpft, mich aber geweigert, auf der Seite Denikins zu stehen. Jetzt lebe ich hier, bin Bahnhofsvorsteher, und kein Zug fährt ab, ohne daß ich das Zeichen dazu gegeben habe. Ich bin nicht unglücklich, wissen Sie, wir sind eine kleine Gruppe von Russen und verstehen uns nicht schlecht, alles gebildete Leute. Mein Sohn lebt in Paris, deshalb bitte ich Sie, mir nach Ihrer Rückkehr eine Bescheinigung zu schicken, in der Sie für mich bürgen und mit der ich nach Frankreich einreisen kann.«

Hatte ich nicht auch schon von meinem Großvater kurz nach dem Waffenstillstand gehört, er habe »sein Bestes getan für die Vaterländer?« Vier Söhne auf der einen, zwei Enkel auf der anderen Seite . . .

Berlin. In den Kinos lief *Das Kabinett des Dr. Caligari*, die Kunstgalerien stellten Dix aus, in den Museen entdeckten wir Rembrandt, und in den Nachtbars bestaunten wir junge, blonde Transvestiten, die wie rührende Gretchen aussahen. In den Buchhandlungen kaufte ich Bücher von Spengler und Keyserling, das Werk Prinzhorns über die Malerei der Geisteskranken, die Anthologie der expressionistischen Dichter, *Menschheitsdämmerung*, Bücher von Kaiser und Werfel, Freuds Frühwerk und das *Tagebuch eines halbwüchsigen Mädchens**, das ich

* Hrsg. von Hermine Hug-Hellmuth, Leipzig und Wien 1921.

später, auf meinem Bett im Spital von Phnom-Penh liegend, ins Französische übersetzte. Ich erstand außerdem einige schöne Bildbände, die wir abends auf dem Sofa gemeinsam durchblätterten: *Ars Orbis*, Carl Einsteins Buch *Negerplastik* und seinen *Bebuquin*, meiner Meinung nach das typischste Werk des deutschen Expressionismus, aus dem einige Seiten in der Zeitschrift *Aktion* erschienen waren. Kurz vor dem letzten Krieg begann ich, zusammen mit seinem Verfasser, das ganze Werk zu übersetzen, verlor aber später das Manuskript.

Als verheiratetes Paar gehörten wir von nun an zur Familie, enger vielleicht, als mir lieb war, denn wir nahmen unsere Mahlzeiten nicht oben in unserem Zimmer mit den dunklen Möbeln ein, sondern unten im Speisezimmer. Allerdings sahen wir während der ganzen Zeit fast niemanden: Wir waren uns selbst genug.

Mit wem kamen wir zusammen? Mit wenigen Leuten und mit niemandem von wirklicher Bedeutung. Manche Sonntagnachmittage verbrachten wir bei Kahnweiler in Boulogne und saßen bei schönem Wetter in einem kleinen, von Mauern geschützten Garten, einem Höfchen, in dem auch Daniels Frau sich zu uns gesellte sowie seine beiden Schwägerinnen, noch etwas provinzlerische junge Mädchen, von denen später die eine Michel Leiris, die andere den Maler Elie Lascaux heiratete. Außerdem kamen Juan Gris, dem ich als nur gelegentliche Besucherin nicht anmerkte, daß er bereits vom Tod gezeichnet war, der liebenswürdige Chagall, seine Frau Bella mit ihrem russisch-jüdischen Charme und ihrer beider Tochter.

Etwa 1922 traten wir in Verbindung zur *Nouvelle Revue Française*, die damals noch von Jacques Rivière geleitet wurde, der die etwas aggressive Brillanz meines Gefährten nicht zu schätzen schien. Er lehnte ein paar seiner Texte unter dem Vorwand ab, daß ihr Autor später, wenn er auf bedeutendere Werke zurückblicken könnte, es bedauern würde, solch anspruchslose Gelegenheitsprodukte veröffentlicht zu haben.

Von diesen Besuchen in den kleinen, dunklen, mit Büchern vollgestopften Räumen des späteren großen Verlagshauses Gallimard brachte mein Begleiter eines Tages einen jungen Mann von kleinem Wuchs mit, in dessen rundem Gesicht die Augen hinter den Brillengläsern doppelt so groß schienen: Marcel Arland, dessen

Zurückhaltung etwas Provozierendes an sich hatte und dessen kindliche Züge im Gegensatz standen zu seinem gesetzten Auftreten. Später stellte sich heraus, daß er der treueste Freund war, den wir besaßen, und zwar sowohl während wir zusammenlebten als auch später, nachdem wir uns getrennt hatten. Anfangs, als sein Sinn für Malerei noch nicht so stark ausgeprägt war, widmete er sich der Literatur mit dem Eifer eines fanatischen Mönchs.

So fühlte er sich von dem neuen unkonventionellen Stil der Dadaisten angezogen. Er verehrte Georges Limbour, den Surrealisten, von dem er mir erzählte, er habe eines Tages, als er in Geldnöten war, heiße Maronen an der Straßenecke verkauft und ein anderes Mal in einem Restaurant, als seine Tischnachbarn ihn daran hinderten, ein Fenster zu öffnen, angefangen, sich auszuziehen, was angesichts seines Wunsches, nicht unter der Hitze zu leiden, nur logisch war. Als er bei der Hose anlangte, hatte man ihm Einhalt geboten.

Marcel und André verstanden sich, was die Kunst betraf, sehr schnell. Sie diskutierten mit derselben Leidenschaft, der sich von seiten des letzteren zuweilen etwas Ironie beimischte. Über manche Dinge konnten sie sich jedoch nicht einigen. So liebte Marcel zum Beispiel Poussin, während mein Gefährte in ihm, wie übrigens auch in Racine, nur den vollkommenen Ausdruck einer Epoche sah, eine Meinung, die er später revidierte, als er in einem russischen Museum vor Poussins großem weißen Pferd stand.

Es waren dies Augenblicke ungeheurer Intensität, die, wenn sie das Leben auch nicht rechtfertigten, ihm doch einen unvergleichlichen Glanz verliehen. Wenn ich mich wenig an den Gesprächen zwischen Marcel und meinem Gefährten beteiligte, so holte ich das zur Genüge nach, wenn wir allein waren. Dann wurde ich ihm wieder ebenbürtig.

Eines Abends sahen wir auf der Place du Tertre mehrere Personen in nachbarlichem Gespräch beisammenstehen. Wir erkannten Utter und Valadon sowie Utrillo, der sich etwas abseits hielt. Wir traten zu ihnen. Da näherte sich Utrillo, der den umherirrenden, verehrten und gefürchteten Geisteskranken, denen wir später in islamischen Ländern begegnen sollten, erschreckend ähnelte: Er blickte uns durchdringend an, berührte mit seinem Zeigefinger fast die Jacke meines Begleiters und lallte: »Maler oder Dichter?«

In jenen Jahren des großen Umbruchs öffneten sich uns Welten. Welche Generation wurde so vieler Geschenke teilhaftig wie die unsere? Weise aus dem Morgenland legten uns eine Welt zu Füßen, deren entlegenste Winkel zu erforschen wir aufgerufen waren. Wir hatten gelernt, den Gesetzen der Schwerkraft zu trotzen und uns vom Erdball zu lösen; die Welt aus dem Flugzeug zu betrachten, lehrte uns, ihre vorläufigen oder ewigen Teilungen zu verachten. Aus einem Zug konnten wir verfeindete Länder überblicken, durch unmittelbare Anschauung gelang es uns leichter, uns ihre bis dahin unbekannte Vergangenheit vorzustellen. Wir waren zu Herrschern über längst vergangene Zeitalter und noch nicht zivilisierte Räume geworden.

Ja, Welten taten sich uns auf: Vergangenheit und Gegenwart, zurückliegende Jahrtausende und bisher unzugängliche Gebiete. Betrachten, Verbinden und Fühlen reizte uns mehr als Klassifizieren und Organisieren. Die Fülle dessen, was uns zuteil wurde, rief nur Fragen in uns wach. Deshalb wandten wir uns der Kunst zu, denn sie würde uns nicht zwingen, die Antworten zu geben, die wir nicht geben wollten und die, hätte man uns dazu gezwungen, nichts als Ablehnung und Weigerung ausgedrückt hätten. Selten schien es nötiger gewesen zu zerstören.

In dieser Zeit ohne Werte gewann jeder Mensch neue Bedeutung. Uns selbst zu verwirklichen, war das einzige, wonach wir trachteten. »Mache aus dir das unersetzlichste Wesen«, riet uns der eine; der andere sprach gleich von »offener Moral«. Für uns zählten nur Helden, Künstler und Heilige.

Ein paarmal stieg Edmond Jaloux die Treppe zu unserer Wohnung herauf und setzte sich in unsere graugepolsterten schwarzen Holzsessel, die übrigens nicht sehr bequem waren. Gegenüber davon hing eine – wenn ich mich recht erinnere – sehr schöne Skizze von Picasso und ein etwas fragwürdiger Derain; beide Bilder hatten wir bei Kahnweiler gekauft.

Jaloux trug einen großen Schnurrbart, wie er 1910 Mode war. Seine Lieblingsdichter waren noch älter und dieselben wie meine – Jean Paul, Hölderlin, Kleist –, aber ich wagte nicht, das zu sagen. Denn seit eine anspruchsvolle Gestalt an meiner Seite mich ständig zwang, meine Persönlichkeit zu wahren – das heißt, die Persönlichkeit, die mein Gefährte in mir sah und sehen wollte –, hatte ich Hemmungen, mich in Gegenwart Dritter zu äußern.

Während der Anwesenheit Jaloux', mit dem ich mich noch gestern, als wir allein waren, ungezwungen unterhalten hatte, schwieg ich, obwohl er über Werke redete, die ich mindestens so gut kannte wie die beiden . . .

Aber mein Gefährte war nicht allein für meinen Persönlichkeitsverlust verantwortlich. Ich verlor durch die bloße Anwesenheit eines Dritten meine Fähigkeit, den Gedanken eines anderen zu folgen: Ich wurde dann wie eine Leinwand, auf die gleichzeitig verschiedene Filme projiziert werden. Menschen und Dinge waren durch nichts mehr verbunden, ich nahm nur mehr bewegte Arabesken wahr.

Es muß zu Beginn des Jahres 1923 gewesen sein, als uns Alfred Salmony besuchte, ein Angestellter, vielleicht sogar der Direktor des Kölner Museums. Er hatte Archäologie studiert und war durch die Schule des Expressionismus gegangen. Für mich war er eine der größten Persönlichkeiten der jüngeren Generation. Er bereitete eine Ausstellung vergleichender Kunst vor, die in einem seltsamen Querschnitt alle Kunstformen vereinigen sollte, die uns anzusprechen vermochten.

Aus einer Mappe, die er gegen seinen Stuhl lehnte, zog er einen Stapel Fotografien, die er mit der Gewandtheit eines Kassierers sortierte und dann, als sie auf dem Tisch ausgebreitet lagen, nach einem subtilen Schema ordnete. Es war das erste Mal, daß ich eine Thai-Skulptur sah. Dann zeigte er an einem Han-Kopf und einem romanischen Kopf, wie verwandt beide im Ausdruck waren.

Fassungslos standen wir vor diesen für uns neuartigen Zusammenstellungen und fragten uns, ob die Schöpfer dieser Werke das gleiche Gefühl ansprechen wollten oder ob ihre Verwandtschaft, ihre Ähnlichkeit allein in der Form bestand.

Salmony verabschiedete sich, ließ jedoch einige seiner kostbaren Fotos zurück; uns hatte er die Tür zu einem neuen Weltverständnis geöffnet.

Abends breitete mein Gefährte auf der großen Tischplatte, die man umdrehen konnte, um den schwarzen Lack zu schonen, oft Papierbogen mit Schriftzeichen, typographischen Verzierungen und Illustrationen aus. Dann machte er sich, mit Schere und Leim bewaffnet, daran, Bücher »anzufertigen«, so wie eine Schneiderin ein Kleid anfertigt.

Ich sah einen Gegenstand entstehen, die Hand, die zupackt und zusammenfügt, Neues schafft und modelliert. Das Talent meines Gefährten äußerte sich in verschiedenartigen Werken. Einige waren für einen jungen, wohlhabenden Verleger bestimmt, dessen Eltern zufällig Freunde meiner Mutter waren. Vorsichtshalber hatte ich verhindert, daß meine Familie vor unserer Hochzeit bei ihnen Erkundigungen über meinen Bräutigam einholte. Sie sollte ruhig im unklaren bleiben über seine wohl ziemlich unsichere Stellung, denn ich war entschlossen, mich durch nichts, was außerhalb unserer Beziehung lag, beeinflussen zu lassen. Ohne irgendwelche Nachprüfungen glaubte ich ihm, als er mir erzählte – was übrigens stimmte –, daß er zuerst für einen Verlagsbuchhändler in der Passage de la Madeleine seltene Ausgaben gesucht, danach eine Publikation von Texten Laforgues vorbereitet hatte und schließlich als künstlerischer Direktor – ein, an der Größe des Unternehmens gemessen, leicht hochtrabender Titel – bei einem anderen Verlagsbuchhändler arbeitete, der aufgeschlossen genug war, Werke von beinahe unbekannten Autoren herauszubringen.

Aber da die relativ regelmäßige Anwesenheit, die dieser Posten verlangte, nicht mit unserer Reiselust vereinbar zu sein schien, gab ihn mein Gefährte schon bald auf. Daraufhin verlegte er sich auf das Verfassen gewagter Texte, die mit nicht weniger gewagten Illustrationen versehen wurden.

Eines Tages, es war Frühjahr, erinnerte ich ihn daran, daß »die Monate, die wir als Mann und Frau verbringen wollten, verflossen sind, und wir uns – jedenfalls nach unserer Abmachung – eigentlich jetzt trennen müßten«. Er erwiderte: »Könnte man das Geld, das die Scheidung verschlingen würde, nicht besser verwenden? Könnten wir nicht zum Beispiel nach Tunesien reisen?« Wir reisten nach Tunesien.

Wir lebten bald hier, bald dort, oft auch in Paris, waren herrlich ungebunden, entdeckten jeden Tag einen neuen Aspekt dieser Welt und freuten uns am Spiel unserer Körper und unseres Geistes. Wir maßen uns miteinander – die Erfahrungen aus unseren Reisen, unserer Lektüre, aus den langen Gängen durch Museen und Galerien, aus den Stunden im Kino, in den Nachtklubs, in den echten russischen Balletten, im, seltener besuchten, Theater, boten da Stoff genug; wir bummelten durch die Straßen, durch überdachte Passagen und Säulengänge, tranken auf belebten Plätzen milchige Anisliköre, Pfefferminztee und undefinierbare Mixgetränke, wir hielten uns für reich und waren es eigentlich kaum.

Nachdem ich das Spekulieren begriffen hatte und es mir gelungen war – nicht ohne Stolz –, die Abneigung gegen dieses Geschäft zu überwinden, bei dem der Schweiß des Angesichts eine zu geringe Rolle spielte, um der Ethik, die ich als Kind zwischen zwei Religionen entwickelt hatte, gerecht zu werden, sah ich in der Spekulation einen interessanten Sport, der gegenüber dem Pferdesport den Vorteil hatte, daß er keine raffinierte Garderobe erforderte. An Werktagen, das heißt an Tagen, an denen die Börse geöffnet war, begaben wir uns gleich nach dem Mittagessen zur nächstgelegenen Bank, um die Mitteilungen der unter Glaskästen stehenden Maschinen zu entziffern. Alles lief günstig für uns; das kleine Zeichen + stand oft rechts neben dem Namen der Wertpapiere, die wir beim Börsenmakler als Pfand hinterlegt hatten.

Auf einer unserer Reisen nach Brügge begleitete uns Marcel Arland. Mein Gefährte verließ uns für einige Stunden, um einen Abstecher nach Ostende zu machen, wo er den alten Ensor besuchen und ihn fragen wollte, ob dieser ein Buch, das bald erscheinen sollte, illustrieren könnte.

Nach seiner Rückkehr erzählte uns André von seinem Besuch. Er beschrieb uns Ensors Bilder – sie gefielen uns allen dreien –, aber vor allem beschrieb er uns die kleinen Sirenen, die der alte Mann ihm gezeigt hatte. Es waren Frauenkörper, so lang wie zwei aneinandergelegte Hände, mit genau proportionierten Brüsten, und sie wirkten trotz des Fischschwanzes aufregend. Da ich an alles glauben kann, war ich einen Augenblick lang davon überzeugt, daß diese Geschöpfe, so wie sie waren, wirklich gelebt hatten: Sirenen und Töchter von Sirenen. Aber mein Gefährte erklärte mir sogleich, daß irgendein geschickter Seemann sie aus präparierter Fischhaut hergestellt hatte, was mich natürlich sehr enttäuschte. Doch beneidete ich ihn trotzdem, denn er hatte die kleinen Geschöpfe gesehen und war, da er nicht an ihre wirkliche Existenz glaubte, vielleicht nur nicht würdig gewesen, davon überzeugt zu werden.

Mein Gefährte war ein Weiberfeind. Er verachtete die Frauen tatsächlich, und sogar unser Verhältnis wurde bisweilen dadurch getrübt. Nicht, daß er mich uninteressant oder langweilig gefunden hätte, im Gegenteil, ich war für ihn ein »vollwertiger Gesprächspartner«, ein angemessener Vermittler zwischen ihm und der Menschheit. Tagtäglich ließ ich vor seinen Augen eine Welt von Kindern, Frauen und Männern vorbeiziehen, mit denen er bis dahin keinen Kontakt gehabt hatte und deren Lebensauffassung von seiner eigenen abwich: Ich machte sie ihm vertraut. Dann gab es Stunden, in denen wir gemeinsam irgendeinen abstrakten Gipfel erklommen, wobei er meistens, wenn auch nicht immer, die Führung übernahm. Wir ermunterten und spornten uns gegenseitig an bei diesen Intelligenzspielen und waren so eifrig bei der Sache, daß die körperlichen Spiele unvermeidlich darauf folgten und uns das physische Vergnügen als natürliche Krönung des intellektuellen erschien. Trotz alledem war ich in seinen Augen kein vollgültiges menschliches Wesen. In meiner Empörung darüber verlangte ich nach mehr Eigenständigkeit, als ich je verlangt haben würde, wenn er mich wirklich anerkannt hätte.

Nach reiflicher Überlegung muß ich zugeben, daß ich in jedem Fall, wenn auch vielleicht weniger aggressiv, Autonomie für mich gefordert hätte. Dabei bewunderte ich ihn in einem solchen Maße, daß meine Auflehnungsversuche auf intellektuellem Gebiet nur in einer um so tieferen Unterwerfung und oft sogar Demütigung endeten. Daß ich von da an immer häufiger Lust hatte, mich mit anderen als ihm zu messen, war eine durchaus natürliche Reaktion, aber ich glaube nicht, daß er sie verstand.

Gewiß wurde sein Weiberhaß durch meinen Widerspruchsgeist und meinen Selbstbehauptungswillen noch verstärkt, doch zweifellos existierte er schon vor unserer Begegnung. Ich erinnere mich zum Beispiel an den Ton, in dem er zu sagen pflegte: »So können nur Frauen malen.« Er sprach auch vom »weiblichen Korpsgeist«, aber kaum hatte er den »weiblichen Korpsgeist« erwähnt, entdeckte ich den der Männer und merkte bald, wieviel bewußte oder unbewußte Verachtung der Frau dieser »männliche Korpsgeist« implizierte.

Die Börsenkurse fielen und vornehmlich die Papiere, in denen wir unser Geld angelegt hatten. Trotzdem stimmte ich zu, als André erklärte, wir brauchten dringend Luftveränderung und würden also, um neue Eindrücke zu sammeln, dem Rhein, der nur auf uns zu warten schien, einen Besuch abstatten. Wir bestiegen das Schiff und glitten an Weinbergen vorbei, in denen Trauben hingen, dichtgedrängt wie Getreidekörner an einer Ähre.

Dies waren die letzten Tage, die wir in einer Traumwelt völliger Sorglosigkeit verbrachten. Mein Mann erzählte mir von einer rheinischen Kultur, die sich entlang des Flusses erstreckt und Kunst, Bräuche und Landschaft dieser Gegend geprägt hatte. Als wir an dem bewußten Felsen vorbeikamen, trug ich die Lorelei vor. Ich dachte an meinen Vater, der mir während unseres Aufenthalts in Neckarsteinach den Strom zum ersten Mal gezeigt hatte. Während der ganzen Rheinfahrt lasen wir keine Zeitung. In Paris erfuhren wir, daß wir ruiniert waren.

Wir konnten uns noch glücklich schätzen, keine Schulden beim Börsenmakler zu haben; jetzt wußte ich, wohin Termingeschäfte führen können. In der darauffolgenden Zeit bemühten wir uns mit Zustimmung meiner Mutter, auf der Bank von Mulhouse (heute Mülhausen) liegende Wertpapiere wieder in unseren Besitz zu bringen, die wir vor dem Krieg meinem Großvater anvertraut hatten. Da Frankreich den Krieg gewonnen hatte, konnten wir erst an die Papiere herankommen, nachdem sie durch eine – aufgrund der inzwischen verstrichenen Zeit nicht ganz legale – Transaktion wieder in französische Hände gelangt waren. Bei dieser Operation bewies mein Gefährte erneut echtes Talent für solche Geschäfte; die nächsten zwei oder drei Monate waren wir der finanziellen Sorgen enthoben.

In der Tat lag eine märchenhafte Zeit hinter uns: Zwei herrliche Jahre, die wie im Traum vergingen und die wir trotzdem mit allen Sinnen auskosteten, hatten uns etwas gegeben, was das Leben selbst jenen, die uns ebenbürtig sind, gewöhnlich nur über einen viel längeren Zeitraum verteilt gewährt. Wir hatten gelesen und waren gereist, wir hatten viel gesehen und verglichen, wir hatten wenige Menschen, dafür aber uns gegenseitig kennengelernt. Da mein Gefährte von den Frauen nur Dummheit, Falschheit und Treulosigkeit erwartete, neigte er dazu, meine guten Eigenschaften zu überschätzen. Weiberfeindschaft hat auch ihre Vorteile. Er verlangte, daß ich mich mit ihm identifizierte, und in unserer finanziellen Katastrophe war ich auch wirklich völlig solidarisch mit ihm. Aber bald mußten wir uns für irgend etwas entscheiden. Ich stellte ihm ein paar Fragen, auf die er schlicht antwortete: »Du glaubst doch wohl nicht, daß ich in Zukunft arbeiten werde?«

Das war deutlich genug, und ich wurde mir bewußt, daß ich eigentlich auch gar nicht von ihm erwartet hatte, er würde arbeiten. Aber wenn ich auch nicht sonderlich praktisch veranlagt war, so wußte ich doch, was man zum täglichen Leben braucht, und versuchte, ihm dieses Problem nahezubringen.

»Ach . . .«, unterbrach er meine entsprechenden Bemühungen, »kennst du übrigens die alte Pilgerstraße von Flandern nach Spanien, die die Compostela-Wallfahrer entlangzogen?«

»Nein«, entgegnete ich kurz, da mir der Zusammenhang zwischen meinen Ausführungen und seiner Frage nicht klar war.

»Das spielt auch gar keine Rolle«, meinte er. »Dieser Weg war jedenfalls von Kathedralen gesäumt, die noch heute mehr oder weniger erhalten sind. Aber sicherlich gab es außer diesen großen Gotteshäusern auch kleine Kapellen, von denen viele nicht mehr existieren.«

»So«, sagte ich. Ich hatte mir nie Gedanken darüber gemacht.

»Nun, zwischen Siam und Kambodscha standen längs des Königsweges, vom Dangrek-Gebirge bis nach Angkor, große Tempel, die entdeckt und beschrieben wurden. Doch gab es bestimmt noch kleinere, die bis heute unbekannt sind.«

»Möglich«, räumte ich ein. Wie konnte ich wissen, worauf er hinauswollte?

»Nun, wir suchen irgendeinen kleinen Tempel in Kambodscha und entwenden ein paar Statuen, die wir dann in Amerika verkaufen. Mit dem Erlös können wir zwei oder drei Jahre lang in aller Ruhe leben.«

Dieser Plan überraschte mich, aber sicher hätte ich mich noch viel mehr gewundert, wenn er mit derselben Selbstverständlichkeit erklärt hätte, er sei in eine Import-Export-Firma eingetreten. Wir beide hatten immerhin des öfteren das Musée Guimet besucht. Gemeinsam waren wir die Liste der Khmer-Denkmäler durchgegangen.

Es war keine günstige Zeit für unsere Abreise. Wir mußten das Ende der Regenperiode abwarten, eine mißliche Sache, denn Pläne dieser

Art müssen nun einmal rasch ausgeführt werden, da zu langes Nachdenken ihnen schadet.

Was wußten wir schon über Kambodscha, außer dem, was wir in Büchern von Loti, im *Inventaire* und in chinesischen Reiseberichten gelesen hatten, die alle viel zu alt waren, um uns noch nützen zu können? Nichts, als daß es dort heiß war, daß es sonderbare Krankheiten gab und daß das Land unter dem »Schutz« Frankreichs stand.

Während wir darauf warteten, daß in jenen Ländern, von denen ich seit meinem vierzehnten Lebensjahr geträumt hatte, die Trockenzeit anbrach, bereiteten wir mittels einer Landkarte unsere sonderbare Expedition vor. Mein Gefährte ging weiterhin ins Musée Guimet, um die Reiseroute zu studieren, an die wir uns dann doch nicht hielten.

In der Annahme, ein amtliches Dokument würde uns gegen mögliche Gefahren schützen, setzte er sich mit der Museumsleitung in Verbindung und verblüffte diese Leute mit seinem umfassenden Wissen so sehr, daß sie nicht auf den Gedanken kamen nachzuprüfen, ob er tatsächlich Orientalist war. Vor ihnen stand ein junger Mann, der eine Villa im Pariser Nobelviertel Passy bewohnte, der einige literarische Artikel und eine interessante Broschüre veröffentlicht hatte, der sich für die Kunst des Orients interessierte, der unbestreitbare Kenntnisse besaß und der eine Expedition vorbereitete, die Frankreich nichts kosten würde, da der verlangte Auftrag keine finanzielle Unterstützung einschloß und dem Land, falls man dabei irgendeine Entdeckung machte, nur zusätzliches Prestige verschaffen würde. Wer wollte sich da noch zieren? Wir erhielten den Auftrag, ein Empfehlungsschreiben sowie die Auflage, die Behörden über die Resultate unserer Arbeit zu informieren.

Blieb die Ausrüstung: Sie sollte so billig sein wie nur möglich und trotzdem den Anschein erwecken, als verfügten wir über bedeutende finanzielle Mittel. Das alles oblag mir. Ich tat mein Bestes und ließ einige Modelle der großen Modehäuser von einer sehr geschickten Concierge, die im Nebenberuf Schneiderin war, kopieren. Eine andere fertigte mir eine Tropenuniform an, die sich später zu meiner großen Überraschung als sehr kleidsam und praktisch erwies. Sie bestand aus einer sogenannten »Jagdjacke« mit großen Taschen und einem Gürtel, einer Reithose, die man in lange Ledergamaschen stopfen konnte, die ihrerseits über Stoffschuhe gestülpt wurden. Als Kopfbedeckung suchte ich mir keinen Helm aus, sondern einen breitkrempigen, luftdurchlässigen Damenhut aus grauem Filz.

Außerdem erhob sich die Frage, wie wir unsere Beute absetzen sollten, und dieses Problem mußte gelöst werden, noch bevor wir sie besorgten. An erster Stelle bot sich da, wie gesagt, Amerika an, das seine ungeheuren Reichtümer, die es nach dem Krieg noch vermehrt hatte, bekanntlich in Kunstwerken anlegen wollte. Wir wandten uns also an einen befreundeten Kunsthändler und erklärten ihm, daß wir demnächst auf denkbar legalem Weg in den Besitz einer Reihe von Khmer-Statuen gelangen würden. Daraufhin korrespondierte der betreffende Freund mit seinen Kollegen im Ausland, die großes Interesse bekundeten und Kontakt mit uns aufnahmen. Einige dieser Briefe wurden später bei dem Prozeß in Phnom-Penh als Beweisstücke gegen unser Team verwendet und verschlimmerten unsere an sich schon heikle Situation noch mehr. Wir hatten zwar vornehme Fahrkarten erster Klasse für die Reise nach Indochina in der Tasche, doch für die Rückfahrt besaßen wir keinen Sou . . .

Den Fernen Osten zu besuchen, ist heute kaum mehr als ein Ausflug. Damals aber lag Saigon eine Vier-Wochen-Reise von Frankreich entfernt, ferne Länder waren wirklich noch fern. Bei Besuchen im Musée Guimet machten wir uns mit den Gesichtern und Gestalten vertraut, die uns erwarteten. Wenigstens mit denen aus Stein, denn als wir in Indochina ankamen, waren wir überrascht vom Unterschied zwischen dem goldfarbenen Gesicht der Annamiten und dem bronzefarbenen der Kambodschaner mit den lebhaften, italienisch geschnittenen Augen.

Genaugenommen verlieh uns der offizielle Auftrag nur das Recht, uns Büffelkarren mit Lenkern stellen zu lassen. Nie hatten wir uns gefragt, ob dort, wohin wir wollten, die Wege überhaupt für solche Wagen geeignet waren.

Andererseits waren wir nicht so naiv, außer acht zu lassen, daß es Stechmücken und somit Malaria gab. Deshalb versorgten wir uns mit Chinin. Da wir uns besonders vor Schlangen fürchteten, erkundigten wir uns vorsorglich über Seren gegen ihre Bisse, doch es gab so unendlich viele, für jedes Reptil ein spezielles, daß wir uns auf gut

Glück für das nächstbeste Mittel entschieden und schließlich noch eine Spritze kauften, mit der wir allerdings gar nicht umgehen konnten. Die Verpackung unserer unausbleiblichen Funde sollte natürlich erst zu gegebener Zeit, an Ort und Stelle, geregelt werden. Trotzdem gingen wir nicht ganz kopflos zu Werke: Wir ergänzten unsere Ausrüstung durch ein Windlicht, das ein zirpendes Geräusch von sich gab, wenn man an dem Kettchen zog, wodurch, für mich unverständlich, seine Batterie aufgeladen wurde – und, noch wichtiger, durch ein Dutzend Fuchsschwänze, die nichts Geringeres leisten sollten, als Stein zu sägen.

Und dann, eines Tages, war es soweit.

Wir wußten, daß wir nach Asien aufbrachen, daß unser erstes Ziel Siam sein würde. Vielleicht würden wir schon dort Köpfe finden, wer weiß, vielleicht sogar leichter als in Kambodscha, weil Siam keine Kolonie war. Die Thai-Kunst war auch schön, wiewohl nicht so architektonisch-streng wie die Khmer-Kunst, nicht so ernst, gefälliger. In Siam gab es Tempel, vielleicht auch Antiquitätenhändler. Irgendwie würden wir es schaffen, einige Kunstwerke zu kaufen, wenn ich auch noch nicht wußte, wie.

Vom Meer war ich eigentlich enttäuscht und auch vom Schiff. Es hieß »Angkor«, und diesen Namen betrachteten wir als ein Omen. Die Passagiere der ersten Klasse bestanden fast nur aus Beamten und höheren Offizieren. Wir hatten einen offiziellen Auftrag – daß wir die Kosten selbst trugen, wußten die anderen nicht. Dschibuti. Dies war nun wirklich eine fremde Welt; auf einem Platz standen riesige Bienenkörbe aus Lehm, einer neben dem anderen: Häuser, in denen Menschen wohnten. In einem davon tanzten nach Einbruch der Nacht schöne nackte Mädchen für uns; zuerst nur die, die wir dafür bezahlt hatten, aber dann wurden andere aus dem Publikum vom Rhythmus mitgerissen, zogen sich aus und schlossen sich zu ihrem eigenen Vergnügen den Tänzerinnen an, und jede klatschte den Takt auf die Hüften derjenigen, die sich vor ihr bewegte. Die Hitze lähmte nicht, sondern beflügelte; die Schreie berauschten stärker als der Champagner, wir waren nur noch Körper, trunken vor Glück.

In der Nacht hoben sich gegen die fernen Salinen die Silhouetten speerbewaffneter Nomaden ab.

Der Aufenthalt in Dschibuti dauerte länger als vorgesehen, denn in den Verladeräumen der »Angkor« war ein Brand ausgebrochen. In Singapur hatten wir gerade so viel Verspätung, daß wir das Schiff verpaßten, das uns nach Siam bringen sollte. Da wir nicht genügend Geld besaßen, um das nächste Schiff abzuwarten, setzten wir unsere Reise in Richtung Indochina fort. Was wäre ohne diesen Brand, ohne diese Verspätung geschehen, wenn wir uns zuerst in Siam hätten informieren können, welche Kunstschätze dort zu finden waren?

In seinen Kolonien lernte ich England kennen, sein Frühstück, seinen Fünfuhrtee, den Rasen vor den Häusern, die langen Kleider, die weißen Smokings. In Singapur wohnten wir im Hotel »Raffles«; man sagte, es sei eines der luxuriösesten des Orients: ein weiträumiges Viereck, begrenzt von den kleinen Gärten der Bungalows, die aus einem Zimmer und einem Waschraum bestanden. Von Luxus und Komfort konnte keine Rede sein: Hinter den Wänden zogen Boys Tag und Nacht an einer Schnur, die an ihren nackten, großen Zehen festgebunden war, und bewegten so über den mit Moskitonetzen verhängten Betten riesige, fächelnde *pankas*. Im Waschraum kein fließendes Wasser: Man schöpfte es aus großen Tonnen, die von unsichtbaren Geistern wieder aufgefüllt wurden, kaum daß man ein paar Tropfen zum Händewaschen daraus entnommen hatte. Diese unsichtbaren Geister waren über die geheimsten Verrichtungen informiert, deren Folgen verschwanden, unmittelbar nachdem man den Ort des Geschehens verlassen hatte. Diese Überwachung, die meinem Komfort dienen sollte, war mir zuwider.

Dann wieder das Meer, wieder ein Schiff mit Passagieren und Besatzung, Tage und Nächte, die beinahe gleich lang waren, die Dunkelheit, die so plötzlich hereinbrach, daß einem keine Zeit blieb, sich zu fürchten, so unvermittelt wie der Tod, den man einst zu sterben hofft.

Der Fluß ist breit in Saigon und mit violetten Blumen bedeckt, die wie Zugvögel aus Australien gekommen sind. Die Indochina-Franzosen, die sich mit mir über die Reling beugten, lächelten zufrieden bei dem Gedanken, bald wieder als Herren des Landes auftreten zu können; sie sprachen über treu ergebene Boys, die in Häusern voller Stickereien, ziseliertem Silber und angeblich antikem Jadeschmuck auf sie warteten.

Saigon war eine reizende, wie ein Schachbrett in Quadrate aufgeteilte Provinzstadt mit einer Hauptstraße und ein paar breiten Alleen, von Tamarindenbäumen gesäumt, an denen riesige bräunliche Schoten hingen. In üppiggrünen Gärten leuchteten orangerote Blüten. Vielleicht lebte man hier glücklich. Aber unser Geld ging zur Neige, wir durften keine Zeit verlieren; die Ecole Française, mit der wir in Verbindung treten sollten, befand sich in Hanoi.

Jetzt, im Herzen von Tonking, beginnt für mich das eigentliche Abenteuer. Die Bucht von Along, Haiphong, Hanoi. Der chinesische Wasserträger, eine Porzellanfigur, die in meinem Kinderzimmer gestanden hatte, die Fotografien über unseren Betten, die Niederlassungen des Hauses O. Goldschmidt – ich brauchte nur die Hand auszustrecken, um sie zu berühren.

Die Boys tragen schwarze Turbane auf dem Kopf, die Frauen haben gelackte Zähne, auf der Insel mitten im See steht eine Pagode. Schweigsam wie ein Chinese, pflegt man zu sagen; aber hier schreien sie alle: der Suppenverkäufer an der Straßenecke, der neben seinem Bambusgestell kauert und die Glut schürt, über der die Fischsuppe kochen soll; der Rikscha-Kuli, der zwischen den Deichseln seines Wagens keucht; der Chauffeur, der barfuß Auto fährt; der frisch angekommene Europäer, der sich über den Portier, über seinen Boy oder seine Annamitin aufregt. Diesen Lärm werde ich mein Leben lang nicht vergessen.

Mein Gefährte macht offizielle Besuche. Ich weiß nicht genau, mit wem er sich trifft. Alles scheint zu klappen; man wird uns bei unseren Forschungen unterstützen. »In diesem Land ist es ratsam, sich mit den Behörden gut zu stellen.« Wir werden uns danach richten.

Nachmittags Spaziergänge zu Fuß durch die Straßen, in denen sich die anderen Weißen chauffieren lassen, Einkäufe: Schalen und Löffel aus weißgrauer Fayence mit herrlichen blauen Tupfen, die von fliegenden Händlern an den Straßenecken feilgeboten werden.

Das ist Asien, wie ich es mir in meiner Kindheit vorgestellt hatte . . .

In diesem Jahr, 1923, dauert die Regenzeit länger als gewöhnlich, an den flachen, sumpfigen Ufern des Mekong wachsen Mangroven, deren Wurzeln das lehmige Wasser umspült. Dazwischen stehen die kambodschanischen Pfahlbauten, deren Strohwände und Strohdächer den Bewohnern nur geringen Schutz bieten. Parmentier, Professor an der Ecole Française, erklärt uns den komplizierten Lauf des Mekong, der periodisch die Richtung ändert und dann rückwärts auf seine Quelle zufließt. »An dem Tag, an dem die Strömung umschlägt, versammelt sich eine kleine Flotte auf dem Fluß, und auf einem der Schiffe zerschneidet der König ein von einem Ufer zum anderen gespanntes Band.« Da es bereits zu spät ist, dieses Wunder mitzuerleben, begnügen wir uns damit, den großen Salzsee zu besichtigen, in dem sich das Wasser alljährlich so weit zurückzieht, daß man dort trockenen Fußes Fische fangen kann, die man in großen Fässern fermentieren läßt. Auf diese Weise entstehen riesige Mengen *nuocmam*, eine Sauce aus verfaultem Fisch, die die Kambodschaner an die Annamiten verkaufen, was ihnen erlaubt, ein relativ sorgenfreies Leben zu führen.

Um uns herum gelbe und braune Männer, die einen in langen, leuchtenden Baumwollgewändern, die anderen mit nackten Oberkörpern und nur mit einem Lendenschurz bekleidet, der zwischen den Beinen hindurchgeführt und dann wie ein Schal um die Hüften geschlungen wird. Um den Stoff so zu binden, bedarf es großer Geschicklichkeit.

In Phnom-Penh tätigen wir die letzten Einkäufe für unsere Expedition. Weil es viel zu heiß ist, um in einem Zelt zu schlafen, besorgen wir uns nur Planen, die wir an vier Stangen befestigen und um unsere Mattenbetten spannen wollen. Wir erstehen Tüll für Moskitonetze, Hartgummieimer für die kambodschanische Dusche, faltbare Wasserbehälter, Spirituskocher und Töpfe.

An welch belanglose Details man sich erinnert! Es war Parmentiers Boy, der uns einen jungen Mann vorstellte, der angeblich kochen, backen, nähen und bügeln könne und keine Angst vor dem Dschungel habe. Als wir das Schiff nach Siam-Reap bestiegen, kam der Polizist des kleinen Dorfes angerannt, um uns mitzuteilen, daß der Bursche eben erst aus dem Gefängnis entlassen worden sei, wo er wegen Falschspielerei gesessen habe. Überhaupt sei er ein wenig empfehlenswertes Subjekt. Der Boy hörte dieses Gespräch mit an. Nachdem der Polizist gegangen war, näherte er sich uns verängstigt und demütig, beruhigte sich jedoch rasch, als mein Gefährte zu ihm sagte: »Ich pfeif auf das, was der Polizist mir eben erzählt hat. Führ dich anständig auf bei uns, mehr verlange ich nicht von dir. Und hier hast du einen Vorschuß.« Diese Geste gefiel mir sehr. Später wurde uns dieses Verhalten angekreidet. Vor mir liegen Gerichtsprotokolle, in denen unter anderem steht, mein Gefährte habe »diesen Boy wegen seiner Gerissenheit angeheuert, ohne sich um seine fragwürdige Vergangenheit zu kümmern«. Ein komischer Satz, jedoch nicht seltsamer als folgender, der im gleichen Dokument steht: »Er (mein Gefährte) kaufte auf dem Markt und so heimlich wie möglich Spitzhacken, Hammer, Lampen, Matten, Stricke und chinesische Sprengkörper.«

Auf dem Schiff, das uns mit Waffen und Gepäck nach Siam-Reap brachte, fühlten wir uns schon wie richtige Forschungsreisende. Tatsächlich besaßen wir einen oder zwei Revolver, und in der Kapsel meines Ringes hatte ich ein weißes Pulver versteckt, das Zyankali sein sollte, wahrscheinlich aber nur doppeltkohlensaures Natron war. Die Hitze machte uns erst auf die Dauer zu schaffen. Anfangs hatten wir uns darüber gewundert, daß unsere Landsleute sich so sehr über das Klima beklagten, das uns nicht drückender erschien als etwa das griechische. Es war nur feuchter.

In Siam-Reap verließen wir das Schiff. Ein vom Konservator des Museums von Angkor geschicktes Auto erwartete uns und brachte uns zunächst zu seiner Residenz. Der Empfang war liebenswürdig; beim Aperitif waren die praktischen Fragen rasch besprochen: Man sicherte uns Ochsenkarren, Lenker und einen Führer zu.

Wieder steigen wir in einen Wagen. Die Reisfelder, flach wie die Felder in Holland, leuchten; auf den Erddämmen schreiten Menschen und Tiere langsam dahin. Dann schlängelt sich die Straße zwischen Bäumen hindurch, die ich noch nie gesehen habe.

Endlich erhebt sich in der unendlichen Lichtung zu meiner Rechten, vertraut und überwältigend, der kolossale Bau des Tempels Angkor Wat, steingewordener menschlicher Wille, der nach jahrhundertelangem Schlaf seine Bedeutung wiedererlangt, weil von neuem ein menschliches Auge auf ihm ruht. Ich betrachte das Bauwerk, verzückt, weil das dargebotene Schauspiel die Verheißungen meines Vaters noch übertrifft.

Eines Tages brachen wir dann wirklich auf, den Helm auf dem Kopf, in Segeltuch gekleidet, mit Flaschen, Fotoapparaten und Kompassen behängt, die Taschen mit Zucker vollgestopft. Nach einem kurzen Kriegsrat beschlossen wir, die Richtung nach Bantêai-Srey einzuschlagen, das damals mitten im Dschungel lag. Diesen Tempel hatte der Marineoffizier Desmazure im Jahr 1914 zufällig entdeckt und Parmentier 1916 genauer untersucht. Seither hatte sich niemand mehr dorthin begeben, um nachzuforschen, was aus ihm geworden war. Vielleicht war er unter den Lianen zusammengebrochen. Vielleicht hatte man aus seinen Steinen Häuser gebaut. Denn in Kambodscha war es durchaus üblich, Baudenkmäler zu solchen Zwecken zu verwenden, was man den Leuten angesichts des Mangels an Steinen auch kaum verdenken konnte. Wie hätten wir es als schlimmes Vergehen betrachten sollen, einige Statuen vor dem Untergang zu bewahren, die ohne uns bald nicht mehr als ein Steinhaufen gewesen wären?

Wir ritten auf kleinen Pferden, die bei weitem nicht so temperamentvoll waren wie Araber und auch weniger muskulös, alles in allem aber vertrauenerweckende Tiere, bei denen man das Gefühl hatte, sie seien zäh und ausdauernd.

Vor uns schritt die schönste männliche Gestalt der Welt – eine Khmer-Statue, die sich in jenem Rhythmus vorwärtsbewegte, den ich mir immer vorgestellt hatte: brauner Oberkörper, schweißglänzende geschmeidige Schultern, wie sie nur diesem Volk eigen sind. Hinter uns schwankten vier Planwagen mit gehörnten Deichseln, gezogen von grauen Büffeln, die ihre Antilopenköpfe schüttelten; zu jedem Wagen gehörten zwei nur mit einem Lendenschurz bekleidete Lenker.

So folgten wir im Gänsemarsch einem schmalen, sich im tiefsten Dschungel verlierenden Pfad, vergleichbar den Märchenfiguren aus unserer Kinderzeit.

Gegen Mittag rasteten wir in der Nähe einiger hochgebauter *cañhas*, unter denen krummbeinige, schwarze Schweine grunzten. Hier überraschte uns Xa, unser Boy, zum ersten Mal mit seinen Kochkünsten; im Handumdrehen bereitete er eine Mahlzeit, zu der es Brot gab, das er in einem großen Termitenbau, den er vorher ausräucherte, gebacken hatte. Das Brot war genau, wie es sein sollte, locker und knusprig. Dann setzten wir unseren Weg fort. Vor Sonnenuntergang erreichten wir ein Dorf. Etwas abseits stand eine *sala*, ein Gästehaus, das genauso wie die übrigen Strohhütten gebaut, nur etwas größer war. Im Innern längs der dünnen Wände eine Bank. Da die *sala* bereits belegt war, mußten wir unsere Planen aufspannen, um eine Ecke für uns abzuteilen.

Unser Nachbar war, wie ich von Xa erfuhr, ein chinesischer Geschirrhändler. Er blieb die ganze Nacht wach; durch das weiße Tuch sah ich die Flamme seiner kleinen Lampe flackern, während zum ersten Mal der angenehmste Duft der Welt zu mir drang, der Duft vom Saft des Schlafmohns, der durch geschicktes Anritzen der Kapseln mit zwei spitzen Nadeln gewonnen wird.

Das Dorf, in dessen Nähe unsere *sala* stand, sah so aus, wie wir uns ein Dorf auf Tahiti vorstellten: ein großer, seichter Teich, beinahe ein See, der von Kokospalmen und Bambus doppelt eingefaßt war – doppelt, weil die Pflanzen am Ufer sich im Wasser spiegelten. Unsere eingeborenen Begleiter stürzten sich ins Wasser und mischten sich unter die Männer, Frauen und Kinder, die sich dort tummelten.

Wird der Wald dichter, wird er wirklich zu dieser grünlichen Glocke, durch die kein Sonnenstrahl dringt? Der Geruch ist anders, als ich erwartet hatte, irgend etwas verfault in unserer Nähe; zu den Schlingpflanzen kommt als zusätzliche Gefahr diese schwere, rötliche Erde, die den Pferden zu schaffen macht. Dann sind da noch die Mücken, ein Schwarm stechwütiger Insekten, der uns begleitet, den wir zerteilen, der sich neu bildet, um uns, vor uns, hinter uns. Am Körper des Mannes, der uns führt, rinnt der Schweiß herunter; der Gesang der eingeborenen Begleiter ist wie eine Quelle, die fließt, versiegt und wieder von neuem fließt.

In Rohal, dem Bantêai-Srey nächstgelegenen Dorf, erklärt man uns, daß man nichts von einem Tempel wüßte; jedenfalls lautete so das einstimmige Ergebnis einer allgemeinen Befragung. Nach einem klassischen Palaver hatte Xa dann doch noch Erfolg: Ein alter Mann erinnerte sich schwach an irgendwelche Ruinen, die jedoch ebensogut nur Überreste eines ehemaligen Lagers sein konnten. Aber schließlich brachten wir ihn gegen eine angemessene Belohnung und das Versprechen der Diskretion dazu, uns am nächsten Tag an den Ort zu führen, der für uns von Interesse sein konnte.

In den ersten Morgenstunden, wie es in den Abenteuerromanen immer heißt, brachen wir auf, geführt von dem alten Mann, dessen graufarbene Haut schlaff über den Knochen hing. Schon bald stiegen wir von unseren Pferden und zogen sie wie große Hunde an den Zügeln hinter uns her. Der Pfad, falls je ein solcher existiert hatte, war nur noch eine Erinnerung im Gedächtnis unseres Führers. Die Buschmesser mußten einen neuen Pfad bahnen: Wie Sensen hieben sie ins Dickicht, mit einem Geräusch, das in einem für uns unsichtbaren Universum ein Gefühl der Verlorenheit erzeugte, mehr noch als die fremdartige Vegetation.

Der alte Mann war mit erhobenem Buschmesser stehengeblieben. Durch eine Öffnung im Dickicht blickten wir auf einen viereckigen Hof, dessen Steinplatten herausgerissen waren. Im Hintergrund stand ein teilweise eingestürzter, aber von zwei noch deutlich erkennbaren Mauern eingefaßter, rosenfarbener Tempel mit vielen Verzierungen, auf dem die Moosbüschel wie Schmuck wirkten, ein Wunderwerk, das wir zwar nicht als erste zu Gesicht bekamen, aber wohl als erste so überwältigt von seiner anmutigen Würde betrachteten.

Stumm wie Kinder, denen man ein Geschenk gemacht hat, das die Erfüllung aller Wünsche bedeutet, gingen wir vorwärts. Die *devatas* betrachteten uns mit leicht geneigtem Kopf. Daß sie entfernte Töchter Europas sind, wurde uns mit jedem Schritt klarer.

Ich hatte vorausgesehen, daß bei Sandstein mit Fuchsschwänzen nichts auszurichten sein würde: Kaum hatten wir sie angesetzt, zerbrach ein Sägeblatt nach dem anderen, was einen wesentlichen Aspekt unseres Plans zunichte machte; wir hatten beabsichtigt, den mit Skulpturen versehenen Teil so vom Ganzen abzutrennen, wie man von einem Laib Brot eine Scheibe abschneidet. Das erwies sich nun als unmöglich. Bis zu diesem Punkt war zwar alles nach Wunsch verlaufen. Kein Dorfbewohner und kein Wagenlenker hatte darauf bestanden, uns zu begleiten, als wir uns zum zweiten Mal zum Tempel begaben; Xa und den Führer schickten wir für einige Stunden fort. Während des Prozesses erfuhren wir, daß sie recht froh gewesen waren, nicht in das Innere der Ruinen eindringen zu müssen, denn nach ihrer Ansicht hausten dort böse Geister.

Nachdem die Sägen ausgefallen waren, mußte man zu anderen Methoden übergehen. Daß die Khmer keinen Zement verwendet hatten, brachte André und seinen europäischen Helfer, die den im schräg einfallenden Sonnenlicht violett schimmernden Sandstein mit Hämmern bearbeiteten, plötzlich auf den Gedanken, die Steinscheren als Hebel anzusetzen. Bei dieser Männerarbeit fühlte ich mich überflüssig. Doch etwas später zogen wir alle drei an dem Seil, das um einen sehr schönen Torso geschlungen war. Wieviel Zeit verstrich zwischen dem Augenblick, da der Block sich kaum von der Stelle rührte, und dem, da er schwankte, sich neigte, zögerte, stürzte? Vielleicht Jahre. Wir betrachteten unsere gealterten Gesichter, unsere geschwollenen, von Striemen kreuzförmig überzogenen Hände. Die Vögel verstummten erschreckt und flogen mit schwerem Flügelschlag davon. Dann kamen sie schreiend zurück, als wollten sie wetteifern mit den zeternden Insekten. Wir waren erschöpft. »Morgen machen wir weiter«, sagte mein Gefährte. Außerhalb des Walls erwarteten uns Xa und der Führer.

Wenn es einige Wochen so weiterginge, würde man sich daran gewöhnen – oder vor Erschöpfung sterben. Stündlich wird die Arbeit anstrengender, die Hitze drückender. Aber zu unseren Füßen liegen bereits zwei Steine wie auf den persischen Basreliefs die Sklaven zu Füßen des Königs der Könige. Am dritten Abend zeugen sieben Steine von unseren Mühen: Unsere Aufgabe ist erfüllt.

Über den freigelegten Pfad erreichen die Karren den Torbogen. Das leichte Pritschenholz drückt auf die Scheibenräder, wenn Braun-, Gelb- und Weißhäutige gemeinsam die schweren Kisten aus Kampferholz, in denen unsere geraubten Prinzessinnen ruhen, hochstemmen und auf dem Wagen festzurren.

Seit neun Stunden reiten wir schon. Der Schweiß dringt durch meine Gamaschen, die am Fell des Pferdes und an meinen Beinen kleben. Meine Kehle ist trocken, aber ich habe kein Verlangen nach dem lauwarmen Wasser meiner Feldflasche. Vor uns liegen einige stelzfüßige *canhas*. Wir rasten. Ein Jüngling klettert mit zusammengebundenen Füßen an einem schuppigen Mast hoch, an dessen Spitze eine Traube grüner Kugeln hängt. Hat Gott nur in Europa die Kürbisse vorsichtshalber nicht in die Wipfel der Bäume gehängt? Das Buschmesser spaltet die Frucht und verwandelt sie in eine Suppenschüssel. Noch Jahre später werde ich von diesem prickelnden Fruchtsaft träumen.

Wie auf Provinzbühnen, wo man bei Szenenwechsel Musselinvorhänge beiseite zieht, um das Ambiente zu verändern, so teilt sich auch vor uns eine Baumkulisse nach der anderen, und der Wald wird zusehends lichter. Auf dem Weg erkennen wir die alte Spur unserer Wagen: Wir atmen auf. Endlich erblicken wir durch eine Schneise ein paar hundert Meter vor uns am Rand des Blätterdachs, das uns unter seinen tausend Schattierungen von Grün erdrückt hatte, die Türme von Angkor.

Vorausplanen war wahrhaftig nicht unsere Stärke. So hatten wir zum Beispiel nicht darüber nachgedacht, unter welchem Vorwand wir den vorzeitigen Abbruch unserer Expedition rechtfertigen könnten. Es blieb uns wenig Muße, darüber nachzudenken: In Angkor, wo wir wieder unseren Bungalow beziehen wollten, würden wir bestimmt diesen oder jenen treffen, der über unsere frühzeitige Rückkehr erstaunt wäre. Ich sah zu jener Zeit ziemlich mitgenommen aus, so daß unser erster Gedanke war, meinen schlechten Gesundheitszustand als Grund anzuführen. Simulieren wir also eine Ruhrerkrankung!

Das beste wäre jetzt gewesen zu schlafen, doch daran war nicht zu denken. Da ich krank sei, müsse man für mich sorgen, beschlossen die Bewohner des Bungalows. Dieser kleine, zwanzigjährige Ehemann versteht nichts von zarten Frauen. Nur gut, daß wir hier sind. Und so schickte man nach einem jungen annamitischen Arzt, der sofort herbeigeeilt kam, bewaffnet mit einer Spritze, die mir noch heute wie ein Folterinstrument ungeheuren Ausmaßes erscheint. Ich wehrte mich nicht ohne Grund: Mein Bauch war völlig in Ordnung, und wer wußte, welche absonderlichen und unerquicklichen Resultate die Injektion einer adstringierenden Flüssigkeit hervorrufen würde? Damals verwandte man Spritzen noch nicht sehr häufig, und ich maß ihnen magische Kräfte bei. Der junge Arzt gab nicht nach: »Sie müssen vernünftig sein, gnädige Frau.« Mein Gefährte machte ein betretenes Gesicht. Das große Abenteuer endete mit einer Komödie: eine angeblich Kranke und ein ahnungsloser Arzt. Wütend gab ich zuletzt nach, denn schließlich hatte er recht, und ich sagte mir selbst: »Wer einen bestimmten Zweck erreichen will, darf vor den Mitteln nicht zurückschrecken.« Erfreulicherweise hatte die Behandlung keine weiteren Folgen, als daß ich den Glauben an die Zauberkraft von Spritzen verlor.

Als nach ein paar Tagen unsere Kisten ankamen, setzten wir unsere Reise fort, zuerst mit Auto und Lastwagen, dann per Schiff über den See und anschließend den Fluß mit seinen versumpften Ufern hinab. In der Nacht vom 23. auf den 24. Dezember 1923 ging unser Schiff vor der chinesischen Silhouette von Phnom-Penh vor Anker.

Doch nun hebt sich der Vorhang, es klopft dreimal, und das Spiel beginnt:

Vor uns stehen drei Männer in Zivil, was uns angesichts dessen, worum es geht, überrascht, sie jedoch nicht daran hindert, sich aufzuführen, als wären sie in Uniform erschienen.

»Folgen Sie uns.«

»Wohin?«

»In den Laderaum. Wir möchten Ihr Gepäck kontrollieren.«

Wir folgen ihnen. Vor unseren Kisten aus Kampferholz sehen sie aus wie Zollbeamte.

»Diese Kisten gehören doch Ihnen?«

»Die Kisten, ja. Sie sind ja auch auf unseren Namen eingetragen. Aber bei unserer Abfahrt in Siam-Reap waren sie leer.«

»Gut. Dann öffnen Sie sie bitte.«

Wir reichen ihnen den Schlüssel. Sollen sie doch selbst damit fertig werden! Dann drehen sie beim Licht der Taschenlampen, das den größten Teil des Laderaums im Dunkeln läßt, die Schlüssel im Schloß, worauf eine lustige chinesische Melodie ertönt, die eigentlich alles hätte einrenken müssen, es jedoch keineswegs tut. Einen Augenblick später geben die hochgeklappten Deckel den Blick auf unsere Schätze frei – gleichzeitig riecht es intensiv nach Kampfer. Da es nicht die Aufgabe dieser Herren ist, weiter zu ermitteln, stellen sie lediglich fest, daß sich in unseren Kisten Fragmente befänden, die aus einem Bauwerk entfernt worden seien. Die Musik und den Kampfergeruch dagegen erwähnen sie weder mündlich noch schriftlich. Dann erklären sie uns, daß wir unter Arrest stünden, was bedeutet, daß wir unsere Reise nicht fortsetzen dürfen. Unsere Kisten nebst Inhalt würden am frühen Morgen nach Phnom-Penh transportiert werden.

Solange diese Szene dauerte, fand ich das Ganze teils zum Verzweifeln, teils komisch, um gleich darauf in jenen eigentümlichen Gemütszustand zu verfallen, in dem man sich darüber freut, daß das Schlimmste eingetreten ist, weil man es vorausgesehen hat.

Am nächsten Morgen war ich einfach nur müde. Nicht ohne Grund, denn ich war einige Tage zuvor neun Stunden mitten durch den Dschungel geritten, und außerdem stand mein Körper noch unter der Wirkung der Injektion. Die Ereignisse der vergangenen Nacht hingegen erschienen mir plötzlich belanglos. Ich würde mich doch nicht aufregen, weil in unseren Kisten Reste eines verfallenen Tempels entdeckt worden waren, den man seit Jahren so wenig beachtet hatte, daß die Wurzeln eines *banyan* oder die Werkzeuge der Bauern ihn völlig hätten zerstören können, ohne daß man es überhaupt gemerkt hätte!

Selbst nachdem man uns daran erinnert hatte, daß wir künftig unter polizeilicher Überwachung stünden, was uns die Begleitung eines einheimischen Gendarmen eintrug, der im selben Boot wie wir an Land fuhr, konnte ich unser Abenteuer nicht ernst nehmen. Das Hotel »Manolis«, das wir beide bezogen, wurde von einem Griechen geführt, der uns wie normale Gäste empfing – aber kannte er überhaupt normale Gäste? In einem großen Saal, links vom Eingang, summten über jedem Tisch Ventilatoren, ein wohltuender Luxus, wie wir ihn in unserem Bungalow in Angkor nicht gekannt hatten. Unser weißgetünchtes Zimmer war groß und mit einem breiten, von einem Moskitonetz verhängten Bett sowie einem schmutzigen runden Holztisch möbliert. Es war ein gutes Zimmer des besten Hotels von Phnom-Penh; wir verbrachten vier Monate darin. Zunächst einmal die Silvesternacht 1923. Mir des Ernstes der Lage noch immer nicht bewußt, hielt ich in meinem graugoldenen Modellkleid, das noch von unserer Hochzeit stammte, rauschenden Einzug an der Seite eines jungen Mannes, der in seinem weißen Smoking sehr vorteilhaft aussah.

Einige Tage später erfuhr ich, daß wir unter Anklage standen.

Die drückende Hitze in Kambodscha raubte uns einen Teil unserer Lebensgeister. In unserer Umgebung schien alles wie von selbst zu gehen. Das Volk, weder arm noch reich, nahm das Leben offenbar leicht; die geschmeidigen, braunen, etwas gedrungenen Körper entzückten uns ebenso wie die abendlichen Fahrten in einer Kalesche, die uns aus der Stadt in die Reisfelder brachte. Xa war in unseren Diensten geblieben und unser Dolmetscher geworden. Durch ihn erfuhren wir eine Menge über Land und Leute. Er selbst kam in

Begleitung seiner neuen Mätresse, einer Kambodschanerin, und erklärte uns, daß sie immer einen Meter hinter ihm gehen und im Bett tiefer liegen müsse als er. Diese letzte Forderung überraschte mich ein wenig. An den Straßenecken kauften wir Zuckerrohr, das ich kaute, wie ich früher in der Schule Lakritze gekaut hatte. Die glimmende Holzkohle der Straßenküchen verbreitete angenehmen Duft. Aus einem Korb, der vor einer auf dem Boden hockenden Verkäuferin stand, deren Turban, wenn ich mich bückte, auf gleicher Höhe mit meinen Augen war, suchte ich eine Art runde Aubergine heraus; das sei ein Mangostanapfel, belehrte mich Xa, der die rotviolette Schale aufbrach und mir die darin enthaltenen hellen, durchsichtigen Scheiben zeigte. Ich entdeckte eine herrliche Frucht. Auch auf die Krapfen hatte ich Lust, und meine fettigen Hände hinterließen Flecken auf meinem Rock. Der Königspalast reckte seine geschwungenen Dächer, heiteren Hörnern gleich, gegen die Bäume; der kleine Pavillon auf seinen Mauern diente als Schule, in der die Tänzerinnen abends übten. In einem Käfig auf dem Platz wanderte ein Tiger, mächtiger als ein Stier, verzweifelt hin und her, ohne auch nur eine Sekunde lang zu vergessen, daß er sterblich und gefangen war.

Nach einer Woche teilte man uns mit, daß uns als Angeklagten verboten wäre, die Stadt zu verlassen, und sei es auch nur für einen Spaziergang in der lauen Luft nach der Hitze des Tages. Da ging mir auf, daß wir keine Reisenden mehr waren. »Es war soweit.«

Diesmal beruhigten mich Andrés Worte nicht. Seine Intelligenz grenzte an Genialität, aber ein bißchen gesunder Menschenverstand . . . Alle meine Vorfahren drehten sich weinend im Grabe um. Wenn ich um geringfügige Schwierigkeiten viel Lärm machte, sagte André meist zu mir: »Jetzt holst du wieder deine kleine tragbare Klagemauer hervor.« Diesmal verzichtete er angesichts unserer ernsten Lage auf diese Floskel, also holte ich mit gutem Gewissen meine kleine Mauer hervor und klagte nach Herzenslust: Man wird uns zu ich weiß nicht wieviel Jahren Gefängnis verurteilen, ich werde den Rest meiner Tage zwischen Krankenhaus und Gefängnis verbringen – er übrigens auch . . . Unsere Familien können nichts für uns tun, man kann aus Tausenden von Kilometern Entfernung nichts Wirksames unternehmen. Ich werde hier altern, wir werden hier altern, in der Hitze, schmählich gescheitert. In Paris wartet Mama auf uns. Sie hat Angst, aber sie weiß noch nichts ... Was ist ein Rechtshilfeersuchen? Wovon sollen wir am Ende des Monats die Hotelrechnung bezahlen? Man hat uns die Ausfahrten in der Kalesche verboten, aber die hätten wir uns sowieso bald nicht mehr leisten können. Schon dürfen wir die Stadt nicht mehr verlassen, müssen das Rauchen, das Trinken allmählich einstellen – aber aus Alkohol machte ich mir ohnehin nichts –, schon bekomme ich keinen Kuchen mehr, und die Zeitungen müssen wir im Hotel lesen. Unser Anwalt? Früher oder später müssen wir ihm sein Honorar überweisen. Vielleicht, daß Mama ... alle diese Begriffe: Rechtshilfeersuchen, Nebenpartei, Honorar ... »Sie werden in Ihrem Leben zahlreiche Prozesse haben«, hatte mir einst die Wahrsagerin prophezeit.

Alles, was uns bleibt, sind die abendlichen Spaziergänge durch die Provinzstadt, während die Hitze langsam weicht. Zwölf Stunden lang muß man sich mit geschlossenen Fensterläden gegen das blendende Licht schützen, während die Sonne symbolische Gitterstäbe auf den Boden des Hotelzimmers zeichnet. Wir liegen nackt auf dem Bett und lesen. Denn wir haben eine Entdeckung gemacht, die im Augenblick ebensoviel wert ist wie jene, die wir im Dschungel hätten machen können: Phnom-Penh besitzt eine gut ausgestattete Bibliothek. So lesen wir, wir lesen alles, was man normalerweise nicht liest; kleine listige Götter verschaffen uns die Muße, die uns eine Rückkehr zu den Klassikern ermöglicht, eine eingehende Lektüre der Historiker und Philosophen, die Entdeckung verkannter Autoren, holpriger, aber aufschlußreicher Reiseberichte, unbekannter Korrespondenzen und gewissenhafter Berichte von Provinzgouverneuren. Danach diskutieren wir mit der Leidenschaft mittelalterlicher Theologen über das, was wir gelesen haben.

In einem Land, in dem die Bäume ihre Blätter nicht zur gleichen Zeit verlieren, scheint die Zeit stehenzubleiben. Sind wir seit vierzehn Tagen oder seit einem Jahr hier eingesperrt? Herr Manolis klärt uns auf: Er präsentiert uns eine Rechnung, die eindeutig beweist, daß wir zwar die Hotelkosten für die ersten drei Wochen – dank einer Überweisung meines Schwiegervaters – bezahlt, aber nun seit mehr als drei Wochen versäumt haben, diese Formalität zu erledigen. Auf einen fragwürdigen Diebstahl folgt nun das klassische Delikt der Zechprellerei. Aber was bleibt uns anderes übrig? Sollten wir uns mit geschnürtem Bündel an der Gefängnispforte melden und um Aufnahme bitten? Das wäre doch etwas zuviel verlangt. Für das Gefängnis bleibt immer noch Zeit genug. Da habe ich einen genialen Einfall.

Es war auch höchste Zeit. Wir besaßen keinen Pfennig mehr, und die Rechtshilfeersuchen hatten zu erbärmlichen Resultaten geführt. Die einen behaupteten, nicht zu wissen, daß mein Gefährte Schriftsteller sei, die anderen sagten, er sei ein notorischer Faulenzer und ließe sich von meiner Familie aushalten; wieder andere erinnerten sich in entstellender Weise an Begebenheiten aus unserem täglichen Leben, zum Beispiel daran, daß er einmal den Nachtwächter unserer Straße etwas brutal vor die Tür gesetzt hatte, weil dieser im Vollrausch meine Mutter mit irgendwelchen albernen Forderungen belästigen wollte.

Diese letzte Aussage bewies, daß Nachforschungen angestellt worden waren, daß also meine Familie informiert war über etwas, das sie nach meinem Willen nicht hätte wissen sollen: über unsere Verhaftung. Kurzum, wie wir von unserem Anwalt erfuhren, waren die Aussagen insgesamt äußerst belastend und widersprachen unseren eigenen Erklärungen. Denn am Tag nach der Entdeckung unserer *devatas* in ihren Kisten aus wohlriechendem Holz hatten wir beschlossen, daß wenigstens einer von uns auf freiem Fuß bleiben sollte, um notfalls irgendeine einflußreiche Persönlichkeit zu veranlassen, sich für uns einzusetzen; oder wenn sich das Blatt zu sehr zum Schlechten wandte, was uns damals unwahrscheinlich schien, sollte wenigstens einer übrigbleiben, um für den zu sorgen, der eine bestimmte Zeit zur Passivität verurteilt war. Mein Gefährte als der bei weitem Umsichtigere von uns beiden sollte da in erster Linie eine Chance bekommen.

Mein »genialer« Einfall war also aus der Not geboren. Am gleichen Tag, als ich ihn hatte – aber eigentlich war das nun folgende das auslösende Moment –, erhielt ich einen kurzen, offensichtlich diktierten Brief von meiner Mutter, in dem sie meine Scheidung verlangte. Der unpersönliche Ton verriet, wie verstört Mama sein mußte. Wahrscheinlich warf man ihr vor, sie sei immer zu nachgiebig mir gegenüber gewesen und habe mich überhaupt den anderen viel zu sehr vorgezogen – was vielleicht stimmte und worunter mein älterer Bruder, wie mir plötzlich klar wurde, bewußt oder unbewußt gelitten hatte.

Den Brief noch in der Hand, heulte ich wie früher als kleines Mädchen.

Einer von uns mußte unbedingt nach Frankreich zurückkehren, um unsere Gönner – und die hatten wir – zu alarmieren; außerdem mußte er zu Geld kommen, damit wir wenigstens die Anwälte bezahlen konnten, was unerläßlich wurde.

Bis dahin hatte ich in unserer Ehe selten die Initiative ergriffen, aber von dem Augenblick an, da ich meinen »Einfall« in die Tat umsetzte, bis zu dem Moment, da ich meinen Gefährten in Marseille abholte, hielt ich die Fäden in der Hand; genau wie damals, als es darum ging, meiner Familie, der man die Staatsbürgerschaft aberkennen wollte, aus der Verlegenheit zu helfen, setzte ich mich für unsere Sache ein und bediente mich nach Umständen und Erfordernissen wiederum der Mittel, die mir gerade zur Verfügung standen.

Mein Einfall? Hier ist er: Ich wollte einen Selbstmordversuch vortäuschen. Natürlich sollte er ungefährlich sein. Wie überall konnte man damals auch in Kambodscha Gardenal ohne Rezept kaufen. Ich ließ Xa – er arbeitete auch weiterhin für uns und bestand anscheinend nicht darauf, entlohnt zu werden – beim nächsten Apotheker zwei Röhrchen Schlaftabletten holen; vor dem Abendessen schützte ich dann mit Wissen meines Gefährten Migräne vor, um nicht in den Speisesaal hinuntergehen zu müssen.

Ein seltsames Gefühl, diese weißen Tabletten in den Händen zu halten. Sie bedeuteten Freiheit. Welche Freiheit? Die, nach Europa zurückzukehren, zu handeln. Oder die andere, endgültige, die man sich vorstellen kann, wie man will, weil man nichts darüber weiß. Ein Röhrchen? Eineinhalb Röhrchen? Das Wasser ist milchig weiß, trüb, klumpig und schmeckt bitter. Das Glas in meiner Hand zittert. Wir haben uns auf eine bestimmte Menge geeinigt, aber jeder Organismus reagiert anders. In etwa zehn Minuten muß André zurückkommen. Aber wenn er von irgend jemandem, durch irgend etwas aufgehalten würde? Ich lege mich beinahe willenlos aufs Bett. Die leeren Röhrchen liegen im Waschbecken; wir müssen sagen können, daß sie den Verdacht meines Gefährten geweckt haben. Und ich warte mit starkem Herzklopfen, dabei weiß ich mit Sicherheit, daß mein Trank seine Wirkung noch nicht tun kann.

Zehn Minuten lang komme ich mir mal bemitleidenswert und

dann wieder komisch vor. Wenn das Mitleid zu lange anhält, gebe ich mir einen Ruck. Ich bin gerade wieder an diesem Punkt angelangt, als sich die Tür öffnet. Die besten Komödien sind jene, von denen sich die Schauspieler mitreißen lassen. Ich muß unter meinem baldachinartigen, nicht zugezogenen Moskitonetz grün aussehen. Die Tabletten, die in den Röhrchen zurückgeblieben waren, haben sich im Wasser aufgelöst; als mein Gefährte die leeren Röhrchen sieht, gerät er in helle Aufregung: »Du hast zuviel genommen!« Nur halb bekleidet, schreit er im Flur um Hilfe, ruft nach einem Arzt. Nachdem ich meine Rolle gespielt habe, interessiert mich das alles nicht mehr.

Ein langsamer, trauriger Zug bewegt sich auf das Krankenhaus zu. Auf der Bahre, getragen von zwei leichtfüßig einherschreitenden Männern, genieße ich lässig wie ein König den wiegenden Rhythmus. Aus dieser Perspektive sieht die Stadt ganz anders aus, die Bäume sind höher geworden. So viele Männer für mich allein, ein Arzt, Sanitäter, mein Gefährte und, genau hinter meinem Kopf, Xa, der weinend – er weint tatsächlich – immer wiederholt: »Du bist bös, du bist bös, warum ließest du mich dieses schlechte Medikament kaufen?«

Ich kann es ihm leider nicht erklären . . .

Das Auspumpen des Magens blieb mir erspart, wahrscheinlich weil das Krankenhaus von Phnom-Penh nicht über die notwendigen Geräte verfügte. Aber auch ein Brechmittel reichte aus, um mich erschöpft auf mein Bett sinken zu lassen, so erschöpft, daß keine Sorge mich mehr abzulenken vermochte. Dann entdeckte ich, daß mein vorgetäuschter Versuch mir nicht die erhoffte Befreiung bringen würde: Auch hier bewachte man mich, und die einzige Besserung unseres gemeinsamen Loses bestand darin, daß wir von nun an beide im Krankenhaus untergebracht waren, wo man, so nahmen wir jedenfalls an, nicht gleich mit Rechnungen an uns herantreten würde. Unser Zimmer? Ein riesiger Raum, dessen Fenster sich auf einen Balkon öffneten, der um einen kleinen Hof herumlief.

Wir haben nur das Gefängnis gewechselt. Dieses hier ist noch schlimmer für mich, da ich, im Gegensatz zu meinem Gefährten, das Haus den ganzen Tg nicht verlassen darf. Er muß sogar seine Mahlzeiten wohl oder übel außerhalb zu sich nehmen: Manolis präsentiert seine Rechnungen, gibt jedoch weiterhin Kredit. Da fasse ich im Laufe einer Nacht den Entschluß, mich weiter zu verstellen, um mein Ziel – die Freiheit – zu erlangen; Anklage und mißglückter Selbstmordversuch reichen aus als Gründe für eine gewisse Geistesverwirrung. Ich werde also leichten Gedächtnisschwund simulieren, mich ziemlich normal aufführen, aber so tun, als glaubte ich, in Europa zu sein.

Es folgen nun unendlich lange Tage, an denen ich fast kein Wort spreche, außer wenn mein Gefährte und ich allein sind, um unser Mittagsschläfchen zu halten. Während der übrigen Stunden, wenn die Sonne durch die geschlossenen Läden ins Zimmer fällt, lese oder übersetze ich das *Tagebuch eines halbwüchsigen Mädchens*, das ich auf unserer gemeinsamen Deutschlandreise gekauft hatte. Ich brauche das Gefühl, etwas anderes zu leisten, als nur Komödie zu spielen, sonst werde ich am Ende tatsächlich verrückt. Mein Gefährte versorgt mich mit Büchern, die er in der Bibliothek ausleiht. Der ganze Nietzsche defiliert über meine Bettdecke bzw. verschwindet darunter, sobald ich Schritte höre. Wenn wir allein sind, diskutieren wir eifrig. Durkheim und Lévy-Bruhl begeistern uns. Tagelang erwähnen wir mit keinem Wort die Vorfälle vor unserem Aufenthalt hier, den Prozeß oder die Taktik, mittels derer wir uns aus der Affäre ziehen könnten.

Fast ohne zu wollen, lernen wir das gedemütigte Asien kennen. Ich erfahre in meiner Isolierung jeden Tag von rechtswidrigen Maßnahmen gegen einzelne oder ganze Gemeinschaften. Eines Tages erzählt man mir, daß der Mann, der letztes Jahr in Schanghai auf den Gouverneur von Cochinchina schoß – es war während eines Banketts, und dem Vertreter Frankreichs fiel nichts Besseres ein, als sich unter der Festtafel zu verkriechen –, ein annamitischer Bauer war, der infolge einer Reihe ungerechter Gesetze sein Land verloren hatte. Ich war genug in den Straßen herumgelaufen, um die Arroganz des Kolonialherren zu kennen, die meine Landsleute zur Schau tragen; ich habe ihre Klagen darüber gehört, daß sie nicht verstanden würden von Menschen, die sie selbst nie zu verstehen versucht hatten. Und nach alledem wollten sie mir weismachen, daß man nur mit der Knute gegen die Faulheit der »Eingeborenen« ankommen könne. Ich habe gehört, daß der Verwalter eines Bungalows in Siam-Reap sich strafbar machte, wenn er es wagte, einen Annamiten zu beherbergen, weil das als Beleidigung des weißen Mannes galt. In den Zeitungen las ich zwischen den Zeilen von skandalösem Menschenhandel; meine Ahnung wurde bestätigt, als ich mit eigenen Augen sah, wie solche bedauernswerten Menschen ein Schiff bestiegen, weil sie einen Arbeitsvertrag unterschrieben hatten, dessen Inhalt sie nicht kannten. Aus Büchern und Gesprächen weiß ich, daß annamitische Abiturienten normalerweise nicht studieren dürfen und eine Ausreisegenehmigung zu diesem Zweck nur erhalten, wenn sie sich als loyal erwiesen haben. Wir bilden wenige Führungskräfte aus, und diese wenigen werden ausgewählt aus der falschen Aristokratie unserer Kollaborateure.

Einen Monat, zwei Monate eingesperrt im Krankenhaus. Jeden Abend gegen fünf besucht mich Xa. Seine Augen sind voller Zuneigung, und jedesmal bringt er mir ein Geschenk mit, mal einen chinesischen Kuchen, mal eine Mangofrucht oder einen Mangostanapfel, mal eine Blume oder einen Zweig. Eines Tages setzt er ein kleines Mädchen mit strähnigem Haar auf mein Bett: »Sie ist ein Mischling«, erklärt er, »ich dachte, es würde dich freuen, sie zu sehen.« Ja, es macht mir wirklich Freude, das kleine, zierliche und lebendige Wesen mit dem geschmeidigen Körper einen Augenblick lang zu betrachten. Xa versetzt mich oft in Erstaunen. Er hatte mir tatsächlich einige Tage nach meiner Einlieferung ins Krankenhaus den Vorschlag gemacht – nachdem er endlich begriffen hatte, daß wir, so unfaßbar es für ihn war, arme Franzosen sind –, irgendwo eine Stellung anzunehmen und dann gleich um einen Vorschuß zu bitten, den er mir überlassen würde. Danach hätte er seelenruhig seinen neuen Herrn verlassen, um seine Stellung bei uns wieder aufzunehmen. Es kostete mich Mühe, ihn zu überreden, nur den ersten Teil seines Plans auszuführen.

Um ihn zu trösten, erzähle ich ihm während seiner täglichen Besuche, daß ich ihn, sobald in Frankreich wieder alles geregelt sei, nachkommen lassen würde. Schon informiert er sich über unser Land in Bildbänden, die wir ihm aus der Bibliothek mitbringen. Einmal glaubt er, mich in flagranti bei einer Lüge ertappt zu haben; ich hatte ihm nämlich erzählt, die Häuser in Europa seien bis zu fünf oder sechs Stockwerke hoch: Er kommt auf zwölf, als er die Giebel eines Straßburger Gebäudes zählt.

Eines Tages fragt er, nachdem er endlich über alles aufgeklärt ist, warum ich ihn bei unserem Aufbruch in den Dschungel nicht über unseren Plan unterrichtet habe. Ich will ihn nicht verletzen und versuche, ihm klarzumachen, daß es eine heikle Angelegenheit war. »Ich«, erklärt er selbstsicher, »hätte Köpfe aufgetrieben, ohne daß irgend jemand davon erfahren hätte.« – »Das sagst du so!« – »Willst du noch welche?« Eine Woche später besteht das Geschenk Xas in einem *Apsara*-Kopf, etwa im gleichen Stil wie jene, die wir uns angeeignet hatten und die man uns wieder weggenommen hatte, sowie in einem etwa sechzig Zentimeter großen *hari-hara*, einem immerhin ziemlich seltenen Stück.

Auf meine Bitte hin versteckte Xa sie in unseren Koffern, aus denen ich sie jeden Abend herausholte, selig, daß mir eine Art Husarenstreich geglückt war: Ich war in den Besitz ähnlicher Gegenstände gelangt wie jene, die uns so viele Unannehmlichkeiten bereiteten. Diese Gegenstände brachten wir nach Europa mit, wo jedoch Geldnot uns zwang, sie kurz nach unserer Rückkehr zu verkaufen.

Drei Monate im Hotel, drei Monate im Krankenhaus, die Regenzeit hatte begonnen.

Die Banken schickten Kontoauszüge, auf denen unser Ruin sich in einer Kurve, steil abfallend wie ein Bergpfad, abzeichnete. Es kam keine Zeugenaussage mit der Bestätigung früherer Arbeiten, die unsere plötzliche Leidenschaft für die Khmer-Kunst gerechtfertigt hätten. Allerdings, und das freute uns, waren bei der Familie meines Gefährten noch keine Ermittlungen angestellt worden. Man hatte sich an meine Familie gehalten, weil wir dort wohnten. Plötzlich entdeckten meine Brüder, daß sie keine Ahnung hatten von der sozialen Stellung des Mannes, den ich eines schönen Tages ins Haus gebracht hatte. Nachträglich entrüsteten sie sich nun über ihn und lehnten kategorisch den Eindringling ab, der sich bei ihnen eingeschlichen habe, indem er ein junges Mädchen, dem der Krieg und die Nachsicht einer Mutter übermäßige Freiheit gewährt hatten, verführte.

Ab und zu kam ein Brief aus Frankreich – alle waren für meinen Gefährten bestimmt und mal von seiner Mutter, mal von seinem Vater abgeschickt. Für mich kam nichts.

Einer von uns mußte hier raus! Ich beschloß, in den Hungerstreik zu treten. Tagelang lag ich auf dem Bett, ohne etwas zu mir zu nehmen, und verlor dadurch völlig das Gefühl für Zeit und Wirklichkeit. Ich will nichts, nichts mehr, vielleicht will ich nicht einmal nach Frankreich zurückkehren. Ich bin so leicht, daß die Matratze unter mir kaum nachgibt. Warum quält man mich? Ich beklage mich nicht, im Gegenteil, mein Körper wird abgeklärt, in meine Seele kehrt Frieden ein. Das scheint nicht in ihrem Sinne zu sein, denn sie traktieren mich weiterhin mit Spritzen. Die einen enthalten ein Chininsurrogat gegen Malaria, andere Kampfer oder Kochsalzlösung. Unter meiner Haut bilden sich Bläschen, die mir Schmerzen bereiten und mich zwingen, meine Lage im Bett zu ändern. Der Zeiger der Waage geht zurück: vierzig Kilo, neununddreißig, achtunddreißig. Der Arzt macht eine so bekümmerte Miene, daß ich ihn am liebsten trösten möchte. Aber da wird er böse und spricht davon, mich gewaltsam zu ernähren. Diesmal werde ich nachgeben.

Jeden Abend, genau vor Sonnenuntergang, mache ich mit schleppenden Schritten, gestützt von meinem Gefährten, meinen Gefangenenrundgang. Schon vor Beendigung der ersten Runde bin ich erschöpft. Wenn ich im Liegen weiterhin annähernd ich selbst bin, so ist das Stehen für mich nur eine verzweifelte Anstrengung, nicht zu fallen.

»Eine Frau ist gehalten, ihrem Mann überallhin zu folgen.« Aufgrund dieses Postulats kann ich nicht dafür zur Verantwortung gezogen werden, daß ich beim Raub der Basreliefs dabei war. Das nenne ich eine raffinierte Argumentation. Ich hatte dem freundlichen kleinen Richter, der mir bei unserer zweiten Besprechung aus Rührung oder aus Verärgerung über mein ununterbrochenes Schniefen sein Taschentuch reichte, nicht so viel zugetraut. Jetzt sitzt er an meinem Bett und verliest mit besänftigender Stimme einen Gerichtsbeschluß, in dem es heißt, daß die Anklage gegen mich zurückgezogen wird. Solange er da ist, fällt es mir leicht, Gleichgültigkeit zu heucheln. Und doch bedeutet sein kleiner Vortrag: »Sie sind frei. Sie sollten das nächste Schiff nehmen, das in acht Tagen geht. Sie sollten Ihrer Familie telegrafieren, damit sie Ihnen die Mittel für die Heimreise schickt.« Ach ja, man braucht auch eine Fahrkarte und Geld. Teils freiwillig, teils unfreiwillig, bin ich noch immer geistesabwesend.

Aber etwas später bin ich zum ersten Mal seit zwölf Tagen bereit, ein paar Löffel Suppe zu mir zu nehmen, die ich beinahe wieder von mir gebe. Dann dränge ich meinen Gefährten, ein Telegramm aufzusetzen, in dem ich die Niederschlagung des Prozesses mitteile und um das für die Begleichung unserer Schulden und für meine Rückreise erforderliche Geld bitte. Als Antwort treffen unverzüglich eine Fahrkarte, ein Scheck für das Krankenhaus und ein wenig Taschengeld ein, das ich zum größten Teil meinem Gefährten überlasse, weil ich der Meinung bin, daß er es dringender benötigt als ich – worin ich mich allerdings täuschte.

Fünf Tage habe ich Zeit, um mich von einer Welt auf eine andere umzustellen. Gleichzeitig mit der Niederschlagung meines Prozesses wurde das Ermittlungsverfahren abgeschlossen. Etwa vierzehn Tage nach meiner Abreise soll der Prozeß eröffnet werden.

Als ich mich zum ersten Mal seit Wochen im Spiegel betrachte, blickt mir ein jämmerliches Bild entgegen. Sechsunddreißig Kilo ergeben, selbst auf nur einen Meter dreiundfünfzigeinhalb verteilt, kein besonders gewichtiges Persönchen. Ohne selbst daran zu glauben, erkläre ich: »Ich werde mich bald wieder hochgepäppelt haben.«

Auf einer Bahre tragen sie mich bis zum Krankenwagen. Im Morgengrauen brechen wir auf. Um uns herum Geschrei wie auf einem Markt. Mein Gefährte steht neben der Tragbahre, dann beugt er sich zu mir herunter. Er sagt kein Wort, ich sage kein Wort. Aber als der Wagen anfährt, sehe ich ihn mit seiner Schirmmütze, seinem weichen Kragen, in seinem Anzug aus weißem Segeltuch, mit hängenden Armen und von den anderen abgesondert, mitten auf der Straße stehen, verwaist.

Sein ganzes Leben lang sagt man Adieu. Jetzt bin ich in der Kabine. Die Wände sind weiß – ich mag keine weißen Wände mehr sehen; der Ventilator surrt – ich mag keine Ventilatoren mehr hören. Durch das Bullauge, groß wie ein Fenster, denn ich reise – wohl zum letzten Mal – erster Klasse, sehe ich das andere Ufer mit den Cachou-Palmen, die immer kleiner werden – nie mehr will ich Cachou-Palmen sehen. An der leichten Bewegung des Türvorhangs erkenne ich, daß der Abend naht. Vielleicht wird mich im Mittelmeer ein starker Wind die feuchte Luft vergessen lassen, die jetzt auf mir lastet.

Einige Tage später erhalte ich ein Telegramm, das mich beruhigen soll: »Alles gut gegangen. Bis bald.« Es folgt ein liebes Wort. Telegramme sind teuer. Dieses beruhigt mich übrigens nur zum Teil. Irgend etwas, das ich nicht näher bezeichnen kann, fehlt. Warum hatte er den Text so vage abgefaßt?

»Prozeß gewonnen« wäre kürzer gewesen, Wo befand er sich, falls er wieder auf freiem Fuß war? In Phnom-Penh oder in Saigon, wo er auf das Schiff wartete? Solange er in Kambodscha war, sah ich sein Zimmer im Hotel »Manolis« vor mir, das er nach meiner Abreise bezogen hatte, da das Krankenhaus ja keinen Grund mehr gehabt hatte, ihn länger zu beherbergen. Sicher ging er abends immer spazieren, und um sich am Tag die Zeit zu vertreiben, hatte er die Bibliothek; aber wovon sollte er seine Fahrkarte bezahlen? Er hatte mir gesagt, er würde sich an seinen Vater wenden ... Aber war er sicher, Hilfe zu erhalten? Sobald ich allein war, bedrängten mich diese Fragen.

Eines Tages machte man mich auf einen schlanken Mann mit blauen Augen im ockerfarbenen Gesicht aufmerksam, der an Deck auf und ab spazierte. »Kennen Sie den nicht? Das sollten Sie aber. Es ist Monin, der Rechtsanwalt.«

Ich kannte ihn nicht, wußte jedoch, um wen es sich handelte. Monin hatte sich mit La Chevrotière, dem Herausgeber jenes zweifelhaften Blattes *L'Impartial* duelliert; er hatte den Seeleuten geholfen, einen Streik zu organisieren; er hatte, glaube ich, an ihrer Demonstration teilgenommen, an deren Spitze die rote Fahne wehte; er hatte sich gegen das Projekt der Monopolisierung des Hafens von Saigon gestellt.

Ich sehe Penang und seine *arroyos*, Dschibuti und seine Prostituierten wieder. Übrigens hat mir die Anklage vorgeworfen – und es anscheinend als unsittlich ausgelegt –, daß ich sie in einem Brief an meine Mutter erwähnt hatte, der auf unerklärliche Weise dem Staatsanwalt in die Hände gefallen war ...

Das Schiff läuft wieder aus und läßt die legendäre eiserne Palme hinter sich, Symbol der Vegetation des Landes. Während noch die Ankerketten quietschend auf das Spill gezogen werden, sitze ich schon im Sessel von Rechtsanwalt Monin und habe das Gefühl, daß mir hier in dieser Nische zwischen Bar und Salon eine wichtige Unterredung bevorsteht. Der Mann, den ich ohne sein Wissen erwarte, nähert sich mit seiner sehr langen Zigarettenspitze aus Ebenholz, zögert, spricht mich an: »Entschuldigen Sie bitte, Madame, ich glaube, Sie sitzen in meinem Sessel.«

Ich erwidere: »Ich weiß.«

Er scheint mich für verrückt zu halten. Da es um eine ernste Angelegenheit geht, füge ich rasch hinzu: »Ich wollte Sie sprechen und wußte nicht, wie ich es anfangen sollte. Das einzige, was mir einfiel, war, Ihnen Ihren Sessel zu stibitzen. Sie können ihn wiederhaben, meiner steht dort drüben. Aber ich muß Sie sprechen. Wissen Sie, wer ich bin?« Er weiß es. »Verstehen Sie, als ich erfuhr, daß Sie der Mann sind, den man den Anwalt der Eingeborenen nennt, kam ich auf die Idee, mich an Sie zu wenden. Ich habe zwar gehört, daß Sie ein netter Mensch seien, vielleicht der einzige nette Mensch in der ganzen Kolonie, aber ich habe dort so viele Halunken getroffen, daß ich mißtrauisch geworden bin. Deshalb habe ich bis jetzt gewartet: Wenn Sie nicht so sind, wie behauptet wird, können Sie mir kaum noch schaden, denn ein Brief nach Saigon braucht beinahe drei Wochen, bis er ankommt. Und wenn Sie wirklich . . . ich weiß nicht, wie ich mich ausdrücken soll . . .«

»Ich glaube, ich bin so, wie Sie es nicht ausdrücken können.«

»Dann können Sie mir also noch helfen, wenn ich Hilfe brauche.«

Er verbeugt sich, entschließt sich dann, sich zu setzen, und wartet gespannt. Er weist mich gleich darauf hin, daß er wahrscheinlich mehr über mich weiß als ich über ihn und daß er, natürlich nur beiläufig, das absurde Spiel verfolgt hat, das die Behörden gegen uns inszeniert haben.

Der Suezkanal. Das Schiff gleitet lautlos dahin. Port Said: Von hier aus sende ich meinem Schwiegervater ein Telegramm, in dem ich ihn bitte, mich in Marseille abzuholen.

In Marseille überreicht mir der Steward einen blauen Umschlag: »Telegramm zu spät angekommen. Ruf mich in Orléans an. Gruß. Vater.«

Man erwarte von mir keinen ausführlichen Bericht über meine Fahrt nach Paris. Meine Hauptaufgabe während dieser Stunden war, noch einmal alles zu durchdenken, was bisher geschehen war, zu versuchen, die möglichen Konsequenzen all dessen zu erraten, was wir seit dem Entschluß zu unserer Expedition unternommen hatten.

Womit ich jedoch keinesfalls rechnete, war, daß diese Konsequenzen so unerfreulich sein könnten, wie sie in Wirklichkeit waren. Selbst wenn ich das Schlimmste annahm, das heißt eine Verurteilung auf Bewährung, so deutete nichts darauf hin, daß der Angeklagte sich vor Gericht so ungebührlich aufführen würde, daß man drohte, ihn aus dem Saal zu weisen, und ihn dann schließlich in einer Art verurteilte, wie man einem frechen Bengel im Zorn eine Ohrfeige verabreicht. Woraufhin er natürlich Berufung einlegte.

Ich kann nur aus zweiter Hand über den Prozeßverlauf berichten, doch ich glaube, daß die Informationen, die ich darüber erhielt, stimmen. Herablassende Haltung des Hauptangeklagten, der mit Nachdruck die Verantwortung für das Abenteuer auf sich nahm, Sarkasmus gegenüber den Behörden und Beleidigungen – oder Aussprüche, die als solche gewertet wurden – gegenüber den Richtern. Dies alles erinnerte an einen Schüler, der Unfug treibt, und unter anderen Umständen hätte ich mich darüber sicher nur amüsiert. So wie die Dinge standen, das heißt gar nicht gut, bewunderte ich die Haltung meines Gefährten uneingeschränkt.

Von all dem wußte ich jedoch noch nichts, als ich auf dem Weg nach Paris war, aber ich hatte ein so ungutes Gefühl, daß ich beschloß, lieber nicht bei meiner Familie, sondern zunächst bei unserem ehemaligen Zimmermädchen zu wohnen. Sie war inzwischen verheiratet und führte nicht weit von der Place Clichy ein Hotel, das ich ohne weiteres als eine Art Absteige erkannte, obwohl Jeanne in jeder Beziehung die ehrbarste Frau war, die man sich vorstellen kann.

Nach Einbruch der Nacht traf ich bei ihr ein. Vor Jeanne wurde ich wieder das kleine Mädchen, das sie früher betreut hatte.

»Was machst du nur für Geschichten!«

»Ach, das ist doch alles gar nicht so schlimm.«

»Das nennst du ›nicht so schlimm‹? Alle Zeitungen lassen sich über seine Verurteilung aus.«

»Drei Jahre Gefängnis für den Dieb von Angkor.« Während ich das las, stand Jeanne aufrecht hinter mir. Da hieß es nun schwarz auf weiß: »Der Rosenkavalier (mein Gemahl) hatte vergebens versucht, mit der Veröffentlichung eines Essays, *Lunes en papier,* das keine Beachtung fand, auf sich aufmerksam zu machen. Lediglich seine

Person zog ab und zu einige Blicke des Pariser Publikums auf sich, wenn er sich beim Besuch einer Generalprobe in einem schwarzen, mit weißem Satin gefütterten Samtcape und mit ausgefallener Frisur in der Öffentlichkeit zeigte. Wenn er vorbeiging, pflegten seine wenigen Verehrer zu murmeln: ›Der Rosenkavalier‹, womit sie auf eine Figur anspielten, mit der sich romantische Vorstellungen verbinden.

Der Rosenkavalier konnte natürlich nicht in einem normalen bürgerlichen Haus leben, und so wohnte er denn auch in der Avenue des Chalets Nummer 10, in einer Villa, die seine Schwiegermutter für zehntausend Franc (!!!) gemietet hatte.

... Die Schwiegermutter wohnt immer noch in dem Haus in der Avenue des Chalets, aber seit einiger Zeit interessiert sie sich überhaupt nicht mehr für das Schicksal desjenigen, dessen Name durch die Literatur keine Berühmtheit erlangen konnte. Trotzdem ist die Behausung des Rosenkavaliers nicht uninteressant. Ein wahnwitziger Kubismus verleiht ihrer Einrichtung unbestreitbare Originalität.

Fatalerweise entdeckte man neben Werken des Kubismus solche der Negerkunst sowie mehrere geheimnisvolle Stücke aus primitiven Kulturen; unter anderem wurden in der Avenue des Chalets bezeichnenderweise kleine Statuen gefunden, die sich als Reproduktionen von Werken der Khmer-Kunst herausstellten. Aber es waren eben keine Originale! ›Schade, daß Sie die Originale nicht besitzen!‹ meinten gewisse Kunstkenner, ›stellen Sie sich vor, welches Vermögen das bedeuten würde! In New York oder Boston würde man sie zu jedem Preis kaufen!‹«

Am nächsten Morgen mußte ich mich der Familie stellen. Die Rückkehr der verlorenen Tochter ins väterliche Haus. Der Garten, in dem im Frühjahr der Flieder blüht; die fünf Stufen der von einer Markise überdachten Freitreppe, das pathetische Gesicht von Jeannes Nachfolgerin; die Treppe mit dem blau und rot gemusterten Läufer, und im ersten Stock, in dem großen Zimmer mit den englischen Möbeln, Mama und meine Brüder. Ich fand alles wieder, erkannte aber nichts.

»Du wirst doch nicht mit diesem Taugenichts, diesem Kriminellen, verheiratet bleiben?« fragte mein älterer Bruder.

»Aber sicher, jetzt mehr denn je.«

Ich hörte »Ehrbarkeit, Ruin, Kummer«. Mama weinte. Ich wurde verstockt. »So glaube mir doch, alles wird sich klären.«

»Es ist alles schon klar genug«, sagte sie. »Du mußt diesen Mann verlassen.« Diesen wirren Worten entnahm ich, daß die Polizei mit allen Mitteln versucht hatte, von meiner Familie Aufschluß zu erhalten über irgend etwas, was schwerer wog als eine Tat, die trotz aller Bemühungen, sie aufzubauschen, kaum schlimmer war als eine ganz normale kleine Gaunerei – lediglich phantasievoller.

Aber gerade Phantasie besaßen die Untersuchungsbeamten keine. In klassischer Manier forschten sie nach, ob wir nicht mit irgendeiner Erdölgesellschaft in Verbindung gestanden hätten – man fing damals gerade an, sich für diesen Rohstoff zu interessieren – oder sogar mit einer ausländischen Macht, von der wir irgendeinen abenteuerlichen Spionageauftrag erhalten haben könnten. Anscheinend verärgert, weil sich nichts dergleichen feststellen ließ, hatten sie sich darauf verlegt, meinen Gefährten zu verleumden, und unter anderem behauptet, wir hätten bei unserem Aufenthalt in Österreich »unlautere Geschäfte getätigt«, was nicht stimmte. Aber wie hätten solche Verleumdungen ihre Wirkung auf Menschen verfehlen können, die sich besonders streng an die Gesetze hielten, weil sie erst seit kurzem in diesem Land Heimatrecht besaßen?

»Dieser Kerl hat schon immer gelogen«, wiederholte die Familie im Chor.

Jeder meiner Brüder machte seinem Herzen Luft.

»Du kannst nicht mit diesem Mann zusammenbleiben«, wiederholte meine Mutter. Von ihrem Standpunkt aus hatte sie ja vielleicht recht, doch änderte dies nichts an meinem Entschluß, André nicht zu verlassen. Ich bemühte mich, ihnen zu erklären, daß ich die Beschuldigungen gegen ihn nur bekräftigen würde, wenn ich mich ihrem Willen beugte, und daß, selbst wenn ich ihn nicht liebte – aber ich liebte ihn nun mal –, diese Art des Verrats nicht in Frage käme. »Wir sprechen uns später wieder«, sagte ich zu ihnen, »später, wenn sich die Dinge geklärt haben.« Offensichtlich interessierte eine so ferne Zukunft die Familie nicht. »Du wirst deine Scheidung jetzt gleich beantragen«, erklärte mein älterer Bruder. Ich zuckte nur mit den Achseln.

Die Fragen, mit verteilten Stimmen vorgetragen, hoben mit geringfügigen Variationen wieder von vorne an; jetzt ging es um »Faulheit«: »Seit eurer Hochzeit hat er keinen Finger gerührt.« Wie konnte man ihnen klarmachen, daß es eine Untätigkeit gibt, die bereichert?

Zu welchem Zeitpunkt verließen meine Brüder das Zimmer, um mir bei ihrer Rückkehr mitzuteilen, daß der Arzt, der meine Mutter untersuchen sollte, eingetroffen sei? Er warte im Nebenzimmer. Daran war nichts Außergewöhnliches: Mama litt seit ihrer Jugend an Magenbeschwerden, die wahrscheinlich auf ein Geschwür zurückzuführen waren. Infolge der jüngsten Ereignisse hatten die Schmerzen wieder eingesetzt. Mein Schuldgefühl wuchs.

Dann kamen meine Brüder zurück: »Der Arzt möchte mit dir über Mutter sprechen.« Es handelte sich um einen Mann, den ich nur flüchtig kannte, den Schwiegersohn einer Freundin meiner Mutter. Als er mir sagte, die Ereignisse der letzten Zeit hätten meiner Mutter sehr zugesetzt und er fände es vernünftig, sie für einige Zeit in ein Sanatorium zu schicken – er kenne ein sehr gutes in der Nähe von Paris –, weckten seine Worte in mir keinen Verdacht, auch nicht, als er mich darum bat, ihr Gesellschaft zu leisten. Ich sagte zu, unter der Bedingung, des öfteren nach Paris fahren zu können.

»Sie haben eine harte Prüfung hinter sich«, sagte einer der drei Ärzte zu mir, die hinter dem dunklen Tisch standen, der auch durch einen Äskulap aus falschem Marmor nicht heiterer wirkte.

Meine Familie war verschwunden, ich verstand sofort.

»Es handelt sich nicht um mich, sondern um meine Mutter.«

»Seien Sie vernünftig, Madame.«

»Ich bin vernünftig!«

»Was Sie durchgemacht haben, hätte stärkere Nerven als die Ihren zermürbt.«

»Es handelt sich nicht um mich, sondern um meine Mutter.«

In ernsten Situationen wiederholt man die gleichen Sätze, als wären es Zauberformeln. Meine Worte hatten jedoch weder eine magische noch sonst eine Wirkung, man hielt mir meine Erkrankung in Phnom-Penh entgegen. Oh, sie wußten alles! Mein Leben in Freiheit mit all seinen Schwierigkeiten hatte mich meine Täuschungsmanöver in Kambodscha vergessen lassen, es hatte sie nie gegeben. Aber meine Familie war trotz meines Versuchs, sie geheimzuhalten, durch Briefe meines Gefährten und vom Arzt des Krankenhauses darüber unterrichtet worden. Es blieb mir nichts anderes übrig, als für meine Torheiten – und für die der anderen – bis zum bitteren Ende einzustehen.

»Sie brauchen Ruhe. Bleiben Sie einige Wochen hier, und die Ereignisse der letzten Monate werden Ihnen in einem anderen Licht erscheinen.«

Sie sind zu dritt, wie in weiter Ferne die Richter, wie die Parzen, wie die Grazien, so wenig sie ihnen auch gleichen . . .

»Ich bin nicht krank«, wiederholte ich.

Dann tat ich das Dümmste, was ich in meiner Situation tun konnte: Ich versuchte zu fliehen. Es war keineswegs das Ergebnis einer Überlegung; ich stürzte einfach auf den Vorplatz und rannte durch den Garten, aber kurz vor dem Tor, das auf die Straße führte, packte eine Hand meine Schulter und hielt mich zurück.

»Man hat schon zuviel über dich geredet«, sagte mein Bruder, »das muß aufhören.«

Das war deutlich. Meine sportliche Darbietung war überflüssig gewesen.

Außer Atem erschien ich wieder vor meinen Richtern und dachte betrübt über meine jüngste Vergangenheit, meine nicht sehr rühmliche Gegenwart und meine traurige Zukunft nach. Mein Aufenthalt in diesem Haus würde mich von der Außenwelt abschneiden. Mein Gefährte in weiter Ferne würde denken, ich ließe ihn im Stich. Er würde allein vor immer größeren Schwierigkeiten stehen. Nach dem, was man Verrat zu nennen pflegt, sollte er mehr denn je wissen, daß ich ihm treu blieb.

In der Angst wird man dumm oder äußerst gerissen. Ich stellte meinerseits Fragen.

»Sind Sie der Ansicht, daß mein Zustand es unerläßlich macht, mich hierzubehalten?«

»Ja.«

»Dann muß ich meinen Schwiegervater davon unterrichten. Ich möchte ihm ein Telegramm schicken.«

»Setzen Sie es auf, wir werden es zur Post bringen.«

»Nein, meine Schrift wäre im Augenblick so verzerrt, daß sie meine Internierung nur rechtfertigen würde.«

Einer der Ärzte flüsterte: »Die Kleine ist intelligent.«

Ein Mann erkannte meine Fähigkeiten, ich lebte auf.

»Haben Sie das Recht, mich ohne meine Einwilligung hierzubehalten?«

»Nein, aber Sie werden sie uns geben.«

Zwei Stunden stand ich mit dem Rücken zur Wand, mit hängenden Armen, reglos wie eine ausgestopfte Eule, und wiederholte unermüdlich mit eintöniger Stimme: »Freiwillig bleibe ich nicht hier.«

Daraufhin setzte man mich vor die Tür.

Das Familienauto brachte mich freundlicherweise zu Jeannes Hotel.

Obwohl Jeanne über den Versuch, mich zu internieren, entrüstet zu sein schien, fand ich während der ganzen Nacht keine Ruhe. Morgen, so beschloß ich, bedrängt von Wort- und Bildfetzen, würde ich versuchen, mich mit Monin in Verbindung zu setzen, um zu erfahren, wie wir in der Berufungsverhandlung vorgehen müßten. Um keinen Preis durfte ich mich von meiner Familie zurückhalten lassen. Aber wovon sollte ich leben? Ich öffnete meine Geldbörse: Sie enthielt noch genau drei Francs fünfundzwanzig. Keine Sorge, ich würde mir schon zu helfen wissen. »Ich muß schnell handeln«, sagte ich mir, plötzlich von Panik ergriffen. Die Weißen da unten, die es verstanden, unser abenteuerliches Unternehmen, für das wir schlimmstenfalls eine Geldstrafe wegen einer einfachen Gesetzesübertretung verdient hatten, in einen abscheulichen Betrug zu verwandeln, taten das, weil sie in unserer Aktivität den Beweis einer Verschwörung mit den Völkern zu sehen glaubten, die ihren Einfluß in den von Frankreich beherrschten Gebieten ausdehnen wollten. Ja, die indochinesischen Richter unterstellten uns Motive, an die wir nicht im Traum gedacht hatten, und logischerweise spielten sie wahrscheinlich mit dem Gedanken, meinen Gefährten unschädlich zu machen, der sich in den acht Monaten der Untersuchung zu keiner der erwarteten, erhofften Enthüllungen bereitgefunden hatte. Ich wußte, daß es in den Kolonien gang und gäbe war, mißliebige Leute zu vergiften. Eines Tages starb man an Ruhr, Malaria oder infolge gewisser Praktiken, von denen dort unten jeder wußte, aber kaum einer zu sprechen wagte.

Bei Gefangenen war außerdem jede Kontrolle ausgeschlossen. Wir mußten während der wenigen Wochen handeln, in denen er noch frei war.

Im Dunkeln stand ich auf, zog mich an, ohne Licht zu machen, und ging dann, die Schuhe in der Hand, um Jeanne nicht zu wecken, die Treppe hinunter. Um sechs Uhr morgens stand ich auf der Place Clichy. Als ich ins Taxi stieg, wurde es gerade hell. Ich prüfte die Adresse, die André Breton in seinem Brief angegeben hatte, den ich bei meiner unerfreulichen Heimkehr vorgefunden hatte und in dem er mir überraschenderweise seine Hilfe anbot: Rue Fontaine. Wenn es weit war, würde ich den Chauffeur bitten zu halten, sobald der Zähler drei Francs anzeigte. Er würde sich mit fünfundzwanzig Centimes Trinkgeld zufriedengeben müssen.

Der Zähler zeigte noch keine drei Francs an, als das Taxi hielt. Es war auch besser so, denn wie hätte ich einen längeren Fußmarsch schaffen sollen? Ich klopfte an die verschlossene Tür der Portiersloge, einmal, zweimal, dreimal. Zu so früher Stunde geweckt zu werden, war man in diesem Haus offenbar nicht gewohnt.

»Können Sie mir bitte sagen, in welchem Stock Monsieur Breton wohnt?«

»Was stellen Sie sich eigentlich vor? Sie werden ihn doch nicht etwa um diese Zeit stören wollen?«

»Doch, es muß sein.«

»Er schläft.«

»Ich werde ihn wecken.«

»Nein, ich sage Ihnen nicht, wo er wohnt. Ich würde nur Unannehmlichkeiten bekommen.«

»Ich muß ihn sofort sprechen, es geht um Leben und Tod. Er würde Ihnen niemals verzeihen, daß Sie mich abgewiesen haben.«

Sie zögerte noch, schaute mich an; es mußte ein wichtiges Ereignis sein, das mich so aussehen ließ.

»Na gut, gehen Sie, es ist im vierten Stock.«

Jahre waren vergangen, Jahre des Kampfes für einen anderen, und nun stand ich da mit leeren Händen: Ich hatte gesät, ohne zu ernten; dennoch wirkte die Erinnerung an diese Jahre auf mich lange Zeit wie ein Wein, der neue Kräfte verleiht, zum Beispiel in diesem Augenblick die Kraft, die Treppe hinaufzusteigen, ohne einmal anzuhalten, und zu der jungen Frau im braunen Morgenmantel, die nach langem Läuten öffnete, zu sagen:

»Ich bin Clara Malraux.«

Dann drehte sich alles vor meinen Augen. Vom Sofa aus, auf das man mich gelegt hatte, vernahm ich eine weibliche Stimme:

»Es ist Clara Malraux.«

Es tat gut, auf diesem Sofa zu liegen, umgeben von zwei Menschen, die sich um mich kümmerten. Als ich die Augen öffnete, sah ich den großen, dichtbehaarten Kopf von Breton. Simone war klein und dunkelhaarig. Bevor ich wieder einschlief, sah ich um mich herum Gemälde und Skulpturen, über die ein Reporter des *Matin* entsetzt gewesen wäre . . . Hier sprach man meine Sprache, ich war beruhigt.

Zwei Stunden später, während ich Kaffee trank und wahrhaftig ein Butterbrot aß, erzählte ich von unserer Geschichte, was ich für notwendig hielt; und siehe da, unser Abenteuer erschien plötzlich in einem ganz neuen und sogar positiven Licht. Es offenbarte sich als poetisch und schloß sich dem fröhlichen Reigen all derer an, die andere vor uns gewagt hatten. Wir waren dem Verlangen – einem surrealistischen Wert – erlegen, und wenn auch der revolutionäre Aspekt daneben an Bedeutung verlor, so trat er dennoch nicht völlig in den Hintergrund. Meine zuversichtliche Stimmung hielt an; ich war überzeugt, daß wir alle Schwierigkeiten überwinden würden. Doch seien wir ehrlich: Es gelang nur mit Hilfe anderer. Und sie sollen wissen, daß ich ihnen noch heute dankbar bin.

Ein Telegramm an meinen Schwiegervater, ein Telegramm an Marcel Arland, ein zuerst noch vager Schlachtplan, der im Laufe des Tages konkrete Formen annahm. Telefonisch setzte ich mich mit Monin in Verbindung. Von Simone ließ ich mich fröhlich von Kopf bis Fuß neu einkleiden. Ich vertauschte meine ausgetretenen Schuhe gegen solche, die nicht auf den ersten Blick erkennen ließen, daß ich ein Wrack war. Wenn ich ausging, setzte ich einen Pariser Hut auf und trug in der Hand eine echte Ledertasche, die schon vor der Ankunft meines Schwiegervaters, der mich finanziell unterstützte, etwas Geld enthielt.

Er traf am frühen Nachmittag ein, würdig und niedergeschlagen, wie es sich für den Vater eines Verurteilten gehört. Übrigens wußte er erst seit zwei Tagen von dieser Verurteilung. Im Gegensatz zu meiner

Familie war er ja nicht in die Ermittlungen einbezogen worden. Erst aus den Zeitungen hatte er den Ausgang einer Reise erfahren, die er wie die früheren für eine reine Vergnügungsreise gehalten hatte, denn obwohl unser Ruin zum Teil auf seine Ratschläge zurückzuführen war, hatten wir uns gehütet, ihn davon in Kenntnis zu setzen.

»Schwöre, daß er unschuldig ist.« Ich schwor. Ich hätte alles geschworen. Im übrigen war ich wirklich von unserer Unschuld überzeugt. Unterdessen tauchte Monin auf, der die Kolonie so beschrieb, daß allen, die ihm zuhörten, klar wurde, daß wir nicht nur ohne Makel, sondern in jenem Land überhaupt die einzigen ohne Makel waren. Mein Schwiegervater drückte mich an seine Brust. Dann setzten wir uns an einen Tisch, um zu beratschlagen, wie wir es anstellen sollten, um meinen Gefährten aus seiner traurigen Lage zu befreien.

Von Monin ermutigt, erklärte ich also, daß unsere Schwierigkeiten zum großen Teil daher rührten, daß die durch die Rechtshilfeersuchen oder auf andere Art erhaltenen Aussagen nicht von Persönlichkeiten stammten, die versichern konnten, daß sie an die Begabung Andrés glaubten und mit Nachdruck betonten, er sei zwar ein unbekannter, aber vielversprechender Schriftsteller, für dessen Talent sie sich verbürgten.

Mehr als sonst irgendwo, sagte ich, werde man in der Kolonie nur respektiert, wenn man die Protektion einiger Mächtiger genieße. Uns aber hielte man für unbekannte Angeber ohne Beziehungen, deren Verschwinden nicht auffallen würde. Es komme jetzt darauf an, diese Meinung zu widerlegen.

Man reichte mir einen Bleistift, und ich verfaßte den Text einer Petition, die, geringfügig verändert, in der Zeitung erschien und im Laufe der folgenden Wochen von vielen unterschrieben und sehr oft abgedruckt wurde. Hier ist die endgültige Fassung, wie sie in den *Nouvelles Littéraires* vom 6. September 1925 erschien:

»Bestürzt über die Verurteilung André Malraux', vertrauen die Unterzeichneten auf die Achtung, welche die Justiz gewöhnlich all jenen zollt, die einen Beitrag zur Förderung der kulturellen Werte unseres Landes leisten. Sie verbürgen sich ausdrücklich für die Intelligenz und den echten literarischen Rang dieser Persönlichkeit, deren Jugend und deren bisheriges Schaffen zu großen Hoffnungen berechtigen. Sie würden den Verlust lebhaft bedauern, den die Verhängung einer Sanktion bedeuten würde, durch die André Malraux daran gehindert würde, das zu leisten, was man mit Recht von ihm erwartet.

André Gide, François Mauriac, Pierre Mac Orlan, Jean Paulhan, André Maurois, Jacques Rivière, Max Jacob, François le Grix, Maurice Martin du Gard, Charles du Bos, Gaston Gallimard, Raymond Gallimard, Philippe Soupault, Florent Fels, Louis Aragon, Pierre de Lanux, Guy de Pourtalès, Pascal Pia, André Harlaire, Desson, André Breton, Marcel Arland.«

Wie ein Lauffeuer machte der Brief die Runde unter den Schriftstellern. Marcel Arland setzte sich mit solchem Eifer für uns ein, daß er Rivière auf dessen Frage hin versicherte, wir hätten mit unserem Unternehmen keinerlei materielle Zwecke verfolgt. Dann begab er sich nach Pontigny*, wo gerade eine jener berühmten Dekaden stattfand, und kehrte mit einer Menge Unterschriften zurück, die man ihm ohne weiteres gegeben hatte. In dieser Beziehung lief also alles zum besten; aber mein Gefährte in Indochina mußte ja von etwas leben. Ich natürlich auch, aber das war weiter nicht schwierig, denn es fand sich immer wieder jemand, der mir gern seine Gastfreundschaft anbot. Andrerseits mußte ich zu wiederholten Malen innerhalb weniger Stunden Geld auftreiben; als ich zum Beispiel eines Tages im Verlauf von zwei Stunden zuerst einen Brief erhielt mit der beruhigenden Mitteilung, mir keine Gedanken über die Rechnung zu machen, deren Begleichung Manolis, der Eigentümer des Hotels in Phnom-Penh, forderte, und dann ein Telegramm, dem ich entnehmen mußte, daß schon bald ein ungedeckter Scheck zur Zahlung eben dieser Rechnung vorgelegt werde, verkaufte ich meine Perlenkette zu einem Spottpreis.

Ich verkaufte fast alles, was man verkaufen konnte: Bücher, einen von meiner Großmutter geerbten Diamantring sowie unseren Fetisch, der sich allerdings als Fälschung entpuppte.

* In der Zisterzienserabtei Pontigny fanden bis 1939 regelmäßig sogenannte »Sommerakademien« mit Teilnehmern aus dem In- und Ausland statt. Diese »Décades de Pontigny« waren 1905 von dem französischen Schriftsteller Paul Desjardins (1859–1940) ins Leben gerufen worden.

Ich verkaufte und verkaufte: Wenn die Journalisten noch einmal in unserer Wohnung erschienen wären, hätten sie uns nicht länger avantgardistischen Geschmack vorwerfen können, denn wir besaßen nichts mehr.

Aber ich war umgeben von neuen Freunden; die Bretons fühlten sich auch weiterhin ein bißchen verantwortlich für mich: Eines Morgens nahmen sie mich mit ins »Cyrnos«, wo die Surrealisten sich zu treffen pflegten. Habe ich an diesem Tag Crevel wiedergesehen? Sein großes Kindergesicht spiegelte auf seltsame Weise die Angst, die ihn später in den Selbstmord trieb. Er erzählte mir gleich, sein Vater habe sich aufgehängt, und von seiner Mutter zeichnete er ein ziemlich abstoßendes Porträt, das jedoch offenbar der Wirklichkeit entsprach. Louis Aragon war da, schlank und das Gesicht noch etwas ungeformt, aber in der altmodischen Dürftigkeit dieser Räume kam die Eleganz seiner Bewegungen besonders zur Geltung.

Marcel Arland setzte sich unermüdlich für uns ein. Die Golls beherbergten mich für einige Tage. Mauriac hatte mir einen ergreifenden Brief geschrieben, den ich mit seiner Erlaubnis veröffentlichte. Die Liste der Unterschriften wurde immer länger. Jean Painlevé stellte seinen Namen zur Verfügung; da sein Vater eben Ministerpräsident geworden war, erregte das einiges Aufsehen.

Um unserer Petition mehr Gewicht zu verleihen, beschloß ich, die Unterschriften von einem Notar beglaubigen zu lassen; dann telegrafierte ich jeden Tag die Resultate unserer Unterschriftensammlung nach Saigon. Das alles zwang mich, pausenlos von einem Ort zum anderen zu eilen.

Mit jeder Post kamen bezaubernde Briefe meines Gefährten: ein zärtlicher Satz – »Du weißt, wie sehr ich Dich liebe, Du wirst es noch tiefer erfahren« –, dann ein zweiter, in dem er mir zu verstehen gab, daß er halbwegs mit meinen Initiativen einverstanden war, und anschließend zwei Seiten schrulliger Einfälle über das chinesische Theater, über sein Verhältnis zu den Händlern und über seine Begegnung mit Katzen, die seiner Ansicht nach offenbar magische Kräfte besaßen; lauter hochinteressante, faszinierende Dinge, die jedoch keineswegs zu meiner damaligen Stimmung paßten.

»In acht Tagen kehre ich nach Saigon zurück«, sagte Monin. Man gewöhnt sich schnell an einen Menschen, an seine Hilfsbereitschaft und seine Ratschläge. Monin war mehr als alle anderen eine echte Hilfe für mich gewesen, weil er Indochina kannte. Dieser in Lyon geborene Mann wirkte in Frankreich und vor allem in Paris fast wie ein Fremder; von dem puritanischen Milieu, aus dem er stammte, hatte er sich offenbar nur emanzipiert, um sich desto bereitwilliger neuen Zwängen zu fügen. War er mehr als nur ein überzeugter Liberaler gewesen, als Neugier oder Zufall ihn nach Indochina führten? Über seine inneren und äußeren Abenteuer sprach er nicht gern, und ich weiß im Grunde nicht mehr über ihn, als daß er der Mann war, dem sich Chinesen und Annamiten zu Recht anvertrauten.

Da er nach Indochina zurückkehrte, legte ich gleichsam meinen Gefährten in seine Hände: »Sie werden sehen, er ist ein außergewöhnlicher Mensch. Alles erhält einen Sinn, wenn er davon spricht. Ich bin sicher, daß Sie sich mit ihm verstehen werden.«

Plötzlich erwartete man nichts mehr von mir: Es war, als hätte jemand einen Stein geworfen, der nun ohne mein Zutun weiterrollen oder liegenbleiben würde. Für seine Verteidigung in Indochina war gesorgt. Ich verfügte hier in Frankreich über das nötige Geld für seine Rückreise, für seinen Empfang und sogar für die ersten zwei Wochen. Warum sollte ich darüber hinaus Pläne schmieden?

Einem entfernten Vetter, der einige Tage in Paris verbrachte, war es auf irgendeine Weise gelungen, mich ausfindig zu machen. Abgestoßen vom Verhalten meiner Brüder, nahm er sich meiner an, lud mich oft zum Essen ein und war überhaupt sehr liebenswürdig. An seiner Seite erlebte ich in der Rue Soufflot die Überführung der Urne Jaurès' ins Panthéon. Ich sah einen mit Tüchern verhängten Katafalk vorbeiziehen, ganz in Rot und Gold wie der Vorhang der Opéra, ihm folgten als erste die Mitglieder der Familie, die alle wie hohe Würdenträger aussahen, dahinter im Rhythmus ihrer Marschlieder die Bergleute von Carmaux, Soldaten einer unbekannten Armee mit schwarzen Helmen und mattglänzenden schwarzen Kitteln, und am Schluß »die Menge«. Auf den Transparenten, die die Leute trugen, war zwar von Problemen die Rede, die nicht die unseren waren, ich sagte mir jedoch, daß sie uns trotzdem in irgendeiner Weise angingen, wenn auch viel weniger als die armen Menschen, die in den fernen Kolonien auf so seltsame Weise von den Weißen beherrscht wurden.

Endlich kam das Telegramm.

»Ein Jahr auf Bewährung.«

Das bedeutete die Möglichkeit, nach Europa zurückzukehren, die abgebrochenen Kontakte wiederaufzunehmen.

Bis zu seiner Ankunft blieben noch dreiundzwanzig Tage, die mir nach vier Monaten ununterbrochener Bemühungen ziemlich unausgefüllt vorkamen.

Und schon erschienen so viele Mühen und Leiden in einem verklärten Licht. Unsere Zukunft malte ich mir nur in den hellsten Farben aus. Die Wirklichkeit begann erst morgen.

Ein paar Wochen später machte ich mich fröhlich auf den Weg, um meinen Gefährten in Marseille abzuholen.

Das Schiff glitt schwerfällig in den Hafen. Ich reckte mich und hielt Ausschau, aber die »Chenonceaux« war noch zu weit vom Kai entfernt. Die Passagiere auf dem Vordeck bildeten noch eine einzige Masse, eine Masse allerdings, die sich für die Wartenden am Kai aus lauter Einzelwesen zusammensetzte, von denen jedes eine individuelle Existenz, einen ganz bestimmten Körper und eine ganz bestimmte Seele besaß.

Jede Faser meines Körpers war gespannt, meine Arme sehnten sich nach einer Umarmung, meine Lippen nach dem Kuß, meine Haare wollten gestreichelt werden. Ich senkte den Kopf, schloß die Augen. Als ich wieder suchend aufblickte, war alles noch wie vorher. Da bekam ich Angst, dieser Zustand könnte ewig dauern, ich würde ewig hier auf diesem Kai stehen und auf ein Schiff warten, das nie ankäme.

Trossen wurden geworfen, die sich um mich zu legen schienen. Das Schiff drehte bei, näherte sich dann, teilte aber das Wasser nicht mehr mit dem Bug, sondern schob sich in einem langsamen, beinahe quälenden Manöver breitseits heran.

Da entdeckte ich ihn; er hatte mich wohl schon einen Augenblick früher gesehen. Ich lächelte ihm zu. Er, dort oben, lächelte zurück, und das war wie eine Liebkosung; ich glaubte in seinen Armen zu liegen und meinen Kopf an seine Schultern zu lehnen. Einen kurzen Augenblick lang dachte ich mit ernster Freude an alles, was ich geopfert hatte, an meine Familie, an meine Sicherheit, an die Vergangenheit, und ich war beinahe so glücklich wie bei der körperlichen Umarmung. Und ich war einer Ohnmacht so nahe, daß ich die Augen schloß. Ich war erstaunt, ihn noch dort oben zu finden, wo mein Blick wie von selbst hinging, als ich mich wieder in der Gewalt hatte.

Mit einem Koffer in der Hand kam er die Gangway herunter. Er trug keinen Hut. Wie wunderbar, den Kopf nur einen Augenblick lang an die rauhe Jacke eines Mannes zu lehnen, von Männerarmen umschlossen zu werden, und das Leben eine knappe halbe Minute so zu finden, wie man es erwartet hat!

Nie mehr will ich ihn verlassen, dachte ich. Er muß mir erzählen, wie die Tage in Indochina waren, wie er das heiße, feuchte Klima und die Feindschaft der Menschen ertragen hat, ich will es wissen, sofort. In der Zollabfertigung öffnete er den Koffer mit der gleichen Bewegung, mit der er Bücher aufschlug, dann sagte er zu mir:

»Ich habe dir ein ausgefallenes Geschenk mitgebracht, das nicht hier drin ist.«

Er kehrte im Winter zurück, während ich im Sommer hier angekommen war; sein Koffer enthielt nur weiße Sachen: weiße Jacke, weiße Hose, weiße Schuhe. Man konnte meinen, es hätte in seinen Koffer geschneit. Als ich ihm das sagte, lachte er. Ich wußte, er hatte es gern, wenn ich solch alberne Dinge sagte. Auf der Terrasse des »Brûleur de Loups« lachten wir weiter. In Gegenwart anderer lachte er nie; er lachte nur, wenn er mit mir zusammen war. Sein Lachen gehörte mir, ebenso wie seine Vorliebe, an den Boutiquen entlangzubummeln, seine Ungeduld, wenn ich vor den Kleidern länger stehenblieb als vor Anzügen, seine Schwäche für Gegenstände aus Leder – deren Geruch man durch die Schaufenster hindurch ahnte – und seine Gleichgültigkeit gegenüber dem Regen, der uns von den anderen isolierte.

Ich hatte erwartet, in seinem Bericht würde vom Rasseln der Gefängnisschlüssel die Rede sein, dabei drang mir nun auf einmal der Klang von Sektgläsern in die Ohren. Ich war seine Anspielungen nicht mehr gewöhnt, seine Gedankensprünge, seine Tendenz, bei anderen vorauszusetzen, daß sie ebensoviel wußten wie er.

Ich erfuhr, daß Monin ihn gleich nach seiner Rückkehr nach Saigon besucht hatte, daß sie sich dann täglich zu langen Gesprächen getroffen hatten, manchmal allein, manchmal mit politisch gleichgesinnten Chinesen oder Annamiten. Wie dumm war ich, daß er mich erst über ihre Freundschaft aufklären mußte, obwohl ich mir hätte denken können, daß sie sofort zwischen ihnen entstehen würde. Beider Sinn für Reales und Irreales ergänzten sich auf ideale Weise.

»In einem Monat oder sechs Wochen fahren wir beide wieder nach Saigon, das heißt, sobald wir das nötige Geld zusammenhaben«, erklärte er, »die Annamiten brauchen eine unabhängige Zeitung: Monin und ich werden sie herausgeben.«

Gleich am ersten Abend überreichte mir mein Gefährte das Geschenk, das er mir mitgebracht hatte. Ein kleines Päckchen mit indischem Hanf, ein Beutel, den ich, wenn er mich nicht gewarnt hätte, achtlos zwischen meine Wäsche geschoben oder in die Suppe geleert hätte, die dadurch eine nicht einmal häßliche graugrüne Farbe erhalten hätte. Dann erzählte er mir von seinen Erfahrungen mit diesem Kraut.

»Man kaut es, bis nur der holzige Teil übrigbleibt, und den spuckt man aus.«

»Ach so«, sagte ich, »wie bei einer Kokosnuß.« In meiner Kindheit liebte ich Kokosnüsse.

»Dann«, fuhr er fort, »erklingt eine wunderbare Musik, und Worte rufen farbige Bilder hervor. Man kann dieses innere Schauspiel lenken. Ich werde dir dabei helfen, indem ich dir Gedichte vorlese.«

Gut. Bisher waren mir derartige Vergnügungen nie in den Sinn gekommen.

»Das Großartige daran ist, daß man von dem Zeug nicht süchtig wird. Man kann es nehmen und wieder aufhören, ohne irgendwelche schädlichen Folgen.«

»Ach«, sagte ich, »hast du es in Indochina öfter genommen?«

»Drei- oder viermal«, antwortete er.

»Fein, daß du mir davon mitgebracht hast«, erwiderte ich, nicht sonderlich überzeugt.

Ich hatte in der letzten Zeit zu viele Experimente gemacht, um noch auf dieses neugierig zu sein. Es gab andere Dinge, die mich mehr interessierten. Sein Aufenthalt in Saigon war zugegebenermaßen nicht so unerquicklich gewesen wie der in Phnom-Penh, vor allem nach der Ankunft Monins. Die Lokalblätter hatten viel über seinen Prozeß geschrieben, die einen gehässig, die anderen eher freundlich.

Ja, man hatte ihn nicht länger als Übeltäter angesehen, die Richter waren höflich gewesen, und die Artikel, die Petition und die Briefe hatten ihre Wirkung nicht verfehlt. Dann hatte sich herumgesprochen, daß sein Fall gar nicht so einzigartig war, daß er das Opfer der gleichen Leute geworden war, die die Kolonie zu ihrem eigenen Profit ausbeuteten und Angst vor Neuankömmlingen hatten, deren aufsässige Neugier unter Umständen unbequeme Zeitungsartikel zur Folge haben könnte; der gleichen Leute, die auch Annamiten, Kambodschaner und Chinesen unterdrückten. Schließlich war er für alle, die unter Ungerechtigkeit und Willkürherrschaft litten, zu einer Symbolfigur geworden, und das Ganze hatte mit einem Bankett am vorletzten Abend geendet.

Ich war gleichermaßen überrascht und zufrieden.

Am nächsten Tag kaute ich, nachdem wir uns vorher abgesprochen hatten, mein indisches Kraut. Dann gingen wir zum Abendessen.

Schon nach dem ersten Gang wurden meine Arme länger, meine Hände schwebten irgendwo in der Ferne, mein Kopf schickte sich an, gegen die Decke zu stoßen, fand dann jedoch wieder zwischen meine Schultern zurück. Wie konnte man in einer Welt, in der sich alles so seltsam bewegte, das Gleichgewicht halten? Verzückt teilte ich meinem Gefährten mit, ich sei Alice im Wunderland. Dieser sonderbare Vorfall war Grund genug, sich vom Tisch zu erheben und auf unser Zimmer zu gehen.

Das Mobiliar bestand aus zwei Stühlen und einem Bett, auf das er mich nun legte. Dann ging er wieder hinunter, um die Mahlzeit zu beenden. Und plötzlich war das leere Zimmer vom ungeheuren Keuchen der Lokomotiven und den schrillen Pfiffen der Züge vom Gare Montparnasse erfüllt – vor unserem Zimmer lagen die Bahnsteige. Alles Schwere, was ich seit über einem Jahr durchgemacht hatte, lastete auf mir, und unversehens fühlte ich mich an ein riesiges Rad gefesselt. Wäre ich nicht allein gewesen, hätte es vielleicht begonnen, sich in Richtung der verheißenen Freuden zu drehen; so aber entführte es mich in die Hölle der Verzweiflung, die von den schrecklichsten Monstern bevölkert war.

Da kam mir der Gedanke, daß ein physischer Schmerz mich in die Wirklichkeit zurückversetzen würde. Welchen Schmerz konnte man sich in diesem kaum möblierten Zimmer zufügen? »Ich werde das

Fenster, durch das dieser furchtbare Lärm kommt, öffnen und hinausspringen.«

Noch bevor ich von meinem Bett aufstand, sah ich deutlich, ja, wurde ich die Clara, die dort unten auf dem Boden aufschlug und dank des Schocks zur Besinnung kam, die Clara, die tot, zerschmettert auf dem Pflaster lag, die Clara, die man auf dem Friedhof in der Nähe beerdigte.

Ich stand in der Mitte des Zimmers, als ich plötzlich fühlte, daß mein Gefährte eingetreten war und mich erstaunt fragte – er blieb im Haschischrausch immer liegen –, warum ich denn herumspazierte. Jetzt hatte ich das Fenster erreicht, bemühte mich, es zu öffnen, und antwortete ihm, ich versuchte auf dem einzigen mir vernünftig erscheinenden Weg zu mir selbst zurückzufinden.

»Ich muß dir wohl zuviel von dem Zeug gegeben haben«, sagte er.

Die unterschiedliche Körpergröße spielt nämlich bei der Wirkung von Drogen eine wichtige Rolle.

Dann versuchte er, mir die Wirkungsweise des Hanfs zu erklären und sagte, man müsse versuchen, seine Halluzinationen zu lenken. Wahrscheinlich war es dafür aber jetzt schon zu spät, denn bei mir hatten sie sich bereits selbständig gemacht, und außerdem bezweifle ich, ob ich überhaupt in der Lage gewesen wäre, sie zu steuern. Ich hatte in Asien und Europa zuviel Aufregendes erlebt, als daß eine Droge etwas anderes als Verzweiflung und Auflösung hätte hervorrufen können. Mein Gefährte versuchte, meine Phantasien in glücklichere Gefilde zu lenken. Er las mir Gedichte vor. Vergeblich. Ich verwandelte mich in Worte und Bilder, was meine Panik nur verstärkte. In den Augenblicken, in denen ich auftauchte, erklärte ich rasch und verworren meinen Zustand, um sogleich, wenn ich mich von neuem in den Abgrund gezogen fühlte, wieder meinem Wahn zu verfallen, physischer Schmerz könne die Bruchstücke meines Ichs zu einer Einheit zusammenfügen.

In den folgenden Tagen suchten wir gemeinsam in den Zeitungen nach Berichten über uns, in den französischen und in den indochinesischen, in Tages- und Wochenzeitungen. Wir fanden die übelsten Verleumdungen, aber auch sehr positive Darstellungen. Gemeinsam lasen wir die Briefe, die während seiner Abwesenheit eingetroffen waren: den sehr schönen, den Mauriac geschickt hatte, als er von der Verurteilung meines Gefährten erfuhr, und dessen Veröffentlichung er mir erlaubte; den freundschaftlichen von Florent Fels; den eigenartigen von Max Jacob. Hatte er nicht geschrieben: »Deine Frau war sublim«, ein Lob, das er am Ende der Seite mit dem merkwürdigen und amüsanten Satz abschwächte: »Ich habe kein Wörterbuch zur Hand und kann deshalb die genaue Bedeutung der Worte nicht nachprüfen.« Gemeinsam trafen wir uns mit Marcel Arland, der bescheiden den Dank für seine Mühen abwehrte und sich freute, daß alles so gut ausgegangen war.

Wir besuchten gemeinsam André und Simone Breton, wozu ich ihn allerdings erst überreden mußte. »Weshalb hast du diese Leute aufgesucht, die meine Feinde sind?« hatte er sofort gefragt, als wir auf die zu sprechen kamen, die seit einiger Zeit als Surrealisten bekannt waren. »An wen hätte ich mich sonst wenden können?« fragte ich zurück. »Außerdem haben sie sich weder mir noch dir gegenüber wie Feinde benommen.«

Ich wußte, was meinen Gefährten von der Gruppe der Surrealisten trennte; aber Tatsache war, daß sie uns geholfen hatten; zudem war jetzt, nach unseren Erfahrungen in Asien, der Augenblick gekommen, unser Verhältnis zu dem rebellischen Ableger des Dadaismus zu klären. Meinem Gefährten mißfiel es, daß die Gruppe den Charakter einer »Sammelbewegung« hatte, auch wenn ihm diese von Nutzen gewesen war. Mehr noch mißfiel ihm ihre Orthodoxie und ihre Tendenz, Mitglieder wegen der geringsten Abweichung zu exkommunizieren. Und schließlich wollte er um keinen Preis ihrer Gruppe beitreten und hören müssen, sein Handeln sei von ihrer Ethik beeinflußt gewesen. Trotzdem hatten er und sie viele Neigungen gemeinsam, vor allem auf dem Gebiet der Kunst, der Literatur (obwohl ihm mehr an der Erhaltung eines großen Teils des kulturellen Erbes gelegen war) und sogar des täglichen Lebens. Sie beriefen sich auf die gleichen Vorläufer: Sade, Nerval, Jarry; André ahmte sogar oft und gern den Jarry-Jargon nach. Der Grund für ihre Konflikte war vor allem darin zu finden, daß Breton seine Hoffnungen in das von traditionellen Schranken befreite Unterbewußte setzte, und daß er an die magische Kraft der Kunst glaubte; aber in bezug auf die herkömmlichen Tabus waren sie beide vom gleichen revolutionären Geist beseelt, und mein Gefährte hätte sich mit mehr als einem Satz aus dem surrealistischen Manifest solidarisch erklären können, wie zum Beispiel mit dem folgenden: »Die ganze Arbeit liegt noch vor uns, jedes Mittel ist recht, um die Vorstellungen von Familie, Vaterland und Religion zu zerstören.«

Doch zu Beginn dieses Jahres 1925 war mein Gefährte mit Problemen anderer Art beschäftigt, mit jenen nämlich, auf die er durch Monin gestoßen war. Auch die Surrealisten begannen damals, sich für Politik zu interessieren; während unseres kurzen Besuchs hatten wir jedoch den Eindruck, als seien sie vor allem mit ihrem neuen Experiment, dem automatischen Schreiben, beschäftigt. Ich sehe sie noch einander gegenüberstehen, Breton und Malraux, ersterer voll der etwas schwerfälligen Intensität, die er ausstrahlte, der zweite vibrierend vor nervöser Leidenschaft. Anfangs spielte er mit einem langen, unbeschlagenen Stock aus Ebenholz, den er in Singapur gekauft hatte und der seinem Träger vornehme Eleganz verlieh, sich jedoch wegen des fehlenden Beschlags mit der Zeit so weit abnutzte, daß er schließlich kaum mehr länger war als eine Zigarettenspitze. Das Treffen war von kurzer Dauer. Am Ende verabredeten wir, ein paar Tage später wieder in der Rue Fontaine zusammenzukommen, aber als wir zur vereinbarten Zeit dort erschienen, öffnete niemand auf unser Klingeln hin. »Sie sind bestimmt da«, versicherte mein Gefährte, »ich habe sie gehört.« Ich glaubte ihm nicht, aber ein paar Tage später erhielten wir einen Brief, in dem uns mitgeteilt wurde, die Gruppe der Surrealisten habe gerade eine Sitzung über das automatische Schreiben abgehalten und sei der Meinung gewesen, wir würden sie dabei nur stören – womit sie gar nicht so unrecht hatten. Über Jahre hinweg gediehen unsere Beziehungen nicht weiter.

Gemeinsam verbrachten wir auch einige Tage auf dem Anwesen meines Schwiegervaters. Ich glaube, er kam als erster in den Genuß jener Version unseres kambodschanischen Abenteuers, in welcher der politische Aspekt dominierte. Entzückt hörte er zu: Sein Sohn war also aufgrund seiner liberalen Gesinnung das Opfer einer undurchsichtigen Intrige geworden. Ich hatte nie angedeutet, daß man die Ereignisse auch so interpretieren könnte, doch ließen meine Berichte eine solche Deutung durchaus zu. Ich möchte hinzufügen, daß die heftigen Angriffe meines Gefährten gegen die französische Verwaltung in Indochina mit unzähligen Fakten belegt waren. Die Gründe, weshalb er sich zu einem unterdrückten Volk hingezogen fühlte, legte er mit einer Überzeugung dar, die er erst jüngst erworben hatte.

Entzückt und voller Bewunderung hörte ich ihm zu. War es etwa keine Glanzleistung, noch am Tatort einen Mann wie Monin zu überreden, sich mit ihm zu einem Unternehmen zusammenzutun, das in der Öffentlichkeit zwangsläufig großes Aufsehen erregen mußte? Ich betrachtete »meinen Helden« und dachte: »Ich bin nicht die einzige, die seinem Zauber erliegt, nicht die einzige, die von ihm fasziniert ist.«

Wir würden uns also wieder nach Indochina einschiffen. Ja, aber vorher mußten wir das nötige Geld für die Reise nach Saigon zusammenbringen. Monin sammelte inzwischen die recht beträchtliche Summe, die wir für die Zeitung brauchten – wir hatten nichts Geringeres vor, als eine Tageszeitung herauszugeben. Er versicherte, er würde den größten Teil von der chinesischen Kommunalverwaltung in Cholon bekommen und den Rest von den Sektionen der *Jeune Annam*-Bewegung, die sich im Land zu organisieren begann, und vorerst nicht die Autonomie anstrebte, sondern nur eine relative Gleichstellung mit den Franzosen.

Mein Gefährte sprach mit seinem Vater über unsere Pläne wie über eine glänzende Revanche. »Ich kann mich nicht geschlagen geben«, sagte er, und da mein Schwiegervater ebenso stolz war wie er und außerdem die Börsenkurse gerade aufsteigende Tendenz zeigten, sagte er zu uns: »Bei eurer Ankunft in Singapur könnt ihr auf der Bank fünfzigtausend Francs abheben. Seht zu, wie ihr dorthin gelangt. Darüber hinaus könnt ihr auf kein weiteres Geld von mir rechnen; einmal kann man versagen, aber beim zweiten Mal verdient man keine Hilfe mehr.«

Das war deutlich und gefiel mir.

Dann verkauften wir alles, was wir noch verkaufen konnten, die restlichen Bücher und Bilder und was ich noch an Schmuck besaß. Der Erlös reichte gerade für zwei Fahrkarten dritter Klasse nach Singapur, von wo aus wir dank dem väterlichen Geld erster Klasse – sozusagen im Triumphzug – nach Saigon zurückkehren würden, auf dem Umweg über Malaysia und Siam.

Während ich unseren Schrankkoffer packte, klingelte es plötzlich, und wie in einem Boulevardstück stand plötzlich ein Jüngling vor der Tür und gab einen Brief ab, den ich meinem Gefährten bei seiner Rückkehr überreichte, denn er war an ihn adressiert. Der Verleger Grasset bat so schnell wie möglich zu einer wichtigen Besprechung. »Das hat bestimmt etwas mit Literatur zu tun«, sagte ich, worauf er antwortete: »Ich kann ihm nichts anbieten und weiß auch nicht, ob ich je in der Lage sein werde, ihm etwas anzubieten.«

In zwei Tagen mußten wir auf dem Schiff sein. Also ging André zum nächsten Bistro und verabredete sich telefonisch mit Grasset für den folgenden Tag, zwei Uhr.

Als er von dieser Unterredung zurückkam, berichtete er amüsiert, er habe einem Mann gegenübergestanden, der entschlossen gewesen sei, um jeden Preis mit ihm einen Vertrag über mindestens drei Bücher abzuschließen, von denen noch kein einziges geschrieben war, von denen nicht einmal ein Entwurf existierte, und das alles nur, weil Mauriac sich in seinem Brief für ihn eingesetzt habe. Solche Geschäfte waren damals keineswegs üblich, aber die Methode mißfiel dem zukünftigen Autor des Hauses nicht – im Gegenteil. So hatte mein Gefährte, nachdem er nochmals betont hatte, er könne nicht mit Sicherheit sagen, ob er jemals schreiben werde, den Vertrag unterzeichnet.

Das alles fand ich schon merkwürdig genug, aber noch mehr frappierte mich, daß dieser einzigartige Verleger darauf bestanden hatte, als ersten Schritt zur Erfüllung des Vertrages seinem neuen Favoriten drei Scheine zu je tausend Francs auszuhändigen. Dreitausend Francs. Das wollte 1925 etwas heißen, und vor allem für jemanden, der nur noch ein paar hundert Francs besaß. »Lassen Sie uns«, hatte Grasset beim Abschied gesagt, »wenn möglich nicht zu lange auf ein Buch warten. Denken Sie an die phantastische Reklame, die alle diese Schriftsteller für Sie gemacht haben.«

Wir waren reich, und das um so mehr, als wir außer diesem Geld fast nichts besaßen und daher auch nichts brauchten. Mit meinen Kleidern war ich zufrieden, und auch seine Tropenanzüge konnten sich noch sehen lassen. Plötzlich kam es uns vor, als wären wir zu reich, was allerdings nicht stimmte, denn wir hätten uns nicht einmal eine Überfahrt zweiter Klasse leisten können.

Doch an Erfahrungen waren wir reicher als beim ersten Mal: Wir hatten begonnen, erwachsen zu werden. Ich hatte alte Familienbande durchtrennt, war von den Meinen verstoßen und von anderen aufgenommen worden, ich hatte gelernt, wachsam zu sein, und sogar meine Zugehörigkeit zu den »Meinen« und den »anderen« einer kritischen Prüfung unterzogen. Ich war gedemütigt worden und hatte auf einsamem Posten kämpfen müssen, bis mir brüderliche Hilfe von Freunden zuteil wurde, die diesen Kampf wieder leichter machte.

Und mein Gefährte? Er hatte den Prozeß zu verkraften gehabt, über den ich mich nicht weiter äußern will, weil ich nicht dabei war, hatte eine Phase der Verzagtheit durchgemacht nach dem Freitod eines Freundes und schien nun, genau wie ich, fest entschlossen, das Leben herauszufordern, ihm die Stirn zu bieten und jede Chance zu nutzen. Ein unbezähmbarer Lebenshunger war uns beiden gemeinsam. Wir würden unser Schicksal schon meistern!

KÄMPFE UND SPIELE

War unsere erste Reise nach Fernost ein Abenteuer gewesen, bei dem sich alles, aber auch alles gegen uns verschworen hatte, so sollte diese zweite, die ja der Verwirklichung eines großen und ernsthaften Plans diente, unter allen Umständen ein Erfolg werden.

Schon die Strecke bis Singapur schien uns viel länger als beim ersten Mal. Wir plauderten, lasen, gingen bei Zwischenlandungen vom Schiff und machten, da wir ja diesmal dritter Klasse reisten, nur eine einzige Bekanntschaft, die für mich allerdings besonders interessant war. Der junge Mann hatte einen französischen Vater und eine annamitische Mutter, was für ihn offensichtlich eine Konfliktsituation bedeutete, die zu lösen er sich redlich mühte. Nach und nach vertraute er mir Dinge an, die er bisher nur sich selbst eingestanden hatte, und so erfuhr ich beim stampfenden Gedröhn der Schiffsmotoren, beim klatschenden Anprall der Wellen gegen den Bug und trotz des plärrenden Geschreis der mitreisenden Kindern, wie schwer es ist, Mischling zu sein – schwerer noch, als Jude zu sein. Ob wir uns deswegen so leicht verständigten? »Meine Mutter ist eine sehr schöne Frau gewesen, müssen Sie wissen . . . Meine Großmutter hat mich aufgezogen; sie war gut und streng . . . Wenn ich log, sagte sie: Dein Mund ist schlecht, Maurice . . .«

Maurice Sainte-Rose hatte eine sanfte Stimme. Damals glaubte ich noch, sanfte Stimmen seien ein typisches Kennzeichen Asiens, wie ich auch seine unbefangene Überheblichkeit und seine stets erfolglosen Anstrengungen für typisch hielt. »Wissen Sie, ich habe noch nie mit solchen Leuten wie hier auf dem Schiff Kontakt gehabt . . . Meine Familie ist nämlich reich«, sagte er, doch gebot ihm seine gute Erziehung, diese Behauptung gleich wieder zu modifizieren: »Zu den Geldbonzen gehören wir nicht, aber wir sind eben wohlhabend, recht wohlhabend. Meine Mutter darf nicht erfahren, daß ich dritter Klasse gereist bin, deshalb werde ich kurz vor der Ankunft in Saigon in die erste überwechseln.« Beinahe war ich versucht, ihm zu verraten, daß wir für die letzte Etappe unserer Reise das gleiche vorhatten. Man muß ja schließlich »das Gesicht wahren«!

Nun waren wir also zum dritten Mal in Singapur. Wie merkwürdig unterschiedlich sind doch die Empfindungen angesichts einer Stadt, die man noch nicht kennt und auf die man seine Sinne folglich nicht vorbereitet hat, oder einer anderen, deren Geruch einem bereits bis auf das Schiffsdeck hinauf wie ein Hauch von Erinnerung entgegenweht. Man steigt das Fallreep hinab und taucht ein in das halb chinesisch, halb europäisch braune und schwarze Gewoge der Schirme unter dem spätnachmittäglichen Regenguß. Und beim wiegenden Hinundherpendeln der Rikscha, das den Wellentanz des Meeres abgelöst hat, fügen sich auch die grünen, rosa und blauen Häuser wieder in das Bild ein, das ich mit mir getragen hatte.

Der noch unklare Stand unserer Finanzen zwingt uns zur Wahl eines bescheideneren, aber darum nicht weniger behaglichen Hotels als das »Raffles«; es liegt in der Nähe des Stadtzentrums und wirkt in seiner ganzen Art weniger gebieterisch, weniger *british*. Vielleicht ist das der Grund, warum wir diesmal stärker als die beiden letzten Male die hastige Eile der Chinesen neben dem ruhigen Dahingleiten der Malaien und den langausholenden Schritten der Hindus wahrnehmen. Auf einem Platz bestaunt die Menge einen Fakir, der ein imaginäres Seil hochwirft, das sich senkrecht wie eine Palme emporreckt. Ich weiß, daß es dieses Seil nicht gibt, man hat es mir oft genug gesagt, und dennoch beobachte auch ich, wie ein Mann sich mit Händen und Füßen an diesem nichtvorhandenen Stamm in die Höhe zieht . . .

Nachdem wir die von meinem Schwiegervater versprochenen fünfzigtausend Francs abgehoben hatten, setzten wir über die schmale Wasserstraße, die Singapur vom Festland trennt, auf die malaiische Halbinsel über und fuhren bis hinauf nach Bangkok.

Es war eine endlose Reise in einem überfüllten Zug. Wir saßen eingeklemmt unter lauter Chinesen, die aßen, tranken, rülpsten, spuckten, sich durch die Finger schneuzten und mit untergeschlagenen Beinen auf den Bänken hockten. Sie knabberten und knackten getrocknete Früchte, kauten Kekse, verschlangen stinkende Zibeth-, duftende Mangofrüchte und Mangostanäpfel, die mich an Kambodscha erinnerten. Fliegende Händler zwängten sich zwischen den Bankreihen hindurch; winzige Ma-Jongg-Steine prallten und kullerten auf Spieltischchen, der Zug rollte und rollte, und die Chinesen lachten und schwatzten. Der Waggon wurde nur durch die Bankreihen unterteilt: Je drei Männer saßen einander gegenüber. Abends wurden die Bänke hochgeklappt, so daß man sich wenigstens auf dem blanken Holz ausstrecken konnte.

Im hintersten Winkel des Waggons drängte sich, Flamboyantblüten gleich, ein Grüppchen Tamilen zusammen, auf deren dunkelhäutigen Gesichtern die Schweißtropfen sich deutlicher abzeichneten als auf denen der Chinesen. Einige trugen Hemden, die die Beine frei ließen, andere wiederum einen Lendenschurz, wobei der Oberkörper unbedeckt blieb. Die Chinesen begnügten sich mit Pluderhosen Modell 1900. Die Tamilen sprachen genausoviel wie die Chinesen, nur wesentlich schneller, was André zu der Bemerkung veranlaßte, man könne sich einbilden, Tamilisch zu sprechen, wenn man einen Stock an Gitterstäben entlangrattern ließe.

Ich war die einzige Frau, und er war der einzige weiße Mann. Wir waren von der Hitze so ermattet, daß wir weder die Stöße des Zuges noch den mangelnden Komfort wahrnahmen. Man bot uns Tee, Früchte und auf Stäbchen aufgespießtes süß-saures Gemüse an. Kerne wurden mit einem energischen Zungenschnalzer einfach in die Gegend gespuckt. Die *kebas*, aus denen man getrunken hatte, wurden in einem Eimer geschwenkt, dessen schmutziggrauer Schaum im Rhythmus des Räderrollens hin und her schwappte. Durch die Fenster drang nicht nur glühendheiße Luft herein, sondern auch Staub, Rauch, Schnaken und tausend andere stechende, schleimige, surrende und schwirrende Insekten. Aber unglücklich fühlte ich mich trotz alledem nicht; ich glaube sogar, ich war glücklich, denn mit diesem Abschnitt meines Lebens war ich voll und ganz einverstanden.

Zwischen Bergen hindurch fuhren wir über makellos grüne Matten dahin, deren hochstieliges Moos sich herrlich weich anfühlen mußte. Dann auf einmal wurde zwischen verwundeten Baumstämmen roter Löß sichtbar. Da, die gelackten Blätter der Heveas, der Kautschukbäume! Das war Kuala-Lumpur ... Doch schon ging es weiter durch eine neue grüne Schneise.

Am Spätnachmittag des ersten Tages nahm ich ein Buch zur Hand, und schon versank alles rings um mich, das bisher erregend und peinigend zugleich gewesen war. Ich hatte mich in Gedanken nach Frankreich versetzt, wo die Vegetation so viel unaufdringlicher und echter ist als auf dieser malaiischen Halbinsel, die mir ihre Gerüche, ihre klebrigen Berührungen und ihren ohrenbetäubenden Singsang als Realität geradezu aufzwingen wollte. Nun litt ich wieder mit den kleinen Leuten Europas, machte mir ihre Mühsal zu eigen, ihre Qualen, die nicht die meinen, ihre Lügen, die nicht die unsrigen, ihre Sorgen, die für uns unvorstellbar waren. Sie klammerten sich an mich. Zu meiner Rechten also erstreckte sich das wiedergefundene Asien, das dem, das ich schon einmal kennengelernt hatte, zwar ähnelte, aber doch ganz anders war; und zu meiner Linken lag, ebenso fremd und dennoch vertraut, ein fast legendäres Frankreich. Beide drängten sich abwechselnd in den Vordergrund, so daß sie einander manchmal sogar überlappten. Wie schon in Phnom-Penh, als ich im Hungerstreik delirierte, wurde ich nun auch hier zum Schnittpunkt all dessen, was möglich, was vorübergehend war. Einziger Fixpunkt in diesem verschwommenen Kaleidoskop war der Mann, den ich mir für immer an meine Seite gewünscht hatte.

Endlich war das in meiner Erinnerung golden und silbern glänzende Bangkok erreicht. In ungeordneter Folge sehe ich Eindrücke von damals wieder vor mir: Da war der schwimmende Markt auf dem Menam gewesen, die vielen kleinen Sampans, die einmastigen Transportsegelboote, mit ihren Warenaufbauten, die mich an Hausaltärchen erinnerten, und dann die Kontrolleure, die – aufrecht in ihren Kähnen stehend – mit spitzen Stangen in die an ihnen vorbeidefilierenden Säcke hineinstachen, um deren Inhalt zu überprüfen; da war auch das Marmorschiff im Hof der Pagode gewesen, die in Stoffetzen gekleideten Tanzäffchen und all die blutjungen Bonzen, die immer nur lächelten in dieser Welt ohne Arg und Fehl. Bangkok – das waren aber auch an Ladenwänden aufgehängte braunlederne Tintenfische, weiße, halbierte Kokosnüsse, ineinandergesteckten Masken gleich, spindeldürre, leuchtendgelbe Hähnchen, rosafarbene Letchis in ihrer nur scheinbar stacheligen Schale und all das »frische« Gemüse, das bei der Hitze schon wie geschmort aussah. Die einzigen Bettler in dieser Stadt waren Bonzen und Kinder: Die einen baten lächelnd um eine Schale Reis, die anderen bettelten lachend um ein Spielzeug . . .

Unsere erste Begegnung mit Bangkok fand im Morgengrauen statt. Die Rikschas beförderten uns und das Gepäck durch eine Stadt, die so viel fröhlicher wirkte als alle, die wir bisher besucht hatten. Diese kleinwüchsigen, braunhäutigen, lebhaften Männer, diese Frauen mit kurz-, ja manchmal bürstenförmig geschnittenem Haar, diese kleinen nackten Jungen, diese Mädelchen mit ihrem dünnen Band um die Taille, an dem vorn ein Herzchen aus Leichtmetall baumelte, diese Mönche in ihren drapierten, leuchtenden Gewändern – von ihnen allen ging eine Freude aus, die in jeder Geste Zeugnis ablegte von einem Reichtum und einer Anmut, wie sie aus ungebrochener Tradition entstehen. In diesem Winkel Asiens vermochte jeder vom Ertrag seines Feldes zu leben, das nicht größer zu sein brauchte als ein Garten. An jenem Tag erfuhren wir auch, daß dieses Volk nie kolonisiert worden war; es hatte zwar Knechtschaft erfahren, doch nie die der Kolonisation oder der von außen aufgezwungenen Werte. Dieses Stückchen Asien war mit sich selbst im reinen, das spürten wir schon an jenem Morgen auf der von feuchter Hitze dampfenden Straße.

Auch diesmal konnten wir uns mit dem Rikschafahrer, dessen Sprache wir ebensowenig beherrschten wie er die unsrige, nicht verständigen, aber er schien den Stand unserer Finanzen erraten zu haben, denn ohne zu zögern fuhr er an den First-Class-Hotels vorbei, durch Sträßchen, die von Suppen- und Papierdrachenverkäufern, Stoffhändlern und Ausschreiern von Trichtergrammophonen nur so wimmelten, bis er in eine Art Hof einbog, an dessen Ende ein heller Bungalow stand mit der Aufschrift »Hotel de l'Europe«.

In diesem märchenhaften Bangkok hätten wir alles kaufen mögen, doch beschränkten wir uns auf einen grünlichen Bronzekopf. Wir machten auch keine anderen Bekanntschaften als jene, die der Alltag und unsere Entdeckerlust uns bescherten, denn wir kannten ja niemanden. Wachten wir ab und zu früh genug auf, so fuhren wir mit einem wie eine Gondel gesteuerten Boot zwischen den mit Strohmatten überdachten, schwimmenden Läden auf dem Menam spazieren. Wir entdeckten auch, daß eine mit Porzellanscherben gedeckte

Pagode genauso schön sein kann wie eine Barockkirche, und André erzählte mir, wie überrascht die Franzosen des Second Empire gewesen waren, als ihre siamesischen Gastgeber sie in Gewändern, wie sie die Franzosen bei ihrem letzten Besuch, unter Ludwig XV., getragen hatten, willkommen hießen.

Doch nun sollte es endlich, hier von Siam aus, per Schiff nach Saigon gehen – und zwar erster Klasse! Denn wie ich schon sagte, man mußte ja das Gesicht wahren – besonders in der »Kolonie«.

Die Windungen des Saigon-Flusses sind noch genauso eng wie früher, die Mangrovenbäume baden wie eh und je ihre Wurzeln im Wasser, graue Wolken ballen sich über dem flachen Land, und schwarze Schweine wühlen mit ihren Rüsseln in der schweren Erde. Zeitweise gibt das glitzernde Blattgewölbe einen Blick auf die Saigoner Kathedrale frei, doch nach der nächsten Biegung ist sie bereits wieder verschwunden. Ich weiß, daß wir nach dem strahlenden Bangkok hier in Saigon nichts anderes zu erwarten haben, als was Menschen an uns herantragen, und doch bin ich trotz der Beklemmung beim Gedanken an früher Erlebtes und der Sorge um meine Mutter daheim voll und ganz aufnahmebereit für die nun zu gewärtigenden Freuden, Leiden und Überraschungen.

Monin hieß uns bereits an der Schiffsanlegestelle willkommen. Er war kleiner, als er aufgrund seiner schlanken Statur wirkte, und seine Haut unter dem Tropenhelm war gebräunt, was erstaunte in einem Land, wo der Weiße die Sonne eher fürchtete. Er stammte aus Lyon, aus großbürgerlichem Hause, und hatte sich aus Überzeugung, obwohl er noch zu jung war, als Freiwilliger 1914 zum Kriegsdienst gemeldet. Nach mehreren Auszeichnungen erlitt er eine Kopfverletzung, kehrte nach Hause zurück und mußte erkennen, daß seine Familie infolge der Ereignisse kurz vor dem Ruin stand. Nach seiner Entlassung beschloß er, mit Frau und Kind nach Indochina zu gehen, ein Land, von dem er so wenig wußte, daß er es für ein glückliches hielt. Wer hatte denn auch damals schon etwas vom Widerstand der Annamiten gehört? Und so mußte er sehr bald erkennen, daß Unordnung und Ungerechtigkeit im Schatten der französischen Fahne, die er so liebte, prächtig gediehen. Bereits 1920 war er einer der geschätztesten Anwälte Saigons, doch vertrat er überwiegend die Sache der Unterdrückten, nachdem er in kürzester Frist mit einzelnen und Gruppen in so engen Kontakt gekommen war, daß er sich über den wahren Stand der Dinge ein Urteil zu bilden vermochte. Man zeigte ihm Dokumente, aus denen hervorging, daß seit Generationen in ununterbrochener Folge Väter und Söhne geschuftet hatten, um ihren Feldern abzuringen, was sie zum Leben brauchten. Diese Mühsal nahm Gestalt an, wenn er sich die Männer betrachtete, die bei ihm Hilfe suchten, weil man sie um diese karge Einkommensquelle bringen wollte. Das waren die Schwachen, die Unterdrückten, die es zu verteidigen galt. Und damit hatte er sein Betätigungsfeld gefunden.

Mögen ihm der Annamite oder der Chinese zeitweise auch nur zur Intensivierung seiner persönlichen Bewußtwerdung gedient haben, so sah er in ihnen doch sehr bald schon Menschen mit eigenem Wert und Wollen, Geschöpfe, deren Erfahrungen keineswegs dazu da waren, seinen eigenen mehr Schärfe zu verleihen. Er war jung aus dem Krieg zurückgekehrt, hatte dem Tod ins Antlitz geschaut und lehnte sich nun innerlich auf gegen das von seinen Landsleuten gesponnene Lügengewebe, das die Versklavung der gelben Rasse rechtfertigen sollte. Wußte er, daß die Grundprinzipien dieser Menschen nicht die gleichen waren wie die seinen, was unseren vorübergehenden Herrschaftsanspruch ermöglicht hatte? Ich glaube es nicht. Doch mein Gefährte erkannte schon damals, Mitte der zwanziger Jahre, daß die Völker Asiens nur durch die Zerstörung ihrer eigenen Weltsicht sich selbst würden finden können. Dieser Gedanke erscheint bereits 1926 in *La Tentation de l'Occident (Die Verlockung des Westens)* und wird wieder aufgenommen in *La Condition humaine** (1933).

Wir schlugen also unser Quartier im »Hotel Continental«, dem besten von Saigon, auf. Vom Balkon aus lauschte ich den Geräuschen einer Großstadtstraße, die zu gewissen Zeiten geradezu französisch anmutete. Und doch nahm ich in meinem Innersten und vielleicht sogar unbewußt typisch asiatische Geräusche wahr: das Aufklatschen nackter Füße auf dem Pflaster, die singende Sprechweise der Anna-

* Von dem Werk gibt es zwei deutsche Übersetzungen: *So lebt der Mensch* und *Conditio humana*. Da sich der französische Originaltitel trotzdem im deutschen Sprachgebrauch an erster Stelle behauptet hat, wird er auch im vorliegenden Buch durchgängig benutzt.

miten, die einzeln erklingenden Töne der mit drei Saiten bespannten Geigen. Daher wurde mir, selbst wenn die große Hitze nachließ, rein physisch deutlich gemacht, daß zwischen mir und Frankreich eine einmonatige Reise lag, und sobald ich mir dessen bewußt wurde, war ich auch wieder bereit, mich dem noch diffusen Neuen zu öffnen. Die Dinge zogen sich hin, das war ja auch normal, denn hier herrschte ein anderer Rhythmus als in Europa. Aber der Plan mit der Zeitung bestand nach wie vor; er war aus unserer jetzigen Sicht geradezu eine Notwendigkeit.

Von Paris aus hatte André Monin schon von den Ergebnissen seiner Unterredungen mit unseren französischen Verlegern in Kenntnis gesetzt. Es war vereinbart worden, daß wir, nach Zahlung einer gewissen Summe, Artikel, die in ihren Zeitschriften erschienen, auch in unserer bis dahin noch hypothetischen indochinesischen Tageszeitung veröffentlichen dürften. Saigon besaß natürlich Tageszeitungen, aber sie waren alle von der Regierung gesteuert. Im Laufe der letzten Monate waren als »frei« zu bezeichnende Publikationen gänzlich verschwunden. Das war die offizielle Rache für ihren im Vorjahr errungenen Sieg über die »Monopolhaie«, die versucht hatten, sich die gesamten Flußschiffahrtsgesellschaften einzuverleiben. Auf ähnliche Weise war auch der sorgfältig ausgeklügelte Plan von Grunderwerb entlang des künftigen Hafens geplatzt: Ein schon bestehendes Monopol hatte auf Kosten der Stadtverwaltung bereits mit der Parzellierung begonnen, in der Absicht, die Baugründe mit interessantem Gewinn weiterzuverkaufen. Erst im Laufe von Wochen und Monaten begriff ich, daß dieser Aneignungsversuch der »Haie«, wenn er gelungen wäre, den Ruin der einheimischen Binnenschiffahrt bedeutet und alte Leute und Kinder ihrer Verdienstmöglichkeiten beraubt hätte. Dies war auch der Anlaß für die erste gemeinsame Revolte von Annamiten und Chinesen sowie das auslösende Moment für ein neues Nationalbewußtsein gewesen. Eine neue Ära war angebrochen mit diesem von Paul Monin geschürten Kampf. Die Zeitungen, die diese Revolte unterstützt hatten, waren zwar verboten worden, und Monin stand fast vor dem Bankrott, doch das war natürlich nur ein schwacher Trost, wenn man bedachte, welche Vorteile den Freunden des Gouverneurs, gewissen Gruppen und einigen »Halunken« aus einem Erfolg dieser Spekulation erwachsen wären!

Es gab also in Saigon so gut wie keine oppositionellen Zeitungen mehr: Seit Nguyen An Minh nach Frankreich gegangen war, mußte *La Cloche fêlée* vorübergehend schweigen; Monins *Vérité* war verschwunden, *La Tribune indigène* von Nguyen Phuy Kai war verboten, und nurmehr *L'Echo annamite* und *La Voix libre* von Ganowsky konnten sich noch halten, obwohl auch Ganowsky keineswegs immer ein Blatt vor den Mund nahm.

Wenn Ganowsky einer Rikscha entschlüpfte, die ihm oft genug für mehrere Stunden oder gar eine ganze Nacht als Zuflucht gedient hatte, dann sah man meistens nur seine Schuhe und seine Aktentasche. Er war zu arm, um sich eine feste Bleibe leisten zu können, und daher verbrachte er seine Nächte entweder bei Freunden in deren Strohhütten oder – obwohl er selbst damit nichts im Sinn hatte – in Opiumhöhlen. Aber seine Aktentasche, die ein beunruhigendes Wissen barg, legte er nie aus der Hand. Er hätte reich sein können, wenn er gewollt hätte, aber dieser unscheinbare kleine Mann von etwa vierzig Jahren war ein Gerechtigkeitsfanatiker. Schwarz auf weiß reihte er – fast naiv – die unglaublichsten Geschichten von Bestechungsversuchen oder von »in natura« geleisteten Vorschußzahlungen durch aufopferungsvolle und um das Vorankommen des Gatten besorgte Ehefrauen aneinander.

L'Echo annamite unterstand zwar auch der Regierung, doch gehörte die Zeitung einem annamitischen Arzt, und eine der Aufgaben des Dr. Trinh bestand darin, die einheimischen Prostituierten zu kontrollieren, was bei einem Zeitungsverleger ja durchaus als Besonderheit angesehen werden kann. Es ging das Gerücht, er sei eines Tages in einem dieser »öffentlichen Häuser« mit einem solchen Gezeter und Prügelhagel empfangen worden, daß er lange Zeit in der Ausübung seines Berufs beeinträchtigt gewesen sei.

Wie schön das klingt: Vinh, Trinh, Pho, Hin, Minh ... Phan Chou Trinh stammte wie Ho Chi Minh, dessen Lehrmeister er gewesen war, aus der Provinz Nghe An, aus der fast alle berühmten Revoluzzer kamen. Schon vor dem Krieg hatte Trinh in einem an den Generalgouverneur Beau gerichteten Brief in zugleich würdevollem und herausforderndem Ton mehr Gerechtigkeit gefordert. Anschließend hatte er eine Reise durch das Innere des Landes angetreten, um die Masse der Bauern für die Entwicklung der Landwirtschaft im Hinblick auf ihre Befreiung zu interessieren. Den Gipfel der »Unverschämtheit« aber leistete sich dieser »Schöngeist«, als er in seiner Heimatprovinz eine Schule modernen Typs eröffnete. Verdiente er dafür etwa weniger als die Todesstrafe? Doch die Liga der Menschenrechte übte Druck aus auf die Richter, bewog sie zu einer Revision ihres Urteils, so daß Trinh »nur« auf die Insel Poulo-Condore deportiert wurde. Nach einer gewissen Zeit war er begnadigt worden, mußte aber ins Exil gehen. Um seinen Lebensunterhalt zu bestreiten, ließ er sich in Paris als Fotograf nieder und stellte als Retuscheur einen äußerst geschickten, auch in Porzellanmalerei erfahrenen Mann namens Nguyen Ai Quoc ein, der sich später Ho Chi Minh nannte.

Nguyen Phan Long, gut dreißig Jahre alt, neben Bui Quang Chieu Mitbegründer der ersten von den Franzosen anerkannten autochthonen Partei, die sich Verfassungspartei nannte; Autodidakt, anfangs Zollamtsgehilfe, dann Lehrer und schließlich Direktor der besten annamitischen Zeitung *La Tribune indigène*. Er sprach ein sehr reines, wenn auch etwas konventionelles Französisch. Obwohl er nur ein mittelmäßiger Redner war, erfreute er sich sowohl bei seinen als auch bei unseren Landsleuten großer Wertschätzung, und das zu Recht. Seine Forderungen bezogen sich vor allem auf die Ausbildung der Einheimischen – darin kannte er sich aus. Dieser körperlich und geistig rege Mann konnte in Bereichen, die ihm vertraut waren, geradezu unerbittlich sein. Eine Zeitlang setzte er seine Hoffnung auf Frankreich, das Land der Revolution, und als er immer wieder enttäuscht wurde, begriff er, daß nicht Frankreich ihm Widerstand entgegensetzte, sondern nur gewisse Franzosen, die höchst unlautere Absichten verfolgten.

Vinh war jünger, vermutlich in unserem Alter. Ich kenne seine Vergangenheit nicht, weiß nur, daß er von seiner verwitweten Mutter, einer Lehrerin, mit der gebührenden unerbittlichen Strenge erzogen und zur Heirat mit einem von ihr adoptierten Mädchen gezwungen worden war. Vinhs ganzes Leben bestand abwechselnd aus Revolte und Unterwerfung: Er hatte sich zwar entschieden, mit uns zu arbeiten, doch gleichzeitig fürchtete er den ihm gerechtfertigt erscheinenden mütterlichen Zorn; er lechzte nach Freiheit, verließ das mütterliche und eheliche Heim und verbrachte Tage und Nächte mit einer sanften, scheuen, hübschen jungen Frau, die ich einmal flüchtig sah, und erschien dennoch eines Tages in unserer Druckerei, bereit, alles wieder aufzugeben, weil seine Mutter sich ihm – im wahrsten Sinne des Wortes – in den Weg gelegt hatte.

Hin stammte aus den Bergen im Herzen Annams. Er war von kleinem, gedrungenem Wuchs, dunkelhaarig, hart und heftig und bar jener für Feudalherren häufig charakteristischen körperlichen Eleganz. Sein Onkel, der ihn aufgezogen hatte, war eine der Säulen des Throns von Hué, das heißt einer der vier mächtigsten Minister des Kaisers. Und natürlich hatte er den Neffen verstoßen, als dieser zu unverblümt echte Menschenwürde für sich und alle anderen forderte. Daraufhin hatte Hin den Hof verlassen. Als wir ihn kennenlernten, war er nichts weiter als ein mittelloser Student, der den Seinen helfen wollte, doch nicht wußte wie. (Der Tchen aus *La Condition humaine* trägt manche seiner Züge.)

Und dann war da noch, größer und hellhäutiger als die anderen, Dejean de la Batie, ein Mestize mit großen Augen und leicht singendem Tonfall. Er war der Sohn eines französischen Botschafters, der ihn nicht nur als Sohn anerkannt, sondern auch über seine Ausbildung gewacht hatte. Dejean hätte sich als Europäer ausgeben können, doch berief er sich mit Stolz auf seinen Anteil asiatischen Bluts. Vielleicht akzeptierte er sein Asiatentum aber auch nur deswegen, weil Europa ihn nicht verstoßen hatte. Jedenfalls glich er in nichts jener gedemütigten Kreatur, die Sainte-Rose gewesen war. Für ihn gab es kein Problem: »Ich werde doch nicht das Volk verleugnen, dem ich meine Mutter verdanke«, schrieb er. Bis zu dem Tag, als er sich uns anschloß, war er Kodirektor des *Echo annamite* gewesen.

Von diesen neuen Freunden erfuhr ich mit Erstaunen, daß wir Franzosen das allgemeine Unterrichtswesen keineswegs erweitert und gefördert, sondern es vielmehr aus seinen alten Bahnen geworfen und fehlgeleitet hatten, ohne einen neuen Weg aufzuzeigen. Sechs höhere Schulen gab es damals in der Kolonie und den Protektoraten, doch drei von ihnen waren französischen Kindern vorbehalten. Von fünfundzwanzig Millionen Eingeborenen gelangten nur tausend in höhere Ausbildungsstufen. Die Gründung des »Lycée« in Saigon war nur gegen erheblichen Widerstand der Kolonialherren durchgesetzt worden, und die Scheinuniversität Hanoi, die zwischen 1908 und 1917 übrigens geschlossen war, erteilte Diplome, die in Frankreich nicht anerkannt wurden. Sie bildete auch keine Ärzte aus, sondern nur »Sanitätsoffiziere«.

»Wer in Frankreich sein Studium fortsetzen will«, erklärte Dejean de la Batie, »muß dort noch mal Abitur machen, und wenn er das geschafft hat, ist er zu alt für die Aufnahme in eine der Elitehochschulen.«

»Wie sollen denn Schulen gegründet werden, wenn mehr als anderthalb Millionen Piaster für die Polizei draufgehen?«

»Die Bauern sind hoch verschuldet, denn die Bank von Indochina, die den Franzosen Kredite zu vernünftigen Zinssätzen gibt, verweigert den *nhaques** jeglichen Vorschuß. Daher müssen sie bei Wucherern Geld leihen, die monatlich bis zu 10 Prozent Zinsen verlangen.«

»Und wenn die Ernte schlecht ist – diese Ernte, von der nach Abzug der Zinsen und Steuern ohnehin nur 25 Prozent übrigbleiben –, steckt man die Bauern in den Schuldturm, den es hier noch immer gibt. Wegen Schulden wird man eingelocht, jawohl! Das ärgste aber sind die Monopole, die alles aus dem Gleichgewicht bringen, und deren Einkünfte nicht einmal Frankreich zugute kommen.«

Die Monopole: Sie haben das Recht, ein Produkt oder eine Dienstleistung zum alleinigen Vorteil einer Gruppe auszubeuten. Aber ich wußte noch nicht, daß diese Gruppe die Bevölkerung zwingen konnte, eine von ihr festgesetzte Menge dieses Produkts zu verbrauchen, und das auch noch unter staatlicher Kontrolle. So mußten die annamitischen Dörfer pro Monat soundsoviel Liter Alkohol, der von der »Régie française« hergestellt wurde, trinken oder zumindest kaufen. Daß dieses Getränk den Asiaten nicht schmeckte und nicht einmal für den Ahnenkult brauchbar war (denn der dabei ausgeschenkte Reisbranntwein mußte vom Grund und Boden der Familie stammen), das kümmerte die Weißen nicht. Ihnen ging es nur um den Absatz. Und wenn dieser den Vorausberechnungen nicht entsprach, folgten Sanktionen in Form von Geldstrafen oder

* Reisbauern; meist französisierte Annamiten.

Hausdurchsuchungen. Opium wurde nicht besteuert, aber unter Kaiser Gia-Long war sein Genuß verboten.

»Das staatliche Salzmonopol trifft unsere Leute am härtesten, denn unser Grundnahrungsmittel ist Reis, und der schmeckt ohne Salz nach gar nichts, ebenso wie getrockneter Fisch, der nur durch Einsalzen haltbar gemacht werden kann.«

»Ein Abgeordneter kommt auf viertausend Wähler, von denen dreitausend Beamte und einige wenige Pflanzer sind. Die restliche ›Wählerschaft‹ besteht aus Hindus, meist eigens für diesen Zweck aus unseren Handelskontoren abbeordert und folglich von den Kandidaten der Regierungspartei nur mit dem einzigen Ziel entlehnt, das Stimmrecht auszuüben, das man den Annamiten verweigert. Wir werden nicht einmal in unserem eigenen Land als Staatsbürger angesehen!«

»Zur Weiterleitung eines Naturalisierungsantrags benötigt man von vornherein schon dreitausend Piaster. Aber die Naturalisierungen sind ohnehin ins Stocken geraten: Im vorigen Jahr wurden gnädigst einunddreißig Anträge positiv beschieden.«

»Während des Krieges wurden vierzigtausend annamitische Soldaten zwangsrekrutiert, aber über die Anwerber, die für jeden Rekruten eine beachtliche Prämie kassierten, wurde keinerlei Kontrolle ausgeübt. So stürzten sich verzweifelte Männer, die lieber auf ihrem eigenen Boden sterben wollten, vom Schiff aus, das sie in unbekannte Fernen bringen sollte, ins Meer. Das Ärgste jedoch war, daß keines der Versprechen, die man dieser unterdrückten Volksgemeinschaft, die nun mit ihren Unterdrückern solidarisch sein sollte, gemacht hatte, nach dem Sieg eingelöst wurde.«

Drei Monate vergingen, man tastete sich an Menschen und Probleme heran und entdeckte immer wieder Neues. Andere hätten längst aufgegeben, aber wir waren überzeugt, daß eines Tages genug Geld verfügbar sein würde, gesammelt in den entferntesten, ja sogar überseeischen Provinzen, in diesem unruhigen Kanton, von dessen Anstrengungen, Hoffnungen, Erfolgen und Niederlagen die in Cholon* lebenden Kantonesen uns fast täglich berichteten.

* In Saigons Zwillingsstadt Cholon lebten überwiegend aus Kanton stammende Chinesen.

Bei Monin tauchten sie stets zu zweit auf, wie zum Beispiel Dong Thuan, klein und mit beinahe ziegelroter Gesichtsfarbe, und Dong Dai, dessen Haut kieseligem Kalkstein glich, alle beide Händler und, wie ich erst später erfuhr, mächtig und reich, was man ihrer nachlässigen Kleidung – hautenger weißer Anzug ohne Hemd, ohne Weste, ohne Krawatte – nicht ansah. Doch sehr bald schon entdeckte ich, was sie und ihre Freunde mit den Juden gemeinsam hatten: Sie lebten im Exil und standen doch denen, die nun ihre Umwelt bildeten, sehr nahe; und sie waren ganz auf Erfolg eingestellt, denn schon der geringste Fehlschlag hätte für sie die absolute Niederlage bedeutet. Dennoch waren sie mit den Ihren solidarischer als wir mit den Unsrigen, vielleicht weil sie ein gemeinsames Land hatten, für das sie eine gemeinsame Hoffnung hegten; vielleicht auch, weil ihr Exil erst jüngeren Datums war, was zumindest für die aus Cholon galt, die erst die Väter oder höchstens die Großväter jener dort in weiter Ferne waren. Außerdem hatten sie hier eine Stadt für sich, was den Juden in Westeuropa nie vergönnt gewesen war.

Ich fahre gern nach Cholon; in einer halben Autostunde ist man dort. Trotz der Reisfelder ringsum hat der Ort städtischen Charakter und – einen Markt: Gemüse aller Art, Töpferwaren, Ausrufer, Volksansammlungen vor einem Wahrsagerstand, und dann wieder Reisfelder, Büffel mit Kindern als Reiter, einsam stehende Pagoden mit vorspringenden roten Ziegeldächern, weißgekalkte Häuser, Gestank nach menschlichen Exkrementen, und dann urplötzlich geschäftiges, ungeordnetes und dennoch eindeutiges China: Gesten, Geschrei, Glück und Elend allerorts, es riecht nach getrocknetem Fisch, nach Pistazien, die mitten auf der Asphaltstraße in einem Behälter oder zwischen den Luftwurzeln eines Banyanbaumes rösten, nach Sojasauce oder nach Jasmin, den die kurzbehosten kleinen Prostituierten hinter den Ohren tragen, doch nirgends riecht es nach Schweiß, nicht einmal in der Nähe jener etwa vierzigjährigen Dickwänste, die in unbekümmerter Nacktheit ihren braungebrannten, glänzenden Bauch zur Schau stellen. In dieser Stadt stinkt alles, nur nicht die Menschen.

Wir fahren meist gegen Abend, wenn es kühler ist, nach Cholon. Selten betreten wir ein Gebäude, obwohl es ein Haus gibt, wo wir dank Monin freundlich aufgenommen werden und zahnlose alte Frauen uns immer wieder Schalen voll ungezuckerten Tees einschenken, während wir, am Tisch sitzend, mit den Männern diskutieren. Eine bewegliche Zwischenwand unterteilt den Raum; von drüben klingen Frauenstimmen herüber, die manchmal sogar – wohl auf Befehl – verstummen, und ab und zu schlüpft ein Kind vertrauensvoll zu uns herüber.

Ein paar Tagereisen entfernt von diesem Indochina, das Europäer ihrem Universum einzuverleiben suchen, kämpfen andere gelbhäutige Männer darum, wieder Herr über ihr Territorium zu werden. Ich durchschaue das Ganze nicht, dieses Kommen und Gehen von Generälen, diese einmal eingenommenen und dann wieder aufgegebenen Städte, diese gemeinsamen Anstrengungen verschiedener Gruppen, diese Beziehungen zu abendländischem Gedankengut – denn von diesem Abendland wollen sie sich ja befreien – auf dem Umweg über revidiertes und korrigiertes Gedankengut des halb europäischen, halb asiatischen Rußlands, eine wohl notwendige Etappe auf dem Weg zur Rückeroberung ihrer selbst. Aber auf diese Weise höre ich zum ersten Mal Namen wie Yuan Che-kai, Sun Yatsen, Tschiang Kai-schek und erfahre von der Existenz des Kominform*.

So tasteten wir uns, durch Beziehungen von Mensch zu Mensch, an Probleme heran, die den meisten Europäern unbekannt sein dürften. Wir stießen uns an diesen Problemen, wir sahen und spürten sie, bis sie beinahe greifbar wurden. In Kambodscha, wo wir isoliert gelebt hatten, vermochten wir sie kaum zu ahnen. Aber hier drängten sie sich uns auf, zwangen sie uns hartnäckig zum Nachdenken, verbannten sie alles, was uns bisher interessiert hatte – Kunst, Metaphysik, Psychologie – in den Hintergrund. Damit das Problem des materiellen Überlebens des Menschen für uns zum wichtigsten Thema werden konnte, mußten wir ihm tatsächlich auf diesem engen Daseinsraum der Kolonie begegnen, wo es sich wie unter dem Vergrößerungsglas darbot. In Andrés Entwicklung hat es kaum einen entscheidenderen Moment gegeben als den der Konfrontation mit dieser Wirklichkeit, in der uns so viel Neues und vor allem so viel Leid in konkreter und zugleich symbolischer Form gegenübertrat.

* Kominform: leitendes Kommunistisches Informationsbüro (ab 1947), Nachfolgeorganisation der Komintern = Kommunistische Internationale (1919–1943).

Doch das merkwürdigste in diesem Zusammenhang ist die Tatsache, daß er nach diesem einjährigen Aufenthalt in Asien, wo das wesentlichste für uns der politische Kampf gewesen war, ein Buch schrieb, in dem er diesen konkreten Aspekt überhaupt nicht behandelte, sondern die Tiefen des asiatischen Wesens auszuloten versuchte. Zu jener Zeit, als viele andere sich für die aus der Begegnung zweier Kontinente resultierenden psychologischen Wechselbeziehungen interessierten, war André der erste, der die Probleme der Veränderungen aufzeigte, die die gelbe, und nicht etwa die weiße Rasse durchmachen würde, womit er seiner Zeit weit voraus war.

»Der Mann mit dem Lorgnon, der dort drüben im Wagen neben dem Gouverneur sitzt, das ist D.«, sagte Monin.

Für kurze Zeit fuhr das weiße Auto auf unserer Höhe. Ich schaute mir die Augen aus dem Kopf, denn ein lebendes Ungeheuer hatte ich noch nie gesehen. Und wie hätte ich ahnen können, wenn man es mir nicht erzählt hätte, daß dieser nicht mehr junge, aber auch noch nicht alte Mann mit der Spitze seines Säbels den ihm verhaßten Annamiten eigenhändig die Haut aufgeschlitzt hatte? Er trägt einen dichten, etwas altmodischen Schnurrbart, sein Kopf ist kahl, der Zwicker sitzt ihm haarscharf über den Augen und drückt in die Tränensäcke, die wie Wülste über den Backenknochen aufquellen; er sieht abstoßend aus, aber so widerwärtig wie ein Monster eigentlich auch nicht. Das also war der Henker von Than Nguyen; das also war der Mann, der mit Vergnügen jene folterte, die er zur Revolte angestachelt hatte. Und da saß er nun, aus Fleisch und Blut, neben jenem Mann, der Frankreichs Stärke hier repräsentierte.

»Er ist ein Ungeheuer großen Kalibers, weil er intelligent ist; der Gouverneuer, der ihn sich als graue Eminenz hält, ist nur ein skrupelloser Dummkopf. Der andere aber ist ein Sadist. Er hat Luong Ngoc Quyen über ein Jahr lang in einer nur meterhohen Zelle festgehalten, bis seine angeketteten Glieder verfaulten. Und damit er uns nicht wieder entwischte, hatten wir Fotos machen müssen, auf denen deutlich zu sehen war, wie er Eingeborene folterte. Und trotz allem, und obwohl wir bei der Kammer vorstellig wurden, hat er seinen Kopf wieder aus der Schlinge gezogen: Als Ausgleich für seinen Statthalterposten bekam er eine hohe Stellung in der größten

Destillerie, und als einzige Strafe mußte er hundert Piaster für den Mord an einem Eingeborenen zahlen ... Früher, in der guten alten Zeit, betrugen die Begräbniskosten nur vierzig Piaster ...«

Manchmal machten wir abends auch einfach einen Spaziergang, was die anderen Weißen selten taten, denn Zufußgehen schadete angeblich ihrem Prestige. André und Monin aber liebten es, sie schlenderten dahin in ihren Leinenanzügen, André sogar mit Krawatte, Monin mit einem über seinen Brustkorb wallenden Plastron, und beide schwenkten, wie es damals Mode war, einen Spazierstock aus Ebenholz.

Auf einem großen Tisch vor mir türmen sich drei Stapel Zeitungen: *L'Impartial, La Cloche fêlée* und verschiedene andere Publikationen; auf dem restlichen verbleibenden Platz ein riesiger Aschenbecher von einem Grün, wie man es in Europa nur selten antrifft.

André und Monin machen die Runde bei den Druckereien, lassen Kostenvoranschläge erstellen, diskutieren über die Qualität des Papiers, was wichtig ist, weil wir auch Abbildungen bringen wollen, und in all diesen Dingen kennt André sich aus, ja, er weiß sogar die Namen sämtlicher Satztypen. Abends, in unserem Hotelzimmer, versucht er mit weißem Papier, Klebstoff und Schere ein Muster-Layout herzustellen. Vinh ist aus der Provinz Can Tho zurückgekommen und hat eine beträchtliche Geldsumme mitgebracht, gespendet von eher armen Leuten, kleinen Beamten, kleinen Grundbesitzern, aber auch von ein paar reichen Bonzen, deren Namen geheimzuhalten sind. Hin muß bald aus Annam zurückkehren; seine Briefe klingen vielversprechend. Auch die Chinesen sind aktiv, und Monin hat seine letzten Wertpapiere veräußert. Wir werden eine schöne Zeitung machen können, voller Kampfgeist und edler Gesinnung!

Ich setze mich an den Tisch und zünde mir eine Zigarette an. Ohne daß ich ihn darum gebeten oder sein barfüßiges Herannahen auch nur gehört hätte, stellt der Boy eine eisgekühlte Karaffe mit herbem, duftendem Zitronensaft vor mich hin. Die Zeitungsstapel verdecken mir die Sicht. Meine Hand faßt nach einem Exemplar der *Cloche fêlée* ... Unsere Zeitung wird eine schönere Aufmachung bekommen und täglich erscheinen, während die *Cloche fêlée* ein Wochenblatt ist.

Sieh mal an: Jeder Nummer ist ein bestimmtes Motto vorangestellt. Keine schlechte Idee, sollte man vielleicht übernehmen ... »Wer über Sklaven herrschen will, ist selbst ein entkommener Sklave«, gezeichnet: Walter Rathenau. Nicht schlecht. Walther Rathenau wurde ermordet; gute Gedanken bezahlt man teuer.

Ich fahre fort: »Die Affäre um den Handelshafen.« So langsam kenne ich mich aus in dieser Affäre. Die Unsrigen haben sie gewonnen; unsere Siege sind selten. Wie haben wir diesen eigentlich errungen? Darüber muß ich heute abend mal mit André reden ... »Die Candélieristen (aha, das Monopol des Herrn Candélier, eines der engagiertesten Männer in diesem Ausbeutungsunternehmen!) werden uns vermutlich vorwerfen, für die Chinesen zu arbeiten, aber das kümmert uns nicht.« Das scheint mir vernünftig argumentiert, denn in diesem Fall sind die Interessen der Chinesen und der Annamiten gleichermaßen betroffen. Da taucht auch Monins Name auf; man hatte ihm zu Ehren ein Bankett gegeben, bevor er überstürzt nach Frankreich abreiste, um sich dieser Frage des Handelshafens konkret anzunehmen. Zweihundertfünfzig Personen? Annamiten, Chinesen und – Ganowsky! Ferner Bui Quang Chieu und Nguyen Phan Long, die beiden Präsidenten der Verfassungspartei, die sich mit dem »wahren Frankreich« zu verständigen hoffen. Ich lese:

»Monsieur Long verleiht Anwalt Monin den Titel ›Staatsbürger Annams‹. Es lebe der Annamite Paul Monin! Applaus für diesen Beweis von Zuneigung. Zwei junge Mädchen verlesen eine Rede, Anwalt Monin dankt ihnen mit einem Kuß, Blumengebinde werden überreicht als Zeichen der Dankbarkeit der Eingeborenen gegenüber einem Mann, der seine eigenen Interessen der Verteidigung der höheren Interessen der Kolonie geopfert hat.«

Ich erinnere mich an unsere Begegnung auf dem Schiff. Wie recht ich doch hatte, mein Vertrauen in ihn zu setzen, wenn auch meine Art, einfach seinen Liegestuhl zu okkupieren, um mit ihm ins Gespräch zu kommen, etwas gewagt war ...

Ah – da ist ja der berühmte Satz, den der Gouverneur Nguyen An Minh ins Gesicht geschleudert hatte: »Wir brauchen hier keine Intellektuellen. Dieses Land ist viel zu schlicht. Wenn Sie sich als Intellektueller aufspielen wollen, dann gehen Sie doch nach Moskau!

Ich schwöre Ihnen, daß die Saat, die Sie in diesem Lande säen wollen, niemals aufgehen wird.« Na ja, lassen wir's, wie André zu sagen beliebt ...

Nein, so etwas! Hier ist ja von ihm die Rede, und zwar ausführlichst! »Montag, 21. Januar 1924.« Da waren wir gerade in Phnom-Penh angeklagt worden; wie merkwürdig! Mit innerer Bewegung lese ich das Folgende: »Derjenige, der heute diesen armen jungen Mann bestrafen will, weil er aus Liebe zu allem Schönen eine Blume brach (das klingt wie von André Breton!), ist genau derselbe, der unter Ausnützung des in ihn gesetzten Vertrauens hier mal ein Gefäß, dort mal eine Schale, einen Tisch oder einen Lüster mitgehen ließ.« Das stimmt weiß Gott! In Indochina gibt es keinen einzigen hohen Beamten, der nicht seine mehr oder weniger umfangreiche Sammlung von Khmer-Skulpturen besäße; da aber der Verkauf dieser Gegenstände verboten ist, muß man sich ja fragen, wie er daran gekommen ist ... Ich lese weiter: »Monsieur Malraux, den man schon in der Schule gelehrt hatte, der liebe Gott habe die Kolonien geschaffen, damit die Franzosen sie ausbeuten, Monsieur Malraux, dem man von X erzählt hatte, der Millionen gemacht habe in Indochina, oder von Z, dem ehemaligen Gouverneur, der seine Villen an der Côte d'Azur mit den herrlichen Porzellangefäßen und den Elfenbeinschalen seiner Sommerresidenz ausgestattet hat, dieser Monsieur Malraux hatte sich ganz einfach gedacht: Zur Verschönerung unserer Häuser werden wir in Indochina vom Granittempel Bantêai-Srey die schönen Skulpturen ablösen, die ohnehin nur den Affen und dem hartnäckig nagenden Zahn der Zeit überlassen sind und noch von keinem Touristen gewürdigt wurden; wir werden sie nach Hause tragen, um sie zu lieben, in Ehren zu halten und jene innere Erregung wieder zu verspüren, mit denen das Genie einiger weit entfernter Brüder diese zwar noch überlebenden, doch verkannten Steine getränkt hat ... Ist diese Geste nicht schöner als jener brutale Raub eines Lüsters aus dem Generalgouvernement oder gar das skrupellose Ablösen alter Fayencen aus spanisch-maurischer Zeit vom Winterpalast in Algier, die dann einfach durch schlechte Kopien ersetzt wurden? ...« Mein lieber, lieber Nguyen An Minh, ich kenne Sie zwar noch nicht, wünsche Sie jedoch herbei, um Ihnen Dank sagen zu können!

Ringsum Reisplantagen, deren Grün heller und ausdauernder ist als das unserer Felder; Kanäle und Deiche besorgen die Unterteilung. Eine Stadt, wie zusammengedrückt von der feuchten Hitze. Menschen, deren Stimmen, selbst wenn sie schrill werden, aus der Stille aufzusteigen scheinen, während andere Stimmen haßerfüllt und verächtlich klingen: Das sind die unserer Landsleute, die wir leider fast ausnahmslos als unsere Feinde betrachten müssen, denn sie sind machtbesessen, gewinnsüchtig und dumm in ihrer Einschätzung der Eingeborenen, die sie für Waschlappen halten. Sie wissen nicht, daß der große Dichter Nguyen Trai zur Zeit der chinesischen Besetzung des Landes geschrieben hat: »Wir sind mal schwach, mal stark gewesen, doch nie hat es uns an Helden gemangelt.«

Wir sind bei Hin, in seiner Behausung gleich hinter dem Markt, und hocken, ein Grüppchen von etwa zehn Personen, auf der geflochtenen Strohmatte; vor uns, auf Bananenblättern, kleine Leckereien, die man dem Gast anzubieten pflegt: bunte Bonbons, kandierte Lotusblüten, undefinierbares Gebäck, trocken und pikant oder klebrig und fade. Vinh weiß, daß ich gern Zuckerrohr kaue und hat mir welches mitgebracht. Nach den Gesprächen beginnen alle ganz spontan zu singen, dazu wird das typische, nur mit einer Saite bespannte geigenähnliche Instrument gestrichen. Diese Lieder kennen wir fast alle; entweder stammen sie vom Theater, oder sie entstanden auf den Reisfeldern. Aber plötzlich klingt da etwas anderes durch: Die für europäische Ohren unharmonische Melodie erstarrt, ist nurmehr rhythmisches Stakkato, denn nun kündet sie von dem langen Leidensweg zahlloser Unbekannter, die doch alle jemanden hatten, der sie liebte, und die nun ihrem Zorn, ihrer Auflehnung gegen die nicht länger zu ertragende Demütigung freien Lauf lassen. Vinh, der neben mir hockt, erzählt mir, daß der Tod der beiden Schwestern Trung, die sich an die Spitze der Aufständischen gesetzt hatten und nach der Niederlage freiwillig aus dem Leben schieden, das Thema dieses Gesangs ist.

»Das war etwa im Jahre 40 vor Christi Geburt; damals hielten die Chinesen seit mehr als hundert Jahren das Land besetzt. Bis dahin hatten sie uns eher in Ruhe gelassen, doch nun wollten sie uns ihre Sitten und Gebräuche aufzwingen und sogar eine Miliz aus unseren Reihen aufstellen. Da haben unsere Leute den Kampf begonnen, doch sie sind besiegt worden.«

»Und die Anführer waren Frauen?«

»Ja, einer von ihnen hatte man den Mann ermordet.«

Als hätte er meine Genugtuung darüber erraten, daß Frauen, die in diesem Land so wenig galten, die Anliegen und Ziele einer ganzen Nation symbolisierten, fährt er nach kurzem Schweigen fort:

»Um die Mitte des 13. Jahrhunderts gab es wieder einen Aufstand: Der Druck der Chinesen wurde erneut stärker, nachdem sie eine Zeitlang die Zügel etwas lockerer geführt und wir uns ihre Sitten sogar schon teilweise angeeignet hatten. Auch diesmal war der Anführer eine Frau, Trieu An, die mit dreiundzwanzig Jahren ebenfalls freiwillig aus dem Leben schied.«

Wie wenig Bedeutung man hier dem Tod als solchem beimißt! Die Toten hingegen haben einen hohen Stellenwert, da man direkt mit ihnen verbunden ist und ihre Nachfolge antritt, um Zeugnis abzulegen von ihrem Tun.

Mittlerweile war es schon April geworden, und unser Wartezustand ging seinem Ende entgegen. Daher wollten wir die letzten freien Tage nutzen, um Monnier, einem Freund von Monin, der eine Autowerkstatt in Phan Thiet betrieb, einen Besuch abzustatten.

Wir fahren über Land, ich sitze wie immer ein wenig eingezwängt zwischen den beiden Männern, und wenn der Wagen holpert, scheuert Andrés Tropenhelm an dem Verdeck, dessen Gestänge die Landschaft in Stücke teilt.

Die von Bambuspalisaden und dicht beisammen stehenden Kokospalmen abgeschirmten Dörfer reihen sich aneinander. Von den lackierten Ziegeln, die die Torbögen der prächtigsten Wohnhäuser zieren, stechen die blauen, grünen oder orangefarbenen Drachen deutlich ab, während bescheidenere Behausungen sich mit flatternden roten Papierbändern begnügen müssen, doch beide Formen sind nicht Zierat, sondern sollen das Glück ins Haus locken. Auch die Gräber sind nur scheinbar zufällig in der Gegend verstreut, in Wirklichkeit wurden sie nach Absprache mit den himmlischen und irdischen Mächten an ausgewählten Plätzen angelegt, wo sie nun im Halbkreis gruppiert sind und an Arme, die sich zu umfassen suchen, erinnern. Auf den Weihern wimmelt es von milchkaffeebraunen Enten; Knaben oder imitierte Reiherfederbüschel wippen auf den

Rücken mächtiger Büffel; Menschen waten knöcheltief im Schlamm, dann wieder reihen sich auf unübersehbarer Fläche, künstlichen Pflanzen gleich, steife Kautschukbäume aneinander.

Wir fahren und fahren.

Morgen wird Monin auf Elefantenjagd gehen; da er ebenso geduldig ist wie das Tier, das er verfolgt, ist er ein fabelhafter Jäger. Oft ist er von dem Tier derart fasziniert, daß er es nur stundenlang beobachtet und nicht tötet.

Jetzt haben wir die Vorortviertel von Phan Thiet erreicht, die vom Geruch des hier hergestellten *nuoc-mam*, jener Sauce aus verfaultem Fisch, geradezu durchtränkt sind. Riesige Tongefäße verwandeln die Häuser in Ali Babas Wunderhöhlen. Die Frauen in ihren braunen *ao-dai* streifen mit ihrem Rocksaum die auf der roten Erde stehenden Behälter. Musik klingt uns entgegen, und sofort weiß ich, daß es sich um eine Beerdigung handelt mit der für annamitische Begräbnisfeiern typischen Prunkparade.

Banner, auf denen Lobpreisungen zu lesen sind, rotlackierte und mit Gold verzierte Miniaturpagoden, auf Bambusstäbe aufgesteckte Laternen, geschmückte Altäre, Früchte, Gemüse und Tee als Opfergaben, ein Regen von goldenen Papierschnitzeln, die Geld symbolisieren, Klageweiber – so folgt in einer von den Holzsandalen aufgewirbelten Staubwolke eine Prozession der anderen. Ich beobachte, wie die Leichenzüge an den Häusern vorbeigleiten, einander berühren und schließlich miteinander verschmelzen . . . Ob man in Phan Thiet denn nichts anderes tat, als Tote zu ihrer letzten Ruhestätte zu geleiten? So theatralisch wie der Tod sich hier darstellte, flößte er selbst mir keine Angst ein. Daher erschrak ich auch nicht, als Monnier lakonisch erklärte: »Die Pest.« Thi Sao, seine Frau, hatte jedoch Angst, sie wollte keine schönen Leichenzüge sehen, sie wollte am Leben bleiben, selbst wenn das auch nicht alle Tage lustig war. Und sie hatte recht, denn wie die meisten Annamiten verstand Thi Sao zu leben.

Natürlich hatte auch sie Probleme, von denen sie mir am nächsten Tag, als wir vom Fenster aus dem nicht enden wollenden Totenkult zusahen, erzählt. Ihre Probleme vermischen sich mit den Schreien und Farben, die nur scheinbar fröhlich, in Wirklichkeit aber Ausdruck von Verzweiflung sind. Thi Sao ist nicht verzweifelt, sie ist anpassungsfähig und hartnäckig, wie ihr Schritt, der so lässig und dennoch regelmäßig daherkommt. Thi Sao will nicht als niedriger stehendes Wesen behandelt werden von ihrem weißen Gatten – dessen Konkubine sie zu ihrem Ärger nur ist –, aber sie weiß nicht genau, wie europäische Eheleute zueinander stehen. Jetzt kann sie sich informieren: Muß sie protestieren, wenn er sich bei Tisch zufällig einmal vor ihr bedient? Würde eine Französin einen solchen Verstoß gegen die Etikette, selbst wenn er nur ein Versehen war, dulden? Während unter uns Tote und Lebende einander den Platz streitig machen, begreife ich so nach und nach, daß ihre Fragen eigentlich viel ernster sind, als mir zunächst schien. Auf dem Spiel stehen nämlich Ordnung und korrekter Ablauf der Dinge des täglichen Lebens sowie ihre Eingliederung in eine Gesellschaft, die sie sich ebenso streng organisiert vorstellt wie ihre eigene. Ich höre es aus ihren Worten heraus und erfahre somit mehr über die Menschen hier als nur die altbekannte Weisheit, daß sie in ständiger Todesbedrohung leben, da die Pest im endemischen Stadium in dieser Gegend immer vorhanden ist. Auch wir hatten es gewußt, aber für unwichtig erachtet und fast schon vergessen. Aber jetzt ist sie da, zieht unten vor dem Haus vorbei, und dennoch kann ich nicht so recht daran glauben. Dieser Tod ist nicht der meine, es ist der asiatische Tod, eine prunkvolle und nur vorübergehende Angelegenheit. Ich weiß zwar nicht, was mich erwartet, aber hier wird es mich nicht ereilen!

In gewisser Weise ist Thi Sao mir näher als so manche meiner jüdischen oder christlichen Schulkameradinnen. Als Katholikin kennt sie den Glauben der Annamiten, die um sie herum leben, nur durch den Kontakt mit ihnen; auch ihre eigene Tradition wurde ihr nur bruchstückhaft übermittelt. Sie bekreuzigt sich, wenn ein Toter an ihr vorbeigetragen wird, und glaubt dennoch an Dämonen. Sie glaubt auch an das Paradies und gleichzeitig an die Rückkehr zur Erde in Gestalt eines Baumes oder Tieres.

Als Thi Sao spürt, daß ich in Gedanken schon weiter bin als sie, sagt sie: »Wir müssen jetzt gehen, ich will noch nicht sterben.«

Thi Sao, Monin, André und ich fahren schließlich in die Berge; Monnier glaubt, in Phan Thiet bleiben zu müssen. Inzwischen ist mir klargeworden, daß hier am Fuße des Lang Bian nicht nur der Tod fürchterlich ist: Das Leben ist es auch. Die Honoratioren hatten mit Monin und André diskutiert, und dabei habe ich begriffen, daß so vieles, was mir bisher der Vergangenheit anzugehören schien und womit wir Weißen endgültig abgeschlossen haben, hier immer noch gegenwärtig ist. Die Sklaven, die von Anwerbern mit Gewalt oder List hierhergebracht wurden, flüchten von den Kautschukplantagen und suchen in den Bergen bei den Mois* Schutz. Diese Männer sind drei Jahre lang zu einer Arbeit verdammt, die nur von der Nacht unterbrochen wird und ihnen nicht einmal das Geld für eine Schale Reis einbringt. Folglich sind sie verschuldet, unterzeichnen einen neuen Vertrag, und wenn jegliche Hoffnung, dieser roten Erde je zu entkommen, sie verläßt – von ihrem Lohn werden die Kosten für die Herfahrt einbehalten, die Rückfahrt müssen sie selber zahlen –, dann resignieren sie und warten nur noch darauf, daß man ihren ausgemergelten Körper in das vorsorglich schon bei der Anreise mitgebrachte Leichentuch wickelt, denn hier darf man zwar als Lebender nackt sein, nicht aber als Toter.

Die Treppenstufen aus dünnen Glasplättchen spiegeln meine Schuhe wider. Mitten im Lärm und Lichtergeflimmer der Straße steigt diese breite Treppe empor; man hätte sie dort nicht vermutet; auf der einen Seite ein Café – ich zumindest hielt es dafür – und auf der anderen eine staubige Kaschemme, aus der es nach Parfum und Unrat riecht und Männer mit nacktem Oberkörper sich von Mädchen in weißen Kitteln, die das mit Kokosnußöl gefettete glänzende Haar entweder zu einem Knoten oder einem Pferdeschwanz gefaßt tragen, verwöhnen lassen. Cholon lebt nachts noch intensiver als bei Tage. Im Schein von Glühbirnen, die, zu Trauben oder Kronen gebündelt, von oben nach unten verlaufende Schriftzeichen ausleuchten und sich in den Fensterscheiben, die einander ihr Bild zuwerfen, widerspiegeln, kann man alles kaufen und verkaufen. Die Annamiten sind zu solch lärmendem Treiben nur bei Begräbnisfeierlichkeiten fähig, doch die Kantonesen scheinen immer zum Feiern aufgelegt. Sie haben eben südländisches Temperament, wie man mir soeben versichert. Das glaube ich gern, wenn ich ihr Lachen höre, mit dem sie uns in einem rot, gold und grün ausgekleideten Saal willkommen heißen. Die

* Annamitische Bezeichnung für die Gebirgsvölker, von den Franzosen »Montagnards« genannt.

Farben sind genauso grell und aufdringlich wie das Getümmel draußen. Sie führen sich bereits als Sieger auf, obwohl ihr Kampf noch lange nicht gewonnen ist.

Wir saßen um einen Tisch herum, die einen auf schwarzen, geschnitzten Holzsesseln, die anderen auf Schemeln. Hinter jedem von uns, stehend, eine junge Frau, die sich nur vorneigte, um uns zu bedienen, wobei ihre bis auf die Augenbrauen fallenden dichten Stirnfransen sekundenlang die seidige Haut der Schläfen sehen ließen. Sie lachten ebenfalls, diese blutjungen Frauen, einmal, weil es so üblich ist, vielleicht aber auch, weil sie wußten, daß es hier ein großes Ereignis mit einem echten Fest zu feiern galt: Die Chinesen überreichten nämlich Monin jene Geldspenden, die sie aus ganz Indochina, selbst aus den entferntesten Winkeln, zusammengetragen hatten, damit wir endlich diese Zeitung gründen könnten, die ihnen – wie sie zumindest hofften – helfen würde, die Knechtschaft der Willkür, der sie bislang ausgeliefert waren, nach und nach zu brechen. Man mußte sein Glück eben einfach einmal versuchen! Sie waren bereit dazu, freuten sich, daß sich eine Gelegenheit bot, und beschränkten ihre Ansprüche auf das Machbare. Das Ganze war auch keine Geheimversammlung, denn die Trennwand zwischen uns und dem Nebenraum reichte weder bis zum Boden noch bis zur Decke, und die Türen gingen auf und zu, wenn Gäste oder Schaulustige kamen und gingen.

Ich war wieder einmal die einzige weiße Frau, und André und Monin die einzigen weißen Männer; aber daran hatten wir uns inzwischen gewöhnt. Es war eine wichtige Versammlung, und trotzdem standen hin und wieder welche auf, um eine Pfeife zu rauchen oder eine Partie Karten zu spielen. Es wurde immer wärmer, der eine oder andere zog seine Jacke aus, doch keine Schweißperle zeigte sich unter den Stirnfransen der jungen Schönen, die – vermutlich aus Rücksicht auf mich – als Nebenfrauen der einzelnen Männer vorgestellt wurden. Eine von ihnen untermalte die Gespräche von Zeit zu Zeit mit einem Lied. Meine Betreuerin setzte alles daran, mir die Handhabung der Stäbchen beizubringen. Das Essen war typisch kantonesisch, mit anderen Worten: unvergeßlich. Schinkenbouillon mit Haifischflossen, die zwar graupelig wie Sago, doch unvergleichlich feiner schmeckten, Froschschenkelspießchen und süß-saures

Fleisch, zu dem eigentlich der in winzigen Gläsern gereichte lauwarme Schnaps gehörte, den ich jedoch nicht trank. Und Trinksprüche wurden ausgebracht wie bei einem sowjetischen Bankett. Sie richteten sich im allgemeinen an Monin, um ihm für seine Interventionen und sein freundschaftliches Eintreten für die Interessen der Republik zu danken.

Plötzlich erhob sich ein ohrenbetäubendes Getöse. Wir waren zwar schon ein Jahr lang im Fernen Osten und hatten uns an allerlei Lärm gewöhnt, doch dieses Höllenspektakel, das offensichtlich uns galt, war etwas völlig Neues. Man feierte unseren Beitritt zur Kuomintang! Ohne Vorbereitungsriten und ohne weitere Instruktionen wurden wir in diese Gemeinschaft aufgenommen. Für die Chinesen waren wir Gleichgesinnte. André und ich profitierten schlicht und einfach von der Freundschaft Monins, der seine Überzeugungen mehrfach unter Beweis gestellt hatte.

Betäubt, sprachlos, entzückt, aber auch etwas beschämt sahen wir diesem unbeschreiblichen Feuerwerk zu, das Unsummen gekostet haben dürfte. Waren wir so viel wert? Ich bezweifle es. Aber es war ein großartiges Schauspiel, und das Geknatter und Geknalle stimmte fröhlich. Wir dankten für die uns erwiesene Ehre, und sie bedankten sich bei uns. Und schon wieder war der Tisch gedeckt: Fisch, Riesengarnelen, köstliche Omeletts und zum Abschluß eisgekühlte Suppe in einem ausgehöhlten grünen und stacheligen Riesenkürbis. Dann erhob sich Monin. Er fand sofort den richtigen Ton, um sein persönliches Engagement für die Sache der Chinesen zu erläutern: Es sei im Interesse der Franzosen, die nach dem Abzug der Engländer entstandene Lücke zu füllen, und ihre demokratische Tradition decke sich hier mit der Möglichkeit wirtschaftlicher Expansion, die dem ganzen Lande und nicht nur einigen raffgierigen Kolonialherren zugute kommen solle. Er sprach von den politischen Grundsätzen Sun Yat-sens, die auch seine Nachfolger getreu befolgen sollten: Das Volk wird durch das Volk und für das Volk regiert. Er erwähnte die zwischen Rußland, Deutschland und der chinesischen Regierung soeben unterzeichneten Abkommen, die Gleichberechtigung und Verzicht auf Extraterritorialprivilegien beinhalteten. Er hoffe, daß Frankreich in Kürze sich diesem beispielhaften Verhalten anschließen werde. Er schloß seine Rede, als sei er auf einem Bankett in der französischen Provinz – doch draußen war chinesische Nacht, chinesische Freude, chinesisches Leid –, mit dem Ausruf: »Es lebe die französische Republik, es lebe die chinesische Republik!« Wir alle stimmten voller Überzeugung in diesen Ruf mit ein. Ein Gläschen süßlicher, lauwarmer Likör, und noch ein Glas süßer und lauwarmer Likör . . . Die glatten Oberkörper der Männer beginnen zu glänzen, wir tauchen unsere Gesichter in die kleinen dampfenden Frotteetücher, die die bloßfüßigen Bedienerinnen uns hinhalten, und wenn ab und zu eine kurze Stille eintritt, hört man den Ruf der Bettler draußen vor dem Haus.

André hat sich erhoben. Mit mehrmaligen ruckartigen Kopfbewegungen schüttelt er seine in die Stirn fallende Haarsträhne zurück und hebt schließlich bittend die Hand. Viel ist nach alledem nicht mehr zu sagen. »Wir werden eine Zeitung zusammen machen . . . Wir werden miteinander kämpfen. Es wäre falsch zu glauben, unsere Ziele seien völlig deckungsgleich . . . Doch was uns zueinanderführt, was uns vereint, das sind unsere gemeinsamen Feinde!« Chinesische Hände klatschen auf europäische Weise. Nach dieser Mahlzeit, nach diesem Feuerwerk, nach all diesen Gläsern wasserklaren Alkohols sind wir bereit, einigen Herzens mit- und füreinander zu kämpfen.

Jetzt mußte aber auch gehandelt werden: nach Frankreich telegrafieren, das zur Bestätigung unserer Absprache mit den Verlegern notwendige Geld überweisen, Zahlungsverpflichtungen für den Ankauf von Papier unterschreiben und schließlich mit dem Drucker Louis Minh die skizzierten Pläne präzisieren. Minh war Mestize und somit Franzose, daher dürfte er weniger Schwierigkeiten bekommen, wenn er für uns arbeitete, als ein Annamite. Unklar war noch, ob man uns die Genehmigung erteilen würde, neben einer französischen Ausgabe auch eine annamitische – notfalls nur einmal pro Woche – zu publizieren. Sie sollte dann in *quoc-ngu*, in der Sprache der Annamiten, gedruckt sein, jedoch mit lateinischen Buchstaben, was portugiesische Missionare Jahrhunderte vor uns schon ausprobiert hatten. Wegen der scharfen Kontrolle, der die einheimische Presse unterlag, war die Herausgabe eines wirklich unabhängigen Blattes ein schwieriges Unterfangen. Jede Nummer war vor Drucklegung der Zensurbehörde vorzuzeigen; jegliche politische Äußerung war untersagt, ein

Verbot, das selbst für Angelegenheiten, die den Kolonialrat betrafen, galt, es sei denn, es handelte sich darum, die Behörden zu irgendeiner spektakulären Initiative zu beglückwünschen, die meist zugunsten der französischen Beamtenschaft eingeleitet wurde. Doch die härteste Auflage war, daß jede annamitische Zeitung einen französischen Geschäftsführer und eine formelle behördliche Genehmigung vorweisen mußte. Es gab also genügend Sperrklauseln, um die Verbreitung annamitischen Schriftgutes zu verhindern.

Wir beharrten trotz allem auf unserer Idee, neben der französischsprachigen Ausgabe ein Blatt herauszubringen, das die Massen erreichen konnte, und so beschlossen wir, daß André mit dem nächsten Schiff nach Hanoi fahren und um eine Unterredung mit dem augenblicklich in Vertretung agierenden Generalgouverneur oder zumindest mit dessen Sekretär nachsuchen sollte. Mich schickte man gleichzeitig nach Singapur, was mich einerseits freute, mir andererseits aber auch Sorge bereitete. Zu meiner Beruhigung – allerdings auch aus Sparsamkeitserwägungen – kam man überein, daß ich während meines dreitägigen Aufenthalts auf der Insel am besten jeden Abend an Bord zurückkehrte. Tagsüber hatte ich Kontakt aufzunehmen mit den Direktoren der Lokalzeitungen und ihnen einen Austausch ihrer und unserer Publikationen vorzuschlagen, damit uns Informationen, die sonst die Indochinesen vielleicht niemals erreichten, zugänglich würden.

Ich fuhr also nach Singapur, um uns mit druckfrischen Informationen einzudecken. Gleichzeitig sollte ich mich um englische Inserate bemühen oder zumindest einen Austausch vorschlagen, den die anderen ohnehin nicht zu fürchten hatten, da uns jetzt schon klar war, daß aus Saigon keine Anzeigenflut zu erwarten war. André schiffte sich vierundzwanzig Stunden vor mir ein, und Monin begleitete mich zu der Fähre, die regelmäßig zwischen Saigon und Singapur hin und her pendelte.

Zum ersten Mal seit meiner damaligen Rückkehr aus Indochina befand ich mich allein auf hoher See, doch diesmal ohne Monsun. Nur die Gegenwart, die ein klein wenig Zukunft schon vorwegnahm, drängte sich mir auf, diese Gegenwart, um derentwillen ich mich nicht ohne Qualen von allem, was früher mein gewesen war, gelöst hatte.

Gegen Abend setzt wie immer leichter Seegang ein, der vom Meeresgrund aufzusteigen scheint. Meine aus dem Augenblick geborene Träumerei zerfällt mit dem Hin und Her der Passagiere. André hat mir einmal gesagt, er lebe keine Sekunde, ohne an etwas zu denken, sein Kopf sei niemals gedankenleer, seine Gedanken kreisten immer um ein bestimmtes Thema: Das nennt man wohl Nachdenklichkeit, während ich mich auch einfach zwanglos treiben lassen kann . . . Meine Gedanken schweben dahin wie die Möwen, die etwas Nahrung zu ergattern hoffen. Später, wenn das Schiff die Reste unseres Abendessens freigibt, werden die Fische ihnen Konkurrenz machen. Sie werden einander zu überspringen suchen, diese Fische, denen der Mond zeitweilig ein grünlich schimmerndes Kleid verleihen wird . . .

Was tue ich eigentlich hier so ganz allein?

Nun ja, ich bin mitten auf dem Meer und kann mich treiben lassen . . .

Ich mache mich bereit, das Schiff zu verlassen, das nur wenige Meter vor dem Quai für drei Tage hier vor Anker liegen wird. Da huscht ein mir unbekannter Annamite, der zur Mannschaft gehört, zu mir herüber, flüstert mir etwas ins Ohr und zeigt auf einen Chinesen, der aufrecht steht in einem der Boote, die uns an Land holen sollen: »Der Kerl dort, er dir folgen, Polizei, gib acht!« Ich schaue mir die Augen aus dem Kopf, denn es ist schwierig, diesen »Kerl« zwischen den anderen auszumachen. Und damit ich ihn auch wiedererkenne, muß ich mir sein Gesicht gut einprägen. Er hingegen weiß, wen er wiederfinden muß, und schaut daher lässig mal links, mal rechts, während sein Körper das Schlingern des Bootes mitmacht. Was unternimmt man, wenn man von einem Chinesen, der zur Polizei Singapurs gehört, verfolgt wird? Ich zögere einen Augenblick, doch dann fasse ich einen – wie immer etwas zufälligen – Entschluß: »Wo befindet sich die Hafenpolizei?« Wir werden ja sehen, ob diese Entscheidung richtig war. Nachdem man mir den Weg gewiesen hat, steuere ich entschlossenen Schrittes auf das Gebäude zu. Nach einer kurzen Wartezeit führt man mich in einen Raum, der durchaus behördlichen Anstrich hat. Der Kommissar ist ein Prachtexemplar von einem Mann. Sollte es wirklich Zufall sein, daß in den britischen Kolonien stets auffallend hochgewachsene, breitschultrige, helläugige Männer die wichtigen Posten bekleiden? Wie dem auch sei, dieser hier war in seiner liebenswürdigen Art genauso gewinnend wie in seinem Äußeren. Er erhebt und setzt sich gemäß den Regeln des Anstands und wartet dann geduldig, bis ich ihm meinen »Fall« dargelegt habe. Doch – habe ich ihm wirklich etwas mitzuteilen? Ein Blick durchs Fenster genügt: »Mein« Chinese harrt getreulich auf seinem Posten aus, ein paar Meter nur entfernt von der offiziellen Dienststelle.

»Monsieur . . .«, beginne ich – soll ich meinen französischen Akzent betonen oder lieber abschwächen? – »Monsieur, dieser Chinese, den Sie dort sehen . . .«

»Ich sehe dort draußen etliche Chinesen. Sie sind recht zahlreich in diesem Land.«

»Ich meine jenen Chinesen, der zu uns herschaut.«

»Aha, soso, na gut, nehmen wir an, ich habe ihn gesehen, aber was ist mit diesem Chinesen, Madame?«

»Dieser Chinese folgt mir.«

»Wie meinen, Madame?«

»Ich meine, Monsieur, daß dieser Chinese mir folgt, weil das sein Auftrag ist, weil er zu Ihrer Polizei gehört und Ihnen untersteht.«

»Das würde mich wundern, Madame.«

»Mich wundert es auch. Ich sehe nicht recht ein, wieso Ihre Polizei sich um mich bemüht. Aber es ist nun mal so, und da dieser Mann Ihnen unterstellt ist, so haben Sie doch bitte die Freundlichkeit zu veranlassen, daß er nicht weiterhin so lässig hinter mir her schlendert. Wenn es seine Pflicht ist, mir zu folgen, dann möge er sie doch zumindest etwas diskreter erfüllen.«

»Ich nehme an, es handelt sich um ein Mißverständnis, Madame. Aber ich werde das Nötige veranlassen, damit Sie nicht weiter belästigt werden.«

Ich wurde nicht mehr belästigt. Vermutlich folgte mir jemand, aber ich konnte ihn nicht identifizieren . . . Von einer Rikscha ließ ich mich zur Direktion der größten Lokalzeitung bringen. Der Herr Direktor war ein ebenso gutaussehender Mann wie der Kommissar, doch gab er sich mir gegenüber etwas lässiger. Meine Ausführungen interessierten ihn.

»Ich kenne die indochinesische Presse . . . Es ist in der Tat höchste

Zeit, daß dort eine anständige Zeitung erscheint. Selbstverständlich bin ich bereit, Ihnen im Rahmen unserer Möglichkeiten zu helfen. Wir werden also unsere Blätter austauschen, und wenn es für Sie von Vorteil ist, können Sie auch unsere Annoncen bekommen. Wer weiß . . . vielleicht kommt es eines Tages uns selbst wieder zugute.«

In der Einstellung dieses Mannes den Asiaten gegenüber klang keinerlei persönliches Engagement durch. Ich gab meiner Verwunderung darüber Ausdruck. Die englische Präsenz in Singapur schien ihm allein schon aufgrund der weltpolitischen Position Großbritanniens gerechtfertigt – und das genügte!

Als ich am nächsten Morgen das Schiff verließ, wiederholte sich die Szene vom Vortag: Man bezeichnete mir den Mann, der mir folgen sollte, und ich meldete ihn unverzüglich der Hafenpolizei, die sich natürlich wiederum pflichtgemäß wunderte. Zweifellos beschattet von einem nun unsichtbaren Spitzel, machte ich mich auf den Weg zu meinem zweiten Zeitungsdirektor, der ebenso angenehm und hilfsbereit war wie der erste.

Da ich am dritten Tag nur noch wenig zu erledigen hatte, ging ich erst nachmittags von Bord, was das Szenario geringfügig veränderte, da mir der Wachposten vor dem Polizeigebäude mitteilte, der Kommissar befinde sich auf dem Golfplatz. Es konnte natürlich gar nicht in Erwägung gezogen werden, ihn an diesem geheiligten Ort zu stören!

»Ich muß den Herrn Hafenkommissar aber sprechen«, verlangte ich hartnäckig. In dieser Rolle fühlte ich mich bereits sicher, denn ich wiederholte ja ständig die gleichen Gesten und Worte. Mein entschlossenes Auftreten schien auf den Untergebenen auch tatsächlich Eindruck gemacht zu haben, denn er griff zum Telefon, und zwanzig Minuten später erwartete mich der Kommissar, hinter seinem Schreibtisch sitzend. Wie eine geübte Schauspielerin hatte ich meine Rolle bereits bis in alle Nuancen ausgefeilt, und auch er gab seinen Part mit Vollendung in Ton und Gestik.

Am gleichen Abend noch lichtete unser Schiff den Anker, ich war an Bord – und sehr zufrieden mit mir.

Andrés Mission war heikler gewesen, daher brachte er auch keine so befriedigenden Ergebnisse nach Hause wie ich. Man hatte ihm schlicht und einfach die Genehmigung verweigert, noch eine weitere Zeitung in annamitischer Sprache herauszubringen.

Es riecht nach Druckerschwärze; unzählige Reihen von kleinen Drucktypen; hier wird noch von Hand gesetzt; gelbe Finger greifen nach den Bleibuchstaben, fügen sie aneinander und zwängen sie dann in Rahmen, die in den Nebenraum gebracht werden, wo der Fächer der Presse das Papier auf sie niederdrückt. Im ersten Raum ist die Hitze fast unerträglich, und im zweiten peitscht ein Luftzug die schweißnassen Körper. Solange die Zeitung besteht, sind Schnupfen und Halsschmerzen bei uns an der Tagesordnung.

Die Artikel werden bei Monin redigiert, wo die ganze Mannschaft sich auch immer wieder zusammenfindet: Dejean de la Batie, Vinh, Hin, André, Monin und ich. Etwas später sollte auch Pho aus Hanoi sich uns anschließen. In dem ursprünglichen Warteraum einer Anwaltskanzlei, wo die Möbel in Reih und Glied gestanden hatten, türmten sich nun auf Tischen und Stühlen Stapel von Manuskripten, Zeitungen und Dokumenten. Wir hatten die Qual der Wahl, denn an Fällen von Ungerechtigkeit, Willkür oder gar Verbrechen herrschte weiß Gott kein Mangel. Aber auch mit Informationen aller Art waren wir eingedeckt: internationale, lokale, ernsthafte, amüsante, seltsame, ehrliche und heuchlerische lagen uns vor. Nachdem unsere französischen Verleger das Geld erhalten hatten, schickten sie uns Zeitschriften, die wir ausschlachten durften: *Candide* und *Les Nouvelles littéraires*. Auch die Zeitungen aus Singapur warteten auf meine Schere.

Und immer wieder kommen Besucher, meist aus den Provinzen, um sich in die Abonnentenliste einzutragen oder ihre Beschwerden vorzutragen. Monin wühlt in seinen Akten, wir stolpern über Pakete mit Gedrucktem, Briefe flattern im Luftzug des Ventilators, ich sitze hinter einem Tisch und wähle Artikel aus, die ich übersetzen will, und kritzele dazu Stichwörter auf jedes Blatt Papier, das mir unter die Finger kommt. Von präziser Aufgabenverteilung kann man beim besten Willen kaum sprechen.

Das Musterexemplar ist gesetzt; es wird aber wieder auseinandergenommen und neu zusammengefügt. Der Nummer 1 widerfährt das gleiche Schicksal. Nicht einmal die Hitze kann die Hektik unserer Gesten dämpfen, dabei ist das Papier schon feucht, wenn wir es noch kaum in Händen halten. Der Raum, in dem gesetzt wird und den wir den Bleikäfig nennen, erhält durch eine Glaskuppel Tageslicht; kein

Ventilator fächelt dort Kühlung, wo sich auch die Schließplatte befindet und der Umbruch gemacht wird. Und da wir unsere eigenen Korrektoren sind, müssen wir in dieser Treibhausatmosphäre auch die Fahnen korrigieren.

»Draußen« werden schon eifrig Vorkehrungen getroffen, um uns so bald wie möglich wieder mundtot zu machen. Wer Interesse für uns zeigt, hat bereits Warnungen erhalten. Die Briefträger lassen uns wissen, daß sie beauftragt sind, unsere Post zu öffnen. Händler, kleinere Landbesitzer, Leute mit bescheidenem Vermögen, die im Verdacht stehen, die neue Zeitung vielleicht gar zu abonnieren, wurden inzwischen von ortsansässigen Persönlichkeiten vorgeladen und ermahnt, ihren Lesehunger doch gefälligst mit guten Zeitungen zu stillen, »die es in der Kolonie durchaus gibt«, wie man ihnen versicherte. Uns macht die Aussicht Spaß, unser Unternehmen bald in einen Boxkampf ausarten zu sehen. Die Mannschaft haben wir ja inzwischen beisammen; die Zeit des einsamen Kampfes ist vorbei. Nach diesen vier Monaten des behutsamen Vorantastens und Entdeckens wissen wir jetzt sehr genau, für wen und mit wem wir in den Kampf ziehen werden. Wir haben uns entschieden, unsere Aktion gemeinsam mit anderen zum Wohle aller und nicht nur zur Bestätigung unserer selbst durchzuführen.

Endlich hielten wir sie in der Hand, »die Zeitung«, unsere Zeitung, das Werk unserer Köpfe und unserer Hände. Wie das klang: »Unsere Zeitung!« Sie hätte den größten Blättern von Paris Konkurrenz machen können mit ihren Glanzpapierseiten, ihrem Titel – *L'Indochine* – in modernen Drucktypen, ihren schwarzen und weißen Kolumnen und ihren gestochen scharfen Fotos. Leitartikel der ersten Nummer war ein Interview mit dem Président du Conseil Paul Painlevé: »Was Président Painlevé von unserem Programm hält.« Unsere Gegner mußten sich wohl angegriffen fühlen, denn sie zögerten keine Sekunde, jenen, die sich erfrechten, ihnen ihr friedliches Dasein auf erobertem Boden zu mißgönnen, die Stirn zu bieten, wenn sie dabei auch keine glänzende Figur machten. Und was hatte Painlevé gesagt? Recht harmlose Dinge, die jedoch denen, die sich den Kuchen Indochina teilen wollten, unangenehm in den Ohren klangen. Hier ein paar Auszüge aus dem Artikel:

»Ein allgemeines Schul- und Ausbildungswesen ist das beste Mittel der Assimilation zwischen unterschiedlichen Rassen. Dennoch steht außer Zweifel, daß eine sorgfältige Auslese getroffen werden muß, wenn es um die Zulassung zu den Hochschulen geht. Nichts ist so gefährlich wie eine unzureichende intellektuelle Assimilation, vor allem, wenn von diesen Absolventen das spätere Unterrichtswesen getragen werden soll. Die Presse im allgemeinen und Ihre Zeitung im besonderen muß in dieser Hinsicht Aufklärungsarbeit leisten. Die freie Meinungsäußerung ist die Grundlage jeder Zivilisation ... Es ist die Pflicht der (französischen!) Volksvertreter, mit all ihrer Kraft auf die Annäherung zwischen den Rassen hinzuarbeiten. Ja, dieses Ziel ist sogar der Kern unseres kolonisatorischen Wirkens, so wie die Linksparteien es verstehen.«

Uns kamen diese Worte wie gerufen, daher gingen wir mit Feuereifer daran, unser Produkt unters Volk zu bringen – und zwar per Fahrradrikscha! Erstaunte Blicke trafen uns in der Rue Cantinat, wie wir da – Franzosen und Annamiten –, jeder in seinem Vehikel, mit einem Packen Zeitungen auf den Knien, vorbeidefilierten. Mal machten wir rechts, mal links vor den Kiosken und Buchläden, aber auch bei fliegenden Zeitungshändlern halt, die alle unser Blatt verschenken, nicht verkaufen sollten. Es war gegen fünf Uhr nachmittags, die Zeit des größten Trubels auf den Straßen. Die Luft war schon kühler, und die Bougainvilleas dufteten herrlich. Auf dem Rückweg bot sich uns ein erfreuliches Schauspiel: Hunderte von Köpfen, auf denen der unvermeidliche Tropenhelm – eine Melone in Großformat – prangte, neigten sich über das Blatt, zu dem jeder von uns auf irgendeine Weise seinen Beitrag geleistet hatte.

Doch was für Gedanken weckten die Texte in den geneigten Schädeln dieser Durchschnittsmenschen, die sich den Asiaten ach so überlegen dünkten? Gewiß nur die schlechtesten ...

Auch die zweite Nummer verteilten wir gratis auf den Straßen von Saigon. Die kleinen *nhos* stürzten uns diesmal schon entgegen. Es war richtig lustig. Sogar die Kulis verteilten eifrig mit.

Diese Nummer enthielt einen Artikel von Monin mit dem Titel: »Frankreich und China«, in dem es unter anderem hieß:

»Der Süden profitiert von der moralischen Stärke der Regierung von Kanton, die das republikanische Ideal direkt geerbt und in Ehren gehalten hat. Man lächle nicht über moralische Stärke! Das Frankreich der Revolution hat zu Nutz und Ruhm erfahren, daß sie unbesiegbar ist. Und die Regierung von Kanton hat diese Erfahrung in jüngster Zeit nachvollzogen, indem sie mit fünf- bis sechstausend Freiwilligen, die fast alle Studenten waren, die Horde der viertausend Yünnanesen* des Wu Pei-fu zu wiederholten Malen geschlagen hat.«

Und in einer der folgenden Nummern griff Monin das Thema der Verständigung zwischen Frankreich und China noch einmal auf:

»Wann immer in der Welt eine größere Volksgemeinschaft sich das hehre Ziel der Einigung oder der Unabhängigkeit für ihr Land gesteckt hat, lieferte Frankreich stets materielle oder moralische Unterstützung . . . Das leidende China ist durchaus zu einer Verschwisterung mit Frankreich bereit. Wenn es die einen vertreibt (hier waren die Engländer gemeint), muß es sie durch andere ersetzen: Und diese anderen müssen wir sein! Unser Interesse hier läßt sich mit unseren edelsten Traditionen absolut in Einklang bringen. Daher verlangen wir von unseren Repräsentanten nichts anderes, als daß sie unsere Traditionen respektieren und unseren legitimen Interessen dienen.«

In unserem Redaktionsraum, der ursprünglich Monins Salon gewesen war, stapelten sich die Papiere. Wir hatten die Tische aneinandergestellt wie in einem Klassenzimmer. Unentwegt hämmerte eine Schreibmaschine. In Grüppchen wurde lachend geplaudert oder empört diskutiert, wobei französische und annamitische Wörter sich vermischten. In einer Ecke bemühte ich mich, so recht und schlecht jene Informationen zu übersetzen, die auf der Seite »Weltnachrichten« erscheinen sollten, wobei wir diese Mitteilungen als Depeschen unserer Sonderberichterstatter ausgaben.

Gegen fünf Uhr, bevor die Nacht hereinbrach, gönnten wir uns regelmäßig eine kleine Pause, in der Monin und André sich häufig auf der Dachterrasse im Degenfechten übten, das sie beide schon recht gut beherrschten. Ich glaube, es ist der einzige Sport, in dem André es zu einer gewissen Meisterschaft gebracht hat. In diesem Klima mußte man sich einfach körperlich betätigen, um nicht völlig abzuschlaffen, daher hatten die beiden auch schon lange vor Bestehen

* Yünnan: chinesische Provinz an der Grenze zu Nord-Vietnam, Laos und Birma.

unserer Zeitung mit dem Degenfechten angefangen. Es war lustig anzusehen. Um diesen Scheinkampf etwas spannender zu gestalten, schlossen Trinh, Minh und ich Wetten auf den Sieger ab.

Eines Tages wurde mir plötzlich bewußt, daß ich schon über eine Woche mit keiner einzigen Frau in Kontakt gekommen war. Ich lebte in diesem Kreis von Männern, die zudem überwiegend Asiaten waren, abgeschnitten von meiner Heimat und von meinen Artgenossinnen. Obwohl es so aussah, als könnte ich auf sie verzichten, entdeckte ich plötzlich zu meiner eigenen Überraschung, daß ich es doch ganz nett fände, auch mal wieder eine Komplizin zu haben. Und da mir diese Möglichkeit einer echten und ungezwungenen Freundschaft unter Frauen jetzt wieder eingefallen war, beschloß ich gleich, ein oder zwei Mal pro Woche – wenn die Arbeit es erlaubte – mit Yvonne zusammenzukommen.

Yvonne war zehn Jahre älter als ich und als ehemalige Arbeiterin und ehemalige militante Anarchistin reich an Erfahrung. Ihre Kinder waren in Frankreich geblieben, sie war verwitwet, hatte wieder geheiratet, ein paar Jahre in Java gelebt und war dann, mittlerweile eine reiche Frau, nach Indochina gekommen. Sie hatte mir erklärt, worin das Wesen des Anarcho-Syndikalismus besteht, aus ihrem Mund hörte ich zum ersten Mal Namen wie Louise Michel und Kropotkin ... Sie schilderte mir aber auch das Elend der jungen Arbeiterinnen und das Risiko, das sie mit jeder Abtreibung eingingen. In ihrem kleinen, mit Bambusmöbeln ausgestatteten Salon erklärte sie mir, wie die Nélaton-Sonde funktioniert, mit der sich Proletarierfrauen gegenseitig halfen. Yvonne und ihr Mann bekamen wenig Besuch, höchstens von solchen Leuten, die ihm aufgrund seiner Stellung einen Pflichtbesuch abstatteten. Wenn man schon aus seiner Klasse aussteigt, muß man ja nicht unbedingt auch noch sein Leben mit dem derer, die man verachtet, vermischen. »Sie können sich gar nicht vorstellen, wie die Leute hier sind. Sie erinnern sich vielleicht an Madame X., die am Tag unserer ersten Begegnung am Nebentisch saß. An heißen Tagen ruft sie ununterbrochen nach ihrem Boy und läßt sich dies oder jenes bringen; dabei liegt sie dann nackt ausgestreckt auf ihrem Bett. Würde er jedoch nur eine falsche Handbewegung machen, so bekäme er die Peitsche auf seinem Rücken zu spüren, falls sie nicht gar telefonisch Hilfe herbeiriefe, sofern er ihr nicht sofort wieder demütig zu Füßen fiele.«

So nach und nach gerieten wir in Konflikt mit der offiziellen Politik. Im Laufe des Sommers 1925 machten wir in diesem Indochina, tausende Kilometer von Frankreich entfernt, eine Entdeckung nach der anderen. Bis dahin waren wir, was Politik anbelangt, die reinsten Unschuldslämmer gewesen. Wir waren ja mit unserer individualistischen Revolte beschäftigt!

Doch nach dem Bankett der Kuomintang war André bewußt geworden, daß eine Gemeinschaft von Menschen nicht die Summe der sie bildenden Individuen, sondern ein neues Element ist, das über sie, die einzelnen, hinausreicht. Und diese Erkenntnis rechtfertigte sein Interesse für Menschen, die er – einzeln betrachtet – der Aufmerksamkeit nicht für würdig erachtet hätte.

In diesem Land, das wir als Besiegte verlassen hatten, waren wir zur Unterwürfigkeit gezwungen worden. Nur kleine Ausflüchte – wie zum Beispiel meine Hunger- und Deliriumskomödie – hatten uns etwas Freiraum verschafft. Ich überlege, von welchem Moment an wir unter dieser aufgezwungenen Demutshaltung gelitten haben, so daß wir schließlich nichts sehnlicher wünschten, als auf diese Welt einzuwirken, ihr unser Zeichen aufzudrücken und die Rollen umzukehren. Da war vermutlich ein Augenblick, wo es nicht mehr völlig absurd schien, von einer Umkehr der Situation zu träumen. Und als die Würfel einmal gefallen waren, fanden wir ein wahnwitziges Vergnügen an unserem eigenen Spiel. Ich konnte von Moment zu Moment beobachten, wie André sich mehr und mehr identifizierte mit dem, was er tat.

Durch unseren Redaktionsraum defilierten Abgesandte aus den Provinzen, die mit natürlichem Selbstbewußtsein ihre Botschaften überreichten. Ab und zu kamen auch ein paar Europäer zu Besuch, aber besonders häufig und zahlreich erschienen die Annamiten. Mit einigen von ihnen, die ich regelmäßig sah, während ich an meinem Tisch die Zeitungen aus Singapur ausschlachtete – oder zumindest so tat als ob –, hatte ich richtig Freundschaft geschlossen. Besonders wenn André und Monin in der Druckerei waren, ließ sich zwanglos plaudern. So hatte Vinh mir von sich aus von seinen familiären

Schwierigkeiten erzählt und eines Tages sogar die Frau, die er liebte, mitgebracht. Sie war eine zarte, kleine Person, die völlig verwirrt war und sich mir gar nicht zu nähern wagte, woraufhin ich einfach auf sie zuging und ihr einen Kuß gab.

Vinh scheute sich jeden Abend, nach Hause zu seiner Mutter zurückzukehren: Da ertönten annamitische Flüche, die den jüdischen sicher nicht ähnelten, aber die gleiche zerstörerische Wirkung haben konnten, wenn sie aus dem Munde jener Lehrerin erschallten, die weder die außereheliche Liaison noch die politische Aktivität des Sohnes billigen konnte. Nichts Konkretes zwang Vinh zu dieser täglichen Rückkehr nach Hause, doch trieb ihn ein Gefühl, das ich persönlich sehr gut verstehen konnte. Daher war ich auch unfähig, ihm Ratschläge zu erteilen. Gewiß, ich redete mit ihm über seine Verpflichtung gegenüber seinen unterdrückten annamitischen Landsleuten, aber das Gesicht seiner Mutter, die ich eines Tages flüchtig gesehen hatte, vermochte ich nicht zu verdrängen, da es für mich nur allzu schnell die europäischen Gesichtszüge jener Mutter annahm, die sich in Paris mit ihrer von Widersprüchen zerrissenen Liebe quälte. Ich identifizierte mich mit Vinhs Problemen, ich verstand, wie unmöglich es ihm war, eine Vergangenheit voller Zuneigung, selbst wenn er sie nur als normal hingenommen hatte, einfach abzuschütteln. Ich begriff sein linkisches Verhalten, wenn divergierende Forderungen an ihn gestellt wurden. Ich war eins mit ihm in jenem Bedürfnis, die Widersprüche zur Deckung zu bringen. Doch mußte ich mir gleichzeitig die Frage stellen, ob ich nicht selbst ein zerrissenes Wesen war, wenn ich es fertigbrachte, eine mir fremde Welt derart in mich gleichsam aufzusaugen . . . Vinh stand mir nahe und noch ein paar andere. Doch konnten ihre Gesichter auch urplötzlich den Ausdruck wechseln, und dann war da nichts mehr, was ich verstehen konnte.

So schwankte ich zwischen dem Gefühl einer Komplizenschaft, die sogar schmerzhaft werden konnte in ihrer Intensität, und der Empfindung einer so ablehnenden Distanz, die mich hätte veranlassen können, um Hilfe zu rufen, wenn ich mich nicht mit aller Kraft zusammengenommen hätte. Ich habe viel gelernt damals in unserer Rue Pèlerin.

Nachdem die zweite Nummer erschienen war, ging der Klamauk – oder besser: das chinesische Theater – erst richtig los. Kaum war die Woche zu Ende, wußten wir, wo unsere Feinde standen. Doch wie viele es waren, ließ sich kaum überschauen. Jedenfalls lauerten sie darauf, daß wir uns nur den geringsten Schnitzer leisteten. Wir mußten die Klingen kreuzen mit den Direktoren der anderen Zeitungen, Beschimpfungen über uns ergehen lassen, Kampfansagen und symbolische Fausthiebe hinnehmen, die wir allerdings auf ebensowenig elegante Art konterten. Das war nun einmal der Stil des politischen Schlagabtausches in einem Kolonie-Provinznest ... Doch wenn Behauptungen auftauchten, die von der Realität kraß abwichen, dann konnte André ein unglaubliches polemisches und parodistisches Talent entfalten.

Anfangs behielt Monin sich die »seriösen« Artikel vor, was gerechtfertigt war aufgrund seiner Kenntnis der lokalen Probleme und seiner Rolle als Sachverständiger in Kolonialfragen. Hier nur ein Beispiel: Bei den letzten Wahlen war im Rathaus ein Individuum gestürzt worden, das sich unrechtmäßig siebzehn Monate lang auf seinem Rathaussessel festgekrallt hatte. Als Nachfolger wurde ein Ehrenmann gewählt, ein Freund von Monin, der die Machenschaften des anderen unverzüglich aufdeckte. Einen dieser Schachzüge, der zwar schäbig, aber schon klassischen Zuschnitts war, griffen wir in unserer Zeitung auf: Spekulation mit billig erworbenem Grund und Boden, erschlossen auf Kosten der Stadt, die, »im Gegensatz zur alle Verpflichtungen ablehnenden Immobiliengesellschaft, sämtliche Verpflichtungen übernahm«, wie Monin schrieb. Der neue Bürgermeister gestattete uns den Abdruck des diese Affäre betreffenden Untersuchungsberichts, aus dem hervorging, daß der Präsident der Landwirtschaftskammer von Cochinchina, dessen Mandat ebenfalls verlängert worden war, sich mit Unterstützung von Regierungsvertretern ein Darlehen in Höhe von 500 000 Francs vom offiziellen Gemeindebudget verschafft hatte. Woraufhin Monin feststellte: »Der höchste Beamte Cochinchinas, der Repräsentant der Exekutivgewalt, der den Auftrag hat, für die strikte Anwendung des Gesetzes zu sorgen, ist der erste, der es verletzt, wenn es um seine Privatinteressen oder die seiner Freunde geht.«

Durfte man wirklich hoffen, solche Artikel Tag für Tag ungestraft bringen zu können?

Pham Boi Chao: Ich habe ihn niemals gesehen, nur eingehend auf Fotografien betrachtet, die seine Freunde bei sich trugen, und da sah er manchmal aus wie ein Mandarin und dann wieder wie ein Mann unseres Jahrhunderts. Seine Taten habe ich nur bruchstückhaft erfahren. Der erste, der mir davon erzählte, war vermutlich Nguyen Pho, der aus Tonking kam und so alt war wie wir.

»Der Vorgänger von Pham Boi Chao«, sagte er, »war Tang Bat Ho, an dessen Namen Sie sich erinnern werden, Clara.«

»Tang Bat Ho, der gehört doch schon der Geschichte an«, warf Hin ein, der mit seiner eigenen Vergangenheit auch gleich die der anderen über Bord werfen wollte.

»Wir müssen aber unsere Geschichte kennen, wenn wir das Heute formen wollen«, beharrte Pho.

Hin ist unerbittlich wie ein Fürstensohn: Da die Vorfahren, selbst die aus jüngster Zeit, Annam in den Untergang geführt haben, zählen nurmehr die Helden von morgen. Indes war Tang Bat Ho einer der ersten gewesen, die die Notwendigkeit erkannt haben, veraltetes Wissensgut abzustoßen. Anfänglich hatte er in den Reihen der Piraten gegen uns gekämpft, und als er dann zu den Besiegten gehörte, war er Matrose geworden und hatte als solcher auf einem japanischen Schiff in Port-Arthur und Dairen (chinesisch Ta-Lien) gedient, wo er die unverhoffte Niederlage der Weißen miterlebte. Man war der Meinung, er sei nun tatsächlich Japaner geworden, doch als er als Gast am Bankett im Kaiserpalast teilnahm, begann Tang Bat Ho zu weinen: »Mein Volk leidet, doch eines Tages wird es sich befreien.«

»Niemals haben Phan Chou Trinh oder Pham Boi Chao ihre Hoffnung auf die Japaner gesetzt«, erklärt Pho, und er zitiert mir den berühmten Satz des letzteren: »Um mich vom Tiger zu befreien, werde ich ja nicht den Panther in mein Haus holen.« Obwohl Pham Boi Chao in Shanghai mit Sun Yat-sen zusammenkam und den Marxismus studiert hatte, schien die proletarische Revolution ihm doch nicht ganz geheuer zu sein. Und obwohl er an der Seite des alten Piraten De Tham gekämpft hatte, war eine Spur Gandhi in ihm. Er hat auch die geheime Abreise annamitischer Studenten organisiert und ihnen aus Geldmitteln, die er auf abenteuerlichen Wanderschaften gesammelt hatte, das Studium an der Militärakademie in Tokio finanziert. Die jungen Leute sollten auf diese Weise jenen Wissensstand erreichen, den die Kolonialregierung ihnen verweigerte. Um sich Waffen zu beschaffen, wurde er Kaufmann. Er hat auch Lieder geschrieben, um sein Volk darüber aufzuklären, daß Unordnung nicht immer unmoralisch sein muß und daß Stabilität auch zerstörerisch wirken kann. Er hat die alte Tradition der Gründung von Geheimgesellschaften wiederaufgenommen, doch nach modernem Muster, und so entstand beispielsweise 1906 die »Gesellschaft zur Modernisierung Vietnams«. Es folgten Niederlage und Gefängnishaft. 1914 begegnete er in Kanton an der Seite des Siegers Sun Yat-sen einem gewissen Ly Thuy, der früher Nguyen Ai Quoc geheißen hatte und Ho Chi Minh werden sollte. Gemeinsam schmiedeten sie Pläne, unter anderen auch den einer weltumfassenden Föderation unterdrückter Nationen. Am 17. Juni 1925 bestieg Pham Boi Chao ein Schiff, das ihn von Schanghai nach Kanton bringen sollte, wo er an den ersten Aktivitäten der neugegründeten Organisation teilzunehmen gedachte, doch da nahmen die Franzosen ihn fest.

Pham Boi Chao war noch immer ein Gefangener, aber Phan Chou Trinh kehrte nach zehnjährigem sinnlosen Exil nach Tongking zurück. An jenem Abend stand ich im Halbdunkel und bei leichtem Regen mit Dejean de la Batie auf dem Kai. Wir beide repräsentierten die Zeitung, aber auch die Freundschaft, denn in gewisser Weise war Dejean ein Schüler von Phan Chou Trinh, vor allem aber ein alter Freund von Vinh. Das erste, was den Ankömmlingen von annamitischem Boden entgegenschallte, war das Knirschen der Ankerkette und der Vertäuung, dann vernahmen sie die Befehle der Franzosen, das Hupen der Autos, in deren Scheinwerferlicht wirbelnde Taschentücher zu erkennen waren, und schließlich schwollen jene Stimmen an, die die Silben zerhacken und unverkennbar nach Asien klingen. Dejean hatte meine Gegenwart völlig vergessen. Ich fand ihn zwischen all den anderen, die sich an den Schiffsrumpf drängten und sich zwei schattenhaften Gestalten entgegenreckten. Man plauderte und lachte bereits, und schließlich erinnerte man sich auch an mich: »Der mit dem dichten Schnurrbart . . .« – im Lichte des Bordscheinwerfers war er nur schemenhaft zu erkennen –, »der mit dem dichten Schnurrbart, das ist Trinh.« Später sah ich, daß er außerdem noch tief gefurchte Wangen, einen entschlossenen Blick und irgendwie das Aussehen eines Radikalsozialisten hatte. Er dürfte damals etwa fünfzig Jahre alt gewesen sein. Und der andere war folglich Vinh: Schon bevor ich ihn kannte, war ich ihm freundschaftlich zugetan. Wir stiegen an Bord, wo Trinh, der verlorene Sohn, der in die Heimat zurückkehrte, umringt, beglückwünscht und umarmt wurde.

Anschließend begaben wir uns in ein Restaurant, wo ein Festbankett auf die Männer, die die Hoffnung Annams repräsentierten, wartete. Unter anderen Umständen hätte ich sicher nicht dazugehört, ich, eine Frau, eine Europäerin. Aber jetzt akzeptierte man mich. Dejean wich nicht von meiner Seite, und das war offensichtlich nicht nur für mich beruhigend. Alles, was die gelbe Erde zur Feier ihrer Kinder zu bieten hatte, war hier aufgetragen. Dicht an dicht, eine Krone aus verschiedenen Farbtupfern bildend, standen Teller, Schalen, Platten und Becher, die niemals leer wurden. Wir waren nicht sehr zahlreich, denn es sollte ja ein Essen im Freundeskreis bleiben. Lauwarmer *schum*, ein hochprozentiger Zuckerrohrschnaps, ging von Hand zu Hand. Phan Chou Trinh erhob sich und hatte Tränen in den Augen, die er sich mit dem Handrücken abwischte. Er rang nach Worten, um seiner Freude über die Rückkehr ins Land der Ahnen und seiner Rührung über die zu seinen Ehren veranstaltete, von Sympathie und Freundschaft zeugende kleine Feier Ausdruck zu verleihen. Nach verklungenem Applaus konnte man Fragen stellen. Was hielt er von den Mutterland-Franzosen?

»Na ja, da gibt's auch Unterschiede; es gibt gute und schlechte, wie in jedem Land der Erde.«

»Sonst nichts?«

»Im allgemeinen sind sie besser als die Kolonialbeamten, die bei uns in der Regierung sitzen . . .«

Das Lachen der Tafelrunde klingt zurückhaltender als das chinesische oder das französische Lachen.

»Die Linke hat ja soeben in Frankreich Triumphe gefeiert. Was halten Sie von diesem Erfolg?« (Dejean hat diese Frage gestellt.)

»Den Abgeordneten der Linken und ihren Gesinnungsgenossen

gilt meine ganze Sympathie. Einigen von ihnen habe ich eine Menge zu verdanken.«

Etwas später sagt er gewichtigere Dinge:

»Man soll uns die gleichen Gesetze zugestehen wie den Franzosen, dann werden wir mit Freude unter der Ägide Frankreichs leben ... Eine bewaffnete Revolte ist sinnlos, sie würde uns nur geradewegs in den Untergang führen. Wir haben den modernen und mächtigen Mitteln der Zerstörung nichts entgegenzusetzen.«

»Was dann?«

»Seid einig und stark wie ein Mann und fordert eure legitimen Rechte. Äußert euch in den Zeitungen, nennt eure Wünsche und Vorstellungen und appelliert an das Humanitätsideal Frankreichs.«

»Und auf wen sollen wir setzen?«

»Zuerst auf euch selbst. Setzt euch durch mit eurer Intelligenz und euren Kenntnissen: Fortschritt mit geistigen Mitteln! Und stützt euch auf ehrliche Republikaner.«

Wie eine kleine stämmige Säule stand Hin mitten im Salon. Er sah uns nicht einmal an. Er wußte, was er tun wollte. Ein Europäer an seiner Stelle wäre auf und ab gelaufen, um seine Nerven zu beruhigen. Aber wahrscheinlich waren Hins Nerven gar nicht angespannt: Er hatte schlicht und einfach beschlossen, den Gouverneur Cognacq zu beseitigen. Da der interimistische Generalgouverneur Montguillot nach Saigon kommen würde, müßte Cognacq ihn in der indochinesischen Hauptstadt willkommen heißen. Es würde eine Feier geben und eine mehr oder weniger militärische Parade. Das würde Hin ausnutzen, um seine Tat zu vollbringen. Aus Anstand setzte er uns davon in Kenntnis, was aber nicht bedeutete, daß er auf Ratschläge von uns erpicht war.

Es dauerte auch eine Weile, bis wir etwas zu sagen wagten. Als erster sprach Dejean:

»Ich kann mir nicht vorstellen, wie du das machen willst.«

Hin lachte nur, rührte sich aber noch immer nicht.

»Als Fotograf.«

»Was soll denn das heißen?«

»Ich habe die Erlaubnis, als Fotograf an der Zeremonie teilzunehmen. Und sobald ich den Gouverneur von Angesicht zu Angesicht vor mir habe, werde ich, anstatt zu fotografieren, meinen Revolver ziehen.«

»Und vorbeischießen.«

»Ich bin ein guter Schütze.«

Dejean mußte es zugeben: »Das stimmt.«

Ich sah nur Hin, wie er da so kurz- und breitbeinig vor uns stand; auf seinem Schädel reckte sich wie ein Hahnenkamm büschelförmig sein struppiges Haar; seine Haut war großporig und dunkel. Er hatte ja eigentlich recht . . . Das Übel auszurotten, ist das Natürlichste . . . Doch wenn er es tun würde, wäre alle Hoffnung in diesem Lande dahin.

Jetzt sprach Monin:

»Man wird Sie festnehmen, Hin.«

»Und zum Tode verurteilen«, ergänzte Hin.

Sekundenschnell blickte ich von Hin zu Dejean und sah, wie dieser mit den Achseln zuckte.

»Das ist doch Unsinn«, sagte er.

»Ich werde es tun«, erwiderte Hin, »weil es getan werden muß, denn dieser Kerl ist ein Ungeheuer. Seinetwegen wird den *nhaques* das Land entrissen, seinetwegen tötet man unsere Männer in Syrien und Marokko, seinetwegen drückt man uns mit immer neuen Steuerauflagen. Das muß anders werden!«

»Das wird aber nicht anders werden durch deinen Mord, und wenn, dann wird es nur schlimmer sein, denn dann hätten sie ja endlich einen Vorwand, uns wie Feinde zu behandeln.«

»Dejean hat recht.«

Das war eine französische Stimme gewesen. Monin oder André? Wir alle waren zutiefst bewegt.

Ein Lichtfleck auf dem gefliesten Boden schob sich zu Hin vor, der immer noch unbeweglich dastand:

»Das Wichtigste ist, daß wir erst einmal ihre Aufmerksamkeit gewinnen«, sagte er.

»Nein«, erwiderte Dejean. »Du weißt doch sehr wohl, daß sie unsere Revolten in Morde umfunktionieren.« (Mit »uns« meinte er diesmal die Annamiten.)

»Und wenn wir nichts tun«, sagte Hin, »dann wird sich nichts ändern.«

»Ich sage nicht, daß wir nichts tun sollen«, entgegnete Pho, »nur dürfen wir nicht irgend etwas Unsinniges tun.«

»Euer Irgendetwas darf vor allem nicht irgendwann geschehen«, warf André ein.

»Für die werden unsere Patrioten ohnehin nie etwas anderes sein als Piraten oder Mörder.«

»Mit so einem Mord muß man aber auch etwas erreichen . . .«

Der Sonnenfleck war bis zu Hins Füßen vorgedrungen und umkränzte seine hellen Segeltuchschuhe jetzt mit einer Aureole.

»Ein Attentat, dem keinerlei Aktion des Volkes folgt, wird nicht nur zu einem Mord, sondern zu einem Fehlschlag, und das ist noch viel schlimmer.«

Danach schien es, als hätten wir einander nichts mehr zu sagen; die Stille war endlos. Ich hänge meinen Gedanken nach: Ich bin durchaus bereit, auf seiten der Annamiten zu kämpfen, und dennoch werde ich niemals gänzlich eine der Ihren sein. Der Zufall hat uns den gleichen Platz zugewiesen und uns einander nähergebracht in einem Kampf, der für sie und für mich nicht ganz derselbe ist und auch nicht sein kann. »Wir haben dieselben Feinde«, das stimmt für heute – aber was ist morgen?

Stimmen werden wieder laut. Ich halte mich zurück; man erwartet auch nichts von mir. Jetzt spricht Pho:

»Das bißchen Freiheit, das wir jetzt noch haben, werden sie uns dann auch noch nehmen. Wir haben zumindest diese Zeitung, und Minh will die *Cloche fêlée* wiederaufleben lassen. Sie können aber auch beide abwürgen . . . Außerdem heißt es doch, man werde bald einen echten Republikaner zum Gouverneur ernennen. Varennes ist im Gespräch, ein Sozialist.«

»Sie haben keine Organisation hinter sich«, warnt Monin, »die das Durcheinander ausnützen könnte, um einen Kampf zu führen.«

»Eine Organisation . . .«, murmelt Hin, »eine Organisation . . .« Plötzlich explodiert er: »Das alles ist mir scheißegal, scheißegal, verstanden?«

Kurz vor der Tür bleibt er stehen und mustert uns; er weiß nicht mehr, ob wir Freunde oder Feinde sind. Unabsichtlich kreuzen sich unsere Blicke, und ich weiß, was er denkt: »Wir werden uns auch ohne euch von euch befreien!« Und ich weiß auch, daß er recht hat.

Das Telefon klingelt. Monin nimmt den Hörer ab:

»Aha . . ., gut . . .«

Er hängt ein. Der Festzug ist abgesagt worden, Montguillot macht nur kurz Station in Saigon, und Hins Fotografiererlaubnis ist hinfällig geworden.

Aber das Kampfballett ging weiter. Man überwachte uns nach wie vor: Manchmal war der Spitzel so dicht neben uns, daß uns sein Schatten vorauslief. Ich trampelte auf ihm herum wie auf einem bösen Geist, das beruhigte die Nerven. Dann wieder war uns die Anwesenheit dieses Polizeikerls auch lästig, und wir versuchten mit allerhand Tricks, ihn abzuhängen, was gar nicht so leicht war in einer Stadt, die von Polizei nur so wimmelte. André ging nach links, ich nach rechts, wir trafen uns wieder an einem vorher abgesprochenen Ort, und das klappte auch meist, wenn uns nur einer folgte; doch wenn sie zu zweit waren, verringerten sich unsere Chancen, obgleich es lustiger war. In die Häuser konnten wir uns nicht flüchten, denn in den Herrschaftsvierteln von Saigon, wo wir meist zu tun hatten, standen überwiegend Villen, die von Gärten umgeben waren. Und hinter einem Banyanbaum wurde ich auch nicht unsichtbar. Wäre ich kleiner gewesen, hätte ich in die Höhlungen zwischen seinen Luftwurzeln schlüpfen und die Füße in den mit Wasser gefüllten Kuhlen baden können . . .

Eines Morgens stolperte ein sichtlich übernächtigter Dejean, kurz darauf gefolgt von Hin und Vinh, in unsere Redaktion: Sie waren die ganze Nacht Phos Spuren gefolgt. Jeden Abend gab Pho in den verschiedensten Luxusetablissements mehr aus, als er in einer Woche bei uns verdiente, und seit zwei Monaten hatte er auch seine Bretterbude hinter dem Markt gegen ein säulengeschmücktes Häuschen eingetauscht. Verrat? Wie dem auch sei, der Verdacht allein genügte nicht, wir mußten Gewißheit haben. Wir sprachen alles durch und fürchteten die Ankunft des Mannes, der vielleicht zum Feind geworden war. Auch wir würden uns unwissend stellen müssen. Wir würden seinem Blick ausweichen, und sollte er den unsrigen meiden, dann wüßte er Bescheid.

In regelmäßigen Abständen befiel mich gegen sechs Uhr abends ein unerklärliches Fieber, das über 38 Grad stieg, und dann mußte ich mich hinlegen. Eigentlich war mir das gar nicht so unangenehm, dieses Alleinsein mit meinen Träumen, hoch oben auf der Dachterrasse, in einem Korbliegestuhl, mit einem Kissen unter dem Kopf und den Rufen und Schreien, die zu mir heraufdrangen: Es war der typische abendliche Lärm – ein Gewirr von Stimmen, Ochsenfroschgequake, Grillengezirp, Vogelruf. Plötzlich höre ich das vertraute zweisilbige »Cla-ra«, als ob das Wort so lang wäre, daß man mittendrin eigens noch mal Luft holen müßte . . . Ich erriet, was Pho mir sagen wollte, und versuchte vergebens, ihn am Sprechen zu hindern. Er war hier und wollte reden, da konnte ich gar nichts machen. Sein Schatten ließ sich auf einem Stuhl nieder, und plötzlich war es kein Schatten mehr, sondern ein Mann: Nguyen Pho, und dem hatte ich zuzuhören.

»Cla-ra, Sie sind die erste weiße Frau, die mich als Freund behandelt hat . . .«

»Wieso hätte ich das auch nicht tun sollen?«

»Cla-ra, Sie haben nicht das Recht, an mir zu zweifeln. Ich gebe Ihnen mein Ehrenwort: Ich habe mit der Polizei nichts zu tun. Hin, Vinh und Dejean irren sich. Sie haben Beweise für meine Loyalität, ich habe mir oft genug selbst geschadet. Ich werde doch nicht für Geld meine Freunde verraten!«

Warum hätte ich ihm nicht glauben sollen? Ich bin doch immer so leichtgläubig. Aber warum hätte ich den anderen nicht auch glauben sollen? Sie hatten solide Argumente.

»Cla-ra . . .«

Die Stimme klang mir irgendwie zu eindringlich.

»Pho, ich kann darüber nicht urteilen . . . Sie sollten mit den anderen darüber sprechen.«

»Ich will aber Sie überzeugen, Cla-ra. Ich kann es nicht ertragen, wenn Sie mich verachten.«

»Wieso glauben die anderen, daß Sie . . .«

»Keine Ahnung. Sie sind so unvorsichtig, reden überall, selbst an Orten, wo sie besser schweigen würden. Man beobachtet uns, aber das wissen Sie ja.«

»Schon, aber . . .«

Ich wage nicht zu fragen, woher er das viele Geld hat. Seine Familie ist arm, das hat er nie verschwiegen. Seit Vinh mich aufmerksam gemacht hat, sind auch mir seine neue Kleidung, seine Armbanduhr und seine ziselierten Manschettenknöpfe aufgefallen. Aber verkauft man seine Freunde gegen so geringes Entgelt? Es sei denn, er haßte uns oder wäre eifersüchtig, doch wüßte ich nicht, auf wen oder was.

»Pho . . .«

Er hat sich neben meinem Liegestuhl niedergekniet . . . Aber nein, das kann nur sein Schatten gewesen sein; so melodramatisch, so unerträglich . . .

»Stehen Sie auf, Pho.«

»Nicht eher, als bis Sie mir versichert haben, daß Sie mir vertrauen.«

Er ist intelligenter als Hin, intelligenter auch als Vinh, ja sogar intelligenter als Dejean. Ob das etwas erklärt?

»Stehen Sie auf, ich flehe Sie an. Woher wissen Sie überhaupt, daß man Sie verdächtigt?«

»Vinh hat es mir gestanden; ich begann es zu ahnen. Man hat es mir zu verstehen gegeben.«

»Abscheulich.«

»Ja.«

»Wenn Sie nicht sicher sind . . .«

»Sie sind nicht sicher.«

»Pho, ich kann darüber wirklich nicht urteilen.«

Er ist aufgestanden.

»Warum schicken Sie mich nicht fort?« Die Stimme klingt ärgerlich.

»Was soll ich darauf antworten? Haben Sie nicht Vinh gefragt?«

»Er hat mir gesagt, man wolle mich auf die Probe stellen. Man verzeiht mir, indem man mich überwacht. Aber sie haben mir nichts zu verzeihen, das versichere ich nochmals. Und ihr Mißtrauen werde ich nicht lange ertragen.«

»Pho, ich bin wirklich Ihre Freundin, ich heuchle nicht. Aber fragen Sie mich nicht . . .«; ich kann nicht zu Ende sprechen.

»Entschuldigen Sie, daß ich Sie belästigt habe«, läßt sich der schmale annamitische Schatten vernehmen, »ich hätte Sie nicht in diese schmutzige Geschichte hineinziehen sollen.«

»Werden Sie weiterhin mit uns arbeiten, Pho?«

»Ich habe keinen Grund, die anderen glauben zu lassen, sie hätten recht. Ich werde ihnen sogar den Beweis liefern, daß sie sich geirrt haben.«

Seine Hand streckt sich mir entgegen. Die schönste Männerhand, die ich kenne. Ich blicke in das fahle Licht einer Straßenlaterne, das traurig-trüb auf eine Hausecke fällt, und ergreife hier oben im Schatten jenen hellen Fleck, den ich inbrünstig drücke, weil man ja niemanden sinnlos leiden lassen darf. Aber wenn der Verdacht ungerechtfertigt wäre, hätte dann Pho, wie von einer Kugel getroffen, hier vor mir auf die Knie sinken dürfen?

Pho war schon dabeigewesen, als wir zu sechst – er, Hin, Vinh, Monin, André und ich – unsere ersten fünf, in schwarze *ao-dai* gekleideten Gäste empfingen. Völlig selbstverständlich saßen sie da im hellen Tageslicht vor uns. Der Älteste, der einen schmalen Bart trug, was immer Würde verleiht, öffnete eine – ebenfalls Würde symbolisierende – Aktentasche, der er Papiere entnahm, die er auf dem mitten in Monins Salon stehenden Tisch mit den gedrechselten Füßen und der rot-gold bestickten Decke ausbreitete. Dann richtete er sich wieder auf und verlas eines der gebündelt vor ihm liegenden Schriftstücke:

»Wir sind Bauern aus Camau und sind gekommen, um Gerechtigkeit zu fordern.«

Wir wußten, worum es sich handelte. Das Papier in seiner Hand verlieh jedoch einer Bewegung, die bisher kaum mehr als ein regionales Aufbäumen gewesen war, größere Breitenwirkung.

»Man will uns enteignen, obwohl wir seit Jahren regelmäßig Steuern gezahlt haben.«

Der Mann – er hatte früher im Provinzrat gesessen – hielt kurz inne, um sich diskret die Nase zu putzen. Dann las er weiter. Ich saß im Hintergrund des Raums auf einem sanft schaukelnden Stuhl und schniefte, um nicht laut schluchzen zu müssen. Für einen Augenblick schloß ich die Augen, und da hörte ich:

»Wir hatten nicht mit kostenlosen Konzessionen gerechnet; wie Sie sicher wissen, ist unser Land noch nicht im Katasteramt eingetragen . . . Man hatte uns aber versichert, unsere ererbten Rechte zu berücksichtigen . . . Unsere Ahnen haben diesen Boden, auf dem der Reis jetzt wächst, ja erst urbar gemacht . . . Wir sind unwissende Männer. Wir kennen die administrativen Vorschriften nicht, aber wir hatten Vertrauen.«

Ich wußte zwar, wovon dieser Mann sprach, aber als ich die Dinge nun aus seinem Munde vernahm, schien mir, als entdeckte ich sie neu. Da stand er vor uns, dieser Bauer, und sein Schmerz hatte sich an ihn geklammert wie ein Kind an seine Mutter.

»Franzosen, angelockt durch den in unserer Gegend besonders fruchtbaren Boden, wollen sich jetzt den Löwenanteil billigst unter den Nagel reißen. Die Verwaltung hat nun, ganz gegen die Gepflogenheiten, in den Vergabebedingungen verfügt, daß die Aufkäufer mehrere Parzellen zusammenlegen dürfen, sofern sich aus den einzelnen Parzellen eine Großparzelle von mehr als sechshundert Quadratmeter Fläche ergibt, was aber nichts anderes bedeutet, als daß die Kleinbauern ausgeschaltet werden sollen. Denn wenn es diesem räuberischen Konsortium gelingt, alle Parzellen, das heißt die vierzehntausend zum Verkauf ausgeschriebenen Quadratkilometer, zu einer einzigen zusammenzufassen, dann gibt es doch keinen von uns kleinen Landbesitzern, der reich genug wäre, gegen diesen Hamsterverein anzukämpfen.«

Die Stimme flüstert nur mehr, denn es ist ja ein Bittgesuch, ein Flehen um Hilfe.

»Die Kambodschaner sind sehr friedliche Menschen . . ., aber es wurde auch schon einmal ein Verwaltungsbeamter getötet.«

»So weit brauchen Sie nicht zu gehen«, erwidert Monin, der nun auch aufgestanden ist.

»Wir werden Sie zu verteidigen wissen. Der Landverkauf ist für den 27. Juli angesetzt, aber Gouverneur Montguillot wird noch vor dem 27. Juli nach Saigon kommen. Wir werden ihm mitteilen, was da in Camau vor sich geht. Er wird erfahren, daß seine Verwaltungsbeamten die großen Vermögen und die Konsortien, deren Dankbarkeit ja immer nützlich ist, begünstigen. Meine Freunde, ich habe selbst bereits Einblick genommen in den offiziellen Plan und festgestellt, daß die Parzellen, die ja alle nebeneinanderliegen, sich leicht auf Antrag eines einzelnen Käufers zusammenfügen lassen, und damit wäre die Sache ja schon gelaufen.«

»Ja«, sagt Tran Van Dang, der sein Schriftstück auf das Papierbündel zurückgelegt hatte. Um uns die Sache zu verdeutlichen, braucht er diese Gedächtnisstütze nicht mehr:

»Für 500, 700 oder 1000 Hektar hätten einige von uns noch

mitbieten können, aber für 2000, 5000 oder 10 000 Hektar können sie es nicht mehr. Schon allein der Aufrufpreis einer solchen Riesenparzelle beläuft sich auf 20 000, 50 000 oder 100 000 Piaster.«

Die perfiden Schachzüge sind so klar, daß man Angst kriegen könnte.

»Malraux und ich verfügen über eine Tageszeitung mit 5000 Lesern. Wir werden auf euer Problem aufmerksam machen. Wenn nötig, werden wir täglich bis zum 27. Juli wiederholen, daß hier zugunsten der Freunde des Herrn Gouverneurs – und seien wir ehrlich: zu seinem Profit – ein alle Präzedenzfälle an Schändlichkeit übertreffender Landraub betrieben werden soll. Und wie ihr wißt, läßt sich das, was man insgeheim zwar eventuell schaffen kann, vor den Augen der Öffentlichkeit schon weitaus schwerer bewerkstelligen.«

Asiatische Köpfe nicken, sie wissen um den Wert der öffentlichen Meinung.

»Wir werden bis zum Prozeß gehen«, fährt Monin fort. »Und wir werden zuverlässige Dolmetscher haben – was selten ist.«

Er lächelt. Seine Oberlippe verzieht sich leicht nach rechts oben. Als sie dieses Lächeln sehen, sind die Annamiten schon fast beruhigt, schon fast bereit, sich über den Feind zu mokieren, der offenbar verwundbarer ist, als sie gedacht hatten.

Nachdem der Kampf nun aufgenommen war, glaubten auch wir so fest an den Sieg, als hätten wir selbst die Erde Annams urbar gemacht. Wir hatten knapp zwei Wochen Zeit. Eine Artikelflut von beiden Seiten: Bestandsaufnahme, Beleidigung, Wiederholung, Sanktionsdrohungen, ebenfalls an die Adresse derjenigen, die es wagen sollten, zu protestieren.

»Muß ich Ihr Gedächtnis auffrischen, Monsieur X.«, schrieb Monin, »und an jene Verfolgungen erinnern, die Sie den Annamiten angedeihen ließen, nur weil diese gegen Monsieur C. und seine räuberischen Pläne waren? Oder an die Strafversetzungen so vieler Beamter, von denen einige sogar aus Protest ihr Amt niedergelegt haben, oder an jene Notiz vom 9. Juni 1924, die ich in der Akte eines Lehrers fand, der wegen des Vergehens mangelnder Hochachtung dem Monopol gegenüber verfolgt wurde? Eine Notiz folgenden Wortlauts: ›Es ist Wunsch der Regierung, daß dieses Individuum die schlechtestmögliche Stelle zugewiesen bekommt.‹ Aber das Antlitz Frankreichs hat nichts gemein mit dem Ihrigen, Monsieur X., und auch nichts Gemeinsames mit dem des Monsieur C., und um das den Annamiten zu beweisen, bin ich da. Sie haben es auch längst begriffen und lieben Frankreich nach wie vor, trotz Ihresgleichen.«

Soviel gutgezielte Vehemenz rüttelte urplötzlich Franzosen wie Annamiten auf. Gegen drei Uhr, wenn die Zeitung herauskam, wimmelte es nur so vor den Kiosken. Die weißgrauen Blätterbündel tanzten wie kleine Masten seetüchtiger Segelboote über der wogenden Menge und überragten sogar die Weißhelme. Jedermann las *L'Indochine*.

Ein paar Tage vor dem Verkaufstermin fuhren »meine Leute« nach Camau – ohne mich, denn einer mußte ja schließlich die Stellung halten. Kurze Zeit darauf kehrten sie triumphierend zurück: Gleich nach ihrer Ankunft in Camau war völlig unerwartet Monsieur E., einer der Beamten im politischen Ressort, aufgetaucht. Seine Anwesenheit hätte uns allerdings weniger verwundert, wenn wir damals schon gewußt hätten, was wir erst zwei Tage später erfuhren: Ein Sozialist, der Abgeordnete Alexandre Varennes, war zum Generalgouverneur ernannt worden. Und infolge der Reise des Sonderbeauftragten nahm auch der Landverkauf plötzlich einen rechtmäßigen und im höchsten Grade zufriedenstellenden Verlauf – in erster Linie natürlich für die Bauern von Camau, aber auch für uns.

Dabei wäre dieses schöne Ergebnis »meine Leute« beinahe teuer zu stehen gekommen; während sie auf einer dieser Prachtstraßen dahinrollten, auf denen sich die Kolonialherren wie die alten Römer fühlen konnten, trat der Chauffeur plötzlich auf die Bremsen: Genau in der richtigen Höhe, um ein mit der damaligen Maximalgeschwindigkeit von 80 Stundenkilometer dahinrollendes Fahrzeug einen Purzelbaum schlagen zu lassen, hatte man ein Seil straff über die Straße gespannt . . .

Dieser Versuch war also gescheitert, wir hatten Glück gehabt. Aber lange konnte es so nicht mehr weitergehen, sie mußten uns loswerden! Nur die Methode war ihnen noch unklar. Drohungen gegenüber unseren Abonnenten genügten nicht, denn schon wenn eine Nummer von Hand zu Hand weitergereicht wurde, konnte sie beträchtlichen Schaden anrichten. Und dann noch dieser neue Gouverneur: ein

Linker, der anständigen Menschen ohnehin nichts zu sagen hat! Man mußte uns erledigen, zumindest unsere Zeitung, und das war ja einfach.

Zwei Wochen vor dem Ende lagen André und ich in der dumpfen Mittagsschwüle auf unseren nach Pflanzen duftenden Kapokmatratzen und lasen einen Text von Minh: »Die Kolonialregierung ersinnt tausend Mittel, um die französischsprachigen Zeitungen, die ihr mißfallen, zu bekämpfen. Sie untersagt zum Beispiel allen Setzern, sie zu drucken, und verbietet allgemein ihre Lektüre, denn Hunderte von Exemplaren kamen zurück mit dem Stempel ›Annahme vom Empfänger verweigert‹. Wer nicht Beamter ist, erhält nur den Rat, gewisse Zeitungen nicht zu lesen. Die Kolonialregierung fängt die an diese Zeitungen gerichteten Briefe ab, um die Namen der Abonnenten zu erfassen. *La Cloche fêlée* (das war Minhs Zeitung) hat all diese Schikanen bereits mitgemacht.«

Und uns sollten sie auch nicht erspart bleiben. Man gab unserem Drucker zu verstehen, daß man ihm alle Regierungsaufträge wie Plakate oder öffentliche Bekanntmachungen zu entziehen gedenke, und unter seinen Arbeitern wurde ein Streik geschürt.

In dieser von siebentausend Franzosen bewohnten Stadt konnte kein Drucker ohne die Hilfe der Behörden überleben. Auf ein solches Abenteuer, das seinen Untergang bedeutet hätte, vermochte sich daher auch kein einziger weiter einzulassen. Und so ging nach zweimonatigem Bestehen, am 14. August 1925, »unsere Tageszeitung« ein.

Doch wie nach jeder Niederlage, begann auch jetzt unsere Phantasie sofort fieberhaft zu arbeiten. »Ich fahre nach Kanton«, erklärte André.

An Deck des Schiffes nach Hongkong befinden sich eindeutig mehr Europäer als Asiaten. Die meisten genießen die Überfahrt in den luftigen Liegestühlen aus Segeltuch, nur die Engländer, die allerdings nicht sehr zahlreich sind, scheinen ein wenig besorgt, denn auf der Insel wird gestreikt. Ich plaudere seit etwa zehn Minuten mit einem hochgewachsenen, wohl vierzigjährigen Engländer, den der Streik jedoch kalt läßt, da er soeben von der Jagd in Süd-Annam zurückkehrt. Auch das dort herrschende Regime berührt ihn nicht sonderlich – »Hauptsache, die Tiger bleiben so prachtvoll wie bisher«. Mehr gibt es darüber wohl auch nicht zu sagen. Doch plötzlich, als habe er es in seiner Zerstreutheit ganz vergessen, läßt er mich wissen, daß der Kapitän soeben per Telegramm den englischen Behörden mitgeteilt hat, *»the reddest bolshevik of all Annam«* befinde sich an Bord seines Schiffes, wie er soeben telegrafisch von den französischen Behörden erfahren habe.

Also wird sich die Polizei mal wieder für uns interessieren, wie in Singapur. Aber in Hongkong wird doch gestreikt ... Ob dieses unselige Telegramm nun unseren geplanten Ankauf von Drucktypen vereiteln wird?

Ein paar Minuten später, während ich auf dem Achterdeck scheinbar unbeteiligt die hier auf engstem Raum zusammengepferchten chinesischen Emigranten mit ihren vertrauten graziösen Gesten beobachte, raune ich André zu, was ich soeben erfahren habe. Eines ist sicher: Wir müssen einen Teil der Papiere vernichten, die wir bei uns tragen; vor allem jene, von denen wir nicht genau wissen, ob die darin enthaltene Ankündigung unseres Besuchs den Adressaten Freude bereiten wird. Außerdem genügen ein paar Namen als Merksteine, um die Kette unserer Kontaktpersonen wiederherzustellen. Was wir dringend brauchen, sind Drucktypen, mit einer anderen Mission hat man uns ohnehin nicht direkt beauftragt.

Ein Gutes hatte dieses Telegramm des beflissenen Kapitäns: Wir waren fast die einzigen, deren Koffer die Kulis zu tragen bereit waren. Unser »Freund«, der nicht nur Jäger, sondern auch Arzt war, wartete noch an Bord auf die Ankunft seines Boys und winkte uns von dort aus freundlich nach. Außerdem hatte er uns kurz zuvor noch eingeladen, an einem der nächsten Tage bei ihm »auf dem Peak Hongkongs«, in seinem herrschaftlichen Kolonialanwesen, zu Abend zu speisen. Der Mut dieses Mannes war offenbar größer als der eines gewöhnlichen Tigerjägers ...

Aber vielleicht bedurfte es auch gar nicht allzu großen Muts, um Halbparias wie uns einzuladen? Der augenblickliche Streik ließ noch in keiner Weise die spätere Entwicklung der Situation vermuten: das Abreißen jeglicher Kommunikation zwischen Gelben und Weißen. Allerdings erinnere ich mich, daß wir chinesische Läden, die auf die Hauptstraße hinausgingen, betreten konnten, ohne daß Besitzer oder

Angestellte, die mit wie Glockenschwengel baumelnden Füßen auf viel zu hohen Schemeln hockten, sich herbeigelassen hätten, uns als mögliche Käufer ihrer Ware zu betrachten. Auf dieser Hauptstraße, die eher einem Canyon glich, der den wie ein Vulkan brodelnden Kegel der Stadt enger und enger umklammert, sahen wir auch jetzt schon Europäer oder – genauer gesagt – Engländer, die in schweißtriefenden Shorts und Hemden auf ihrem gebeugten Rücken ganze Ochsenviertel, die kein Mensch hier mehr zustellen wollte, nach Hause schleppten, wobei sie zwar in den Augen der Asiaten ihre Würde verloren, doch in den Augen ihrer Gattinnen als Helden dastanden.

Die Boys in den Hotels bedachten uns mit einem freundlichen Lächeln und – wenn sie konnten – auch mit freundschaftlichen Gesten; doch unsere Betten in ihren grauen Moskitonetzkäfigen blieben ungemacht.

Der Zufall kam uns zu Hilfe. Am Tag nach unserer Ankunft entdeckten wir in der Lokalzeitung eine kleine Annonce: Die Jesuiten – auch sie gaben eine Zeitung heraus – boten alte Drucktypen zum Kauf an, da sie soeben neue erworben hatten. Das Kloster lag auf halber Höhe des Hügels, und eine Treppe, die immer wieder von einem Stückchen steiler Straße unterbrochen wurde, führte hinauf. Doch kannten wir die Hitze Hongkongs noch nicht: Kaum hatten wir ein paar Stufen erklommen, verflog meine Ablehnung gegenüber Sänften. Und als André und ich unserem »Gefährt«, in dem wir uns wie träge Könige gefühlt hatten, entstiegen, äußerte sich unsere Beschämung in einem Lachanfall. Die Kulis hingegen sahen recht zufrieden drein, denn Rikschafahrer und Sänftenträger waren noch nicht in den Ausstand getreten.

Ein helles Holzportal in einer langen Klostermauer, ein Pfortenbruder und dann ein paar Mönche in einem der Druckerei vorgelagerten Büro. Sie waren froh, ihren Schrott loszuwerden, und wir waren selig, ihn kaufen zu können. Sie stellten keine einzige indiskrete Frage, sondern nahmen nur die Fakten zur Kenntnis:

»Sie wollen also auf dem Schiff X am Tage Y nach Saigon zurückfahren? In Ordnung. Aber ein Teil der Drucktypen wird erst in einer Woche frei sein; wir werden sie Ihnen nachschicken.«

Wie einfach das war! Wir hatten uns auf lange Suchaktionen mit einem ganzen Rudel von zusammengetrommelten Komplizen eingestellt, um diese Vokale und Konsonanten, die »subversives« Gedankengut übermitteln sollten, aufzutreiben. Und jetzt war's schon geschehen! Wir waren wieder harmlose Touristen.

Die zwischen Felsen auf der anderen Seite der Insel eingefangene Bucht war noch fast urwüchsig, während oben auf dem »Peak« die Villen um den Reichtum ihrer Besitzer miteinander wetteiferten. Und da Geld Rassen und Religionen gleichmacht, hatte auch so mancher Chinese sein Anwesen neben denen der Europäer.

An einem Abend besuchten wir meinen Freund, den Jäger. Sein Haus war von einem *patio*-ähnlichen Garten umschlossen, zu dem die Meeresbrise heraufwehte, während im Innern ein Ventilator warme Luftströme quirlte. Im Laufe des Abendessens erfuhr ich, daß der Portwein von Hongkong, den ich genüßlich schlürfte, der beste überhaupt sei; da angeblich im 17. Jahrhundert die englischen Domestiken ihren Herrschaften nur unter der Bedingung an dieses Ende der Welt gefolgt waren, daß man ihnen diesen Wein, der damals als durchaus volkstümlich galt, als Alltagsgetränk zugestand. Folglich kamen Unmengen mit den Schiffen herüber. In den Felsenkellern Hongkongs reifte er dann und bekam seinen samtigen Schmelz und dieses einzigartige Aroma. Während des ganzen Abendessens wurde dieser Portwein gereicht, und zum letzten Glas, als Appetithappen, der die herbe Süße des Portos nochmals heben sollte, ein geräucherter Hering, der nach Holland schmeckte.

Da wir gefunden hatten, was wir finden wollten, konnten wir uns jetzt beruhigt an der Mannigfaltigkeit dieser Stadt erfreuen, wenn wir auch jeden Morgen beim Verlassen des Hotels unseren kleinen chinesischen »Schatten« erspähten – nicht immer derselbe, o nein! Aber unser Blick war bereits geschult, und so erkannten wir unsere Aufpasser sehr schnell, wenn sie auch alle schwarze pyjama-ähnliche Hosen und geknöpfte Jacken mit geradem Kragen trugen. Sie bemühten sich eigentlich auch gar nicht, ihre Funktion zu verschleiern: Schon bald gingen sie nicht mehr hinter, sondern neben uns, bis wir letztlich derart miteinander vertraut waren, daß ich ihnen meine Einkaufspäckchen zum Tragen gab, was sie offenbar ganz natürlich fanden: Schließlich war ich ja trotz allem eine weiße Frau . . . Sie dienten uns auch als Fremdenführer und verabschiedeten sich traurig mit den Worten: »Morgen werde nicht ich Ihnen folgen . . .«

Als wir für die Rückfahrt an Bord gingen, standen auf dem Kai fein säuberlich unsere Kisten mit unseren Namen aufgereiht, die dann schließlich vor unseren Augen von Kränen in den Schiffsrumpf gehievt wurden. Man hatte uns gesagt, die Versandformalitäten könnten an Bord erledigt werden. Doch worin bestanden die? Wir sprachen mit dem Bordkommissar, verwiesen auf unsere Ordnungsliebe und unterschrieben ein paar gedruckte Blätter. Doch kaum hatten wir den Fuß auf den Boden Indochinas gesetzt, da teilten uns ironisch grinsende Beamte mit, wir wollten offenbar unsere Kisten in das Land einschmuggeln. Denn vor Verlassen des Verladehafens hätten wir andere Papiere unterzeichnen müssen. Es käme zwar vor, daß alles erst an Bord abgewickelt würde, aber was in unserem Falle geschehen sei, wäre ein absoluter Verstoß gegen sämtliche Vorschriften. Wir hatten uns also eines schwer definierbaren Delikts schuldig gemacht, das uns nun unserer Schätze beraubte. Zum Glück traf nach einer Woche die später und angeblich nach allen Regeln der Kunst von den Jesuiten abgesandte Kiste heil und wohlbehalten bei uns ein.

Unter dem Namen *L'Indochine enchaînée* kam unsere Zeitung kurz vor der Ankunft des neuen (sozialistischen) Generalgouverneurs Varennes wieder auf den Markt, in knappem Abstand gefolgt von der zu neuem Leben erweckten *Cloche fêlée* Nguyen An Minhs, dessen politische Einstellung in Frankreich noch radikaler geworden war. Dejean de la Batie verließ uns, um mit ihm weiterzuarbeiten, weil er glaubte, ein annamitisches Organ habe eben doch mehr Gewicht als jedes andere. Oder hatte er schon geahnt, daß eine nur mehr zweimal wöchentlich erscheinende Zeitung, auf Schulheftformat reduziert, keine Zukunft mehr haben würde?

Unsere Druckerpressen arbeiteten unter Monins Terrasse und erschütterten das ganze Haus. Wir kamen uns vor wie auf einem Schiff, das bald Anker lichten würde. Unser Papier war nicht mehr glänzend, sondern grobkörnig und mit winzigen Löchern gespickt, da die französischen und die englischen Schrifttypen nicht gleich groß waren. Unser Unternehmen glich mehr und mehr einem handwerklichen Betrieb, was irgendwie anheimelnd wirkte, und doch trennten uns nur mehr wenige Wochen von der »erhabenen Würde der Armen«.

Varennes blieb etwa zehn Tage in Saigon, wo er sich so recht und schlecht zu informieren suchte, aber keinerlei Entscheidung traf, was natürlich völlig normal war, jedoch unsere Nerven ziemlich strapazierte, da der Enthusiasmus der einen dadurch gedämpft und die Furcht der anderen sich bereits wieder ein wenig zu verflüchtigen begann.

Was uns anbetraf, so brachten wir in regelmäßigem Wechsel theoretische Artikel und heftige Schimpfkanonaden an die Adresse unserer üblichen Widersacher. Andrés literarisches Talent kam dabei mehr und mehr zum Vorschein: Der zukünftige Romanschriftsteller war herangereift, doch als Mentor für einen unerfahrenen Gouverneur eignete er sich meiner Ansicht nach weit weniger.

Am 27. November, am Vorabend der Abreise Varennes' nach Hanoi, überreichte eine von Nguyen Phan Long angeführte Gruppe Annamiten dem neuen Gouverneur ein Heft, in dem sie klipp und klar ihre Anliegen dargelegt hatten, auf die er zunächst nichts weiter als vage und gutgemeinte Worte zu erwidern wußte.

Doch als Varennes im September 1926 die Kolonie verließ, hatte er die Bestrafung im Schuldturm abgeschafft, die für die durch Kreditaufnahme zu Wucherzinsen ständig unter Schuldenbergen zusammenbrechenden Bauern eine stete Bedrohung gewesen war; er hatte eine Volksbank eingerichtet, die allerdings niemals richtig zum Zuge kam und wieder nur den Reichen Profit brachte; er hatte die Zahl der annamitischen Repräsentanten in den Gemeinde-Kammern erhöht; er hatte in Frankreich die Anerkennung der von der Universität Hanoi erteilten Diplome durchgesetzt und die Kontrolle über den Verkauf von Grund und Boden verschärft. Aber alles, was er in die Wege geleitet hatte, mißfiel sowohl den Annamiten wie auch den Franzosen: Die einen betrachteten seine Reformen als unzulänglich, den anderen gingen sie zu weit.

Doch in jenem trockenen Sommer 1925 war Varennes noch im Amt, und wir hielten verzweifelt die Stellung, wenn wir auch keinen roten Heller mehr besaßen und das Hotel nicht mehr bezahlen konnten. Aber materielle Sorgen haben mich noch nie bedrückt; ich bin durchaus in der Lage, nach und nach alles abzuschaffen und mir zu versagen, was mir in besseren Zeiten notwendig erscheint. Ich motte meine Wünsche einfach ein und lasse sie überwintern.

Schwerer zu ertragen waren die Zweifel an unserem Erfolg sowie

Monins Skepsis, ob er richtig gehandelt hatte, sich mit uns zu verbünden. Es war ja nicht mehr zu leugnen: Unser Druckerei-Schiff trieb langsam, aber sicher einer Sandbank zu. Um keine Panik aufkommen zu lassen, verheimlichte jeder den anderen seine Ängste. Keiner wollte ja das Schiff verlassen, und jeder dachte über neue Rettungsmöglichkeiten nach. Monin frischte seine Kontakte zur Kuomintang wieder auf, und André erinnerte sich an seinen Vertrag mit dem Verleger Bernard Grasset, dem er schließlich einen Brief schrieb und von einem in Arbeit befindlichen Buch sprach. Und Ende November sagte er dann auch zu mir: »Jetzt weiß ich wirklich keinen anderen Ausweg mehr, als etwas zu schreiben.« Dieser Fluchtweg schien mir durchaus akzeptabel, fristeten wir doch hier in Saigon unser Dasein mittlerweile genauso kümmerlich wie einst in Phnom-Penh. Und die im Umfang beträchtlich geschrumpfte Zeitung konnte auch auf meine Dienste leicht verzichten, denn wir brachten weniger Korrespondentenberichte und keine Seite »Für die Frau« mit Mode- oder Kosmetikratschlägen.

Schließlich entsann ich mich, daß ich ja gegen Ende des Krieges ein Diplom als Kindergärtnerin erworben hatte. Und da ich nach wie vor an den Hygieneprinzipien meiner Jugend festhielt und mich nicht abfinden wollte mit dem entsetzlichen Los so vieler annamitischer Frauen, die einer großen Kinderschar das Leben geschenkt hatten und dann mitansehen mußten, wie die Kleinen dahinsiechten und starben, machte ich Vinh den Vorschlag, seine Frau und deren Freundinnen zu einer Art Grundkurs in Hygiene zu mir zu schicken. Aber höflich und mit sanfter Stimme belehrte er mich, daß kein Annamite es seiner Frau gestatten würde, an einer, wenn auch noch so kleinen »öffentlichen Zusammenkunft« teilzunehmen, da sich dort ja beispielsweise unter dem Vorwand, eine Frau zu begleiten, ein Mann einschleichen könnte! Ich hatte Mühe, das zu verstehen, da die Straße und Märkte ja voll waren von Frauen, die doch offensichtlich »freien Ausgang« genossen . . . Welcher geheimnisvolle Sittenkodex wäre denn verletzt worden, wenn junge Frauen sich auf ihren violetten oder dunkelgrünen Samtpantöffelchen in einen Raum geschlichen hätten, um meinen gutgemeinten Worten zu lauschen? Ich hatte mir bereits ausgemalt, wie das wohlerzogene Lächeln in bestürzten Ernst umschlagen würde, wenn sie erführen, wie gefährlich es ist, seine Kinder im Dreck spielen und alles Erreichbare essen zu lassen. Doch meine hochfliegenden Pläne mußten reduziert werden auf einen Artikel – den André schrieb – mit guten Ratschlägen an die Adresse der Mütter, sich doch für die in Frankreich praktizierten Hygienemaßnahmen zu interessieren und dann ihr neu erworbenes Wissen per Mundpropaganda unters Volk zu bringen.

Wir waren wirklich immer weniger nützlich hier . . . Monin spielte bereits mit dem Gedanken, nach Kanton zu ziehen, und auch wir wollten eigentlich heim, verfügten jedoch nicht über die notwendigen Mittel dafür.

Mir blieb noch Yvonne, doch sie wohnte weit weg, und ich besaß nicht einmal mehr so viel Geld, um mir eine Rikscha zu leisten, obwohl die nicht teurer war als der städtische Autobus. Und so machte ich mich zu Fuß auf den Weg, ich, die einzige Europäerin, die zu Fuß ging, denn – wie ich schon erwähnte –: Zufußgehen entwürdigte ja! Ich trottete also durch die Straßen, in denen ein reges Geschäftsleben herrschte, gelangte in jene, wo Läden spärlich gesät und nur mehr Asiaten zu sehen waren; mir war entsetzlich heiß, und ich mußte meine Finger abspreizen, damit sie nicht aneinander kleben blieben. Kinder tollten mitten auf der Fahrbahn, und die Frauen hockten auf dem Boden, mit dem Rücken an den Gartenzaun gelehnt, plauderten oder spielten Karten und hatten neben sich ausgehöhlte Kürbisse stehen, die mit ihrer grünen Schale und dem von schwarzen Kernen gesprenkelten roten Fruchtfleisch wie Pfingstrosen aussahen. Europa hatte sich in das Innere der Villen zurückgezogen, aus denen ab und zu Tonleitern an mein Ohr drangen, wieder und wieder brav geübt von wohlerzogenen kleinen Mädchen auf teuer und mühevoll aus Frankreich importierten Klavieren.

Bei Yvonne angekommen, sank ich in einen Bambussessel und erklärte meinen Verzicht auf eine Rikscha mit der Freude am Zufußgehen, um in Form zu bleiben und nicht zu dick zu werden (was bei meinen knapp vierzig Kilo Gewicht einigermaßen absurd geklungen haben muß). Während ich mühsam wieder zu Atem zu kommen suchte, schneiderte sie in Windeseile für mich ein Kleid, dessen Stoff sie selbst ausgesucht hatte und der die Schönen der Kolonie verblüffen sollte. Und während ich bei der letzten Anprobe vor ihr auf und ab stolzierte, vergaß sie, was sie zunächst wohl vermutet hatte: daß ich nämlich zu arm war, um mir das alltäglichste Beförderungsmittel leisten zu können. Kurz vor sechs Uhr gesellte sich ihr Mann zu uns. Der Chauffeur war noch da, und nichts wäre natürlicher gewesen, als ihn zu bitten, mich heimzubringen, doch schon rühmte Yvonne meinen gesunden Menschenverstand:

»Clara läßt sich nicht gehen, sie läuft zu Fuß, sie will keinen Kolonialspeck ansetzen. Wir sollten ihrem Beispiel folgen und sie zum Hotel begleiten . . .« Langsam rollte das Auto neben uns her. Nachher werden meine Freunde gemächlich nach Hause fahren . . . Meine Beine wollen nicht mehr so recht. Ich muß plaudern, meine Freunde erwarten, daß ich rede. Mein neues Kleid steht mir gut. Wenn ich spreche, werde ich die Anstrengung weniger stark spüren.

Bedächtig senkte sich der Vorhang über die Bühne, auf der das asiatische Drama, das täglich weniger mit dem unsrigen gemein hatte, sich abspielte. Nachdem ihre Hoffnungen enttäuscht worden waren, machte sich der Zorn der Annamiten in einer Revolte Luft: Es kam überhaupt nicht mehr in Frage, mit den Franzosen zusammenzuarbeiten! Die Reformbewegung hatte zu spärliche Resultate erbracht, als daß man ihre Ratschläge, Geduld zu bewahren, noch länger hören wollte. In China entdeckte man gleichzeitig den Nationalismus und die soziale Revolution.

Uns blieb nichts weiter, als nach Frankreich zurückzukehren. Aber wie? Da kam uns plötzlich das Gerücht zu Ohren, daß die Chinesen auch in Saigon ein Spielkasino haben wollten, ein Spielkasino voller Spiegelwände und erfüllt von Lärm und Gelächter – wie in Kanton, wie in Schanghai »The Great Wide World«, mit Boutique, Theater, Restaurant, Spielsälen und ein paar intimen Séparées oben unter dem Dach! Das ist Fortschritt, das wäre schön! Alle Chinesen spielten Ma-Jongg oder andere Glücksspiele; warum sollten sie nicht bei intelligenteren Spielen größere Einsätze riskieren? Das sollten »die Franzosen« mal in Frankreich höheren Orts aushandeln! Gesagt, getan: Man versprach uns, das Geld für unsere Rückfahrt zu sammeln, wenn wir uns daheim für ihr Kasino einsetzten! Hätten wir ein so schönes Angebot zurückweisen sollen?

Die monotonen Tage des Wartens auf das Geld vergingen recht schnell, es passierte nicht viel, mit Ausnahme des versuchten Attentats auf Monin, das den Beginn der *Condition humaine* bilden sollte: Eines Nachts schreckte Monin auf und sah, daß sein Moskitonetz zurückgeschlagen war und ein Annamite der Geheimpolizei sich mit einem Rasiermesser in der Hand über ihn neigte. Dank der Geistesgegenwart des potentiellen Opfers suchte der Angreifer das Weite, indem er durch das geöffnete Fenster im ersten Stock sprang. Einen »Selbstmord« Monins hätten seine Gegner so schön als ein Eingeständnis von Schuld interpretieren können, doch das Glück war ihnen nicht hold gewesen.

Ich begann, mich daran zu gewöhnen, von einem Augenblick zum anderen, ohne Erwartung einer Kontinuität, zu leben. Vielleicht würden wir in Frankreich unsere materiellen Schwierigkeiten leichter bewältigen? Wie, wußte ich allerdings noch nicht. Doch dieses Asien und alle, die täglich um uns herum waren, war ich gründlich leid, und daß auch sie uns leid waren, das spürte man. Selbst Monin hatten wir nichts mehr zu sagen, und die Gespräche mit Vinh drehten sich im Kreis: Halbe Pleiten machen niemanden reich, sie stumpfen den Widerstandsgeist mehr ab als totale Niederlagen, die zumindest den Stolz befriedigen . . . Und unsere Zeitung war solch eine halbe Pleite: Sie lag ja schon in der Agonie. Wir mußten wieder bei Null beginnen und hatten als einzigen Trost nur Andrés Vertrag mit Grasset. Doch mir genügte das, um vertrauensvoll in die Zukunft zu blicken.

Wir reisten zweiter Klasse: ringsum Mittelmäßigkeit, schlimmer zu ertragen als Elend, der André sich entzog, indem er schrieb. Ein wenig anheimelnder Salon mit kitschig überzogenen Sesseln und einem Gewimmel von Kindern, die unter den Tischen herumkrochen und dort Versteck spielten, als sei es ihr einziges Ziel, den kreischenden Protest der Erwachsenen hervorzurufen: Das war Andrés Arbeitszimmer, in dem die ersten Kapitel der *Lockung des Westens* entstanden. Mir blieb Zeit genug, um über Vergangenes und Zukünftiges nachzudenken: Wir hatten Menschen und Ereignissen die Stirn geboten, hatten gelernt aus den Zufälligkeiten einer zunächst beabsichtigten, dann nur noch erduldeten Erfahrung und kehrten nun nach Europa zurück im Besitz einer Sprache, die nicht mehr ganz identisch war mit der der anderen.

Jetzt konnte André mit seinen eigenen Waffen die Welt herausfordern, die ihm bisher Widerstand geleistet hatte, und ihr über das geschriebene Wort seine eigene Vision vermitteln, ihr seinen Stempel aufdrücken, was dem träumerischen Abenteurer früherer Jahre noch nicht möglich gewesen war. Obwohl ich es eigentlich noch nicht wissen konnte, war ich doch schon sicher, daß unsere Indochina-Abenteuer in bedeutende Bücher einmünden und ihnen rückwirkend einen Sinn verleihen würden.

Im März 1926 brachte *L'Echo annamite* die Nachricht von der Abreise Monins nach Kanton sowie folgenden Kommentar:

»Es erübrigt sich, die zahlreichen Dienste, die dieser große Anwalt der annamitischen Sache geleistet hat, einzeln aufzuführen. Fast zehn Jahre lang hat er sich ihr unter Preisgabe seiner Gesundheit und seiner legitimen materiellen Interessen mit unermüdlicher Aufopferung gewidmet ... Wichtig ist jedoch, daß die Annamiten sich in engem Kreis um diesen Mann scharen, der bei so vielen aufsehenerregenden Anlässen ihre Fahne hochgehalten hat. Nur so vermögen sie ihm ihre brüderliche Solidarität und ihren Dank zu beweisen ...«

Zwei Jahre später kehrte Monin nach Saigon zurück, wo er an einer Galleninfektion, die er sich auf einer seiner Jagden zugezogen hatte, starb. Die Annamiten erbaten – und erhielten – von seiner Witwe die Erlaubnis, ihn in der Erde Annams beizusetzen.

Im März 1925 starb Phan Chou Trinh, für den Nguyen An Minh ein Staatsbegräbnis durchsetzte. Kurz danach wurde der junge »leader«, der nach seiner Entlassung aus dem Gefängnis einen Geheimbund mit trotzkistischer Tendenz gegründet und ein fortschrittliches Agrarprogramm ausgearbeitet hatte, erneut in Haft genommen. Zu Beginn des Jahres 1929 verschwand er.

1936 verbündeten sich Nguyen Phan Long und Bui Quang Chieu mit Trotzkisten und Stalinisten, um ein tiefgreifendes Reformprogramm durchzusetzen.

Im September 1945 rief Ho Chi Minh die unabhängige Republik Vietnam aus.

Und erinnern Sie sich noch an unseren Mitstreiter Pho, auf dem plötzlich der Verdacht des Verrats ruhte? Er läutete eines Tages nach dem letzten Krieg an meiner Tür – ein Gespenst aus fernen Zeiten und fernem Raum. »Diejenigen, mit denen wir damals gearbeitet haben, waren charakterlose Individuen, die ihrer Aufgabe gar nicht gewachsen waren. Sie, Cla-ra, haben ihnen zu unrecht vertraut. Mich klagten sie des Verrats an, und dann übergaben sie mir kurz nach Ihrer Abreise den Geschäftsführerposten . . .« Ob das stimmte? Wer weiß . . . Inzwischen verdiente er sich jedenfalls seinen Lebensunterhalt als Chinesischlehrer.

Einige Zeit später – ich weiß nicht mehr wie – erfuhr ich, daß er gestorben war.

DER KÖNIGSWEG DER LEGENDE

Wir kehrten also »heim«, verließen das Schiff in Marseille und betrachteten vom Zug aus »unser Heimatland«, doch es schien so eng, so begrenzt, so parzelliert . . . Unser Blick hatte sich an die Weite des Meeres, an das schier endlose Grün der Reisfelder gewöhnt, unser Leben war in ganz anderen Dimensionen verlaufen . . . Mußten wir es jetzt einfangen, abkapseln und uns mit Bruchstücken zufriedengeben? Ich hatte Angst. Dabei hätte mir nach so viel Exotik das hier alles »anheimelnd«, »heimelig« vorkommen müssen . . . Aber es war mir ja nichts geblieben von all dem, was ich hier einmal besessen hatte: Papa war tot, Mama und die Brüder hatten mich verstoßen, unsere gute alte Rue de Passy mit ihren Konditoreien, ihren Fleisch- und Fischgeschäften, ihrem kleinen Park, in dem ich als Kind gespielt hatte – sie war mir vertraut, aber unser Haus blieb mir versperrt, »Unbefugten Zutritt verboten« . . . Ich kam also nicht »heim«, sondern ins Exil, während André bereits zum zweiten Mal die Rückkehr des verlorenen Sohnes genießen durfte. Ich schaute ihn an und wußte sofort, daß ich ihm besser nichts sagte von meinem Kummer, den er nicht verstehen würde.

Und unsere finanzielle Lage? Auch da waren wir weitgehend auf die Hoffnung angewiesen . . .

Und unsere Bekannten? Die meisten lebten noch so wie schon vor unserer ersten Expedition nach Asien. Für sie galten noch die gleichen Werte: Kein Mensch wäre auf die Idee gekommen, einen Generationenkonflikt auch nur zu ahnen, auf den Frauen lasteten nach wie vor viktorianische Prinzipien, selbst die wenigen während des Krieges erlangten Freiheiten waren ihnen erneut beschnitten worden, bei Diskussionen von etwas intellektuellerem Zuschnitt wagten sie kaum, den Mund aufzumachen, Ehebruch von seiten des

Mannes galt wie eh und je als »normaler« Zwischenfall, während er von seiten der Frau die Zerstörung der Familie bedeutete. Die jungen Mädchen studierten zwar, doch sobald sie verheiratet waren, ließen die meisten ihren Beruf wieder fallen, denn eine arbeitende und mitverdienende Gattin beeinträchtigte das Prestige des Gatten – als ob er nicht in der Lage wäre, den Ansprüchen seiner Frau Genüge zu tun . . .

Auch ich hätte gern gearbeitet, doch es mißfiel André: Warum sollten wir unsere desolate finanzielle Situation öffentlich zur Schau stellen? Dabei war sie schon längst kein Geheimnis mehr. Vielleicht könnte ich auch schreiben? André riet mir davon ab und gab mir schon jetzt zu verstehen, was er später *expressis verbis* so formulierte: »Es ist immer noch besser, meine Frau als eine zweitrangige Schriftstellerin zu sein.«

Blieb mir also nur der Versuch, meine in Asien angefertigte Übersetzung vom *Tagebuch eines halbwüchsigen Mädchens* bei einem Verlag unterzubringen. Und es gelang: Gallimard nahm sie 1927 an und brachte sie ein Jahr später – allerdings unter dem unsinnigen Titel *Journal psychanalytique* – heraus, was uns zu einer bescheidenen Geldsumme verhalf. Schon früher hatte ich daran gedacht, auf diese Art etwas zu verdienen. Ich brauchte eine Aufgabe, damit meine Tage weniger sinnlos waren; ich konnte es einfach nicht akzeptieren, daß ich aus der weiblichen Passivität herausgetreten sein sollte mit dem einzigen Ziel, einen Mann zu verteidigen, der mich wieder in diese Passivität verbannen wollte, wenn ich auch zugeben muß, daß er wie kaum ein anderer einem eine ganze Welt zu ersetzen vermochte, wie auch wohl kaum ein anderer besser als er seinen ihm auf Erden zugewiesenen Platz einzunehmen und jedem Augenblick Sinn zu verleihen verstand. Aber ich mußte einfach mein eigenes Blut in meinen eigenen Adern fließen spüren.

Grabbe war noch unbekannt in Frankreich, daher übersetzte ich *Scherz, Satire, Ironie und tiefere Bedeutung*. Doch nachdem die Arbeit beendet war, mußte man das Manuskript auch loswerden, und das, wenn möglich, zu einem anständigen Honorar. Ein alter Freund war der Ansicht, das Buch würde sich besser verkaufen, wenn er ein paar erotische Passagen einflechten würde, was er auch tat, und zwar in Form von recht gelungenen Sonetten. So kam es, daß ich bei einer von den Surrealisten unter dem Thema »Schwarzer Humor« veranstalteten Theatermatinee diese Verse als das Werk Grabbes vernehmen durfte ...

Wir besuchten so gut wie keines der Pariser Literatencafés, denn wir wohnten viel zu weit draußen und waren wirklich bitterarm. Auch an Kino oder Theater war nicht zu denken, und damit wir wenigstens etwas zu lesen hatten, schrieben wir uns – wie schon in Phnom-Penh – bei der Stadtbücherei ein. Auch Reisepläne mußten wir uns vorerst aus dem Kopf schlagen.

Eines Tages, als unsere spärlichen Finanzen wieder einmal ihrem Ende zugingen, ergriff ich kurzerhand die Zeitung und überflog die Stellenangebote. Plötzlich stieß ich auf eine Goldmine: »Europäische Schule sucht Mitarbeiterin.« Das war doch etwas für mich! Ich wußte, daß es sich dabei um Fernlehrgänge handelte, also müßte ich nicht unterrichten, sondern nur einige meiner doch recht zahlreichen Kenntnisse auswerten. Dort brauchte man sicher auch nur zeitweilig anwesend zu sein, also könnte ich zu Hause arbeiten, vielleicht sogar, ohne daß André es merkte, denn er war zur Zeit sehr beschäftigt und viel unterwegs. Konnte ich mir etwas Besseres wünschen?

Ich lief sofort hin und wurde auch schnell vorgelassen (was mir ganz selbstverständlich schien, denn man hatte ja sicher nur auf mich gewartet!). Ich ratterte die Liste meiner Kenntnisse herunter, obwohl mir bis dahin noch gar nicht klar gewesen war, daß ich über ein so mannigfaltiges Wissen verfügte. Die anonyme Person, die mir da hinter dem Schreibtisch zuhörte, ohne mich zu unterbrechen, schien auch tatsächlich beeindruckt. Kaum hatte ich meinen Monolog beendet, wurde ein Register durchgeblättert, und schon vernahm ich: »Ausgezeichnet. Sie werden die Sektion ›Musik‹ übernehmen.«

Aber gerade von Musik hatte ich überhaupt keine Ahnung, was ich auch sogleich ehrlich sagte. Doch das wurde als nebensächlich erachtet: »Chère Madame, unsere Schüler haben ja auch keine Ahnung davon.« Hätte ich entgegnen sollen, daß sie eben diesen Mangel beheben wollten?

Als ich am nächsten Morgen allein in einem Büro hinter meinem Schreibtisch saß – wie bedeutend war doch meine Funktion hier! –, wurde mir klar, daß man für diese Art Arbeit tatsächlich nicht unbedingt etwas von Musik zu verstehen brauchte: Das kleine

Häufchen Briefe, das da vor mir lag, enthielt Fragen, auf die selbst eine Musikkoriphäe keine Antwort gewußt hätte: »Wie lange braucht man, um Kornett blasen zu können?« – »Benötigt man wirklich zwei Hände, um Klavier zu spielen? Wenn nicht, würden Sie mir dann bitte den Preis für Ihren Unterricht mitteilen?« – »Ist Ihnen eine Methode bekannt, mit der man in zwei Monaten Klarinettespielen lernen kann?« Anfänglich zögerte ich, doch dann befolgte ich den Rat der Schulinspektorin, die mich kurz eingewiesen hatte, und beantwortete alle Fragen positiv unter Hinzufügung gewisser Präzisierungen: Dank der Methode dieser Schule vermochte der Asthmatiker stundenlang Trompete zu blasen und Louis Armstrong Konkurrenz zu machen, konnte der Einbeinige mühelos die gewaltige Orgel von Notre-Dame erschallen lassen, würde der Taube es bis zum ersten Geiger bringen – und all das in sechs Monaten! Mir schwindelte bei so viel Optimismus, diese europäische Schule war ja ein zweites Lourdes! Drei Tage lang betätigte ich mich auf diese Weise, doch am vierten packte mich Panik: Ob man vielleicht etwas anderes von mir erwartet hatte? Die Post stapelte sich, und ich begriff, warum man mir einen so großen Schreibtisch zugewiesen hatte. Von nun an mußte es schneller gehen, aber dabei kam alles durcheinander: Die zukünftige Sängerin erhielt den an den zukünftigen Harfenisten gerichteten Brief, der kleinen Landpomeranze riet ich ab von der Geige und eher zur Trommel, den Gitarrenliebhaber machte ich zum Orchestermusiker, kurz, ich fand mich nicht mehr zurecht. Es war wohl sinnvoller, auf einen Beruf zu verzichten, der mehr Einfühlungsvermögen verlangte, als ich besaß . . . Außerdem würde André ja doch bald Wind von der Sache bekommen. Am vierten Tag nach Antritt meiner neuen Stelle legte ich sie bereits nieder, und am Tag darauf konnte ich es nicht mehr aushalten und erzählte André von meinem Abenteuer. Wir lachten gemeinsam darüber, obwohl ich mir doch ein wenig besiegt vorkam.

Mußte ich tatsächlich einem anderen Vollmacht über mein Leben erteilen? André als Vermittler zwischen mir und der Außenwelt anerkennen, die nur mehr durch den Schleier einer trüben Glasscheibe zu mir drang? Vollzog sich all mein Denken und Tun nur noch auf dem Umweg über einen anderen? Es kam mir fast so vor, obwohl ich mich durchaus zu behaupten wußte, wenn wir einander allein gegenübersaßen. Da konnte ich widersprechen, da suchte ich nach anderen Wegen, die nicht die seinen waren, da schienen die Fronten wieder klar: Wir bereicherten uns aneinander. Jahrelang haben wir niemals, wenn wir allein waren, über die Zeit gesprochen. Unsere Beziehung war ja auch unverändert, so wie eh und je, ich durfte herausfordern, ernst sein, lachen oder blödeln. Nur nach außen hin war alles anders. Ich mußte lernen, daß ein Leben an Andrés Seite ein königliches Geschenk war, das ich ihm nur vergelten konnte, indem ich völlig in den Hintergrund trat. Nur war ich leider gar nicht begabt, als bloßer Zuschauer zu leben und die Beklemmung zu ertragen, die sich bei mir einstellte, sobald sich »der Andere« wieder einmal überlegen zeigte.

Die Lockung des Westens ist mir gewidmet. Dieses Buch, das 1926 erschien, enthält bereits alles Wesentliche dessen, was André der Welt zu sagen hatte. Für mich ist es gleichzeitig Zeugnis unserer engsten Verbundenheit, denn gemeinsam haben wir Griechenland entdeckt, wo der »zur Tat bestimmte Mensch geboren wurde«, wie wir auch später gemeinsam uns all dem Fremden in Asien stellten. Es war ungeheuer reizvoll zu erleben, wie zwei ursprünglich völlig unterschiedliche Flußläufe zueinanderfanden und in ein gemeinsames Flußbett einmündeten.

André war meines Wissens der erste, der die Gefahr aufzeigte, die eine Vermählung zwischen Asien und Europa mit sich bringen würde: den jeweiligen Identitätsverlust nämlich. Er schrieb zwar: »Die Eroberung Europas durch den Orient beginnt«, doch gleichzeitig ließ er den Chinesen Ling sagen: »Unsere besten Köpfe fühlen sich von Europa verführt und zugleich abgestoßen.«

Ja, dieses Asien war es leid, immer wieder zu erleben, wie seine Übereinstimmung mit dem Universum, seine hochkultivierte Sensibilität, seine Selbstverleugnung, seine Verachtung jeglicher Gewalt einzig und allein in Niederlagen einmündeten. Aber welches Beispiel boten wir ihm außer unseren Siegen? Der Europäer, der alle Bindungen zur Gemeinschaft der Irdischen und alle Bindungen zur Gemeinschaft des Göttlichen abgebrochen hat und sich als Zentrum seiner selbst empfindet, ist in Wirklichkeit ein Beraubter, ein Auf-sich-selbst-Zurückgeworfener, der einsam triumphieren, sich bis zum

Wahnsinn immer wieder selbst bestätigen muß, um sein einziges und sinnentleertes Leben auszufüllen.

Die Eroberer und die *Condition humaine* spielen in China, *Der Königsweg* im Lande der Mois, bei denen wir nie gelebt hatten, und *Royaume farfelu* erzählt von einem Persien, das wir damals auch noch nicht kannten. Kein Buch Andrés hat Cochinchina oder Tonking als Hintergrund. Das Reale war für ihn lange Zeit künstlerisch nicht verwertbar, als nehme es ihm jede Möglichkeit der Annäherung, des Zugriffs. Er konnte es nur umgewandelt akzeptieren, erst wenn es zu einem Spielzeug geworden war, einem riesigen Spielzeug, das er in seiner Jugend vielleicht hatte entbehren müssen ...

Bedenkt man, mit welcher Macht alles, was gar nicht existierte, sich für ihn mit Leben füllte, so ist es nicht verwunderlich, wenn meine Anwesenheit ihm manchmal zur Last wurde. Sie schien ihm Grenzen zu setzen. Das Fiktive war ein so wesentlicher Bestandteil seines schöpferischen Vermögens, daß ich sicherlich unrecht tat, wenn ich ihm zusetzte, doch wenigstens im Alltag gewisse Grenzen der Glaubwürdigkeit nicht zu überschreiten. Aber die Fiktion war nun mal seine Welt, auch sein Alltag, er war schon André Malraux, wenn auch noch nicht vollendet in der Stilisierung seiner Legende, die er mal an dem einen, mal an dem anderen erprobte, was häufig ein ironisches Lächeln hervorrief – und das wieder bekümmerte mich. Und wenn ich in dieser Legende überhaupt nicht vorkam, glaubte ich, sterben zu müssen, denn damals verstand ich noch nicht, daß sie eine der notwendigen Bedingungen seines Genies war. Wenn ich es manchmal auch schon ahnte, so konnte und wollte ich es doch nicht zulassen. Denn was wurde aus mir in diesem mit Fiktionen angereicherten Universum? Aber vielleicht verleihen diese Fiktionen einer sinnentleerten Welt zumindest vorübergehend einen Sinn.

Die Infragestellung der Werte eines Teils der Welt zieht sich als sichtbarer oder versteckter Leitfaden durch das Romanwerk André Malraux', das ich aus unmittelbarer Nähe entstehen und wachsen sah. Gewiß war es nicht das erste Mal, daß der Mensch verwarf, was ihn bis dahin geprägt hatte, aber vielleicht geschah dieses Zurückweisen zum ersten Mal in so absoluter und so bewußter Form. André liebte es, in großem Stil Bilder zu entwerfen, und so zeichnete er mir in unseren langen Gesprächen die diversen Gesichter, die der Mensch sich in Raum und Zeit gegeben hatte, aber auch schon jenes, das er sich in der Zukunft vermutlich geben würde. Denn auch der Europäer begann, sich in Frage zu stellen. Durch seine unterschiedlichsten Eroberungen bereitete der »Sohn des Humanismus« seinen eigenen Untergang vor, worin er jenen Tieren glich, die sterben, sobald sie sich fortgepflanzt haben.

Daher war es ein ganz natürlicher Vorgang, daß wir unsere Blicke gen Osten richteten, wo ein neuer Weg, das Leben in den Griff zu bekommen, sich abzuzeichnen schien. Die Hoffnung, ein neuer Mensch würde sich herausbilden, dort im fernen Rußland, brachte nicht nur André, sondern auch Nizan, Gide und viele andere dazu, sich für den Kommunismus zu interessieren.

Unser Freundeskreis wurde damals bereichert durch Leute, die sich entweder für Metaphysik oder uns fremde Kulturkreise interessierten oder sich selbst zu solch originellen Figuren hochstilisierten, daß man sie für Karikaturen ihrer selbst halten konnte. Bernhard Groethuysen verkörperte mehr oder weniger kraß jede dieser Besonderheiten, doch wir schätzten an ihm vor allem sein Interesse für Geschichte, was bei einem Philosophen – und deren gab es viele unter unseren Freunden – durchaus nicht selbstverständlich war. Er hatte deutsche, russische und holländische Vorfahren, und sein leichtes Embonpoint wie auch sein lichter Bart taten dem sokratischen Gesicht mit der höckerigen Stirn keinen Abbruch. Er lebte für das Denken, speiste es aus allen nur verfügbaren Quellen und verstand es meisterhaft, mit seiner etwas schleppenden, im Tonfall deutsch gefärbten Stimme, Geistes- und Gedankengut an andere weiterzugeben, wobei er seine Worte mit runden Gesten untermalte, die in regelmäßigen Abständen durch einen die Konzentration fördernden Zug an der Zigarette unterbrochen wurden. Er widersprach selten, sondern griff vielmehr den Gedanken seines Gesprächspartners bereitwillig auf, um ihn ihm dann, erweitert und bereichert, wieder zuzuspielen. Von Zeit zu Zeit verfolgte er allerdings auch einen eigenen Gedankengang, aber das geschah mit so ausgesuchter Zuvorkommenheit, daß der Partner sich stets auf der gleichen Wellenlänge wähnte. Er war ungeheuer belesen und las nach wie vor unermüdlich, und zwar mit der gleichen Intensität, mit der er zuzuhören verstand, indem er sich in die

Gedanken eines Autors hineinversetzte und sie gleichsam nachvollzog, nachlebte. In seinem Urteil irrte er sich eigentlich nie. Uns beschenkte er unter anderem mit Kafka, nachdem er uns schon zuvor mit Freud bekanntgemacht hatte, über den er keineswegs mit jener im damaligen Intellektuellenmilieu üblichen ironischen Lässigkeit sprach. Auf die Soziologie, die damals noch nicht so hieß, blickten die hehren Geister von der *Nouvelle Revue Française* (kurz: *N.R.F.* genannt) ja nur mit Verachtung hinab. Dank Groethuysen gelangte sie während der dreißiger Jahre als eine zwar etwas ungewöhnliche, aber doch eines gewissen Interesses würdige Disziplin in das Bewußtsein der französischen Intellektuellen, wie es auch ihm und Raymond Aron zu danken war, daß wir von entsprechenden deutschen Denkansätzen erfuhren. Er war Dilthey-Schüler, berief sich aber auch – und darin war er meines Wissens der erste Philosoph in Frankreich – auf Karl Marx, ohne jedoch Kommunist zu sein, was er seiner Gefährtin überließ, die es mit Überzeugung besorgte.

Diese Überzeugung war überhaupt das Steckenpferd von Alix Guillain: Sie glaubte an die Vollkommenheit der Sowjetunion wie die ersten Christen an die Inkarnation Gottes, wenn sie auch aufgrund einer vielleicht unbewußten Furcht vor Enttäuschung niemals zu den Stätten dieser Wundertaten pilgerte; doch widmete sie auf Ansuchen ihrer Partei den Großteil ihrer Zeit einer kritischen Marx-Ausgabe.

Groeth, der Gelehrte *par excellence*, leistete sich aus Koketterie sogar einige Abstecher ins mondäne Milieu: So rühmte sich Madame Mayrisch, eine Luxemburger Magnatsgattin, seiner äußerst wertvollen Freundschaft. Er habe ihr bei der Übersetzung Meister Eckharts geholfen. Und längere Zeit saß er in der Direktion der Zeitschrift *Commerce*, dem Blatt der Prinzessin Bassano. Ansonsten galt er als die graue Eminenz der *N.R.F.*, war er doch der geschätzte Ratgeber ihres langjährigen (1925–1940) Herausgebers Jean Paulhan und ein enger Freund André Gides, der ihn übrigens auch auf das sowjetische Experiment aufmerksam gemacht hatte.

Groeth und Alix kamen jeden Mittwoch zu uns zum Abendessen, nach dem beide Männer sich erhoben und – wie gut, daß wir keine Möbel hatten! – im Raum hin und her wanderten, jeder seiner Bahn folgend, vor sich hin monologisierend, was für uns wie ein Wechselgesang, mal lyrische Arie (André), mal nüchternes

Rezitativ (Groeth) klang, wobei die beiden Partner sich selten einander zuwandten.

Groeth, der sonst jeden Gedanken eines anderen aufzugreifen pflegte, schien es zu genießen, einmal völlige Freiheit gewähren zu können. Sah er in André einen gleichwertigen Partner, oder ließ er bewußt dessen Denken sich frei entfalten?

Dieses »Gespräch« endete, sobald Alix aufstand. »Ich werde mal wieder Scheusal spielen«, sagte sie dann zu mir. Das war stets um Mitternacht, da sie die letzte Metro erreichen mußten. Das herrliche Spiel brach urplötzlich ab, und wir fühlten uns irgendwie betrogen, als hätten im Theater die Schauspieler mitten im Stück aufgehört.

Carl Einsteins vierschrötiger Körper schien das Ergebnis seiner Leidenschaft für afrikanische Kunst zu sein (seit 1913 schrieb er über die Plastik Schwarzafrikas), während er geistig ungeheuer rege war und sich für alles Neue interessierte. In deutscher Uniform hatte er kurz vor Kriegsende in Brüssel noch eine Revolution zu schüren versucht, und während des Spanischen Bürgerkriegs kämpfte er in Katalonien auf seiten derer, die er als seine Brüder betrachtete: der Anarcho-Syndikalisten. 1940, als der Krieg nach Frankreich getragen wurde und die Niederlage des Landes absehbar war, nahm er sich in der Nähe von Pau, in den Pyrenäen, wohin er sich geflüchtet hatte, das Leben.

Schon 1912 war sein *Bebuquin oder Die Dilettanten des Wunders* erschienen, in dem Expressionismus und Dadaismus miteinander verschmolzen. Seine verschiedensten Erfahrungen, die er literarisch umsetzte, erhielten dadurch immer einen burlesken Charakter, was aber nicht darüber hinwegtäuschen darf, daß er die Tragik des Deutsch-Juden in sich trug und sich mit dem Gott der Bibel, an den er nicht glaubte, auseinandersetzte. Er kennzeichnete sich selbst mit dem Satz: »Man will immer viel zu viel erklären«, aber es gab ja auch weiß Gott viel zu erklären in jenen turbulenten Jahren.

Gemeinsam hatten wir mit äußerster Sorgfalt seinen *Bebuquin* übersetzt, doch ich verlor das Manuskript, und keiner von uns beiden hatte daran gedacht, mehrere Exemplare herzustellen ...

Als Alexeieff zum ersten Mal vor mir stand – ich war gerade allein zu

Hause –, flößte er mir spontan Angst ein, die erst langsam verflog, als er mir zu verstehen gab, daß er in seiner Rechten ein Empfehlungsschreiben einer unserer treuesten Freundinnen und in der Linken eine Mappe mit Zeichnungen hielt. Es waren herrliche Radierungen, die er da herauszog, nachdem er es sich in unserem möbelleeren Raum auf einer Kiste bequem gemacht hatte. Und ich hatte diesen glubschäugigen, kahlgeschorenen Hünen mit der ausgefransten Lavalliere, den schlabbernden Seemannshosen und dem rauhen Akzent, der den russischen Emigranten verriet, für einen Frauenmörder gehalten! Jetzt hätte ich ihn am liebsten abgeküßt für diese in Technik und Ausdruck so hinreißenden Werke, auf die ein Teil meiner selbst gewartet zu haben schien. Verzaubert hörte ich ihm zu, genoß die einschmeichelnden Rs und Ls, die an mein Ohr drangen, betrachtete seine endlos langen Beine und vernahm, wie er als Kadett der kaiserlichen Armee Asien durchquert hatte – nicht jenes Asien, das wir kannten, sondern das andere, weiter oben auf der Karte liegende –, wie er später dann – ich glaube in Korea – als Kohlentrimmer auf einem Kahn gefahren war und nach vielen weiteren Etappen, mittellos, doch mit einem damals schon erahnten Talent ausgestattet, nach Paris gekommen war, wo er nun einem ebenfalls russischen Regisseur als Kulissenmaler half. Er hatte eine russische Schauspielerin geheiratet und war Vater eines Kindes, lebte jedoch nach wie vor in größter Armut. Ich riet ihm, am nächsten Tag noch mal wiederzukommen, damit auch André diese Radierungen sehen konnte. Und ich hatte recht getan, denn André war ebenso begeistert wie ich und kam in den Genuß eines ausführlichen Gesprächs à la Dostojewski; schließlich bestellte er ein paar Grafiken für ein in Arbeit befindliches Buch.

Eigentlich eher per Zufall waren wir an jenem Tag nicht völlig ohne Geld, so daß André dem Künstler einen Vorschuß geben konnte, was wir als gutes Omen betrachteten: Den Rest würden wir zweifellos bald bezahlen können. Doch dem war nicht so, und Alexeieff machte sich schon Sorgen, wie ich einem Billet entnehmen konnte, das ich eines Abends unter meiner Tür fand. Es war ein kurzes Gedicht in Schönschrift, das mich wissen ließ, Frau Wäscherin und ihr Gatte, der Herr Wäschermeister, harrten des geschuldeten Geldes . . . Aber wie sollte man geben, was man nicht hatte? Es blieb uns nichts anderes übrig, als Alexeieff die Wahrheit zu sagen. Er war baß erstaunt: Gab es denn auch arme Franzosen? Der Gedanke war ihm ja noch nie gekommen! Daß wir keine Möbel besaßen, hatte er als Ausdruck einer Laune, einer spielerischen Phantasie verstanden. Als dieser Irrtum aufgeklärt war, wurde er unser Freund und wird es auch sicher bis zum Ende unserer Tage bleiben. Seine Graphiken entsprachen übrigens voll und ganz unseren Erwartungen – und auch unsere Schulden bei Alexeieff konnten wir eines Tages begleichen.

1928 gelang es mir mit einiger Mühe, in jene Hochburg des Geistes namens Pontigny einzudringen, die laut André, wie der Berg Athos, den Männern vorbehalten sein sollte. Es war eine Einladung zur Teilnahme an einer philosophisch-literarischen »Dekade« gekommen. André war überzeugt, sie beträfe nur ihn, doch ich behauptete, ebenfalls eingeladen zu sein. »Ich folge der Fahne Jeanne d'Arcs«, rief ich aus, »ich habe mitgekämpft, jetzt will ich auch an der Ehrung teilhaben.« Ich konnte es einfach nicht mehr aushalten, das Heimchen am Herd zu spielen, was mir ohnehin nie gelegen hatte. Wir hätten uns außerdem nur zu erkundigen brauchen, um zu erfahren, daß »weibliche Begleitung« durchaus zugelassen war, denn daß diese sich als gleichwertiger Partner oder gar Konkurrenz entpuppen könnte, hielten jene erlauchten Geister ohnehin für ausgeschlossen.

Man erreichte die ehemalige Zisterzienserabtei mit dem Zug, und da der Bahnhof einige Kilometer von der Stätte, wo »der Geist weht« (André) entfernt lag, ging Monsieur Desjardins, der die Organisation des Treffens übernommen hatte, seinen Gästen entgegen. Unterwegs bildeten sich Grüppchen, und nach einiger Zeit gesellte Desjardins sich auch zu mir. Sein Gesicht mit dem eigentlich schon etwas altmodisch wirkenden Spitzbart war das Antlitz eines Heiligen, doch vermeinte ich auch dämonische Züge darin zu erkennen, ein Eindruck, den seine einschmeichelnde Stimme nur verstärkte: »Chère petite Madame, Sie sind noch sehr jung, und ich habe volles Verständnis für jede Art Besorgnis oder Empfindlichkeit (ich verstand absolut nicht, worauf er hinauswollte), Sie sind sehr jung, und auch Ihr Gatte ist noch sehr jung (stimmt, sogar jünger als ich), und er ist wirklich ausnehmend charmant. Lassen Sie es mich nochmals betonen: Ich habe vollstes Verständnis für jegliche Empfindlichkeit, für jede Reaktion, die der Besorgnis entspringt.« Etwas abseits von uns schritt – Vatermörder, Krawatte, Stiefeletten – ein Großteil der französischen Intelligenzija dahin, doch ich unbedarftes Wesen war offenbar immer noch die Zielscheibe gutgemeinter Worte, die nun eine Pause einlegten, damit ich etwas entgegnen konnte. Ich tat es jedoch nicht, woraufhin ich vernahm: »André Gide wird ein paar Tage unter uns weilen, mit unserer bescheidenen Behausung vorliebnehmen. Sollte Ihnen das mißfallen oder gar Sorge bereiten, so lassen Sie es mich bitte wissen.«

Vor meinem inneren Auge ragten sechzig Jahre Respektabilität empor, und ich murmelte: »Ich werde mich glücklich schätzen, ihn kennenzulernen.« Doch im Grunde meines Herzens kochte ich und hielt eine empörte Rede, die in etwa so lautete: »Als ob mich das interessierte, ob André ihm oder er André gefällt, das geht doch nur die beiden etwas an, außerdem glaube ich zu wissen, daß André Frauen liebt und im Augenblick vor allem mich, wir beide haben doch schon mehrfach bewiesen, daß wir freie Menschen sein wollen, wir haben Statuen geklaut, haben dafür bezahlt und werden weiterhin Unerlaubtes tun, wenn wir uns im Augenblick auch damit begnügen, an der Herausgabe erotischer Bücher mitzuwirken, uns den friedfertigen Wonnen des Opiums hinzugeben, jungen Frauen zur Abtreibung zu verhelfen und Wechsel zu unterschreiben, ohne zu wissen, wie wir sie einlösen sollen, denn wir lieben nun einmal Gesetzesverletzungen!« Ich war so zornig, daß ich mich schon in meinen Gedanken verhedderte: »Haben Sie noch nicht begriffen, daß wir Ihr albernes Spiel hier nur zum Schein mitmachen und nur so lange, wie es uns paßt, hm?« Und damit schloß ich meinen inneren Protest-Monolog und blickte um mich.

Dort schritten sie, in Grüppchen verstreut, durch diese friedliche Burgunder Landschaft, die zu uns beiden so gar nicht passen wollte. Keiner dieser Männer hatte je ein Gesetz übertreten, keiner hatte je die von seinen Vorgängern tradierten Regeln, die auch sein Leben bestimmten, in Frage gestellt. Der Krieg, die russische Revolution oder der Kolonialismus riefen kaum Ängste in ihnen wach: Nach Ansicht der meisten vertraten die Alliierten Interessen von geradezu jungfräulicher Reinheit, war Kommunismus der anmaßende Einbruch der Barbaren in eine geordnete Welt, war die Anwesenheit der Weißen in Asien und Afrika eine Zivilisationsnotwendigkeit. Wann merkt man eigentlich, daß ein Gebäude bald einstürzen wird? Die denkenden Köpfe Frankreichs wußten sehr wohl, daß Zivilisationen vergänglich sind, doch derselbe Valéry, der diese Feststellung getroffen hatte, befürwortete den Befehl, auf streikende Arbeiter zu schießen.

Nur sehr wenige von denen, die in diesem Jahr 1928 mit uns in Pontigny waren, hatten die Grenzen Europas schon einmal überschritten. Von allem, was Asien je hervorgebracht hatte, interessierte sie lediglich die Mystik. Bewußt oder unbewußt kreisten ihre Debatten in Wirklichkeit immer nur um geistige Belange.

»Eine verhaltene Sprechweise ist für mich Kennzeichen einer wahren Aussage«, schrieb Desjardins, oder: »Ich liebe es, im Schatten zu stehen und die Anonymität zu wahren«, doch widersetzte seine Natur sich merkwürdigerweise diesen edlen Bestrebungen. Er konnte nichts dafür, denn er war nun einmal ein brillanter Kopf und Redner, wenn er sich auch lange bitten ließ, bis er in eine Diskussion eingriff. Auch wenn man ihm in einem Winkel des Kreuzgangs begegnete, wohin er sich absichtlich und aus Bescheidenheit zurückzog, wurde man seiner Denkschärfe und der Vielfalt seiner Kenntnisse sehr schnell gewahr und stellte mit Verwunderung fest, daß sich hinter dieser Bescheidenheit handfeste Ironie verbarg. Das wurde besonders deutlich nach einer Diskussion mit Groeth, der ihm als einziger ebenbürtig, ja vielleicht sogar überlegen war. Aber Groeth war bei aller intellektuellen Schärfe ein liebevoller Mensch, der anderen auf die Sprünge half. Als zum Beispiel ein netter junger Mann mitten in seinen Ausführungen vor dem erlauchten Publikum, das ohnehin nicht viel, aber zumindest doch etwas von ihm erwartet hatte, steckenblieb, sprang der als Gedankenleser bekannte Groeth rettend ein und sagte abschließend: »Wie unser Freund soeben ausgeführt hat . . .« Der Freund hatte zwar nichts ausgeführt, aber wenn es ihm gelungen wäre zu sagen, was er hatte sagen wollen, so wäre es sicher genauso ausgefallen. Selbst wir glaubten sogar einen Moment lang, Groeth sei nur das Sprachrohr des jungen Mannes, dem die Worte versiegt waren. Der Betroffene hat das vielleicht sogar selbst geglaubt.

Kurzum: In diesem Pontigny des Jahres 1928 war Gott nicht tot, es triumphierte der Thomismus, was so weit ging, daß jede andere Form von Katholizismus verworfen wurde; Marx war kaum geboren, für die Lehren Freuds hatte man nur ein Lächeln übrig, und Nietzsche berührte irgendwie peinlich. Die an diesem Ort Versammelten – Spiegelbilder der Universität und einer ganz bestimmten Literatur – ahnten noch nicht, daß sie schon bald viele der für sie nach wie vor gültigen Werte würden über den Haufen werfen müssen.

Als wir abreisten, dürften Desjardins Sorgen bezüglich der ohnehin nur kurzen Anwesenheit André Gides gegenstandslos geworden sein, doch dieser »junge« André Malraux beschäftigte ihn noch weiterhin. »Malraux mit seinen keinen Widerspruch duldenden Gewißheiten bringt mich aus dem Konzept, so daß ich anfange zu stammeln«, schrieb er, und kurz darauf äußerte sich in ähnlicher Weise auch Gide, als er feststellte, im Gespräch mit Valéry und Malraux käme er sich immer dumm vor ... Und wie hatten diese Tage in Pontigny auf uns gewirkt? Wir waren eigentlich aus dem Staunen nicht herausgekommen.

Wie ganz anders ging es doch zu im Klub der Französisch-Russischen Gesellschaft, wo die einheimische auf die emigrierte Intelligenzija traf. Ein trüb-grauer Saal mit Dorfkirchenbestuhlung, ein Gemurmel, das zwar französisch, aber auch kehlig und gleichzeitig zu weich klingt, ein paar Bärte und schmuckbehängte Frauen, wie man sie unter den intellektuellen Damen Frankreichs für gewöhnlich nicht antrifft. Heute soll über Gide gesprochen werden. André sitzt neben mir, und mich berührt es eigenartig, die Frau eines Mannes zu sein, den man in gewissen Kreisen schon als Berühmtheit begrüßt. Heute hat er's ihnen allerdings auch besonders leichtgemacht, denn jeder kennt seinen aufgebogenen grauen Filzhut, die dicht anliegende Haarsträhne, das helle, wache Seemannsauge und die Tics, die über sein Gesicht huschen. Nachher wird auch er, dieser hochgewachsene, schlanke junge Mann mit der jünglingshaften Grazie, ans Rednerpult treten, wo es jetzt gerade um die Aufrichtigkeit Gides geht. Ich hatte immer gedacht, ein Künstler müsse lügen können ... Es geht aber nicht nur um die Ehrlichkeit Gides, sondern auch um seinen Einfluß, seine Gleichgültigkeit gegenüber seiner Wirkung auf Dritte. Einer der Russen bricht eine Lanze für Gide, den er Anatole France und Henri de Régnier vorzieht, während ein anderer Gide glattweg ablehnt. Es wirkt irgendwie befremdend auf mich, wie diese Russen über unsere

Schriftsteller sprechen: Ob sie uns lieben oder verachten, immer steht Dostojewski dahinter. Man kann also Gide einfach verwerfen, weil man ihm nicht glaubt, und als Russe sich kurzerhand Nietzsche zum Kronzeugen erwählen, der auch schon gesagt hatte, es sei ihm gleichgültig, ob der andere lüge oder nicht, da er ihm ohnehin nicht glaube ...

Jetzt vergleicht jemand Gide gar mit Pascal und nennt ihn einen Pascal, der keine Schlußfolgerungen, kein Fazit liefert. Man finde bei ihm auch keine Sinngebung des Leidens und des Schmerzes, worum Nietzsche hingegen gerungen habe. »Warum wollen Sie einen Nietzsche überhaupt da hineinziehen? Sie haben mehr Heilige als das Jahr Tage und mehr Philosophen als wir, da Sie sich ja auch noch die unsrigen einverleiben: Lassen Sie also Nietzsche in Frieden ruhen in dem Haß, den er Ihnen entgegenbrachte.« Ein großartiger Satz!

Auch an meine erste Begegnung mit Charles Edgar (»Eddy«) Du Perron erinnere ich mich noch gut, doch im Unterschied zu Alexeieff war er mir angekündigt worden, so daß ich nicht ganz so verblüfft war, als mir ein kleiner Mann gegenüberstand, in dessen eher weichem Gesicht schwarze Augen funkelten und ein Mund belustigt lächelte. Er schien über meine Anwesenheit erstaunt; vielleicht wußte er nicht, daß André verheiratet war ... Nach kurzem Zögern fragte er mich jedenfalls, ob mein Herr Onkel zu Hause sei, denn ich schien ihm wohl zu jung für die Würde einer Ehefrau.

So trat Eddy, der gebildete Autodidakt, der stolz war auf seine holländisch-indonesische Abstammung, in unser Leben, aus dem er bald nicht mehr wegzudenken war. Eddy betrachtete, wie André einmal schrieb, die Vorgänge in Europa mit dem Auge eines weltentrückten Candide. Doch das traf nur bis 1936 zu, dann änderte er sich, vielleicht unter dem Einfluß von André oder weil die Ereignisse eine solche Haltung nicht mehr zuließen. Ihn interessierte, wie er immer wieder betonte, der Mensch, doch genauer besehen waren es wohl eher die Träume des Menschen als der Mensch selbst, die ihn interessierten. Er kannte die Träume der Indonesier, da er sie während seiner Kindheit und Jugend ja geteilt hatte, und nun sah er sich den Träumen der Europäer gegenüber, die ihn verwunderten. Seine besondere Liebe galt Multatuli, von dem die meisten Franzosen wohl noch nichts gehört hatten und den auch wir erst durch ihn kennenlernten.

Multatuli oder richtiger Eduard Douwes Dekker war Niederländer und arbeitete als Arzt auf Java. Seine Empörung über das Schicksal, das die Seinen den Eingeborenen aufzwangen, fand Ausdruck in seinem Buch *Max Havelaar oder Die Holländer auf Java*, das 1860 unter dem Autorenpseudonym Multatuli herauskam und ein solches Aufsehen erregte, daß die Holländer von da an zumindest versuchten, eine »christliche Politik« zu treiben. Das Buch war aber nicht nur das Werk eines edlen Herzens, sondern auch das eines literarischen Wegbereiters, denn es war teils Tagebuch eines frei in Raum und Zeit stehenden Menschen, teils deskriptiver Roman mit introspektiven Passagen, die bis zur Selbstentblößung des Autors gingen, und daher war es freier und direkter als die meisten anderen Werke. Dekker war es wohl auch gewesen, der dem jungen literaturbesessenen Eddy die Freude am poetischen und ausgefeilten Ausdruck vermittelte, denn ab 1925 gab dieser auf eigene Kosten seltene Texte heraus.

Daß Eddy und der zukünftige Autor der *Eroberer* sich so gut verstanden, beruhte weitgehend auf der Tatsache, daß beide künstlerisch etwas mitzuteilen hatten, was nicht vielen gegeben ist. Ihnen war die Botschaft wichtiger als die Form, ohne daß sie diese vernachlässigt hätten, doch wurde die Form ihrer Meinung nach von der Botschaft diktiert. »Es gibt Leute, die etwas mitzuteilen haben«, schrieb André in einem Brief an Eddy, »und doch nie ein Meisterwerk schreiben.« Im Umgang mit anderen war Eddy stets grundanständig, arglos und unvoreingenommen, doch stellte er gewisse Ansprüche an die Qualität seiner Mitmenschen. Er bestach aufgrund seiner Jugendlichkeit, die er sich – wohl weil er heimatlos war – länger bewahrte als andere; wenn er sprach, maß er dem Gegenstand stets große Bedeutung bei und engagierte sich, wie es auch André tat, und obwohl sie in ihren Gesprächen häufig philosophische Themen streiften, bedienten sie sich selten der gängigen philosophischen Terminologie.

Als André mit der Arbeit an den *Eroberern* begann, fragte er sich, ob er sie in der ersten oder in der dritten Person schreiben sollte. Schon Henry James und Joseph Conrad setzten sich mit dem Problem des »allwissenden Erzählers« auseinander, der wie ein Gott jede der handelnden Personen bis in ihre geheimsten Tiefen kennt. Es erschien schon irreal, nur von einem einzigen Menschen alles wissen zu wollen. Doch wenn man in der ersten Person schrieb, wäre dieses Problem gelöst. Aber wie ließen sich dann die Biographien verschiedener Figuren rekonstruieren? André kam auf die Idee, dafür die Form eines Polizeiberichts zu wählen, und wie er sich über diesen Einfall freute, habe ich bis heute nicht vergessen.

Von Dostojewski hatte André den Gedanken entlehnt, daß sich einem Menschen, der eine tragische Situation intensiv durchlebt, Grundsatzfragen aufdrängen, wie zum Beispiel Katov, der angesichts des Leichnams seiner Frau, die das Kind eines anderen geboren hatte, darum ringt, den Sinn seines Lebens, ja den Sinn des Lebens überhaupt zu begreifen. André war der Ansicht, daß eine Problematik, die in der Raffung einer Fiktion dargestellt wird, ein Maximum an Wirkung erzielt, worin ich ihm nur zustimmen konnte. Daher hätte ich mich eigentlich nicht wundern dürfen, daß er seine Figuren immer in Extremsituationen versetzte. »Muß man sie wirklich immer erst in Scheibchen schneiden, bis sie zu denken anfangen?« fragte ich scherzhaft, und machmal milderte er dann auch die eine oder andere der seinen Figuren zugedachten Qualen.

Das Buch entstand »stückweise«, ohne direkten Bezug der einzelnen Teile, die schließlich irgendwie zusammengeschweißt werden mußten, was André nur sehr mißmutig tat. »Ich hocke wieder über den Grauzonen«, pflegte er zu sagen. Obwohl ich jede Etappe verfolgt hatte, verblüffte mich das fertige Werk durch die neuartige Form der Montage, die zum Teil dem Film entlehnt war, durch seinen Rhythmus, der unvermittelt abbrechen konnte und dann wieder episch anschwoll, durch die Aussparungen, die sich als ungeheuer wirksam erwiesen, weil sie die Spannung steigerten. Wir wußten damals noch nicht, daß eine revolutionäre Aktion, selbst wenn sie tragisch enden sollte, in gewissen Momenten eher einem Fest als einer Schlacht ähneln kann ...

Wie dem auch sei: *Die Eroberer* sind von Geschichte untermauerte Fiktion, und es beeindruckte mich sehr, daß Trotzki sie für einen Augenzeugenbericht halten und als solchen diskutieren konnte; daß andere, die von China keine Ahnung hatten, dieses Buch für eine Biographie hielten, amüsierte mich, aber daß André selbst dieser Legende Vorschub leistete, war mir peinlich.

Die Eroberer schienen ein Bedürfnis jener Zeit zu stillen, einem Mangel abzuhelfen. Die Leser waren der psychologischen Romane und solcher, in denen die Welt nur als ein malerisches Schauspiel dargestellt wird, überdrüssig. In diesem Buch zählen nur die Momente, in denen es um Alles oder Nichts ging, in denen der Mensch spürt, daß er nur ein einziges Leben hat; und das wird ihm in dem Augenblick bewußt, wo er Gefahr läuft, es zu verlieren. Und was lohnt sich nicht alles für dieses Leben, wenn wir jenseits dieser Erdentage nichts zu erwarten haben? Und um wieviel intensiver wird alles, wenn die Schwankungen unserer Existenz sich auf andere Wesen auswirken, in ihnen einen Widerhall finden! Und dennoch hat Trotzki sich geirrt, als er Garine für einen Revolutionär hielt: Er ist ein metaphysischer Rebell. Darf man sich denn wundern, daß Malraux' »Helden« in einer ihres Ewigkeitswertes beraubten Welt die Sehnsucht erfüllt, sich voll und ganz zu verwirklichen, und sie sich dann vorübergehend der Revolution oder dem Spiel mit der Macht oder der Erotik hingeben? Und wundert es, daß Malraux selbst, nachdem er sich von der »Internationale der Gesetzlosen« und dann auch von der kommunistischen losgesagt hatte, sich 1944 auf die Seite des nationalistischen Gaullismus schlug? Groethuysen kannte André offenbar sehr gut, denn kurz nach der Befreiung Frankreichs sagte er zu einem meiner Freunde: »Malraux hat viel Glück gehabt, er hat China, Spanien und die Résistance gefunden; was er sich jetzt wohl aussuchen wird?«

Etwa 1928 trat Emmanuel Berl in unser Leben, der zu einem meiner aufrichtigsten Freunde wurde und es nach wie vor ist. Ich kenne wenige Menschen, die einen so regen Geist haben wie er – vielleicht weil er ihn unaufhörlich trainiert. Da bleibt keine Zeit, Rost anzusetzen, er nutzt jede Gelegenheit zu einem Gespräch, einem Gedankenaustausch, jede freie Minute, um zu lesen: Das sind geistige Lockerungsübungen. »Hopp, dieser Sprung war schon elastischer als gestern – dabei war er schwer –, ich habe meine Argumente geschickter aneinandergereiht, meine Gedankenkette zügiger abgespult.« Und zu diesem eifrigen Geistestraining kommt eine erstaunliche Bildung hinzu. Seine Stimme ist lebhaft, sein waches Auge, das eigentlich auch träumen können müßte, funkelt vor Interesse an allem, was er oder andere sagen. Aber fixe Ideen hat er auch: Man darf ihm ja nicht mit einem Gegenstand kommen, von dem er im Augenblick nichts wissen will. Er wird einem dann gar nicht zuhören, einen vielleicht gar verachten, weil man nicht hinter dem gleichen Wild herjagt wie er, selbst wenn er dies am nächsten Tag mit Feuereifer zu hetzen bereit ist. Schon als junger Mann war er ein Charakterdarsteller mit seiner hochgewachsenen, schlanken Gestalt, seinem dunklen Haar und den markanten Gesichtszügen, und im Alter wurde er geradezu schön, es stand ihm wie Elektra das Trauergewand. Er war schon immer ein eifriger Wanderer gewesen, der unversehens große Strecken zurücklegte, und in Begleitung Malraux' wurden es wahre Gewaltmärsche. Während unter ihren Füßen die Straßen dahinflogen, defilierte in ihren Gesprächen die Zeit unter ihren verschiedensten Aspekten.

Von Hause aus ist Emmanuel Historiker, voller Kenntnisse und intellektueller Neugierde. Er stammt aus einer alten jüdischen Intellektuellenfamilie und ist verwandt mit Henri Franck, mit Bergson, mit Proust, worauf vielleicht seine leichte Tendenz zum Elitären zurückzuführen ist. Und daß er sich von revolutionärem Gedankengut verführen ließ, erklärt sich wohl auch daraus, daß er es – indem er es akzeptierte – unbewußt bekämpfen wollte. Auf der einen Seite Zola, auf der anderen *Die Eroberer*. Bourgeoisie kam für ihn nicht mehr in Frage: Die hatte er in seinem Denken und in seiner Moral ein für alle Male abgetötet. In Garine sah er vor allem den großen Zerstörer, den Nachfolger der mongolischen Eroberer. Bevor er seine Geistesverwandtschaft mit Malraux entdeckte, war er der Versuchung der Surrealisten erlegen, doch der Grund war der gleiche gewesen: Man fing bei Null wieder an. Aber die Surrealisten nahmen sich ein wenig zu ernst und brachten zu wenige Resultate: Ihr Sich-Versenken in das Unbewußte machte sie schon fast zu Medien, ihr Eintauchen in die Politik ergab lediglich ein ewiges Hin und Her, und nur ihr Sinn für Malerei verschaffte ihnen das notwendige Geld zum Leben. Wenn Andrés Vergangenheit nicht so reich war, wie er alle Welt glauben machen wollte, so hätte sie es doch sein können und war es zum Teil ja auch noch geworden, wie Berl sehr treffend feststellte, als er schrieb: »Für Malraux besteht das Wesen des Revolutionärs nicht in einem Glauben, der immer einfältig ist, nicht in einer Information, die immer unvollständig bleibt, nicht in Disziplinen, die stets veraltet sind, sondern vielmehr in einem Zustand der Verfügbarkeit und des Mutes.« Wenn man es so sieht, können allerdings viele Dinge nach Revolution aussehen . . .

Zu sagen bleibt vielleicht noch, daß Gide einmal erklärte, er könne den Höhenflügen der Gespräche zwischen André und Emmanuel nicht folgen.

Hatten wir bis zum Erscheinen der *Eroberer* mehr oder weniger von der Hand in den Mund leben müssen, so änderte sich mit ihrer Veröffentlichung nach und nach unser Lebensstil, denn wir konnten einen Teil unserer Schulden bezahlen, uns anständige Kleidung und geregelte Mahlzeiten leisten und uns in allgemeiner Anerkennung sonnen. Unsere Vergangenheit wurde allerdings mehr und mehr verbrämt, denn André bastelte an seiner Legende. Vieles war ja auch zu unwahrscheinlich gewesen: Ich schmächtiges Persönchen im Dschungel Kambodschas und später dann als Unterschriftensammlerin für die Befreiung des »talentierten jungen Schriftstellers« oder gar als aktive Mitarbeiterin an einer Zeitschrift im fernen Vietnam . . . War es nicht viel geschickter, die Welt glauben zu lassen, er, der Schriftsteller, habe tatsächlich an der Revolution in Kanton teilgenommen, und die Annamiten hätten für seine Befreiung gekämpft? Wieder und wieder hörte man es damals, und auch heute kann man es noch lesen, aber es entspricht nicht der Wahrheit, sondern ist Teil jener Hagio-Biographie, jener Mythologie, an der André Malraux so viel Gefallen fand. Schließlich war er Schriftsteller, und hat ein Schriftsteller nicht das Recht auf »seine« Legende, da er sich doch immer im Reich der Fiktion bewegt?

Nachdem 1928 mit dem Erscheinen von *Royaume farfelu* das Persien des Traumes Gestalt angenommen hatte, zogen wir aus, das Persien der Realität zu suchen. Es bedeutete unser erstes Loslösen von Europa nach einer längeren Zeit der inneren Einkehr. Und wie immer fuhren wir auch diesmal in der Hoffnung, als ganz andere wiederzukommen.

Unsere Reiseroute sollte zunächst vom Schwarzen zum Kaspischen Meer durch die Sowjetunion verlaufen, dann würden wir das

Schiff nehmen – wie es weitergehen sollte, war uns noch nicht klar, aber um das herauszufinden zogen wir ja los.

Seit unserer zweiten Rückkehr aus Indochina waren Schiffe eigentlich unerschwinglich geworden für uns, aber der Frachter, den wir in Marseille bestiegen und auf dem wir die einzigen Passagiere blieben, war allein schon zu entdeckendes Neuland. Wir genossen sein langsames Tempo und die vielen Zwischenlandungen, konnten Neapel wiedersehen, ein Stück Türkei entdecken, wobei uns Istanbul, für das wir zwei Tage Zeit hatten, nicht sonderlich beeindruckte, und schließlich mit wachem Geist Batum erkunden.

Armselige Gäßchen wie in der Provence, geduckte Häuser, Menschen, deren Kleidung und Gestik uns fremd waren. Der Zufall führte uns durch einen Rundbogen in eine lärmende, nach Tabak und Wodka stinkende Taverne. Im Halbdunkel erkannten wir einen Kreis von Männern, die auf Schemeln hockten und alle zur Mitte starrten, wo auf den Knien eines der Ihren, hoch aufgereckt und stolzgeschwellt, ein Zwerg mit Zylinder und blauem Russenkittel stand. Der Zwerg sang, und der Chor der Anwesenden nahm den Refrain auf. Das war »Mütterchen Rußland«, wie wir es uns aufgrund der Werke Dostojewskis, Gogols oder des erst kürzlich von uns entdeckten Schtschedrin vorgestellt hatten. Man wunderte sich über unsere Anwesenheit, wandte sich kurz von dem Zwerg ab, um mit den Neuankömmlingen ins Gespräch zu kommen, was aber trotz zwei oder drei Glas Wodka unmöglich schien, woraufhin man von uns abließ, um den Gesang und das rhythmische Händeklatschen wieder aufzunehmen, so daß unser Fortgehen gar nicht bemerkt wurde. Ein befremdlicher erster Kontakt mit dem Mutterland des Kommunismus!

Da das Schiff, das uns über das Kaspische Meer bringen sollte, drei Tage später ablegte, mußten wir so schnell wie möglich nach Baku gelangen, aber es kümmerte sich ja niemand um uns. Es war schon fast Abend, wir hatten kein Hotelzimmer reserviert und wußten nicht einmal, ob es in diesem seltsamen Winkel der Erde überhaupt ein Hotel gab und – falls es eines gab – welche Formalitäten zu erledigen waren, um dort übernachten zu dürfen. Offenbar war das einzige, was man hier leicht bekommen konnte, Wodka. Auf dem Bahnhofsvorplatz fragten wir wahllos die Passanten, ob sie Französisch verstünden, doch sie schienen nicht einmal den Klang dieser Sprache je gehört zu haben, woraufhin ich mich mitten auf den Platz stellte und lauthals auf deutsch hinausposaunte, wir müßten nach Baku und benötigten Fahrkarten. Und sieh an: Da war jemand, der Deutsch sprach! Ein Student, und zudem noch in uns vertrauter Gewandung.

»Wollen Sie Fahrkarten für die harte oder für die weiche Klasse?«

In Anbetracht unserer Finanzen wählten wir die harte, und das hatte später den Vorteil, daß man sich ausstrecken konnte. In Tiflis meldete sich dann unser hungriger Magen. Die Stadt, die noch Spuren eines vergangenen und unangebrachten Luxus aufwies, erinnerte an ein geplündertes Nizza. Aber wir fanden ein Hotel, vor dessen Eingang, den früher einmal eine Drehtür geziert haben dürfte, sogar ein Nachtwächter saß: Wir fühlten uns gleich wieder wie im Westen! Auch ein Speisesaal harrte unser, doch er war menschenleer. Und wie sollten wir jetzt erklären, daß wir etwas zu essen haben wollten? André zeichnete auf einen Fetzen, der wohl das Tischtuch sein sollte, ein Ei und ein Huhn und hielt dieses Kunstwerk dann einem in enge weiße Hosen gekleideten Kellner vor die Augen.

»Monsieur hätte sich die Mühe sparen können«, sagte dieser in fließendem Französisch, »ich habe zehn Jahre in Paris gelebt.«

Welch ein Glück! Da konnten wir ja sogar Schaschlik essen!

Im Morgengrauen präsentierte sich Tiflis als ein großer Markt, wo bärtige Usbeken, auf deren Haupt eine schiffchenförmige Pelzkappe saß, Säcke mit Obst abluden. Um zehn Uhr folgten ihnen weißgekleidete und glattrasierte Weiße. Doch leider hatten wir keine Zeit, die Ursache dieser friedlichen Wachablösung verschiedener Ethnien zu ergründen oder die Stadt, die uns irgendwie faszinierte, ernsthaft in Augenschein zu nehmen, denn wir müßten ja schleunigst zum Zug. Ansonsten waren wir bei all unseren Unternehmungen vollkommen frei, was in krassem Gegensatz stand zu den Schilderungen derer, die vor uns dieses Land bereist hatten.

Metallische Riesenkrebse, die sich als Amphibienfahrzeuge entpuppten, kündeten Baku an. Diesmal hatten wir wirklich eine Stadt vor uns, eine Stadt mit hohen Gebäuden, mit eiligen Menschen auf den Straßen, mit Läden hier und dort und sogar einigen Autos. Das Hotel war schmutzig, abstoßend und pompös. Im Intourist-Büro eröffnete man uns, daß wir den Süden der Sowjetunion gar nicht auf eigene Faust hätten bereisen dürfen – das sei unüblich. Anderswo hätte unsere allzu große Selbständigkeit vielleicht Mißtrauen hinsichtlich der Gründe unserer Anwesenheit erweckt, aber Baku war eben nicht wie andere Städte, was wir gleich gespürt hatten. Da gab es manches, was man wohl nicht verallgemeinern konnte, wie zum Beispiel die herrlichen Mahlzeiten, die wir auf der Terrasse des obersten Stockwerks unseres Hotels einnahmen und die auf kostbar ziseliertem Silbergeschirr serviert wurden. Dort oben auf unserem Dach delektierten wir uns also an feinen Weinen und Gerichten, während wir den im Hafen schaukelnden Schiffen zusahen. Doch am nächsten Morgen schon mußten wir leider fort, was wohl auch besser war, denn sonst hätten wir in dieser feudalen Umgebung noch schlechte Gewohnheiten angenommen, die zu unserem Ruin geführt hätten. Rückschlüsse auf den Lebensstandard in der sozialistischen Gesellschaft überhaupt ließ unsere Versorgung wohl kaum zu – daß es da einen Unterschied geben mußte, ahnten wir. Kurz nach unserer Stippvisite in Baku hörten wir, daß die Stadt Opfer einer exemplarischen Säuberungsaktion geworden sei . . .

Grünes Meer, ein winziges Schiff, um dessen Rumpf kleine Fische spielten, und etwa zehn Passagiere, die am Familientisch ihre Mahlzeit einnahmen. Zu meiner Rechten ein wohlerzogener Herr, deutscher Botschafter in Teheran, der gleiche, der wenig später den deutsch-sowjetischen Nichtangriffspakt unterzeichnen sollte: Graf von der Schulenburg. Sein Deutsch verriet in seinem Tonfall den Mann aus dem Norden; meines klang genauso, was ich aber wohlweislich für mich behielt, denn zu der Deutschen jüdischer Herkunft wäre er sicherlich weniger liebenswürdig gewesen als zu der jungen Französin, bei der ihm keine Sekunde lang der Verdacht kam, daß sie sich in seiner Sprache fast ebensogut auszudrücken vermochte wie er selbst. »Madame«, sagte er, »Persien ist eine Wüste mit ein paar kleinen Oasen.« Doch er vergaß hinzuzufügen, daß diese Wüste gebirgig war. Von ihm erfuhr ich auch, daß der französische Konsul in Isfahan, ein sehr angenehmer, kultivierter, im Vorderen Orient geborener Mann, das Oberhaupt der ortsansässigen jüdischen Gemeinde war. Und ich hatte nicht einmal gewußt, daß es in Persien noch Juden gab . . .

Am Ende des Tisches saßen zwei junge Männer und eine junge

Frau, alle drei Perser. Die beiden Männer, von denen der eine der Bruder und der andere der Gatte der jungen Frau war, stellten sich als Studenten vor, die gerade aus Frankreich kamen, und obwohl wir keine Ahnung hatten, ob es in einer Karawane, einer Troika oder per Auto, und zwar dann auf der einzigen richtigen, von den Russen gebauten Straße Persiens weitergehen würde, ob wir schnell vorankommen würden oder viele Stops in Kauf nehmen müßten, beschlossen André und ich, mit ihnen zu reisen. Hier auf dem Schiff holte ich erst einmal ein paar Informationen ein, und so erfuhr ich, daß der Schah gerade das Ablegen des Schleiers durchgesetzt hatte, und zwar in sehr subtiler Art und Weise: Er hatte nämlich von den Damen seiner Familie verlangt, sich mit entblößtem Antlitz zu zeigen. Und bereits am nächsten Morgen verhüllte kein Schleier mehr die weiblichen Gesichtszüge, als hätte der Prophet solches niemals vorgesehen, denn nicht einmal der armseligste Wasserträger hätte schwören können, in seinen Adern flösse kein Tropfen königlichen Blutes. Dieser kluge Souverän, auch das erfuhr ich bei dieser Gelegenheit, stammte aus dem Kaukasus. Er hatte – was ich bereits wußte – seinen Vorgänger auf höchst elegante Weise »abserviert«, nachdem er ihn zu einer Kur in die Schweiz geschickt hatte. Im großen und ganzen gefiel mir dieser Herrscher, jedenfalls besser als sein Fast-Landsmann Stalin, mit dem er rein äußerlich eine gewisse Ähnlichkeit hatte.

Als Land in Sicht kam, verschleierte sich jene, die mir soeben erklärt hatten, die Frauen verschleierten sich nicht mehr. Sie kehrte nach Hause zurück und nahm die alten Bräuche wieder auf, wie man ja auch sofort wieder in seine Muttersprache verfällt, wenn man aus der Fremde kommt. Später würde sie sich mit den Neuerungen vertraut machen . . . Außerdem hatte diese »Rubandeh«, hinter der sie sich verbarg, auch Vorteile: So konnte man morgens unfrisiert oder gar ungewaschen auf die Straße laufen, oder – was für sie natürlich nicht in Frage kam – unerkannt zu seinem Geliebten huschen.

Wir landen in Bender Pahlevi, wo unsere neuen Freunde eines der hochrädrigen Autos anzuheuern versuchen: langes, wortgewaltiges Palaver, abweisende Gesten, Lachen, Fingerschnalzen, bedeutungsträchtiges Mienenspiel und schließlich doch Einvernehmen, so daß in freudiger Geschäftigkeit Reisetaschen, Koffer, Möbel und wir beiden Fremden verladen werden können.

Jetzt geht's also dahin; es ist heiß hier in Höhe des Meeresspiegels, und erst gegen Abend kommt etwas milde Luft auf. In Recht, zu Füßen des Plateaus, machen wir halt. André zieht aus, die Stadt zu erkunden, und entdeckt dreißig persische Melonenarten sowie den aus sonnengetrockneten blauen Perlen geflochtenen Halsschmuck der Pferde, den man ihnen bei festlichen Anlässen umlegt. Ich hingegen gewinne Einblick in das Leben von Haremsdamen: Meine Begleiterin, ich und eine wie von Geisterhand herbeigerufene Dienerin sitzen auf dem gefliesten Boden eines recht netten, so gut wie unmöblierten Raumes. Man bietet mir den stark gezuckerten persischen Tee an, der hier wie in Rußland *tschai* heißt, aber nicht aus großen russischen Tassen, sondern aus winzigen Gläsern getrunken wird. Ich lerne auch die grünen Pistazien kennen, deren Schale innen rosa ist. Doch am meisten amüsiert mich dieses Lauern hinter den Fenstervorhängen, dieses Begutachten des Geschehens »draußen« durch die eingesperrte Weiblichkeit: »Da kommt der Wasserträger . . . sein Esel ist aber ungepflegt . . .; da, der Hinkende geht ins Haus gegenüber . . . Hast du gesehen, wie schlecht der Alte dort drüben seinen Bart mit Henna gefärbt hat? . . . Lauf doch nicht so schnell, Kerlchen, wirst noch früh genug kommen.« Erstaunlich, mit wieviel Details man diese Leere auszufüllen vermag. Ich spüre schon, daß man einem solchen Dasein sogar mit Vergnügen auf den Leim gehen kann; man hockt da und vergißt, daß es ein Leben gibt, das im Zusammenleben mit anderen reich wird, im Austausch besteht und sich in Freiheit und Freiräumen immer wieder erneuert. Als André schließlich auftaucht, glaube ich, schon seit Jahren in der Kahlheit dieser Wände eingesperrt zu sein.

Diesmal quält sich der Wagen eine Bergstraße empor, die nichts anderes ist als eine roh in den Felsen geschlagene Schneise. Mir kommt es vor, als trüge ich diese Landschaft, diese riesenhafte, mit allen Brauntönen gesprenkelte Palette seit fünftausend Jahren in mir. Hier erscheint mir alles vertraut: Ich hatte sie erwartet, diese an Farben reiche Dürre, diese Kargheit voller verborgener Schätze, dieses Entgegenkommen und dieses Zurückweisen, diese immer zarter werdenden ausgehöhlten Linien. Wie habe ich dich geliebt, Persien der Realität und der Erinnerung! Wie ein menschliches Wesen. Ich habe dich geliebt, seit ich zum ersten Mal den Blick auf deine Höhen richtete, ich habe dich geliebt des grünen Bandes deiner Täler, deiner toskanischen Reinheit, deiner Strenge, deiner Anmut, deines azurblauen Himmels wegen. Was kann erschütternder sein als das scheinbar Alltägliche, das sich plötzlich, zu etwas Unerwartetem entfaltet, in einer neuen Ordnung darbietet? Deine Gärten bergen nur Blumen aus unserem Pfarrgärtchen, aber ringsum breitet sich Wüste, und jedes Blütenblatt ist so groß und weit wie eine ganze Blüte bei uns. Unter deinen Platanen, die sich in einen Himmel graben, den die Reinheit der Luft in unermeßliche Fernen rückt, sind die Geranien schöner als die Orchideen und die Begonien fleischiger als die Lilien. Deine Lehmdörfer nehmen uns auf mit ihren Basaren, wo jeder Gegenstand als etwas Einmaliges entsteht. Wir bleiben vor einem Töpfer stehen, der auf der Drehscheibe eine Tasse formt. Kaum ist sie vollendet, bringt er zwei Farbtupfer an, und schon ist ein Kunstwerk geboren.

Isfahan, du Einzigartige! Wir haben den Konsul Brasseur aufgesucht, wie es uns Graf von der Schulenburg geraten hatte. Das ist die richtige Art zu reisen: Man läßt sich vom glücklichen Zufall treiben, trifft Menschen, spricht mit ihnen, schließt sich ihnen an, befolgt ihren Rat, um dies oder jenes zu erleben. Man tastet sich langsam vor und entdeckt ein Land und sieht nicht nur eine Landschaft; Begegnungen werden zu einer Art Drehscheibe, und eine solche war die mit Brasseur, der uns zuerst als Franzosen, dann mich als Jüdin und schließlich – mit besonderer Freude und Bewunderung – André als den jungen Schriftsteller willkommen hieß. Ich glaube nicht, daß Brasseur irgend etwas von meinem Gefährten gelesen hatte, aber er besaß Unterscheidungsfähigkeit, Bildung, Ideenreichtum, Herzenswärme und eine profunde Kenntnis Persiens und der Perser.

Isfahan besitzt nur ein Hotel, eine von einem Armenier geführte, recht schmuddelige Herberge, eine Art Karawanserei. Man kann sich nur unter Schwierigkeiten waschen, obwohl in einem Verschlag, den man über eine Leiter erreicht, eine Badewanne steht, die aber an kein Rohr angeschlossen ist. Doch unser Zimmer geht auf den Chahar Bag hinaus, der von staubigen Heckenrosen gesäumt ist, die aber unter dem undurchdringlichen Schatten der mächtigen Platanen mit den klar gezeichneten Blättern wohl niemals wirklich werden blühen können. Tamerlan hatte die Stadt ursprünglich verschonen wollen, sie dann aber doch zerstört, da in der ersten Nacht nach der Eroberung ein fanatischer oder die Folgen nicht ahnender Isfahani einen mongolischen Offizier getötet hatte. Damals zählte die Stadt neunzigtausend Einwohner – und jetzt, Ende der zwanziger Jahre unseres Jahrhunderts, hat sie diese Bevölkerungszahl bei weitem noch nicht wieder erreicht. Dabei ist Isfahan eine fröhliche Stadt, die fröhlichste, die wir kennengelernt haben. Die Frauen mit dem nun entblößten Antlitz und den geschmeidigen, schwarzen, herrlich alles verdeckenden Umhängen, machen einen fröhlichen Eindruck. Sind die noch neuen Errungenschaften der Grund? Wie soll man das wissen. Ich frage einen meiner persischen Freunde, wie sich ein den Traditionen verpflichteter Mann verhält, wenn er entdeckt, daß er betrogen wird, und bekomme zur Antwort: Der Koran verlange von ihm, die Gattin und ihren Liebhaber zu töten – was mein Gesprächspartner allerdings für etwas übertrieben hält.

»Was macht man denn dann?«

»Na ja, man drückt beide Augen zu.«

So viel heiterer gesunder Menschenverstand gefällt mir ...

Unter den früchtetragenden Granatapfelbäumen in den Miniaturgärten gab sich André einer wahren metaphysisch-religiösen Wahrheitssuche, einer inneren Einkehr hin. Der Schiismus der Sufis übte eine gewisse Anziehungskraft auf uns aus: Ali, der Auserwählte des Herrn, der besiegt worden war, verschaffte uns Zugang zu einem im Vergleich zum Sunnismus weniger triumphierenden Islam, indem er manchmal gewisse Züge einer Reinkarnation aufwies, die sich vielleicht aus der Nachbarschaft Indiens erklären ließen. Es kam auch vor, daß Iraner uns fragten: »Glauben Sie an Gott?«, wie es gleich bei unserer ersten Begegnung Moussa Saidi tat, ein junger Jude, der mit »Kuriositäten« handelte. Sich um den möglichen Sinn seines irdischen Daseins zu sorgen, schien dort genauso natürlich wie bei uns ein Gespräch über das Wetter. Die Moscheen waren damals allerdings kaum besucht, und die Tabus wurden immer weniger beachtet: Bei der ersten unserer drei Reisen nach Persien zeigte man sich in dem kleinen Café der Meidan Shah absolut nicht geneigt, uns den als Zeichen freundschaftlicher Aufnahme landesüblichen Tee zu servieren, vielleicht wurden die Gläser, aus denen wir getrunken hatten, sogar vernichtet; im folgenden Jahr wurden wir schon als Stammkunden behandelt, und beim dritten Mal rief man uns bereits auf der Straße freundschaftlich herein.

Von allen Seiten drangen die verschiedensten Informationen auf uns ein, doch die wichtigsten erhielten wir von Brasseur. Er brachte uns schon nach kurzem mit Leuten zusammen, die man in Europa Philosophen nennen würde und die dort meist religiöse Führer, Sektengründer waren. »Seit hier eine gewisse Toleranz in Glaubensfragen herrscht, ist jeder Perser auf der Suche nach seiner religiösen Identität, was eine Meisterleistung in Sachen Metaphysik darstellt. Da man so gut wie nichts über den Zoroastrismus weiß, erfindet sich jeder seine eigenen Zoroastrismen. Die Perser martern sich mit der Metaphysik.«

Das stimmte tatsächlich; bei Brasseur ging eine ganze Korona von Häretikern ein und aus, unter denen der merkwürdigste der Enkel des »Wolfs« war, jenes Premierministers, der fast hunderttausend Anhänger von Beha Allah, dem Begründer der Behai-Sekte, töten ließ. Und wie die Dinge sich manchmal wenden, so wurde gemunkelt, Schah Reza Khan sei auch ein geheimer Anhänger dieser Sekte. Erdrückt von der Last des großväterlichen Erbes, durchmaß der Enkel des »Wolfs« die Religionen im Eilschritt: Er hatte selbstverständlich die Etappe Behai hinter sich gebracht und anschließend die christliche und mehrere andere. Als wir ihn kennenlernten, war er gerade ein glühender Anhänger des Buddhismus.

Dreimal pilgerten wir nach Isfahan wie andere nach Mekka. Doch stets nahmen wir verschiedene Wege: einmal via Türkei und zweimal durch Rußland und Afghanistan.

Wir überflogen riesige Sandstalagmiten. Dreitausend, viertausend, fünftausend Meter – eine beachtliche Höhe. In diesem Jahr 1931 sind wir und ein junger Afghane, der jämmerlich höhenkrank wird, die einzigen Passagiere. Das Brummen des Motors erinnert daran, was Menschen alles schaffen können. Alexander und immer wieder Alexander: Er war schön, intelligent, gefährlich und – hinkte. Auf den Statuen sind seine Augen matte, hervorquellende, in sich beschlossene Kugeln. Im Innern geschaffene Königreiche, die diese Augen, die nur ihre Träume sahen, erblickt haben . . . Träume jetzt auch ich? Der Motor ist abgestorben, der dünne Faden, der uns mit dem

Himmel verband, wird gleich reißen. Die geschichtsträchtigen und schrecklichen Berge werden unser Friedhof sein. Von Blumengestekken keine Rede; die Geier werden kommen, da es auf diesen dicht an dicht stehenden Fünftausendern nicht einmal Karawanen gibt. Gleich müssen wir abstürzen.

Der Pilot wendet sich um, macht mir ein Zeichen, ich gehe zu ihm und sehe unter uns einen riesigen Garten mit Häusern, eine Grünfläche, die hoffnungsträchtig ist wie das Leben. Der Pilot weist auf diese Oase, in die Flüsse einmünden und die eine in sich zusammengerollte Stadt birgt, und sagt lachend: »Kabul.« Jetzt begreife ich, daß wir uns im Gleitflug befinden – etwa eine dreiviertel Stunde lang. Als ich mich nach der Landung zur Gangway vorschiebe, faßt der Pilot mich kräftig um die Schultern, gibt mir einen Kuß und sagt das vielleicht einzige Wort, das er in unserer Sprache kennt: »Tapfer!«

Unverzüglich tauchen wir ein in die Gassen von Kabul. Es ist sechs Uhr früh. Ein paar Frauen huschen vorbei, violette, unförmige, gesichtslose Schatten, die sich nur dank eines Fadengitters in Höhe der Augen orientieren können. Abscheulich, diese Gesichtslosigkeit, und dabei ist das Antlitz doch der menschlichste Teil unseres Äußeren. Daß die Hälfte der Menschheit auf der halben Welt unsichtbar ist, kann doch wohl nicht bedeutungslos sein ... Und bereits um zehn Uhr ist diese Hälfte hier auch noch gänzlich wie vom Erdboden verschwunden!

Wo immer im Orient er sich auch befindet – André spürt den Basar auf. Aber dieser hier ist so armselig, daß er uns wohl kaum in Versuchung führen wird. Dabei herrscht Gedränge: dicht an dicht nur Männer, immer nur Männer; das sind die Afridis, die einmal in der Woche im Morgengrauen von den Bergen herunterkommen. Ihre schwarzgeränderten Augen betrachten mich prüfend. Sie erinnern mich an Kosaken in ihrem vollen Waffenschmuck – Pistolen mit Silberarabesken am Schaft, herabhängende oder gezückte Dolche – und ihren reichbestickten, vielfarbigen Gewändern.

Meine Arme sind nackt, und die Berührung mit den Männern ist mir unangenehm. Wie viele Europäerinnen mit nackten Armen sind hier wohl schon durchgegangen? Die Afridis sind sehr groß, und ich bin sehr klein, doch ohne zu wissen, ob ich Angst habe oder nicht, halte ich mich tapfer.

Vom Ende eines gewölbten Ganges nähert sich eine Gruppe. An ihrer Spitze ein verstört aussehender Riese: der Dorfnarr, dem alles erlaubt ist, da er ja heilig ist. Ein paar Meter von uns entfernt beginnt er zu singen. Es ist kein furchterregendes Lied, eher ein schleppender Klagegesang, vielleicht aber auch ein Gassenhauer. André schiebt und drängt mich gegen die Läden und greift demonstrativ nach dem Revolver in seiner Tasche, was denen, die uns immer dichter einkreisen, nicht entgangen sein kann. »Geh ruhig weiter«, sagt er und umfaßt mit dem linken Arm meine Schulter. »Nicht zu schnell, und schau dir das Warenangebot an, du mußt dich ganz natürlich bewegen, als kämest du häufig hierher.« Ich gehorche und entdecke dabei eine türkisfarbene Steingutschale mit feingeritzten Motiven, die wir am nächsten Morgen wirklich kaufen und die ich heute noch besitze. Wir schlendern weiter, die Menge teilt sich, so daß wir durch ein aus Menschen gebildetes Spalier schreiten. Am Ende des Ganges schimmert ein freundliches Licht, und plötzlich sind wir draußen, geradezu hinausgeschleudert auf einen kleinen Platz, auf dem zwei blinde Bettler hocken.

»Merkwürdig, daß mir Ihre Ankunft nicht angekündigt wurde. Ach ja, Sie sind über Moskau gekommen. Trotzdem eigenartig, denn auch auf dem Flugplatzgelände habe ich meine Beobachter«, sagt der Konsul, dem wir einen Höflichkeitsbesuch abstatten. »Wenn ich Ihnen einen Rat geben darf, so gehen Sie nie allein auf den Basar, vor allem nicht am Donnerstag, da kommen die Afridis, ein recht primitiver Gebirgsstamm. Die Stadtbewohner haben schon so allerlei mit ihnen erlebt; sie wissen sie zu nehmen, aber darauf sollte man sich am besten nicht verlassen. Mit diesen Afridis . . ., da fliegen schnell einmal Steine, und schon ist die schönste Schlägerei im Gange.«

»Wir kommen gerade von dort«, entgegnete André. Es ist nämlich Donnerstag.

»Wenn das so ist, dann tun Sie, was Sie wollen . . .«

Ehrlich gesagt, gab es nicht allzuviel zu wollen in diesem kargen Land. Ich war von Persien her verwöhnt und fand hier bestenfalls an einigen Nomadenskulpturen Gefallen, die man aber ohne lange Vorverhandlungen auch nicht so einfach kaufen konnte; ansonsten gefiel mir noch der auf großen Flächen wachsende Lavendel, der die Berge etwas lieblicher gestaltete. Wir beschlossen, mit dem Konsul nach Ghazni, das er auch noch nicht kannte, und von dort aus nach Indien weiterzufahren. Das müßte allerdings die letzte Etappe unserer Reise sein, denn selbst wenn wir wenig ausgaben, waren wir dann am Ende mit unserem Geld.

Der Konsulats-Lieferwagen enthält ausreichend Reiseproviant, und dieser Beweis französischer Lebensklugheit sollte sich als nützlich herausstellen, da wir natürlich mitten in der Wüste eine Panne bekamen: *»Puncture«* – wie oft habe ich dieses Wort unter sengender Sonne gehört! Wir steigen aus. Was soll man machen? Man kann nicht einmal sagen, daß man sich an den Straßenrand setzt, da es gar keine Straße gibt. Wir hatten die Hälfte unseres Proviants bereits vertilgt, als wie in einem Film von Buster Keaton auf einer vom Wind geriffelten Sanddüne sich ein Auto abzeichnet: Der Gouverneur von Ghazni, der sich Sorgen gemacht hatte, schickte uns seinen Sohn entgegen. (Es ist doch gut, wenn man mit einem Konsulatsangehörigen reist!) Weniger gut ist es, in Ghazni anzukommen und an einem Bankett teilnehmen zu müssen, wenn man gerade gegessen hat – siebzehn Reisgerichte, auf siebzehn verschiedene Arten zubereitet, wollten gekostet sein. André weigert sich, auch nur einen Bissen zu essen, der offizielle Repräsentant Frankreichs startet ein paar Scheinversuche, und ich – na ja, ich versetze mich mal wieder in die anderen und bringe es nicht übers Herz, unsere Gastgeber zu enttäuschen. Ich probiere von allem ein wenig: Reis mit Trauben, Reis mit Auberginen, Curryreis, Reis mit Gurken, Reis mit Paprika, Reis mit Fleisch, Reis mit Fisch, doch innerlich kämpfe ich mit meinen Hähnchen-, Schinken- und Pastetensandwiches. Mein Magen vollzieht die Synthese von Orient und Okzident. Leicht ist das nicht, aber man kann es schaffen . . .

Anschließend möchten wir – ich möchte eigentlich gar nichts mehr – einen Bummel über den Basar machen, doch auch das wird zu einem Abenteuer wegen meines unverschleierten Gesichts und meiner entblößten Arme. Hinter ihren zinnenbewehrten Mauern, aus denen drohend meterlange Balken, umgedrehten Widderhörnern ähnlich, hervorstehen, haben die Bewohner von Ghazni schon so mancherlei Prachtentfaltung und auch Niederlagen mit angesehen, aber auf eine europäische Frau waren ihre Blicke noch nie gefallen. Daher werde ich bei unserem Basarbesuch von zwölf bloßfüßigen, aber bewaffneten Soldaten – sechs vorn und sechs hinten – eskortiert.

Vor unserer Abreise aus Kabul besuchten wir noch jene totgeborene Stadt, die König Aman Ullah vor seinem Sturz 1929 zur Hauptstadt hatte machen wollen. Da sein Nachfolger aber dieses Zeugnis vergänglichen Ruhmes nicht vollendet hatte, fielen Paläste und Herrschaftshäuser, die nie bewohnt worden waren, in sich zusammen. Die einzelnen Teile wurden nur mehr durch Kletterrosen und Dornengestrüpp zusammengehalten, und freitags kamen Familien hierher, um in diesen modernen Ruinen Picknick zu halten.

Ein siegelgeschmücktes Schriftstück ermöglichte es uns, eine Nacht im bescheidenen königlichen Pavillon von Djellalabad zuzubringen. Da man auf unsere Ankunft vorbereitet war, offerierte man uns ein Reisgericht, das wir diesmal ohne Schwierigkeiten verzehrten. Dann legten wir uns auf unsere Feldbetten. Obwohl wir längst gelernt hatten, überall und irgendwie zu schlafen, taten wir diese Nacht kaum ein Auge zu, denn ununterbrochen erschallten die Schreie der kriegslüsternen Afridis, die mit ohrenbetäubendem Gebrüll Allah anriefen und ihren Glauben an den Propheten verkündeten. Erst gegen fünf Uhr morgens wurde es still.

Der Khyber-Paß: Er ist in dreifacher Hinsicht ein Paß; die Engländer haben durch die Berge zwischen Westpakistan und Afghanistan die Trasse gezogen, gleichzeitig bedeutet er eine streng bewachte politische Grenze zur Kontrolle gewisser Stämme, und drittens ist hier das unter dem Namen »Khyber Rifles« bekannte Grenzkorps stationiert, was aus ihm eine Militärgrenze macht. Diese nackten, kahlen Bergriesen, die als einziges Zeugnis menschlichen Wirkens nur diesen sich dahinschlängelnden Hohlweg besitzen, weisen den Menschen nicht zurück – sie negieren ihn einfach. Vielleicht konnten wir deshalb ohne den geringsten Widerstand bis zum Grenzposten vordringen. Oder wies uns das Stück Papier mit dem königlichen Siegel etwa als Freunde aus? Wie dem auch sei, der Jahrhunderte trennende Baumstamm hob sich mühelos, um uns hinüberzulassen. Als wir uns umwandten, entdeckten wir neben dem Grenzpostenschild noch ein anderes, auf dem in englischer Sprache zu lesen stand: »Von hier ab übernehmen wir für das Leben von Europäern keine Verantwortung mehr.«

Nach zwei Tagen holpriger Fahrt waren wir in Srinagar, das so anmutig dalag wie ein Schweizer Städtchen und sich in einem See spiegelte, auf dem Hausboote schwammen. Wir mieteten eines und fanden es dank der Umsicht von sieben – ausschließlich männlichen – Dienern sogar recht komfortabel. Zur Abwechslung besuchten wir auch hier den Basar, wobei die schöpferisch-archäologische Manie meines Gatten urplötzlich wieder Nahrung erhielt: ein Schuhmacher, der sich offenbar auch als Bildhauer betätigte, verlieh seinen Sehnsüchten Gestalt. Er schnitzte Köpfe aus glattem schwarzem Holz und applizierte dort, wo sich Mund, Nase und markante Gesichtszüge abzeichnen sollten, zu Motiven gestanzte vergoldete Metallplättchen. Das sah hübsch und recht originell aus, André war begeistert und bestellte gleich noch andere Formen. Drachen? Ja, warum nicht. Dem Mann kam es nicht darauf an. Und so besaßen wir plötzlich eine ganze Horde kleiner Drachen – für recht wenig Geld.

In Paris gab André dann diese Stücke als Funde bei einer Wanderung entlang des Tarim aus, als bestens erhaltene Kunstwerke aus der Zeit vor der Versteppung der Gegend. Eines vermachte er sogar dem Musée des Palais de Chaillot, das der damalige Konservator Rivière jedoch wohlweislich nicht ausstellte. Aber wir brachten auch »wahre Geschichte« mit nach Hause: authentische Köpfe aus buddhistischer Zeit, die jahrhundertelang nur darauf gewartet hatten, sich in die Höhlung unserer Hände zu schmiegen, um uns jenes kambodschanische Mißgeschick vergessen zu lassen.

Aber noch waren wir in Srinagar, auf einem Hausboot. Die Zeit floß träge dahin, und mir blieb sogar Muße, über die Probleme der Frau in diesem Jahr des Heils 1931 und insbesondere über die Schwierigkeiten einer mit einem mythomanischen Genie verheirateten Frau nachzudenken, während unter mir, wie ein schaukelnder Liegestuhl, das auf dem Djelum vor Anker sich wiegende Hausboot schlingerte. An diesem Tag war ich zu müde oder einfach zu faul gewesen, André auf seinen Ausflügen zu begleiten. Ich träumte vor mich hin.

Was ist denn das? Ein Mann! Nein, zwei Männer, in Turban und zweifarbigen Kaftans; das muß aber warm sein! Sie tragen dicke, unförmige Bündel mit sich. Ich verstehe genügend Pidgin-Englisch, um ihre Kaufangebote zurückzuweisen; aber sie lassen sich nicht abschütteln:

»Schauen Sie sich unsere Kuriositäten doch wenigstens an.«

»Sie interessieren mich nicht. Ich komme aus einem Land, wo es die schönsten Kuriositäten der Welt gibt.«

»Ja, schon . . .«

»Nein.«

»Wir haben aber vielleicht doch . . .«

»Ihr habt bestimmt nicht, was ich möchte.«

»Was möchten Sie denn genau?«

»Die weißen Köpfe, die man in der Erde findet und deren Verkauf die Engländer verboten haben.«

Die beiden Männer schauen sich an. »Von den weißen Köpfen, die man nicht verkaufen darf, von denen haben wir sogar viele.« Ja, klar. Ich soll sie für Zauberer halten; ein bißchen Hokuspokus, und schon sind die weißen Köpfe da. Ich lache: »Habt ihr die vorhin mal schnell fabriziert, eure weißen Köpfe?«

Orientalische Empörung, gefolgt von einem endlosen Palaver: Die Tochter vom Bruder der Schwiegermutter sei vor kurzem gestorben und sollte »nicht so ganz niedrig« begraben werden, dort unten an der Grenze zum Pandschab und den letzten Talmulden Kaschmirs. Man grub also ein wenig tiefer und stieß dabei auf Katakomben, voll mit diesem unbrauchbaren Zeug, das für einen ehrbaren Händler nur gefährlich ist, weil die Behörden die Ablieferung aller Fundstücke verfügt haben. Aber man weiß ja nie, jedenfalls wurden diese unbequemen Gäste – nachdem man sich vergewissert hatte, daß die Kunde von ihrer Entdeckung nicht allzuweit gedrungen war – erst einmal in ein Haus in Rawalpindi geschafft, wo sie nun ihres weiteren Schicksals harrten. Sie warteten bestimmt nur darauf, daß André und ich uns für sie interessierten . . . »Kommt morgen wieder«, sagte ich zu den beiden Händlern.

Ich erzählte die Geschichte meinem Gefährten, während unsere Treidler sich mit dem Hausboot zu schaffen machten. Sobald sie es ein paar Meter von der Stelle gebracht haben, brüllen sie ihr Glaubensbekenntnis ins All: »Allah, Allah, Muselman . . .!« Man sollte es nicht für möglich halten, daß wir auf diesem Schiff haben arbeiten können.

»Haben sie dir die Köpfe beschrieben?«

»Nein, sie können ja auch nicht genug Englisch.«

»Wir fahren hin«, entschied er, nachdem er die beiden Händler gesehen hatte. Dabei wußten wir immer noch nicht mehr, und noch weniger wußten wir, wie es anschließend weitergehen sollte, da Rawalpindi nicht auf unserer Rückreiseroute lag. Was soll's, im Notfall würden wir uns an das französische Konsulat wenden, das mittellose Franzosen ja in die Heimat zurückbefördern muß ... An diese Gewißheit klammerten wir uns schon seit Jahren, sie war unser Rettungsring. Wir verabredeten, uns mit den beiden Hindus an einem bestimmten Tag, zu einer bestimmten Stunde – und das im Orient! – an einer bestimmten Gassenecke in Rawalpindi zu treffen.

Mit diesen präzisen Angaben versehen, fahren wir drei Tage später los, und zwar in einem Leihwagen. Es geht bergab, immer nur bergab, hinunter von den Fünftausendern, geführt vom Fluß Djelum, der sich ja Zeit lassen kann, bis er die Ebene erreicht, und daher mal links, mal rechts abschwenkt, prickelt, dröhnt, sich glättet und dann wieder aufschäumt. Als es Abend wird, machen wir halt; wir sind im Schwarzwald: Tannen und grüne Matten. Doch der Ort heißt Murry. Am Morgen geht es weiter: Buschwerk, Hitze, Schwüle, rote Erde, Reisfelder. Und zu alledem das Vergnügen, nicht zu wissen, was uns erwartet. Vielleicht eine Finte. Unsere Beziehungen zu Statuen waren schon immer etwas zwielichtig. Vielleicht steckte ein rachsüchtiger Archäologe dahinter? Aber das bilde ich mir wohl nur ein, am wahrscheinlichsten ist, daß wir gar nichts vorfinden werden oder bestenfalls Skulpturen im Geschmack des 19. Jahrhunderts, Hindu-Kopien dessen, was man in christlichen Kirchen oder Friedhöfen sehen kann.

Der Horizont färbt sich grün, jetzt haben wir die Ebene erreicht mit den Reisfeldern und den Büffeln, die so grau sind wie die Wolken. Nicht sehr einladend, dieses Beludschistan! Und die Hitze ist noch unangenehmer als in Indochina. Kaum hatten wir das festgestellt, da bleibt der Wagen stehen. Es wird immer heißer. Ich erwarte, daß der Chauffeur mit seinem unvermeidlichen Gehilfen aussteigt und *»puncture«* verkündet, aber nein, er wendet sich zu uns um und lächelt. Liebenswürdig stammelt er: *»It does not work!«* Dank unserer Intelligenz und unserer Erfahrungen auf diesem Kontinent begreifen wir, daß der Motor hin ist: Wir sind also den ganzen Himalaja im Leerlauf heruntergerollt!

Wie zwei faule, jedoch bescheidene Könige halten wir unseren Einzug in Rawalpindi mit einem Büffelgespann vor dem Ford. Mein Auge war zwar schon gewöhnt an die grau-rosa Lehmhäuser, an die grellroten drapierten Gewänder der Frauen, an die weißen, fleckigen, grobleinenen Überwürfe der Männer, aber meine innere Unruhe blieb: Eine Verabredung im Orient ist ja immer etwas höchst Hypothetisches. Und unsere archaischen Ochsen bewegten sich langsamer als ein Auto . . . Außerdem hatte man uns geraten, möglichst unauffällig zu kommen, und dieses Gespann war eher geeignet, die Aufmerksamkeit aller zu erregen. Aber die immer dichter wimmelnde Menge scheint – dem Himmel sei Dank! – mit ihrem eigenen Dasein beschäftigt; langsam, aber sicher kommen wir vorwärts und gelangen schließlich trotz meiner pessimistischen Prophezeiungen an eine Mauer, die aussieht wie alle Mauern dieser Stadt, voller Löcher und reich gespickt mit Spuren menschlicher Exkremente, an der aber – wie lange schon? – unsere beiden Kuriositätenhändler lehnen. Schweißgebadet trotten wir nun zu Fuß hinter den beiden her. Was werden wir hinter diesem Mauerflechtwerk vorfinden? Und wenn es die englische Polizei wäre? Und mit welchem Geld werden wir nach Europa reisen, wenn sich das Ganze hier als Flohmarkt entpuppt? Aber man muß sich das Denken abgewöhnen, wenn man eine Aktion erst einmal begonnen hat. Die beiden Männer gehen vor uns her wie damals in Kambodscha unser alter Führer; jetzt stoßen sie eine Tür auf, betreten einen Hof, rufen einem wuseligen Haufen von Frauen und Kindern etwas Unverständliches zu und bequemen sich endlich, von uns Notiz zu nehmen. Sie geben uns ein Zeichen, stoßen eine weitere Tür auf, wir kommen in einen halbdunklen Raum und entdecken auf dem Lehmboden, dicht an dicht wie Kiesel auf einem Strand, graeco-buddhistische Köpfe, manche so groß wie Riesenkürbisse. Alles, was diese Drehscheibe Asiens einmal bevölkert hatte, ist hier vertreten: Nicht nur die Großen, die Buddhas oder Fürsten, auch Jünglinge, die noch nicht wissen, ob sie einmal zu den Auserwählten gehören werden, Händler, die sich um das Los ihrer Karawanen sorgen, alte, betrübt oder resigniert dreinblickende Frauen, aber auch junge, erwartungsvolle Mädchen, kurz, alles, was in einem blühenden Zentralasien gelebt hatte und gestorben war. Ich schaue und bin wie geblendet. Plötzlich schüttelt mich ein Lachkrampf: Haben wir die Wege Gottes also doch durchkreuzt!

Trotz allem werden wir sie bezahlen müssen, diese märchenhaften Köpfe, und wir besitzen doch nur mehr so viel Geld, um etwa zehn Tage hier in einem Europäer-Hotel ausharren zu können. Es gibt natürlich den Konsul, aber der kann uns auch nur mit einem Rückreisebillet aushelfen. Also müßte man an Gallimard, den Pariser Verleger, telegrafieren und ihm erklären ... Aber was konnten wir erklären, das für ihn zwar klar, für die hiesige Polizei jedoch unverfänglich klang? Es gelang uns dennoch. Gaston muß genauso geblendet gewesen sein wie wir, denn nach fünf Tagen des Wartens, der Angst, platonischer und leidenschaftlicher Liebe, durften wir Besitzer eines Teils der manchmal sogar zusammenhängenden Köpfe, Rümpfe und Beine werden.

Wir sortierten die erstklassigen, dann die zweitrangigen Stücke aus, sortierten nochmals und nochmals, doch dann mußte über Preis und Versand verhandelt werden. Über den Preis wurden wir uns merkwürdigerweise recht schnell einig, und er war niedriger, als wir erwartet hatten. Vielleicht war man gar nicht so scharf darauf, unerlaubte Gegenstände mitten in der Stadt im Familienklan zu beherbergen. Die Lösung des Versandproblems dagegen gestaltete sich schwieriger: die vielen Pakete, die strenge Zollkontrolle, das Ausfuhrverbot für archäologische Funde ...

In meinem Pidgin-Englisch nehme ich die Verhandlungen mit unseren Verkäufern auf, die offenbar besorgt sind, wir könnten vom Kauf zurücktreten. Jetzt diskutieren sie untereinander, vermutlich auch über Kontrollen und Verbote. Doch plötzlich kommt ihnen die Erleuchtung: Der Chef der Zollbehörde in Bombay ist der Bruder der Mutter des Vetters einer Schwägerin! Diesen entfernten Verwandten müßte man für die Angelegenheit interessieren. »Wir müssen also nach Bombay?« – »Nein, das würde ja nur die Aufmerksamkeit der Behörden wecken; das erledigen wir lieber selber.« Ich übersetze für André. Wir haben also unsere Entdeckungen mit Geld bezahlt, das uns gar nicht gehört, und nun sollen wir sie auch noch dem orientalischen Zufall überlassen? »Würdest du ihnen trauen?« fragt mich André. Ich schaue mir die beiden noch einmal ganz genau an. Ich verstehe kaum, was sie sagen, verstehe ihr Lächeln nicht und weiß nicht, was sie denken, doch plötzlich flößen sie mir Vertrauen ein: »Ja, sie werden ihr Wort halten.«

Nach dieser optimistischen Feststellung traten wir unsere Weiterreise an: Indien, Birma, Hongkong, China, Korea, Japan, Vancouver, Chicago, New York und schließlich Frankreich. Wir hatten unsere Schätze schon fast vergessen, doch kaum waren wir in Frankreich, meldete sich auch die Angst um ihr zweifelhaftes Geschick wieder. Wir waren auf die schlimmsten – und wahrscheinlichsten – Enttäuschungen gefaßt, als wir eines Tages unter der Tür einen rosafarbenen Zettel fanden, der uns die Ankunft »archäologischer Stücke aus der Zeit vor 1200« meldete. Das hieß, sie waren zollfrei! Wir hatten gesiegt.

In diesem Jahr des Heils 1931 bereisten wir nach Indien und vor Japan zum ersten Mal auch China: Schanghai und Kanton. In Schanghai setzten wir uns an die angeblich längste Bar der Welt, wo ich zu einem Glas Rosé rohen Sellerie knabberte, der mir nach monatelanger Entwöhnung von frischem Gemüse wie der absolut höchste Genuß vorkam; André dürfte ähnlich empfunden haben mit seinen Pommes frites. Auf dem Kai wimmelte es von Rikschas, Autos und Straßenbahnen und stank es bestialisch nach Rauch, Benzin, Exkrementen und Schweiß gelber und weißer Hafenarbeiter. Von Zeit zu Zeit huschte ein Mann blitzschnell zwischen den verschiedensten Fahrzeugen hindurch. Hoffte er, eines der Räder würde den ihn bedrängenden, unsichtbaren bösen Geist überrollen?

Kanton, Schauplatz der *Eroberer*, wirkte ähnlich und doch wieder anders, als »er« es beschrieben hat. Ich lernte hier in diesen fünf Tagen, wie man Statuen Patina verleiht. Es gab Antiquitätenhändler in Hülle und Fülle, die sich wohl alle finanzielle Wunder, die wir leider nicht vollbringen konnten, erhofften. Und obwohl wir sie enttäuscht hatten, empfingen sie uns immer wieder mit Freundlichkeit, der Tugend der Chinesen. Einer von ihnen erwies uns sogar die Ehre, uns seinen gartenähnlichen Hof zu zeigen, der sich hinten an sein Haus anschloß und auf drei mal drei Meter Fläche von einer Allee durchzogen war, die rechts und links je eine Reihe bis in Augenhöhe in den Boden gesteckte Steinköpfe zierte. Dieser kurzbeinige, glattgesichtige, charmante Antiquitätenhändler erklärte uns in abgehacktem Englisch, hier vollende der Regen seine Kunstwerke, indem er sie abnutze und abschleife, nur die unter dichten Brauen abgeschirmten Augen wollten diesen Alterungsprozeß nicht recht mitmachen, weswegen kleine Jungen diese steinernen Augäpfel immer wieder sorgfältig mit Sandpapier abschmirgeln mußten. Eine Sekunde lang befiel uns der Verdacht, unsere indischen Errungenschaften könnten vielleicht auch . . . Aber nein, die waren ja aus Gips.

Wir fuhren viel zu hastig durch dieses China, dafür aber völlig frei und unvoreingenommen. Sieht man bei langsamem Reisen mehr und besser, wenn Auge und Ohr nur das aufnehmen, was eine bereits vorher getroffene Auswahl bestätigt? Für uns formten die unterschiedlichsten Wahrnehmungen in ihrer zufälligen Abfolge ein Bild, das sich ständig veränderte und mit Leben füllte. Wir spürten, daß wir in eine ganz andere Welt eintauchten, und das ist doch das Wichtigste. Unsere Indochina-Erfahrungen dienten uns allerdings als Einstieg: Dort wie hier erlebten wir, wie in den Laden-Wohnungen Arbeit und Muße miteinander verschmolzen, dort wie hier gehörten Angestellte und Dienstpersonal »zur Familie«, dort wie hier sahen wir unterwürfige, aber nicht unbedingt resignierte Frauen, sahen Kinder in zerrissenen Hosen, die so frei ihr Kinderdasein genossen, daß die Zwänge des Erwachsenwerdens und die Zwänge ihrer Zivilisation ihnen unerträglich erscheinen müßten, wir sahen armselige Geschöpfe, die aber nicht – wie in Indien – ihr Leid zur Schau stellten, kurz: Dieses Heer von Unterdrückten, die eigentlich keinen anderen Ausweg hatten als die Revolte, bewahrte trotz allem die von der ältesten Lebensregel der Welt geforderte lächelnde Würde. Dieses Volk hat für alle Probleme, die das Menschsein mit sich bringt, eine Lösung gefunden, mit Ausnahme des Todes, mit dem es aber auch weit besser fertig wird als andere; dieses Volk mit seiner hohen Stimmlage wirkt laut, und doch brüllt es nur im Kampf und auf dem Theater; dieses Volk ißt mit anderen Geräten als wir, spielt eine andere, aber ebenso ergreifende Musik; dieses Volk ist reich an allem, was es von uns »unterscheidet«, es verfügt über ein beeindrukkendes, wenn auch oft erdrückendes geistiges Erbe, und doch weiß ich nicht, ob sein Beispiel uns mehr nützen kann als das unsere ihm.

Dabei habe ich noch ein China der Wasserträger, der Teeträger – wobei die Teekannen in wattierte Körbe eingebettet waren – kennengelernt, und diese glichen bis aufs Haar jenen, die ich in Persien gesehen hatte, wo man für einen Tagesausflug zu einem Wasserlauf einen Geranientopf und eine Opiumpfeife mitnahm.

»Wollen wir uns nicht auch auf der anderen Seite der Mauer umschauen?« meinte André. Warum nicht? Und wäre ich nicht schon in Persien verliebt gewesen, so hätte ich mich jetzt in China verliebt. Von unserem Zugabteil aus gleicht die große Chinesische Mauer einem vorsorglich mit Geländer und vorgewölbten Befestigungsschanzen versehenen Pfad. Plötzlich ist es sehr kalt. Zum Glück tragen meine Nachbarn wattierte Seidenumhänge, die mich von beiden Seiten wärmen, so daß ich in meinem Regenmantel überm Sommerkleid wenigstens nicht zittern muß. Was ist denn das? Etwa zwanzig, meist europäisch gekleidete junge Männer hüpfen auf dem Bahnsteig auf und ab und stoßen Schreie aus. Vielleicht eine Tanzgruppe, die noch trainiert, während sie auf den Zug aus der Gegenrichtung wartet? Nein; einer unserer Begleiter erklärt es mir auf englisch: Krieg ist ausgebrochen zwischen China und Japan, und diese Soldaten in spe freuen sich auf den ihnen vermutlich bevorstehenden Soldatentod! Ich betrachte sie mir genauer: Ihre brüllenden Münder sind weit aufgerissen. Sie sind überhaupt weit, schrecklich weit von mir entfernt, und dabei habe ich doch schon einmal andere junge Männer in absurder Kampffreude hinausziehen sehen. Weder André noch ich trauen ihnen einen Sieg zu; wir ahnten ja nicht, daß sie zwei Kriege durchhalten, den langen Marsch bewältigen und eine endlose Geduld aufbringen würden in der Trockenheit der Sandwüsten oder auf den Höhen, wie wir sie jetzt gerade vor uns hatten. Nichts schien auf Krieg hinzudeuten in diesen Vorortbahnhöfen, die wir verließen, nachdem wir uns ein paar süße, harte, durchsichtige, auf Stäbchen aufgespießte Früchte gekauft hatten. Vielleicht war der Krieg auf diese Stadt beschränkt, die wir kältestarr soeben durchfahren hatten . . .

»VÖLKER, HÖRT DIE SIGNALE!«

Wir waren also wieder einmal heimgekehrt. *Der Königsweg* war erschienen, so daß wir rein materiell recht sorglos leben konnten, doch draußen in der Welt sah es düster aus: Amerika lebte in Not, Deutschland im Elend und das übrige Europa in Angst.

Politisch standen wir links, wenn wir auch schwankten, welche Position genau wir beziehen sollten, denn »links« war ja ein weites Feld zu besetzen im Kampf gegen den immer stärker werdenden Faschismus verschiedenster Prägung. Wir waren unschlüssig, neigten teils dem Trotzkismus, teils dem orthodoxeren und somit effizienteren Marxismus-Leninismus zu; André war darüber hinaus nicht unempfänglich für anarchistisches Gedankengut russisch-europäischer Prägung sowie für Georges Sorels Theorien über die politisch-revolutionäre Rolle der Gewalt und zeigte sich dann auch wieder tief beeindruckt von der Intelligenz und dem Verantwortungsbewußtsein der militanten Sozialisten.

In unsere private Oase wünschte ich mir jetzt ein Kind; ich brauchte es, um mich voll und ganz als Frau zu fühlen. Ich hatte mir ein Leben, randvoll mit Liebe, ein Leben reich an Abenteuern, ein Leben intensiver Bewußtseinsbildung gewünscht und diese drei Phasen entweder nacheinander oder gleichzeitig erleben dürfen. Jetzt wollte ich ein Kind. Doch als André sagte: »Ich will der Gesellschaft kein Pfand in die Hand geben«, zögerte ich schon wieder, ihm etwas aufzudrängen, was ja tatsächlich als ein Pfand oder – ganz im Gegenteil – als ein mögliches Element der Zerstörung dieser Gesellschaft ausgelegt werden könnte. Aber nach reiflicher Überlegung kam ich zu dem Schluß, daß ich unmöglich auf diese Chance, einem Wesen Leben zu schenken, verzichten konnte, da ich mich damit in etwas, wenn auch noch so Unbestimmtes einzuordnen und einzugliedern vermochte. Schließlich war André doch einverstanden, meine Tochter wurde geboren und von mir mit offenen Armen empfangen. »Mein kleiner Fremdling«, sagte ich zu ihr, obwohl ich noch nicht wissen konnte, daß sie in ein verfeindetes und verwüstetes Europa hineinwachsen und mein persönliches Leben trotz unserer materiellen Erleichterungen sich von Tag zu Tag schwieriger gestalten sollte. Das kleine »Dingsda«, wie André unser Töchterchen zu nennen pflegte, wurde auf den Namen Florence getauft, »in Erinnerung an die Stadt, in der wir so glücklich gewesen sind«. Schließlich wurde Flo daraus, was mich besonders amüsierte, da ich immer an das deutsche *Floh* denken mußte. André war erleichtert, daß es ein Mädchen war: »Eine Karikatur meiner selbst hätte ich nicht ertragen«, meinte er.

Schon am Tag nach der Geburt von Flo wurden in Deutschland Maßnahmen ergriffen, die das weitere Schicksal der Juden hätten erahnen lassen, wenn die Welt sich in solchen Fällen nicht immer blind und taub stellen würde. Ich lag im Bett, hielt die Zeitung in der Hand und entdeckte ein Deutschland, in dem man die Juden aus ihrer angestammten Umgebung verstoßen, aus ihren Berufen vertreiben, ihre Geschäfte zerstören und sie mit dem Tode bedrohen durfte. Das war deutlich aus den Schlagzeilen herauszulesen. Ich weinte, als eine Krankenschwester mein Zimmer betrat. Doch als sie begriff, daß ihrer Meinung nach kein persönlicher Kummer der Grund für mein Weinen war, zuckte sie nur mit den Achseln. »Ich hätte mein Kind nicht gewollt, wenn ich Hitlers Aufstieg vorausgesehen hätte«, murmelte ich, worauf sie nur lakonisch entgegnete: »Was kann Ihnen das denn anhaben? Sie sind doch in Frankreich.«

Sobald wir allein waren, betrachtete ich mein Töchterchen, das da in seiner Wiege lag, dessen Leben begann. Wieder und wieder bat ich dieses kleine Menschenwesen um Verzeihung, es so sehnlichst erwünscht zu haben, und als Entschuldigung vermochte ich nur zu stammeln, daß ich es schon vor seiner Geburt geliebt hatte.

Bereits zwei Wochen später trafen die Meinen, besiegt und ohne Hoffnung, in einem Frankreich ein, das nicht gewillt war, sie aufzunehmen; und noch etwas später war auch mein Onkel Harry dabei, der, mit einem schmalen Köfferchen in der Hand, weinend an der Gare du Nord aus dem Zug stieg: »Was ich am Leibe trage und das da im Koffer ist alles, was ich noch besitze.« Er war über sechzig Jahre alt.

Noch waren es »die anderen«, die auf der Flucht waren, und um sie willkommen zu heißen, stieg ich Hunderte von Treppenstufen, als mein Kind noch keinen Monat alt war. Ich erklomm sie in Hotels, wo schon im ersten Stock die Tapeten in Fetzen von den Wänden hingen, und in solchen, wo das Elend erst in der dritten oder vierten Etage sichtbar wurde. Von den Hotelbesitzern erntete ich scheele Blicke: »Wissen Sie vielleicht, was das für Leute sind, die sich ihre Zimmer von Komitees bezahlen lassen?« O ja, ich wußte es, und vielleicht ahnten sogar sie es. Ich stieg aber auch unzählige Stockwerke hoch, um Leute zu treffen, die sich mit den Aufnahmemechanismen besser auskannten als ich; sie waren Katastrophenspezialisten, diese Polen, Russen, Balten, Litauer und Rumänen, die schon zum zweiten oder dritten Mal vertrieben wurden. Für sie waren die Länder Bahnhöfe, und man gewöhnt sich derart daran, auf Bahnhöfen zu kampieren, daß man sich ganz hilflos fühlt, sobald man sie verlassen muß. Doch noch hilfloser waren jene, die zum ersten Mal ihr Heim aufgeben mußten und in ein Land kamen, wo die Leute anders sprachen und anders aßen als sie.

Bei uns daheim empfingen wir die »Politischen«; zunächst die aus Österreich, dann die aus Deutschland. Der erste war Edmond Schlesinger, Anwalt und Psychoanalytiker Adlerscher Schule, der sich in Paris auf Urlaub befand, als Dollfuß die ersten Maßnahmen gegen die Sozialdemokraten ergriff. Er war herzlicher als irgendein Franzose, und sein von Intelligenz geprägter Sozialismus war getragen von einer bewunderungswürdigen Liebe zu den Menschen; er war mir eine große Hilfe bei der Erziehung meiner Tochter, die somit dank der chaotischen Zeiten in den Genuß einer neuen Pädagogik kam, während andere Kinder für ihr Leben mit dem Mal der Andersartigkeit gezeichnet wurden . . .

Vorerst waren es »andere«, die Katastrophen erlebten; wir durften noch frei atmen und uns Muße gönnen, daher unternahmen wir in diesem Sommer eine Kreuzfahrt zum Nordkap. Das Wetter war schön, zu schön, sogar das Packeis war geschmolzen, aber da es uns als besondere Attraktion versprochen worden war, fuhren wir immer weiter und weiter gen Norden. Als ich eines Tages nach einer kurzen Ruhepause an Deck stieg, entdeckte ich André im Gespräch mit einem etwa sechzigjährigen Herrn, der sich soeben verabschiedete und sagte, er würde sich freuen, ihn noch mal sprechen zu können. Ich erfuhr, daß der Mann sich André mit den Worten vorgestellt hatte: »Ich bin, was Sie einen Hai nennen.« Mir sagte der Name Emile Mercier nichts, doch André wußte, daß dieser Mann, dem er entgegnet hatte: »Ein derartiges Vokabular ist mir fremd«, der Vertreter Frankreichs bei den Erdölverhandlungen im Nahen Osten gewesen und seitdem Präsident der Französischen Elektrizitätsgesellschaft war.

Wir sahen Mercier noch häufiger, und einmal sagte er: »Eine kommunistische Gesellschaft erschreckt mich nicht; ich werde in ihr ebenso wie in der jetzigen meinen Platz finden.« Dieser für mich neue Gesichtspunkt erstaunte mich zunächst, doch schon bald erschien er mir nur vernünftig. Wir kannten inzwischen ja bereits mehrere große Technokraten, wenn sie auch nicht das sympathische Auftreten Merciers und ihre Frauen nicht den Charme Madame Merciers besaßen, mit der ich sehr schnell vertraut wurde, so daß wir über unsere Kinder sprechen konnten und ich ihr von meinen Besuchen bei den Flüchtlingen erzählte. Als wir auseinandergingen, sagte sie mir beim Abschied: »Ich bin auch Jüdin und heiße Maggie Dreyfus; Dreyfus, von der Dreyfus-Affäre.« Plötzlich nahm die eher zierliche Frau in meinen Augen die Proportionen eines Denkmals an; und was sagt man zu einem Denkmal, das den jüdischen Kreuzweg symbolisiert? »Ihr Vater hat sehr viel leiden müssen«, stammelte ich, doch sie lächelte und sagte: »Ich bin die Tochter des großen Dreyfus, die Tochter von Thomas, dem Bruder des Hauptmanns, der die Verteidigung organisiert hat.« Und da begriff ich plötzlich, daß der Mensch, der verteidigt, der sich selbst verteidigt, größer sein kann als der, der zum Opfer wird, und so wurde dieser Satz nicht viel später für mich zum Leitmotiv: Er hat mir vielleicht sogar geholfen, nicht zum Opferlamm zu werden, das alles über sich ergehen läßt.

Die Geschichte war wie eine Sintflut, der sich niemand entziehen konnte. Auch André und ich wurden von ihr eingeholt, doch jeder auf seine Art: Er hatte die Wahl, während mich ein Schicksal zu bannen suchte. Ich mußte stillhalten, mich anständig betragen, denn der Faschismus in Deutschland hatte bereits meine Kindheit zerstört. Und doch glaubte ich noch, diese Sintflut würde sich mit dem Opfer einiger tausend Menschen begnügen; es war zwar schändlich, daß

Deutschland seine ausländischen Juden verstieß, aber vielleicht ließ sich dies als eine Schandtat begrenzten Ausmaßes interpretieren. Es war noch ein weiter Weg, bis man erkennen mußte, daß Millionen Menschen, die diesem Land gegenüber ihre Bürgerschuld loyal bezahlt hatten, einfach ausgespien und aus der Menschheit verstoßen wurden. In Frankreich und England machte sich bereits Arbeitslosigkeit breit, und die Leute hatten Angst vor diesen Neuankömmlingen, die zum Teil Handwerker waren und somit mögliche Konkurrenten werden konnten. War es nicht gar unloyal, wenn sie bereit waren, für einen Hungerlohn zu arbeiten, wenn sie ihre Arbeitskraft auf allen Schwarzmärkten anboten? Dabei taten sie das ja nur, um zu überleben, während sie auf die Ausreise nach einem anderen unbekannten Irgendwo warteten. England ließ niemanden rein, der keinen Arbeitsvertrag vorweisen konnte, und Frankreich verweigerte denen, die es einließ, jegliche Beschäftigungsmöglichkeit. Schneider, Kürschner, Schuster, Lumpensammler, Blechschmiede, Konditoren, aber auch Anwälte, Ärzte, Journalisten, kleine Unternehmer (die großen schafften es ohnehin) und später Abgeordnete, Schauspieler und Schriftsteller – sie alle habe ich auf ihren Gängen zur Präfektur begleitet, wo sie versuchten wollten, ihre Papiere in Ordnung bringen zu lassen. »Politik ist Schicksal«, sagte André in seinen Reden, während ich sie verkörpert sah in einer auf die Hoffnung zurückgeworfenen Menschheit.

Ich hatte aufgehört, treppauf, treppab zu laufen und half jetzt meist Leuten, die unsere Freunde hätten sein können und es oft auch wurden. Ich trat nicht mehr als Wohlfahrtshelferin, sondern in der etwas glanzvolleren Rolle einer Dolmetscherin auf. Außerdem bildeten sich immer weitere Komitees, die alle mehr oder minder parakommunistisch ausgerichtet waren und für die ich arbeiten konnte. Mein eigentliches, mir voll und ganz entsprechendes Wirkungsfeld jedoch fand ich erst wesentlich später: Die Gruppe hieß »Neu-Beginnen« und war eine nach Frankreich emigrierte Vereinigung mit trotzkistischer Tendenz. Und mit diesen Leuten trieb ich bereits, bevor das Wort *Résistance* in Frankreich einen Sinn erhielt, aktiven Widerstand, indem ich mithalf, Mikrofilme zu erstellen und sie in eigens zu diesem Zweck ausgehöhlte Bleistifte oder Schlüssel zu rollen, indem ich die Rückkehr eines Kameraden erwartete, der in geheimer Mission auf das andere Rheinufer geschickt worden war, indem ich gefälschte Papiere ausfertigte, ohne zu ahnen, daß eines Tages ...

Während André sich durch den Aufstieg des Faschismus in zunehmendem Maße zur Aktion aufgerufen fühlte, wurde ich von den Geschehnissen in Deutschland befallen wie ein Mensch des Mittelalters von der Lepra: Ich starb zwar nicht sofort daran, mußte jedoch mit eigenen Augen zusehen, wie meine Haut sich nach und nach in Fetzen abschälte. Obwohl die Erinnerung an jenes Kindheitserlebnis in Magdeburg, als mir der Haß der Spielgefährten, die in mir eine Jüdin vermuteten, entgegenschlug, niemals völlig erloschen war, vermochte ich mir unter Judentum nichts anderes vorzustellen als die Zugehörigkeit zu einer durch ihre Religion charakterisierten Minderheit. Juden in Amerika, Hugenotten in Berlin – solche Vermischungen sind doch etwas Gutes, sowohl für die einen wie auch für die anderen, denn die Welt muß doch in Bewegung bleiben, und Menschen, die gezwungen sind, sich neuen Gegebenheiten anzupassen, entwickeln auch neue Qualitäten ... Aber politisches Denken dieser Art war jetzt nicht mehr gefragt: Wir mußten Politik »leben«.

1932 gründeten Barbusse, Romain Rolland, André Breton, Nizan, Aragon, Giono, Malraux, Gide und andere die »Vereinigung revolutionärer Künstler und Schriftsteller«, und im März 1934 riefen Rivet, Alain und Langevin das »Komitee wachsamer Intellektueller« ins Leben. Die Zeit des Desinteresses war abgelaufen; selbst in Frankreich begriff man, daß nun gehandelt werden mußte.

Seit Monaten herrschte in den rechtsgerichteten Bünden geschäftiges Treiben; die Machtergreifung der deutschen Faschisten verlieh ihnen Auftrieb. Von unserer Wohnung aus hörte ich sie grölend den Boulevard Saint-Germain hinunterziehen. Sobald wir das Haus verließen, gab ich mein Töchterchen in die Obhut meiner Mutter, die im Erdgeschoß wohnte, denn ich fürchtete ständig, Leute von der »Action française«, der »Solidarité française« oder anderen faschistoiden Gruppierungen könnten auch plötzlich bei uns auftauchen. Diese Vorsichtsmaßnahme ermöglichte es mir, ohne sonderliche

Erregung höchstpersönliche Drohbriefe zu lesen und gelassen jene Straßen zu betrachten, aus denen Pflastersteine gerissen worden waren. Man gewöhnt sich ja an so manches ...

Doch dann kam jener 6. Februar, an dem geschah, was zu erwarten gewesen war. Wir erfuhren erst telefonisch am nächsten Morgen, daß auf der Place Saint-Michel um 23 Uhr die Menge einen Autobus voll bewaffneter Senegalesen – Angehörige der französischen Armee – auf der Fahrt zum Parlament ausgepfiffen hatte, daß ordentlich gekleidete »Herren« Autos in Brand gesteckt hatten, daß die Metallgitter, die in Paris die Baumstämme schützten, herausgerissen und als Waffen verwendet oder einfach fortgeworfen worden waren und daß Spruchbänder – schon jetzt! – Pétain und Weygand zurückriefen. Die Zeitungen äußerten sich noch detaillierter. Es gab etwa 15 Tote und Hunderte von Verletzten unter der Zivilbevölkerung, und Daladiers radikalsozialistische Regierung trat daraufhin zurück. Die Rechten hatten ihr Ziel erreicht.

Eine kommunistische Demonstration – die manche auch trotzkistisch nannten – wurde angekündigt, verboten und dann doch für den 9. Februar anberaumt. An ihr mußten wir unbedingt teilnehmen, wenn wir »die Geschichte« nicht aus dem Griff verlieren wollten.

Am Nachmittag des 9. mietete ich ein Zimmer in einem Hotel auf der Place de la République, dem Zentrum der Versammlung, die stattfinden sollte und auch stattfand – doch ganz anders als geplant.

Der Platz ist von bewaffneten Polizeieinheiten abgeriegelt, die den Befehl haben, das Proletariat von der Versammlung fernzuhalten. Diesen »Ordnungshütern«, die uns zurückdrängen wollen, halte ich die Hotelrechnung unter die Nase. Man wird doch wohl nicht uns, ein harmloses Pärchen aus der Provinz, daran hindern wollen, unsere Schlafstätte aufzusuchen? Ich mache unschuldsvolle Augen: Wo soll ich denn die Nacht verbringen in diesem aufgeregten Paris, wenn nicht dort, wo ich ein Zimmer reserviert habe? Die Polizisten lassen uns denn auch durch auf den Platz, doch raten sie uns zur Eile. Diesen Rat wollen wir beherzigen: In Null Komma nichts sind wir in der Rue de Lancry, mitten unter Tausenden von Demonstranten, die Gott weiß wie aus den nördlichen Vororten zusammengeströmt waren. Wir fühlen uns wohl in dieser Menge, mit der wir uns eins wissen. Es sind fast nur Männer, ganz wenige Frauen. Wie in Schattenspielen erkennt man erst unter den Laternen, wer neben einem geht. Diese Männer reden fast nichts, sie haben den ganzen Tag gearbeitet. Dies ist ja auch kein Fest, sondern der Beweis, daß man existiert. Nur ab und zu untermalt ein Lied das Geräusch unserer Schritte; zu beiden Seiten der Straße stehen Mauern, verziert mit großen Buchstaben, die dem Passanten mitteilen, daß er am Lagerhaus X oder Y vorbeigeht. Mein Nachbar erzählt mir, daß die südfranzösischen Bauern sich zusammengetan haben, um, mit der Sense auf der Schulter, gen Paris zu marschieren und die Republik zu verteidigen. Wir marschieren entschlossenen Schrittes, doch ohne Aggressivität. Wir marschieren, doch plötzlich geraten wir ins Stocken: Berittene Polizei attackiert uns. Riesige Tiersilhouetten, überragt von menschlichen Schemen, tauchen aus dem Dunkel auf, gigantische und skurrile Zentauren sind plötzlich über uns. Durch das nächtliche Grau segeln blanke Teller, unsicheren Vögeln gleich, die nicht mehr da sind, sobald sie den Boden berührt haben. Unter den Hufen der Pferde erklingt das Grollen der Ewigkeit. Doch das Ende einer zum Naturphänomen gewordenen Gefahr hängt nicht mehr vom Menschen ab: Die Türen der Warenhäuser öffnen sich wie von alleine, denn sie sind es gewohnt, fiebernde Volksmassen einzulassen, und dort oben haben Frauen ihre Fenster geöffnet und werfen Geschirr auf die mobilen Garden. Wir stehen unter den Torgewölben, in der brüderlichen Eintracht von Schiffbrüchigen, und freuen uns an den unter den Pferdehufen aufsprühenden Funken.

Wenn man Revolution machen will, muß man sich häufig sehen, miteinander sprechen, daheim, in den Cafés, auf den Straßen – Ereignisse müssen kommentiert und zukünftige Aktionen beraten werden. Die nächste Demonstration sollte am 12., einem Montag, stattfinden, samt Generalstreik und dem üblichen großen Ritual, um gegen das jetzt amtierende rechtsgerichtete Kabinett Gaston Doumergue zu protestieren. Zur gleichen Zeit feiert man in Deutschland den ersten Jahrestag der »Machtergreifung« und konnte in Wien Dollfuß unter der Drohung des Anschlusses die Auflösung der sozialen Organisationen proklamieren und die Arbeiterheime mit Kanonen beschießen lassen. Die reaktionäre französische Presse rechtfertigte diese Heldentat, indem sie ernsthaft behauptete, diese Heime wären Zitadellen, deren mit dem Geld der Stadtverwaltung (sprich: braver Bürger) errichtete Mauern jedem Angriff zu trotzen vermochten. Doch leider hatten sie sich nach ein paar Tagen tapferen Widerstands als höchst verletzlich erwiesen, und damit war der schönste sozialistische Versuch der Epoche zusammengebrochen. Nachdem die revolutionäre Elite sich dann in alle Himmelsrichtungen zerstreut hatte, war der Platz frei für den Faschismus.

Was Österreich anging, mußte man die neuen Tatsachen, zumindest provisorisch, hinnehmen: Man würde die Freiheit eben in Frankreich verteidigen! Man – das waren wir und Léo Lagrange, der aus einem reichen intellektuellen Fundus und aus dem Schatz seiner Erfahrungen als Abgeordneter des Departement Nord schöpfen konnte. Im Norden gab es nämlich eine revolutionäre Tradition: Von ihrer Kindheit an bis zum Tode beschäftigten sich die Männer dort mit Politik. Léo erzählte mir, in seinem Wahlkreis gebe es militante Köpfe, die bis zu sieben Mal vom Sozialismus zum Kommunismus oder vom Kommunismus zum Sozialismus übergewechselt waren, je nachdem, mit welchen der jeweiligen Ziele sie sich gerade einverstanden erklären konnten. Zu uns gehörte außerdem Jean Guéhenno; er war klein von Wuchs, hatte schwarze Augen, und seine Hände wußten, was Arbeit heißt, hatte doch sein Vater noch das Schusterhandwerk ausgeübt. Guéhenno, der Professor geworden war, wollte nicht nur die Seinen nicht verleugnen, ihm war schon der Gedanke zuwider, daß er aufgrund seiner Bildung anders sprechen und fühlen sollte als sie. Er handelte überlegt, war jeglicher Gewalt abhold, und sein Verantwortungsgefühl schärfte seinen Blick für die Realitäten. So war er mit all seinen Stärken und Schwächen der Humanste von uns allen.

Auch André Chamson schloß sich uns an. Er war damals Sekretär von Daladier, und mir gefiel am besten an ihm, daß er nicht den geringsten Geschmack fand am Kampf und dies auch noch lautstark verkündete, während er sich bereits auf selbigen vorbereitete. Und dann war da noch Vienot, ein hochaufgeschossener, eleganter Erzintellektueller, der das Bindeglied darstellte zwischen dem Gideschen und dem politischen Milieu, denn er war mit der Tochter von Madame Mayrisch, der Freundin Gides und Groethuysens, verheiratet. Sie alle – und noch ein paar andere – mußten sich eines schönen Tages Andrés Satz anhören: »Ich bin der einzige hier, der bereits an einer Revolution teilgenommen hat«, worauf Madeleine und Léo Lagrange wohlweislich nicht reagierten, da sie wußten, daß ein Genie sich aus verborgenen Quellen speist, doch einige mich lächelnd und fragend ansahen . . .

Europa schüttelte sich wie eine Wildkatze nach einem kurzen Schlaf. Dem 6. folgte in Paris der 9. und in ganz Frankreich der 12. Februar.

Ich erinnere mich nicht mehr genau, wo wir uns versammelt haben, aber ich glaube, es war vor dem Rathaus. Diese Demonstration glich eher einem Freundestreffen: An einem einzigen Tag kamen wir alle zusammen, die wir uns sonst im Laufe einer Woche zu besuchen pflegten. So war Zeit gespart, und wir konnten gleich unsere »Volksfront« gründen; Männer, Frauen und Kinder marschierten in unseren Reihen; es war ein nebeliger Tag, und unsere Mäntel unterschieden uns von den Proletarierfrauen. Ein Zug von Hunderttausenden ist schwer aufzuhalten, und wir waren Hunderttausende, da immer mehr Gleichgesinnte sich unterwegs anschlossen. Sie und wir wollten den Rathausplatz erobern und dort unsere Fahnen aufpflanzen. Vor allem aber sollte es uns nicht noch einmal passieren, daß wir in der Dunkelheit vor galoppierenden Pferden flüchten mußten! Unser Zug marschierte zwischen zwei freundlich eingestellten Spalieren dahin, ein junges Mädchen warf uns Blumen zu, und von oben wurden Taschentücher geschwenkt. Ich wußte, sie waren eins mit uns, wie schon neulich . . . Wir marschierten unverdrossen, nicht wissend, ob wir auf Freund oder Feind stoßen und wie sich die Begegnung gestalten würde. Dieser Hitler in Deutschland hatte sich nur so breitmachen können, weil wir, die Linke, es nicht verstanden hatten, im Gleichschritt zu marschieren!

Wir marschieren. Langsam, aber glücklich ziehen wir um den Platz und bilden einen beweglichen Ring. Wir lächeln unbekannten Männern und Frauen zu, die wir nie mehr wiedersehen werden, und marschieren weiter in diesem brüderlichen Rhythmus der Schritte. Mein Nachbar faßt mich am Arm. Er trägt einen schäbigen Überzieher, und seine Schuhe wage ich gar nicht anzuschauen. Er sagt kein Wort, und daher spreche ich, damit er mir näherkommt: »Als ich klein war, lebte Jaurès im Haus neben uns. Ich war mit seinem Sohn befreundet.« Und da blickt mich der Mann zwar schweigend, aber doch aufmerksam an, wie man einen kostbaren Gegenstand betrachtet . . .

André hatte sich mit Haut und Haaren dem antifaschistischen Kampf verschrieben. Er hielt öffentliche Reden und erwies sich dabei schon damals als einer der begabtesten Redner klassischen französischen Stils: Er war mitreißend in seiner Aggressivität, führte mit Pathos Leid und Hoffnungen vor Augen, akzentuierte jedes Wort, gab ihm unerwartet einen neuen Sinn und faszinierte mit neuartigen Metaphern. Das waren im großen und ganzen die gleichen Qualitäten, die auch seine Bücher auszeichnen, nur wirkte alles noch stärker, wenn er physisch anwesend war und sie dadurch bis zum Äußersten, ja manchmal sogar bis zur fratzenhaften Verzerrung steigern konnte. Um die Wahrheit zu sagen: Ich glaube nicht, daß André jemals Marxist war oder viel über den Marxismus reflektiert hat. Die Wirkungskraft des Marxismus fesselte ihn meiner Ansicht nach mehr als dessen intellektuelle oder moralische Rechtfertigung. Natürlich spielte dabei auch die Hoffnung, das Schicksal der Menschen zu verbessern, eine Rolle. Doch das Schicksal der menschlichen Kreatur schien ihm in sich schon von Grund auf absurd, denn es war eine Anklage des nicht unter den Menschen weilenden Gottes. Und wenn seine Figuren manchmal Positionen vertreten, die eher sozial als metaphysisch motiviert erscheinen, ohne jedoch eigentlich marxistisch zu sein, so ist das meiner Meinung nach ein Beweis dafür, daß André sich – wie jeder Dichter – »als ein tönendes Echo inmitten des Alls« verstand.

In Deutschland ist der Alltag nicht mehr alltäglich. Es wird geplündert, gefoltert und vor allem gedemütigt. In Frankreich werden Thälmann-, Dimitrow- und andere Komitees gegründet. Die Politik, eine auf eine beunruhigende Realität gerichtete Politik, ließ uns nicht mehr los, drängte sich uns auf. Viele, die gestern noch nicht verstanden hatten, daß Politik uns interessieren konnte, schlossen sich uns jetzt an. Das galt auch für Gide, zu dem ich in dieser Zeit ein freundschaftliches Verhältnis entwickelte, während André ihn fast erschreckte mit der Schnelligkeit seines Denkens, seinen Kenntnissen und seinem geringen psychologischen Gespür. »Ich vertraue mich ihm an«, sagte Gide mir eines Tages, »und er wirft mir Abstraktionen an den Kopf.« Vermutlich sah Gide, der damals fast schon ein Greis war, in mir den Abglanz des Genies, mit dem ich verheiratet war, denn mich konnte man, ohne das Gesicht zu verlieren, nach Erklärungen für dies oder jenes fragen. Ob Gide um meiner selbst willen gern mit mir zusammen war, wage ich nicht zu beantworten. Aus seinem Verhalten 1941, als André mich um die Scheidung bat – in die ich eingewilligt hätte, wenn er mir dafür ermöglicht hätte, mit Flo nach Amerika zu flüchten –, mußte ich schließen, daß ich ihn zwar manchmal amüsiert, vielleicht sogar interessiert hatte, er mich jedoch niemals als vollwertig betrachtet oder gar gern gehabt hatte. Das ging aus einem Brief sehr deutlich hervor, in dem er schrieb: »Und dennoch wage ich zu hoffen, daß Sie sich – was immer auch geschehen mag – der Zuneigung Ihrer alten Freunde ... würdig erweisen werden.« Ein hübscher Satz von einem Protestanten an eine mittellose deutsche Jüdin mit einem kranken Kind ...

Doch 1934 waren es noch die »anderen«, die litten. Sehr bald schon machte Gide mich zur Verwalterin seiner großzügigen Spenden für die Verfolgten. Er vertraute mir beträchtliche Summen an, ohne jemals Rechenschaft darüber zu verlangen. Eines Abends, als ich seine Börse wieder einmal geleert hatte, tauchte plötzlich ein junger Kommunist auf, der mit knapper Not und natürlich ohne einen Pfennig aus Deutschland hatte fliehen können. Ich rief Gide an, der antwortete: »Strecken Sie das Nötigste vor; morgen lasse ich Ihnen dann Nachschub zukommen.« Seinen sprichwörtlichen Geiz schien er ganz bewußt und zum eigenen Vergnügen einzusetzen: So lud er mich beispielsweise nie in ein Luxusrestaurant ein, sondern stets in Gasthäuser mittlerer Kategorie, wie ihn auch Andrés Prunksucht ausgesprochen ärgerte. Aber großzügig war er immer, im wahrsten Sinne des Wortes, wie er es auch leicht hinnahm, manche Dinge nicht zu wissen. Wenn André beispielsweise – was schon fast eine Manie bei ihm war – locker einflocht: »Wie Sie ja wissen«, wobei es sich meist um Kenntnisse handelte, die keineswegs geistiges Allgemeingut waren, dann entgegnete Gide ihm in aller Seelenruhe: »Nein, das weiß ich nicht.«

In Deutschland greift der Faschismus immer weiter um sich; man verhaftet, verurteilt, stößt Juden und Kommunisten aus der

Gemeinschaft aus und verfügt für sie einen mehr oder minder schnellen Tod.

Im Januar 1934 fuhren Gide und Malraux nach Berlin, um Goebbels höchstpersönlich einen Brief zu übergeben, in dem sie die Freilassung des bulgarischen Kommunisten Dimitrow forderten. Obwohl sie den Adressaten ihres Schreibens nicht persönlich sehen konnten – was sie übrigens auch nicht erwartet hatten –, schien ihre Intervention erfolgreich gewesen zu sein, da Dimitrow tatsächlich auf freien Fuß gesetzt wurde, nachdem er schon von der Anklage der Komplizenschaft mit den Reichstagsbrandstiftern freigesprochen worden war.

Ich arbeitete in unzähligen Komitees, zusammen mit Deutschen und Franzosen, und fühlte mich nützlich. Auch bei den Kommunisten machte ich mit, denn sie konnten einige Erfolge nachweisen. Als man mich ersuchte, einen Anwalt und einen Pastor nach Elberfeld zu begleiten, wo den verbotenen Gewerkschaften der Prozeß gemacht werden sollte, sagte ich freudig zu. Ich würde als Dolmetscherin fungieren.

Ich fuhr also mit diesen beiden Männern über eine Grenze, die mir bis vor kurzem noch so vertraut gewesen war, und gelangte in ein Land, das sich anschickte, alles, woran mein Herz hing, zu zerstören. Noch vor fünf Jahren hatte ich in Köln Station gemacht und mit Mama auf den Zug nach Magdeburg gewartet. Den mehrstündigen Aufenthalt hatten wir genutzt, um eine Buchausstellung zu besuchen, bei der wir im russischen Pavillon auf eine Proust-Übersetzung gestoßen waren. War es jetzt auch nur denkbar, daß sich die Männer der neuen Wertmaßstäbe in diese doch noch so nahe Vergangenheit vertieften?

Mir wurde im Laufe dieser Reise, die ich mit Fremden unternahm, die deutsche Gegenwart immer unverständlicher. Wir bekamen die neue Atmosphäre gleich am Tag nach unserer Ankunft zu spüren, als man uns das Betreten des Justizpalastes verbot, da der Prozeß unter Ausschluß der Öffentlichkeit stattfinden sollte.

Da stehen wir also auf der Straße, mitten unter den Frauen der angeklagten Gruben- und Fabrikarbeiter. Es ist noch nicht richtig Tag, aber sie sind schon da; graue und angstverzerrte Gesichter. Ich spreche sie an: Sie wollen ihre Männer sehen, wenn sie vorbeigeführt werden, da man ihnen seit der Verhaftung jeden Besuch verboten hatte. Sie sprechen auffallend leise und wissen nicht einmal, ob der, den sie mit einem Blick zu erhaschen hoffen, überhaupt noch am Leben ist. Sie tragen unter dem Kinn geknotete Kopftücher und ähneln den Arbeiterinnen Ostfrankreichs. Da stehen sie, in Reih und Glied, auf dem Bürgersteig, leicht schräg ausgerichtet, und ihre Augen schauen alle in die gleiche Richtung, wo jetzt die Umrisse von etwa zwanzig Gefangenen sichtbar werden.

»Folgen Sie uns.« Eine Hand klappt das Revers der Jacke zurück, eine kleine Metallscheibe wird sichtbar – und schon fühlt man sich schuldig. Meine Begleiter und ich folgen dem Mann. Über den Anwalt gibt es nicht viel zu sagen, aber Pastor Cooreman war ein Heiliger, für den man nur Bewunderung hegen konnte. Während der Reise hatte er mir sein Leben erzählt: Mit zehn Jahren flickte er defekte Kabel in einer Fabrik, denn er war das älteste von einer großen Schar Kinder. Als Arbeitersohn fand er sein Schicksal ganz normal, bis ihm andere halfen, es zu ändern, und ihm das Theologiestudium ermöglichten. Mit seinen weißen Haaren wirkte er bereits wie ein Greis, der er absolut noch nicht war, und mit seiner hellen Haut und der strahlenden Güte in seinen blauen Augen kam er mir auf dieser deutschen Polizeiwache ebenso deplaziert vor wie Jesus selbst.

Ich erkläre dem Kommissar, der uns nicht einmal einen Stuhl anbietet, daß ich den beiden Herren als Dolmetscherin diene.

»Ihre Papiere.«

Ich halte sie ihm hin.

»Goldschmidt, Clara Goldschmidt, Tochter von Margarete Heynemann? Der Fall ist klar: Die Papiere sind gefälscht.«

Absolut nicht, nur schmierig sind sie. Aber warum soll ich ihm erklären, daß sie mir gestern in die Badewanne gefallen sind?

Er, der hier das Sagen hat, blättert weiter.

»Wann haben Sie Deutschland verlassen?«

Wenn ich nicht in Frankreich geboren wäre, müßte ich jetzt dran glauben.

»Ich bin Französin.«

Den Blick, der mich jetzt trifft, kenne ich schon aus Phnom-Penh. Aber diesmal, du Idiot, bin ich unschuldig! Und ich bin nicht nur unschuldig, sondern darüber hinaus auch noch die Frau eines berühmten Mannes. Du wirst dich ins eigene Fleisch schneiden, mein Kerlchen! Ich werde die Ruhe bewahren, damit meine Pointe auch ankommt. Mit sanfter Stimme und in schönstem Magdeburgisch sage ich:

»Sie können mich ruhig festnehmen, wenn Ihnen das Spaß macht. Doch vorher sollten Sie vielleicht den französischen Konsul in Köln anrufen; er erwartet uns nämlich zum Abendessen. Sagen Sie ihm, daß wir nicht kommen können.«

Jetzt bin ich aus der mir zugedachten Rolle gefallen, und das ärgert ihn sichtlich. Ich wiederhole noch mal:

»Bitte, telefonieren Sie.«

Er zögert. Was riskiert er denn, wenn er telefoniert? Er schickt einen anderen Polizisten fort, wir warten, fünf, zehn Minuten, dann kommt der andere zurück, und ich höre:

»Sie können gehen.«

Eine angenehme Mitteilung, vor allem wenn man schon gespürt hatte, daß man als äußerst lästig empfunden wird.

»Was wollen Sie eigentlich hier?«

»Dem Gewerkschaftsprozeß beiwohnen.«

»Unmöglich.«

»Dieser Herr hier ist Anwalt und in dieser Eigenschaft . . .«

Sie schauen einander an und wirken schon wieder irgendwie beklommen.

»Wollen Sie vielleicht den Staatsanwalt sprechen?«

Ich wiederhole die Frage für den französischen Anwalt.

»Ja.«

Was mag die französische Botschaft ihnen nur erzählt haben, daß sie uns jetzt plötzlich so zuvorkommend behandeln?

Es fällt mir schwer, in dem kleinen, fahlen Staatsanwalt den Vertreter dieses fremden, neuen Deutschland zu sehen; wir gehen in einen angrenzenden Raum und setzen uns.

»Was möchten Sie wissen?«

Ich übersetze, begreife aber nicht so recht. Doch die Diskussion kommt in Gang.

Die Beschuldigten sind Mitglieder einer verbotenen Gewerkschaft.

»Die nicht aufgelöst wurde?«

»Doch, 1933.«

»Und die Beschuldigten hatten sie neu gegründet?«

»Nein.«

»Was denn dann?«

»Sie sind aufgrund ihrer früheren Zugehörigkeit angeklagt.«

»Aber das römische Recht kennt doch keine retroaktive Anwendung eines Gesetzes.«

»Es handelt sich nicht um das römische Recht. Hier herrscht das neue germanische Recht, unser Recht, das eine dem Verbot vorangegangene Tat durchaus als Delikt zu werten erlaubt.«

Ich übersetze und begreife immer weniger. Abends speisen wir im Konsulat, und auf dem Heimweg spricht der junge Attaché, der uns begleitet, hinter vorgehaltener Hand von Folterungen.

Nun mußten wir noch nach Berlin, um eine Petition zu überbringen, die viele, darunter einige gewichtige Namenszüge trug. Diese Mission ließ sich ohne Schwierigkeiten, aber auch ohne großes Aufsehen erledigen. Wie Lieferanten gaben wir unsere Papiere am Justizministerium ab und schlenderten dann durch die Straßen, die selbst außerhalb der eleganten Viertel einen ordentlichen und biederen Eindruck machten. Deutschland geht offenbar sauber zugrunde ... Weniger arbeitslose junge Burschen als bei meinem letzten Besuch stehen müßig auf den Bürgersteigen herum; es ist anscheinend nicht mehr so üblich, sich von Müttern, Schwestern oder Geliebten aushalten zu lassen, obwohl es für die Frauen immer noch leichter ist, durch Waschen oder Kochen bei anderen Leuten ein paar Pfennige dazuzuverdienen. In den Außenbezirken fallen uns hoch oben an den Mauern in großen Lettern hingemalte Sprüche auf, die sich in der Zukunft als Prophezeiungen erweisen sollten.

Am nächsten Morgen bittet mich der Pastor, ihn zum Gottesdienst in die Kathedrale zu begleiten. Als wir ankommen, ist die Kirche bereits bis auf den letzten Platz besetzt, und der Prediger ist gerade dabei, auf die Kanzel zu steigen, um jene Worte zu sprechen, die die Menschen mit Gott verbinden sollen. Da fällt mir die kleine protestantische Kirche in Paris wieder ein, wo am Tag nach dem Waffenstillstand 1918 der Prediger uns gesagt hatte, wir seien alle schuldig an diesem gerade erst zu Ende gegangenen Krieg. Heute wird mir noch deutlicher als damals, daß er recht hatte. Doch welche erschütternde Wahrheit werde ich jetzt hier vernehmen von dem Mann mit den weiten Ärmeln dort oben? Ich höre und übersetze: »Es ist notwendig, die Spreu vom Weizen zu trennen.« Und die Spreu, das sagt er geradeheraus, ist der Jude und der Kommunist. Da beide Giftstoffe sind in der germanischen Gemeinschaft, ist es die Pflicht jedes einzelnen, zu ihrer »Ausscheidung« beizutragen. Und das sagt er mit einer warmen, genau artikulierenden Stimme, so daß nach Ende der Predigt jedem Gläubigen klar ist, daß er heute wachsam sein und morgen vielleicht schon »ausmerzen« muß. Reinheit – ob rassische oder andere – ist ein Schatz, den es zu bewahren gilt. Und wir werden die Spreu vom Weizen scheiden!

Die Menge der Gläubigen erhebt sich unter dem triumphierenden Aufdröhnen der Orgel. »Ich möchte gern ein paar Worte mit meinem Amtsbruder wechseln«, läßt mich Pastor Cooreman wissen. Man führt uns zur Sakristei, wo der germanische Pastor sich soeben inmitten seiner Anhänger aus seinem klerikalen Gewande schält und ich mir einbilde, das Knarzen von Stiefeln zu hören. Seine ganze Gestalt mit dem wallenden Bart erinnert an einen Haudegen aus dem Dreißigjährigen Krieg, während mein Heiliger neben ihm von Sekunde zu Sekunde mehr einem Proletarier gleicht: Aber nicht wegen der Kabel, die er als Kind flicken mußte, sondern weil er sein Leben lang bemüht war, Feindseligkeit und Haß fortzuhobeln.

»Herr Pastor, Ihr Amtsbruder aus dem Pariser Vorort Ivry würde Sie gerne einen Augenblick sprechen.«

»Hat er denn meine Predigt verstanden?«

»Er versteht kein Deutsch, aber da ich ihm alles übersetzt habe, hat er zu folgen vermocht.«

Jetzt haben Pastor Cooreman und ich nur mehr einen Rücken vor uns, einen echten Haudegenrücken, wie gesagt.

Kein Mensch kümmert sich mehr um uns. Der kämpferische Hirte Gottes fährt fort, sich der Gewänder zu entledigen, die es ihm gestatten, im Namen Gottes zu sprechen. Von diesem offenkundigen Desinteresse vertrieben, eilen wir über Flure und Treppen hinaus unter »die Linden«, wo die fliegenden Pollen in der Sonne schimmern. Man könnte sich wohl fühlen hier . . .

»Mein Kind«, sagte schließlich Pastor Cooreman nach ein paar Metern, »eine langwährende Zweisamkeit mit Christus hinterläßt eben doch Spuren: Von allen Männern, die wir hier getroffen haben, ist dieser der erste, der sich schämt.«

Nachdem der Mann ein vor ihm liegendes Buch durchgeblättert hatte, gab er uns unsere Pässe zurück:

»Glauben Intellektuelle wie Sie tatsächlich, daß es in der UdSSR etwas zu lernen gibt?«

»O ja«, antwortete mein Gefährte.

Wir waren in London, aber alles erinnerte uns an die Kolonien. Die englischen Beamten in England glichen den Hindu-Beamten in Indien, die Züge in ihrer viktorianischen Behaglichkeit mit ihren geblümten Polsterstoffen waren die gleichen, und auch hier wurde von einem zuvorkommenden dunkelhäutigen Boy Tee auf einem Tablett dargereicht, genau wie wir es auf dem asiatischen Subkontinent kennengelernt hatten. Das Empire war in London allgegenwärtig.

Doch uns blieb leider keine Zeit, diese Eindrücke zu vertiefen, da wir uns nach nur zweitägigem Aufenthalt nach Moskau einschifften. Nach all unseren Reisen durch die verschiedensten Länder wollten wir jetzt endlich auch das Land der revolutionären Mythologien sehen. Andrés Bücher waren in russischer Übersetzung in der Sowjetunion erschienen, so daß wir uns auf einen längeren Aufenthalt einrichten und im Juli 1934 – jetzt war erst Mitte Mai – an einem Schriftstellerkongreß teilnehmen konnten.

Zu Beginn einer jeden Reise freuten wir uns ebenso auf unerwartete Überraschungen wie auf die Bestätigung unserer Vorahnungen; dieses Mal fuhren wir der Realisierung unserer Hoffnungen entgegen. Auf dem gleichen Schiff wie wir reisten Ilja Ehrenburg und seine Frau. Er erzählte uns, wie es der neuen Gesellschaft gelungen war, mit Nachsicht und Fingerspitzengefühl die durch Vernachlässigung, Bürgerkrieg und Hungersnöte verwilderten Kinder wieder in die Gemeinschaft einzugliedern, und wie Prostituierte, nachdem man ihnen eine gemeinsame Wohnstätte zugewiesen und eine ordentliche Berufsausbildung gegeben hatte, zu ehrenwerten Bürgerinnen geworden waren. Diese Metamorphose konnte ich allerdings nicht vorbehaltlos bewundern, da ich bei dem Wort Wohnstätte oder Pensionat gleich an Erziehungsanstalten denken mußte. Aber angeblich würde ich mich bald selbst vom Gegenteil überzeugen können.

Vorerst waren wir auf einem russischen Schiff, dessen Kapitän uns herzlich willkommen hieß. Wir bezogen unsere Kabine, in der ein kleiner Blumenstrauß auf uns wartete. Außer dem Ehepaar Ehrenburg und uns waren nur noch zwei Herren an Bord, die die Absicht hatten, in einem ihnen gänzlich unbekannten Land irgendein Produkt von ungewissem Nutzen zu verkaufen.

Es geht die Themse hinunter, ins offene Meer hinaus, dann werden die deutschen Küsten sichtbar, hinter denen sich Dörfer abzeichnen, die eigentlich noch genauso aussehen wie früher, als ihre Bewohner von der Überlegenheit der Blonden und Blauäugigen noch nichts wußten, als ich noch ein Kind war und mit Mama ohne Papiere durch dieses Land fuhr. Pässe brauchte man erst an der russischen Grenze; doch nun ist der Weg überall versperrt, und man muß die Parolen kennen, damit die Türen sich auftun. Ljuba mit ihrem runden Gesicht und ihrem schmalen, schlanken Körper und Ilja, der immer so lustig die Augen zusammenkneift, sind Juden genau wie ich ...

An den Ufern der Kieler Förde sind Arbeiter am Werk. Als unser Schlepper vorbeizieht, halten sie inne und schauen. Und gegen Mittag wird uns der erste kommunistische Gruß zuteil, als eine Gruppe von Deicharbeitern uns Zeichen macht, kurz den rechten Arm hebt und die Hand zur Faust ballt. Wie gut das tut, Hoffnung zu symbolisieren!

Leningrad, ein großes, überdimensionales Versailles mit seinem königlichen Park, auf dessen Bänken sich abends junge Proletarierpärchen niederlassen und die ganze helle Nacht über umschlungen und unbeweglich sitzen bleiben. Leningrad mit seinem an Kunstwerken reichen Museum, Spektrum dessen, was Künstler zwischen Atlantik und Pazifik hervorgebracht haben. Ich lernte in der Eremitage das schönste, das romantischste Bild unseres Klassikers Poussin kennen, diesen mächtigen Schimmel vor einem alptraumartigen Hintergrund, und ein paar Säle weiter für die Ewigkeit ziselierte und vergoldete Schmuckstücke aus skythischer Zeit.

Moskau. Ein paar Wochen lang wohnten wir im Hotel »National« am Roten Platz und sahen vom Fenster aus auf das Mausoleum Lenins und die davor wartende Menge, die ihren »Gott« gleichsam im Irdischen festhielt, während im Hintergrund die Kathedrale aufragte, das Haus des gestrigen Gottes, massiv, aber nach oben hin sich verjüngend, aufstrebend und in Kugeln, die Fruchtknoten glichen, endend. Welchen Wert mißt man dem überkommenen Glauben hier noch bei? Wie soll man das herausfinden? Sonntags stehen Bettler vor den Kirchenstufen, die vielleicht nicht überleben könnten, wenn es keine Gläubigen mehr gäbe ...

Die Menge ist weiß oder zumindest hell gekleidet und nicht schmutziggrau, wie man uns vorhergesagt hatte; die weißen Jacken sind in lebhaften Farben bestickt. Ich wundere mich, daß keine Kinder zu sehen sind, nicht ein einziges tollt oder spielt hier: Man erklärt mir, sie seien alle in Ferien, in organisierten Jugendlagern. Das gibt es bei uns auch nicht. Ich schaue mich überall erst einmal um; ich will selbst gesehen haben, bevor ich mich auf ernsthafte Gespräche einlasse. Es gibt kaum Autos, doch für uns stehen, noch bevor wir darum gebeten haben, Taxis oder Dienstwagen bereit, von der einen oder anderen Organisation zur Verfügung gestellt. Wie man uns erklärt, sind diese Autos Eigentum des Volkes, das sich freut, sie uns anbieten zu dürfen. Bis zum Bersten gefüllte Vorortstraßenbahnen rumpeln vorüber; es ist Stoßzeit; Trauben von Arbeitern und Arbeiterinnen hängen, aneinandergeklammert, auf den Trittbrettern. Aber diese Menschenmenge scheint fröhlich, lacht gern und ist sogar noch zu galanten Späßen aufgelegt, wie ich mit eigenen Augen feststellen kann, als ein Arbeiter vom Trittbrett herab einer aussteigenden Frau noch schnell die Hand küßt. Sie tragen auch keine Arbeitskleidung, denn bevor man die Fabrik verläßt, nimmt man noch eine Dusche und zieht sich um.

Doch wenn wir nachts zum Hotel zurückkehren, ist der Rote Platz übersät von wie leblos daliegenden Menschenleibern, die am nächsten Morgen von wohlwollenden Polizisten wieder auf die Beine gestellt werden. Welcher Art mag sie sein, die Verzweiflung, die man in diesem Land des realisierten Sozialismus im Wodka ertränkt?

Ich sehe Alexeieffs Mutter wieder vor mir, unsere gute Freundin Aljoscha, die ihren Sohn, den sie seit fünfzehn Jahren nicht mehr gesehen hat, immer noch zärtlich Schura nennt: »Schura hat immer wie besessen gezeichnet, aber mir wäre es lieber gewesen, er hätte Mathematik studiert.« Ob sie mir glaubt, wenn ich immer wieder betone, ihr Sohn habe sich in Frankreich einen Namen als Grafiker gemacht? Sie beklagt sich nicht, denn in dieser Gesellschaft hat sie

Arbeit gefunden als Französischlehrerin an einem Lyzeum, bald wird sie eine Pension beziehen, und sie hat auch eine Wohnung, die sie nur mit ihrer Nichte und deren Kind zu teilen hat. Von mir möchte sie nur wissen, ob Schura »drüben« auch treu seinen Pflichten als Gatte und Vater nachkommt. Was sie »Wohnung« genannt hatte, entpuppt sich als ein karg möbliertes Zimmer ohne Kochgelegenheit, wo man sich aber offenbar häufig im Freundeskreis zusammenfindet. Und bei meiner Ankunft schaut mir aus jedem Fenster der Fassade ein neugieriges Gesicht entgegen, das mir kurz darauf einen Willkommensgruß zuruft, den zu übersetzen meine Gastgeberin für unnötig hält.

Drei Monate später fahren wir nach Sibirien. Im Zug mache ich die Bekanntschaft einer jungen Statistikerin, die Parteimitglied ist. »Ich habe ein sechsjähriges Töchterchen«, erzählt sie; »ich würde mich gerne selbst um es kümmern, aber das geht leider nicht, weil ich zu beschäftigt bin. Daher muß ich die Kleine einer Amme, einer alten Bäuerin, in Obhut geben. Sie versorgt das Kind gut, in diesem Punkt kann ich ganz beruhigt sein. Das Dumme ist nur, daß sie Antikommunistin ist und der Kleinen den lieben langen Tag vorsagt, sie müsse für unser Seelenheil beten, sonst kämen Papa und Mama in die Hölle.«

Bola Boleslawskaja ist eine mollige, fröhliche Brünette; sie ist geschieden und arbeitet als Dolmetscherin. Von Zeit zu Zeit begleitet sie uns, und ein paar Wochen später, beim Schriftstellerkongreß, wird sie uns als Dolmetscherin zugeteilt sein. Sie redet viel, aber noch nach Wochen werde ich über sie persönlich sehr wenig wissen. (Ebenso redefreudig und gleichzeitig verschlossen sollte auch Gide sie erleben, dem sie auf seiner Reise durch die UdSSR als hilfreicher Geist zur Seite stand.) Ich habe den Eindruck, daß es ihr Spaß macht, mit uns bummeln zu gehen, und daher nehmen wir sie auch mit bei unseren Besorgungen in jenem großen Kaufhaus, das nur ausländische Währungen, Valuta, annimmt. Wir sind ja jetzt reiche Leute, was uns direkt komisch vorkommt, doch Extravaganzen kann man sich dennoch nicht gönnen, da die entsprechenden Gelegenheiten fehlen. Bola begleitet uns auch ins Museum und übersetzt auf unseren Wunsch hin die Bildunterschriften: »X., Maler der bürgerlichen Epoche, in dessen Bildern sich die gesellschaftlichen Verhältnisse des 19. Jahrhunderts widerspiegeln . . .«

Paul und Henriette Nizan sind bereits seit mehreren Monaten hier und werden auch nach unserer Abfahrt noch bleiben: Er ist bei einer französischen Zeitung in Moskau beschäftigt und sie in einem Verlag. Sie sprechen beide Russisch und sind beide Kommunisten. Sie erzählten mit Begeisterung von ihrem Leben in der UdSSR, ohne jedoch alles kritiklos hinzunehmen. Hier baut man eine neue Welt auf; bestimmt wird nicht jeder glücklich sein, doch Demütigungen, die Geißel der bürgerlichen Welt, werden einem erspart bleiben, und schon allein das lohnt den Kampf. Natürlich ist es Blödsinn, was man den Arbeitern im Museum erzählt, aber sie schauen wenigstens die Bilder an. Die Zahl derer, die in der Welt von morgen fähig sein werden, zu denken und zu empfinden, wird von Tag zu Tag größer, und die Möglichkeiten werden immer vielfältiger. Natürlich unterlaufen einem Fehler, wenn man eine Welt umkrempeln will, aber schon gibt es keine Analphabeten mehr, wurden zahllose Krankenhäuser gebaut, leistet der Staat in allen Bereichen Hilfestellung, ist der Arbeiter nicht mehr von den Launen seines Chefs abhängig, wird er geachtet und seine Kraft nicht mehr zur Erfüllung angeblicher Bedürfnisse der herrschenden Klasse ausgebeutet, und so sind die Anstrengungen des größten Teils der Menschheit nicht mehr umsonst. Ja, morgen wird jeder sich nach eigenem Vermögen verwirklichen können, wird jeder zugleich Leser und Autor eines Buches, Kunstliebhaber und Maler, Musikbegeisterter und ausübender Musiker sein.

Bis dieser neue Mensch geschaffen ist, tut man eben, was man kann, was ja auch schon viel mehr wäre, wenn man nicht immer noch gegen den inneren Feind kämpfen oder alles daransetzen müßte, ihn für die revolutionäre Sache zu gewinnen. Laut Nizan entwickelt sich die Welt nach vorgegebenen Gesetzen, ist ihr soziales Schicksal bereits im voraus ablesbar; um zu einem Sozialismus zu gelangen, der nichts nivelliert, der gerecht ist und jedem seine Entfaltungsmöglichkeiten läßt, müssen zwangsläufig einer oder mehrere Engpässe überwunden werden. Nizans Liebe zum Proletariat hatte nichts Schwärmerisches, war auch kein Akt der Nächstenliebe: Durch seine Herkunft und seine Aktivitäten fühlte er sich den Arbeitern verbunden, und hätte er sich auf die Seite der Bourgeoisie geschlagen, wäre das einer Selbstverleugnung gleichgekommen.

Manchmal wurden wir sogar aufgefordert, an abendlichen Fabrikveranstaltungen teilzunehmen. Männer und Frauen, die den ganzen Tag gearbeitet hatten, saßen dort müde und zugleich froh auf den wie in einem Klassenzimmer aufgereihten Bänken. Ihre Eltern hatte man noch nicht zu derartigem Gedankenaustausch zugelassen, also profitierten sie bereits von einer Errungenschaft der neuen Zeit. Die Fragen waren fast immer die gleichen: Wie denken die französischen Arbeiter über die Arbeiter der Sowjetunion? Weiß man »drüben« überhaupt, daß die Frauen in der UdSSR vor und nach der Geburt eines Kindes Anrecht auf Urlaub haben? (Man weiß offensichtlich nicht, daß der Schwangerschaftsurlaub bei uns viel länger ist als hier.) Wie funktioniert eine Fabrik bei uns? Diese Fragen waren alle vorhersehbar, doch eine Überraschung bot jene kleine Frau, die mit einer auf öffentlichen Versammlungen geschulten Stimme fragte, wie unser Proletariat sich verhalten würde, wenn es Krieg gäbe zwischen Frankreich und der Sowjetunion ...

André spricht zu ihnen über den Sinn der Arbeit, über die neuen Beziehungen zwischen den Menschen; aber plötzlich stellt er Fragen: »Was erwarten Sie vom Leben? Wie denken Sie über den Tod?« Man blickt ihn strafend an wie ein ungezogenes Kind. Die Frauen hier sind mutiger als in Frankreich, sie sind die ersten, die den Ball auffangen: »Der Sinn unseres Lebens? Dem Sozialismus zum Sieg zu verhelfen!« Das war unmißverständlich. Aber wie denken Sie über den Tod? »Wir werden glücklich sein, für den Sozialismus zu sterben«, hieß es allgemein.

»Ist dir aufgefallen«, fragt mich André, »daß sie gar nicht an das Sterben, sondern nur an das Getötetwerden denken?«

Während unseres Moskauer Aufenthalts fragte André fast jeden nach seinem Verhältnis zum Tod, was manch einen verständlicherweise schockierte. Wenn alles nur auf Effizienz ausgerichtet ist, müssen eben die Hindernisse, die der Realisierung im Wege stehen, ausgeräumt werden. Die Revolution fordert – wie Gott – den möglichst vollkommenen Menschen, den besten. Doch hatten auch wir das erwartet, wenn wir vom realisierten Sozialismus träumten? Wir hatten ihn uns vorgestellt als etwas, das in voller Entwicklung begriffen ist und jedem Entfaltungsmöglichkeiten bietet, und nun erkannten wir, wieviel Verweigerung, wieviel Ablehnung und Abkapselung da mitspielte. Doch man entgegnete uns, die UdSSR habe ja das Stadium des Kommunismus noch nicht erreicht und befinde sich erst in dem des Sozialismus. Sollte das bedeuten, daß bis dahin, bis zu jenem Tag, der sich erst als schwacher Silberstreif am Horizont abzeichnete, alles, was bisher den Menschen ausgemacht hatte – wozu ja auch der Tod gehört –, geopfert werden mußte?

Diese Frage stellte sich mir an dem Tag, als wir bei dem Ehepaar Ruth und Louis Fischer eingeladen waren. Ich fragte, wie die beiden Söhne über die Vergänglichkeit des Lebens aufgeklärt worden seien: »Der Älteste war sechs oder sieben, als er danach fragte. Ich glaube, es war kurz nach dem Tod der Großmutter. Ich habe ihm erklärt, daß es den Menschen genauso ergeht wie den Bäumen: Im Frühjahr stehen sie in Blüte, und gegen Jahresende fallen die welken Blätter ab. Das genügte ihm. Er fühlte sich in eine natürliche Ordnung eingebunden.« – »Aber die Bäume erwachen doch im Frühling zu neuem Leben, wir dagegen nicht?« Die Antwort blieb man mir schuldig.

Wir bummeln durch Straßen, verirren uns in den Außenbezirken, werden erstaunlicherweise nicht beschattet und von freundlichen Mitmenschen sogar zum Hotel zurückbegleitet, wenn selbst Andrés phänomenaler Orientierungssinn versagt, besichtigen, was Touristen zu besichtigen pflegen, und gehen auch in Fabriken, wo ich mich manchmal langweile bei all den Erklärungen technischer Details. Und so geschah es eines Tages, als ich wieder einmal lustlos hinter den anderen durch eine Uhrenfabrik schlenderte, daß ich eine interessante Bekanntschaft machte. Einer der beiden Direktoren wartete plötzlich auf mich und fragte, ob ich müde sei. Die auf russisch gestellte Frage verstand ich nicht, doch als er sie dann in schönstem Magdeburgisch wiederholte, erwachten alle meine Sinne. Auch er hatte seit ewigen Zeiten keine Landsmännin sprechen gehört. Wer war ich? Was tat ich hier? Wie lange würde ich bleiben? Was hatte ich schon alles gesehen? Fabriken, Kinderkrippen, den Kulturpark, die Theater . . . Er zuckte mit den Achseln. »Das ist genausogut wie nichts, denn es ist nur für die Touristen. Ich bin gleich nach dem Krieg, mit neunzehn Jahren, hierhergekommen. Das Land der Revolution war meine ganze Hoffnung. Was habe ich mir nicht alles vorgestellt und erwartet! Ich war zu allem bereit, wenn man mich nur an der Seite von Genossen kämpfen ließ . . . Doch noch einmal würde ich es nicht tun! Diese Leute hier sind einfach unfähig, aber wenn es nur das wäre . . . In ganz Rußland gibt es nur eine einzige Uhrenfabrik, und die habe ich aufgebaut. Sie sind nicht in der Lage, eine zweite auf die Beine zu stellen! Jetzt ist es zu spät für mich abzuhauen, denn in Deutschland herrscht der Faschismus, von dem hier übrigens niemals gesprochen wird, als gäbe es ihn gar nicht. Sie lassen auch keine deutschen Flüchtlinge rein, höchstens ein paar Intellektuelle, das ist aber auch alles. Die proletarische Solidarität ist ein einziger Bluff!«

Eisenstein hatte vor, die *Condition humaine* zu verfilmen und kam daher häufig zu uns ins Hotel. Die Besprechungen zwischen André und ihm waren faszinierend, zwei Genies trafen da aufeinander, und ich sah bereits die Figuren und Szenen vor meinem inneren Auge, als das ganze Projekt gestoppt wurde, denn Eisenstein war plötzlich *persona non grata.* Begann schon die Zeit, da man von einem Tag zum anderen in Ungnade fallen konnte? Wir jedenfalls sahen Eisenstein erst in Paris, nach seiner Rückkehr aus Mexiko, wieder, und da waren die Würfel sozusagen bereits gefallen.

Wir lernten auch Béla Kun kennen, der während des auf die bolschewistische Revolution folgenden Krieges die ausländischen Brigaden geführt hatte, fünf Monate lang Chef der »Diktatur des Proletariats« in Ungarn gewesen war, dann nach Rußland kam, bis 1935 als einer der größten Männer der III. Internationale galt und 1937 erschossen wurde.

Dieser wie alle Besiegten übersensible Mann von etwa fünfzig Jahren sah absolut nicht aus wie ein »sadistisches Ungeheuer«, als das er häufig bezeichnet wurde. Er, seine Frau und seine Schwägerin empfingen uns in ihrer Datscha, die bescheiden wirkte neben dem luxuriösen Herrschaftshaus Gorkis oder Meyerholds (dem übrigens schon ein paar Jahre später das nach seinen Angaben errichtete Theater und bald danach das Leben genommen wurde). Béla Kun war ein einfacher Mann geblieben, eher ernsthaft und nur selten lächelnd. Als ich ihm erzählte, in Paris spiele man ein Theaterstück mit dem Titel *Die schöne rote Donau*, dessen Held er sei und wo er sich immer, wenn eine wichtige Entscheidung zu treffen war, ans Klavier setzte, freute er sich wie ein Kind, denn er war tatsächlich ein großer Musikliebhaber. Da er außerdem überaus redselig war, kamen an jenem Abend die verschiedensten Themen zur Sprache: die Notwendigkeit, wichtige Probleme erst einmal klar und in ihren konkreten Auswirkungen zu durchdenken, da vor allem Unklarheiten die Ursache für Fehlschläge seien; die maßgebende Rolle, die bei einer revolutionären Aktion den ortsansässigen und mit den heimischen Gegebenheiten vertrauten Führern zukomme; die Intervention von außen, die ihm gefährlich schien, was mit Andrés Ansichten nicht ganz übereinstimmte (von dem er übrigens weder *Die Eroberer* noch *La Condition humaine* gelesen hatte). Diese Parole war übrigens gerade von Stalin ausgegeben worden, wodurch die Komintern, zu deren Führern auch Béla Kun gehörte, ihres eigentlichen Sinns beraubt wurde. Die Ära des nationalen Wegs zum Kommunismus war offenbar bereits angebrochen.

Obwohl wir die Resultate der staatlich überwachten Kunstszene bereits kannten und wußten, daß Erbauung ihr Hauptkriterium war, wurden wir doch neugierig, als man uns heimlich wissen ließ, es gebe durchaus noch Kunstliebhaber, die eher unseren Geschmack teilten. »X. beispielsweise besitzt ein paar Bilder von Chagall und sogar einen Kandinsky, die er allerdings nur Leuten zeigt, zu denen er Vertrauen hat.« X. war ein Schriftsteller, dessen Bücher reißenden Absatz fanden (die Russen waren damals geradezu fanatische Leser) und der sich daher ein paar Exzentrizitäten leisten konnte. Doch Mut konnte er sich offenbar nicht leisten, denn obwohl er ein Freund Ehrenburgs war, zeigte er uns seine Schätze nicht, woraufhin Ilja sich entschloß, uns zum Atelier eines fast schon verfemten Malers zu führen, der offiziell nicht mehr ausstellen durfte (und andere Möglichkeiten, sein Werk bekanntzumachen, gab es nicht). Rein materiell ging es diesem Winter nicht schlecht, sein Atelier glich denen, die wir vom Montparnasse gewohnt waren; auch Leinwand und Farben standen ihm noch zur Verfügung, doch fehlte ihm jeglicher Kontakt zu anderen Malern, die – wie er – nicht bereit waren, ihre Kunst dem offiziellen Katechismus entsprechend auszuüben. Und so fühlte er sich sehr einsam – doch geht es schöpferischen Menschen in kapitalistischen Ländern da oft auch nicht viel anders . . .

Die Bilder, die er uns, aufgeregt wie ein Anfänger, zeigte, obwohl er doch in den ersten Jahren der Revolution ein berühmter Maler gewesen war, der in Paris gelebt und ausgestellt hatte, waren interessant und gut, wenn auch etwas vordergründig. Ich erinnere mich noch, daß er eines dieser Gemälde, das auf einem Tischtuchzipfel eine Vase mit Blumen zeigte, kommentierte: »Dieses Bild wurde abgelehnt, weil das Proletariat angeblich Anrecht auf größere Blumensträuße hat.« Was sollte man dazu sagen? Ich saß also stumm in meinem Sessel vor der Staffelei; da blickte Winter mich auf einmal nachdenklich an: »In diesem Sessel hat Lenin gesessen. Er hat mich nämlich mehrmals in meinem Atelier besucht und ausgiebig und schweigend meine Bilder betrachtet. Eines Tages sagte er unerwartet sanft: ›Genosse, ich habe noch viel zu lernen.‹« Woraufhin Ehrenburg, André und ich einander schweigend anblickten ...

In diesem Jahr 1934 schien das Leben in der Sowjetunion für alle durchaus erträglich: Niemand starb mehr vor Hunger oder Kälte. Häufig bekam ich zu hören: Heute läuft alles besser als gestern und weniger gut als morgen. Und in der Tat: Während der Zeit unseres Aufenthalts vergrößerte sich in den Läden das Warenangebot zusehends, und auch die Qualität der Nahrungsmittel steigerte sich mehr und mehr. Natürlich stand man Schlange, auch für die alltäglichsten Dinge, wie zum Beispiel Zucker, und ging auch manchmal leer aus, aber das schien den meisten natürlich in diesem sonst relativ ruhigen Sommer. Auch die Züge waren überfüllt, aber man sah der Fertigstellung jener Untergrundbahn entgegen, die dem Volk gehören und dennoch ein königliches Aussehen bekommen sollte. Die Industrialisierung, die das zaristische Regime nicht hatte in die Wege leiten können, wurde nach modernsten Erkenntnissen vorangetrieben. Unfruchtbarer Boden wurde fruchtbar gemacht. Die Wohnungen waren zwar noch immer überbelegt, aber die Kinder, die mehr und mehr von staatlichen Organisationen betreut wurden, entwickelten sich freier als früher; sie übten jetzt auch Sportarten aus, die ehedem den höhergestellten Klassen vorbehalten waren, und wurden in den Ferien in die Berge oder ans Meer geschickt, wo sie die alten Prachtbauten bewohnen durften. Wenn man das alles bedachte, war es dann so wichtig, daß ein paar Künstler, die mit Feder oder Pinsel die Erkenntnisse ihres vergänglichen Erdendaseins meinten ausdrükken zu müssen, zum Schweigen verurteilt wurden? Für sie konnte diese Situation allerdings den Tod bedeuten . . .

Aber da war die Angst, die schon vorhanden war, auch wenn wir sie während unseres Aufenthalts noch nicht deutlich wahrnehmen konnten. Natürlich hatte sie noch nicht so weit um sich gegriffen wie vier oder fünf Jahre später, aber daß die Leute Angst hatten, wurde klar, wenn man feststellen mußte, daß niemand Fragen stellte, sobald ein Bekannter verschwand. Und da war auch jener Blick, den man ständig auf sich gerichtet fühlte, und die Urteile der »anderen«, die vielleicht sogar Sanktionen im Gefolge hatten. So sah man gleich am Eingang des Kulturparks in einem umzäunten Bereich jene Spießrutenläufer mit dem Schild vor der Brust: »Ich heiße N. N. und bin ein schlechter Arbeiter, da ich mein Soll nicht erfüllt habe.« Dabei war dieser Park, von dem aus man ganz Moskau überblickte, ein herrlicher Ort, mit seinen zwei Musikpavillons, in denen symphonische Konzerte stattfanden, seiner Tanzfläche, seinen Volleyballplätzen, seinem Theater, seinen Kindergärten, wo die Mütter ihre Sprößlinge stundenweise ausgebildeten Kindergärtnerinnen anvertrauen konnten, seinem Schwimmbad, seinen Vortragssälen und seinem Wäldchen für Verliebte: Und all das war Eigentum des Volkes!

Wir verließen unsere prächtige, mit viel rotem Plüsch ausgestattete Suite im Hotel »National«, wo wir auf eigene Kosten gelebt hatten, und zogen als Gäste des Staates ins »Metropol«, das mit seiner glatten Fassade und den zahlreichen Giebeltürmchen schönsten Jahrhundertwendestil repräsentierte und herrlich in das Magdeburg meiner Kindheit gepaßt hätte. In der Halle fanden sich die Kongreßteilnehmer zusammen; viele sind für mich nur mehr Namen, von anderen sehe ich das Gesicht vor mir, einige leben noch, aber viele sind tot. Und wie viele wurden ermordet?

Da ist Willi Bredel, als Tiroler verkleidet. Er kommt direkt aus den Nazi-Gefängnissen. Sein Bericht über die Zeit seiner Gefangenschaft gab den Anstoß zu Andrés *Die Zeit der Verachtung*. Und da ist auch Pasternak, von dem es heißt, er habe Ähnlichkeit mit einem Araber und zugleich mit einem Pferd. Er war schon damals ein großer, ein sehr großer Dichter. Da war auch Juri Olescha, untersetzt, mißtrauisch, schmerzgezeichnet und fast immer betrunken, der eines schönen

Tages im Rausch durch das Restaurant des »Metropol« posaunte: »Stalin ist ein alter Schwuler«, woraufhin der Oberkellner ihm nur auf die Schulter klopfte und ihm zuraunte: »Genosse, es gibt Ausländer, die Russisch verstehen . . .« Auch Michael Koltzow ist erschienen; sozusagen Direktor der *Iswestija*, scheinbar auf sicherem Posten, in Wirklichkeit aber höchst gefährdet. Er hatte Maria Osten, seine deutsche Freundin, mitgebracht. Isaak Babel ist gekommen, einer der größten Schriftsteller seiner Zeit; ein Jude aus Odessa, der ebensogut Räuberhauptmann oder Talmudist hätte sein können. Klaus Mann und seine Schwester scheinen direkt einem Roman ihres Vaters entstiegen zu sein; sie sind völlig gleich gekleidet und von so königlicher Schönheit, daß es ganz natürlich wirkt, wenn ihre Blicke einander ständig suchen. Aragon fühlt sich wohl in diesem Moskau, das ihm vertraut ist; auch Elsa Triolet und ihre Schwester Lili Brik sind da. Lili wurde an dem Tag, da der Kongreß Majakowski feierte, eine ganz besondere Huldigung zuteil, als sich alle Teilnehmer erhoben, um der Witwe des großen Mannes ihre Ehrerbietung zu erweisen, die zum Teil aber sicherlich auch ihrer Schönheit und Grazie zugedacht war. So langsam trudelten auch die Delegationen ein: aus den Fabriken, aus den Gruben, aus den entfernteren Landstrichen, aber auch von den Frauenverbänden und der Roten Armee. Man begrüßte einander mit freundlichem Klatschen, und Gorki dort oben auf seiner Präsidententribüne glich abwechselnd einem Schulmeister oder (was er am meisten verabscheute) einem Pastor.

Grußpetition folgte auf Grußpetition, und in allen wurde gefordert, der Schriftsteller solle von der menschlichen Arbeit sprechen. Die Fragen, die danach gestellt wurden, trafen unser aller Lebensnerv: Kann man einem Schriftsteller oder einem Maler sein Thema aufzwingen? Beinhaltet der Gegenstand eines Werks schon dessen Ausmaß an Menschlichkeit? Oder ist dieses gar vom gesellschaftlichen Rang des jeweiligen Helden abhängig? Welchen Platz nimmt ein rein fotografisches Werk in Literatur oder Malerei ein? Schafft der Künstler nicht ein fiktives Universum, um etwas darzustellen, das jenseits des unmittelbar Erfaßbaren liegt?

Ein Werk überdauert schließlich seine Epoche, weil es zusätzlich zu den aktuellen Bedürfnissen auch noch andere, häufig unbewußte

Bedürfnisse befriedigt, die es selbst erst enthüllt, und auf diese Weise wird es zu einer Antwort auf noch nicht gestellte Fragen. Ein großes Werk wird von jeder Generation anders gelesen. Stundenlang hatten wir über diese Probleme schon diskutiert, und nun erklimmt André die Rednertribüne und spricht: »Von Euch wird man sagen: ›Ungeachtet aller Hindernisse, trotz Krieg und Hungersnot haben diese hier zum ersten Mal seit Jahrtausenden dem Menschen vertraut.‹ Dieses Vertrauen aber, das Ihr allen entgegenbringt, schenkt Ihr nicht immer auch den Schriftstellern ... Doch wenn Schriftsteller ›Seeleningenieure‹ sind (diese idiotische Formulierung stammt von Stalin und hatte damals allgemein Gültigkeit), so dürft ihr auch nicht vergessen, daß es die wichtigste Aufgabe eines Ingenieurs ist, etwas zu erfinden *(Hört, hört! Hm, hm)*. Kunst bedeutet nicht Unterwürfigkeit, Kunst heißt Eroberung!

Wäre ich der Meinung, die Politik sei gegenüber der Literatur etwas Minderes, dann hätte ich nicht mit André Gide in Frankreich die Kampagne zur Freilassung Dimitrows organisiert, dann wäre ich nicht als Beauftragter des Dimitrow-Komitees nach Berlin gereist, und dann wäre ich auch jetzt nicht hier.«

Seine gespannten Gesichtszüge und seine mal abgehackte, mal wohltönende Sprechweise faszinierten das Publikum, wenn es auch dem äußerst dichten Inhalt dieser Rede nicht zu folgen vermochte. Und obwohl Gorki und einige andere sich mit dem, was ihr Gastredner da sagte, bestimmt nicht einverstanden erklären konnten, wurde eifrig geklatscht. Kurz danach sprach Ehrenburg: »Kann man es einem Schriftsteller anlasten, wenn nicht jedermann Zugang zu seinem Werk findet? Natürlich ist es leichter, Akkordeonmusik zu hören als Beethoven ... Es gibt eine Einfachheit, die, um allgemein verständlich zu werden, einer gewissen Vorbereitung bedarf. Wir dürfen stolz sein, daß so manche unserer Romane schon Millionen von Lesern zugänglich sind. Und darin haben wir die kapitalistische Gesellschaft bereits um Längen überholt.«

Damit waren auch wir einverstanden.

Der Kongreß dauerte zwei Wochen; wir erlebten eine Militärparade auf dem Roten Platz, standen dicht neben Stalin, der das Ende nicht erwarten konnte und heimlich immer wieder an seiner Pfeife zog, führten Gespräche mit Schriftstellerkollegen und ließen uns von

Ilja Ehrenburg durch Moskau führen. Auf diese Weise lernten wir Stadtteile und Leute kennen, die im offiziellen Touristenprogramm nicht vorgesehen waren. So roch es beispielsweise in manchen Vierteln, auf der Höhe der Kellerschächte, eindeutig nach Opium, was Isaak Babel uns schon angedeutet hatte: An der unendlich langen Grenze zwischen China und der UdSSR hatte die Polizei so viel zu tun, daß sie bei so mancher Schmuggelei ein Auge zudrückte. Bei einem unserer Spaziergänge mit Ehrenburg erfuhren wir von der Dichterin Anna Achmatowa, die er für das vielleicht sogar größte dichterische Talent Rußlands hielt, über die zu sprechen jedoch nicht ratsam war. Das gleiche galt für Ossip Mandelstam. Auch Pasternak durfte nur Übersetzungen publizieren, vornehmlich seine Shakespeare-Übertragungen. Derartige Mitteilungen stimmten uns alles andere als fröhlich . . .

Wie bei Kongressen üblich, wurde das Interessanteste auch hier außerhalb der offiziellen Veranstaltungslokale gesprochen, und so merkten wir schließlich auch, daß die UdSSR den Triumph des Faschismus in Deutschland sehr wohl wahrgenommen hatte. Es war bei einem Festessen in der prachtvollen Datscha von Gorki außerhalb Moskaus. Die Geladenen sprachen dem Alkohol eifrig zu, während Gorki – auf seine Ellenbogen gestützt, wahrscheinlich um seine Hände besser zur Geltung zu bringen – uns beide nicht aus den Augen ließ.

»Ich muß mich bei meinen Gästen entschuldigen: Man merkt eben doch, daß die Hausherrin fehlt.«

Dabei saß die Hausherrin, die Witwe von Gorkis Sohn, in einem verführerischen Kleid von Lanvin am Tisch. Es hieß, sie sei die Geliebte eines GPU-Chefs, der anscheinend kurzerhand den Gatten hatte beseitigen lassen. Ihr Schwiegervater, der lieber die Fehltritte der Seinen deckte, als daß er Einmischung von Außenstehenden duldete, behandelte sie wie eine Tochter.

Der betrunkene Leonid Leonow küßte mir die Hand und murmelte unablässig: »Ich bitte Sie um Verzeihung. Ich bin ein moskowitischer Barbar.«

André hatte sich erhoben. Seine Stimme klang schneidend in das Schweigen, und auf seinem Gesicht spielten nervöse Zuckungen; seine Hand hielt das Glas umklammert, das er nun leicht anhob:

»Ich trinke auf das Wohl eines Abwesenden, dessen Anwesenheit hier in jeder Minute spürbar ist: Ich trinke auf das Wohl Leon Davidowitsch Trotzkis!«

Ich hatte Angst, André vielleicht auch. Das Schweigen wurde drückend. Ob man uns jetzt gleich oder erst später festnehmen würde? Einige der Männer, die hier um den Tisch saßen, blickten einander an, andere senkten die Augen, als wollten sie in sich gehen oder eine Entscheidung abwarten, doch dann hoben alle das Glas an die Lippen, tranken und wandten sich neuen Gesprächsthemen zu . . .

Da wir Andrés russische Honorare noch immer nicht aufgebraucht hatten, unternahmen wir nach Beendigung des Schriftstellerkongresses eine Reise nach Nowosibirsk, wo wir in einem luxuriösen, ausschließlich sowjetischen Führungskräften vorbehaltenen Sanatorium eigentlich nur ein paar Tage Ruhe genießen wollten.

An diesem noblen Erholungsort mit seinem Empfangssaal, seinem geschulten Personal und seinem weitläufigen Park, wo Edelweiß und Alpenveilchen wuchsen und auf dessen Terrasse Liegestühle aufgereiht waren wie vor einem Schweizer Sanatorium, weilte zur gleichen Zeit wie wir die Gattin des Präsidenten der Republik, Kalinin, mit ihrer Tochter, die wohl der Grund dafür waren, daß das ganze Gelände – was ich zuerst gar nicht bemerkt hatte – von bewaffneten Soldaten umstellt war.

Und uns hatte man einem alten, bärtigen Bolschewiken anvertraut, der uns die Errungenschaften der Gegend zeigen sollte.

So besichtigten wir beispielsweise eine Traktorenfabrik, wo sich die zumeist jungen Ingenieure, die sich in dieser noch nicht fertiggestellten Stadt am Ende der Welt offensichtlich langweilten, über unseren Besuch, der eine willkommene Abwechslung darstellte, eindeutig freuten.

An einem arbeitsfreien Tag holten uns die Ingenieure der Traktorenfabrik zu einem Ausflug ab. Für das Picknick hatten sie Schinken, ausgezeichnete Weine und ein blütenweißes Tischtuch mitgebracht, das wir nach einer schönen Fahrt durch hügeliges, bewaldetes und von Bächen durchzogenes Land auf dem Gras ausbreiteten. Singend und lachend saßen wir da, als plötzlich eine Frau wie aus dem Nichts vor uns auftauchte und uns eine Hand entgegenstreckte. Ein Mißton in dieser Symphonie der Heiterkeit! Mir fiel auf, daß sie nicht einmal die Birkenrindensandalen der Bäuerinnen an den Füßen trug. Man sah, daß sie einen weiten Weg hinter sich hatte, und als sie fortging, nachdem man ihr unwirsch einen Kanten Brot zugesteckt hatte, war uns allen klar, daß ihr Fußmarsch noch lange dauern würde. Ich hätte besser keine Fragen gestellt und mir die ungehaltene Antwort erspart: »Ihr Mann ist an einen anderen Ort versetzt worden, und jetzt geht sie ihm nach.« Dennoch hätte ich gern gewußt, warum diese Frau, die sich aus einem so plausiblen Grund von einem Ort zum anderen begab, kein Anrecht auf eine Fahrkarte hatte . . .

Nun waren wir schon seit vier Monaten in der Sowjetunion, und ich wollte wieder nach Hause. Die Freunde kamen, mir auf Wiedersehen zu sagen, unter ihnen Isaak Babel:

»Sollen wir nicht noch einen letzten Erinnerungsspaziergang an der Moskwa entlang machen, bevor die Sonne untergeht?«

Vor dem graurosa Himmel zeichnen sich schemenhaft all die vielen Kugeltürme ab.

»Ich werde Ihnen jetzt etwas sagen, das ich bis heute für mich behalten habe, nicht aus mangelndem Vertrauen, sondern weil es für jeden am besten ist, nicht allzuviel zu wissen, solange man hier lebt. Aber jetzt werden Sie abreisen. Ich bin ein Mann, Clara, dessen Leben unkompliziert ist.«

Das war mir klar: Er war reich, und wohlwollende Freunde behaupteten, er verfüge über sieben Wohnungen, in denen seine sieben Mätressen untergebracht seien. Eine von ihnen kannte ich; sie war zweifellos charmant und fast ebenso elegant gekleidet wie Gorkis Schwiegertochter.

»Ich bin mit Gorki befreundet, und daher verbringe ich fast jede Woche einen Abend mit ihm und Stalin.«

Das war mir ebenfalls bekannt: Zu vorgerückter Stunde erhielt Gorki häufig einen Anruf aus dem Kreml, der ihm den Besuch des hohen Gastes ankündigte, und kurz darauf saßen die drei Männer vor dem Kaminfeuer und plauderten, wobei sie sich entspannt gaben oder es vielleicht tatsächlich waren.

»Welcher Vorteil erwächst mir Ihrer Meinung nach aus diesen schmeichelhaften Freundschaften?«

Ich hatte keine Ahnung.

Seine Stimme wurde schärfer:

»Der Vorteil, ein Schriftsteller zu sein, der das Recht hat, nicht zu schreiben. Ja, Sie haben richtig gehört: Ich kann es mir leisten, jahrelang nichts zu veröffentlichen und bleibe dennoch Mitglied des Schriftstellerverbandes. Finden Sie nicht, daß das eine außerordentliche Vergünstigung ist, für die ich dankbar sein muß? Ich werde also nicht vor Hunger sterben, meine gute Clara, nicht einmal in finanzielle Schwierigkeiten geraten . . . Alles in allem bin ich ein Mann, der recht hoch im Kurs steht.«

Dieses Lachen . . . Ist diese Moskauer Umgebung schuld daran, daß ich es von Figuren Dostojewskis bereits gehört zu haben vermeine? Dieser Mann, der da neben mir geht, ist der Autor von *Budjonnys Reiterarmee*, einem der schönsten Bücher der zwanziger Jahre; er hatte die Revolution gewollt, und jetzt gilt seine Leidenschaft nur mehr den Frauen und den Pferden.

Muß man, um den neuen Menschen zu schaffen, erst jene, die seinen Aufstieg hatten miterleben wollen, zerstören? Müssen jene, die am besten Zeugnis ablegen könnten von den Hoffnungen und den Leiden der Ihren, in Schweigen versinken? Spaziergänger blicken versonnen auf den Fluß. Babel hebt wieder an in seinem harten, abgehackten Französisch:

»Ich habe das Recht, nicht zu schreiben. Aber ich bin ein Schriftsteller. Und ein Schriftsteller muß schreiben. In meiner Schublade liegen zwei Romane: Wenn man sie findet, bin ich ein toter Mann.«

Drei Stunden später nahm ich den Zug, und wie jedermann erfuhr auch ich erst um das Jahr 1950, daß Babel – ich glaube, es war zu Kriegsbeginn – erschossen worden war.

Vom Aufstand in Spanien erfuhren wir, als wir uns gerade der Freude über die ersten errungenen »Siege« der am 4. Juni 1936 gebildeten Volksfront-Regierung unter Léon Blum überlassen wollten: Das Leben der Menschen sollte freier und menschenwürdiger gestaltet werden; es würde kostenlose Schulausbildung bis vierzehn Jahre, Kollektivverträge und – das größte Geschenk für die Arbeiterklasse – vierzehn Tage bezahlten Urlaub geben. Und zur Nutzung dieser

Freizeit sollten verbilligte Eisenbahnfahrkarten, Jugendherbergen, Volkstheater, öffentliche Büchereien, Sportstadien und Kulturzentren bereitgestellt bzw. eingerichtet werden.

Und nun sollten in Spanien die Menschen und ihre Rechte wieder niedergeknüppelt, mit Füßen getreten werden? Im Freundeskreis wurde beschlossen, André solle so schnell wie möglich nach Spanien reisen, um herauszufinden, in welcher Form französische Hilfe nützlich sein könne. Ich bestand darauf, ihn zu begleiten, obwohl wir schon seit einiger Zeit nicht mehr, wie früher, Freud und Leid miteinander teilten. Doch vielleicht bot gerade dieses neue Engagement eine Möglichkeit, in gemeinsamer Hoffnung und gemeinsamer Aktion zum alten Einvernehmen zurückzufinden?

Innerhalb von vierundzwanzig Stunden hatte sich auch Corniglion-Molinier, ein Journalist und erfahrener Flieger, den Auftrag für eine Reportage über die Ereignisse in Spanien besorgt, so daß unserem Abflug eigentlich nichts mehr im Wege stand. Doch ich meinte, noch ein übriges tun zu müssen, und kaufte in aller Eile etwa zehn Meter rotes Tuch, das am Himmel über Madrid von der Ankunft brüderlicher Hilfe künden sollte! Es wunderte mich, daß keiner meiner Reisegefährten, weder André noch Corniglion oder der Mechaniker, an eine so simple und aus strategischen Gründen doch wohl vernünftige Maßnahme gedacht hatte; daher verriet ich ihnen auch nichts und freute mich auf ihre Bewunderung im gegebenen Augenblick.

Madrid! Eine mächtige rote Fahne flatterte über dem Flugfeld im Schatten der Sierra. Jetzt würde ich meinen Gefährten beweisen können, was für ein genialer Stratege ich doch war: Triumphierend zog ich das scharlachrote Band aus meinem Koffer.

»Was soll denn das sein, meine Liebe?« fragte ein absolut nicht bewundernder Corniglion.

»Roter Stoff, wie Sie sehen. Ich werde ihn jetzt zum Fenster hinaushängen und draußen flattern lassen, damit sie dort unten wissen, daß wir Freunde sind und nicht auf uns schießen.«

»Wenn Sie das tun, brauchen die dort unten gar nicht erst zu schießen, damit wir runterpurzeln, denn das Ding wird sich im Propeller verfangen.«

Was ein Stratege doch alles bedenken muß . . .

Kaum hatten wir aufgesetzt, sahen wir Alvarez del Vayo schon auf uns zueilen. Wie hatte er erfahren, daß wir kommen würden und daß dieses Flugzeug das unsrige war? Erst ein paar Wochen war es her, daß wir ihn bei unserem Freund Léo Lagrange, der in der Regierung Blum mit dem Ressort »Sport und Freizeit« betraut war, kennengelernt hatten. Dieser breitschultrige Mann mit dem hellen, struppigen Haarschopf sah gar nicht aus wie ein Minister, überhaupt kaum wie ein Spanier. Uns hatte sofort seine Herzlichkeit bestochen sowie die präzise Darlegung seiner Pläne: Die Trennung von Kirche und Staat war vollzogen, die Bodenreform bereits in die Wege geleitet, nun kam die Schulreform an die Reihe.

Als wir nun einträchtig hier in Madrid das provisorische Flugfeld verließen, schien Alvarez del Vayo optimistisch: Endlich hatte das Volk Waffen in Händen; in Barcelona hatte man Triumphe feiern können; die *Guardia civil* wie auch die Marine hatten sich auf die Seite der legalen Regierung gestellt. Ringsum winkte man uns freundschaftlich zu – menschliche Wärme und Hoffnung prägten diese ersten revolutionären Tage. Eine Revolution kann das Straßenbild völlig verändern: Hier trugen alle, Männer und Frauen, den blauen Arbeitsdrillich – wie sechs Wochen später auch ich.

Denn es dauerte sechs Wochen, bis wir zum zweiten Start bereit waren. Mit uns sollten nämlich dreißig weitere Maschinen fliegen, die teils in der Tschechoslowakei, teils in Frankreich gechartert worden waren, wobei einer meiner nahen Verwandten sich als Unterhändler mit verschiedenen, von Corniglion-Molinier benannten Firmen betätigt und finanzielle Hilfe geleistet hatte. Jetzt waren auch wir optimistisch. Drei Monate müßten den Republikanern eigentlich genügen, um das Land wieder in den Griff zu bekommen.

Es konnte also losgehen. André hatte sein Versprechen, ein erstes Geschwader aufzustellen, gehalten und würde weiterhin – so dachte ich zumindest – Unterstützungs- und Propaganda-Kampagnen außerhalb Spaniens leiten.

Ich bin umringt von französischen Uniformen, doch sie sind unauffällig, ohne goldene Epauletten oder Ärmelstreifen. Ob diese jungen Flieger, die hier an weißgedeckten Tischen in ihrer blumengeschmückten Offiziersmesse sitzen, wohl ahnen, daß ich zu jenen gehöre, die sie als ihre Feinde erachten? Oder glauben sie, ich sei rein zufällig da und warte auf meinen Liebhaber? Zum ersten Mal in meinem Leben übe ich dieses Metier aus, das einem zufällt, wenn man mehrere Sprachen spricht. Im Augenblick genügt es allerdings, Französisch zu verstehen, denn ich befinde mich auf dem Pariser Flughafen Le Bourget. André hatte mir gesagt: »Setz dich in die Offiziersbar und versuche herauszufinden, was sie denken.« Und als gehorsame, wenn auch über diesen Auftrag nicht gerade begeisterte Kampfgefährtin sitze ich nun hier und spitze sämtliche Ohren, wobei ich mich allerdings nicht sonderlich anstrengen muß, da diese Herren mit ihrer Mißbilligung gegenüber jenen neugegründeten Volksfrontbewegungen – seien sie nun französischer oder spanischer Provenienz – in keiner Weise hinterm Berg halten. Von sämtlichen Tischen des Saales wie auch von sämtlichen Hockern der Bartheke schallt es mir entgegen: Man empfindet Abscheu vor diesem Bastard Blum und seiner Clique und freut sich königlich über das Waffenembargo gegenüber dem republikanischen Spanien. Schon heute, ab Mitternacht, wird kein einziges Gewehr mehr hinübergebracht werden! Das ist deutlich; und dabei scheinen diese Herren zu vergessen, daß eine legal an die Macht gekommene Regierung um Hilfe ersucht ... Und sonnenklar ist auch, daß die Franco-Putschisten aus faschistischen Ländern Unterstützung erhalten: Gestern mußten doch glatt zwei italienische Militärmaschinen, vollgepackt mit Waffen, Ausrüstung und Mannschaft, wegen technischer Mängel in Marokko aufsetzen! Die dürfen also, wir aber nicht ... Das Dumme ist nur, daß gerade jetzt, wo nur mehr wenig Zeit bleibt, noch ein paar von den durch Corniglion und André gecharterten Maschinen auf diesem Flugplatz Le Bourget stehen. Vorhin waren es noch mehr, aber die dürften inzwischen in Madrid gelandet sein. Doch wir und die anderen noch Verbleibenden mußten ja auch noch über die Pyrenäen!

»Punkt zwölf wird ihr Verräterspielchen zu Ende sein«, sagt ein charmanter junger Mann mit einfältiger Miene. Wenn man bedenkt, daß man solchen Kerlchen sein Leben anvertrauen muß ... »Ab zwölf wird garantiert keine Maschine mehr von hier starten!«

Die Erklärungen klingen immer bedrohlicher: »Drei Stunden bleiben ihnen noch für ihr schmutziges Geschäft. Aber dann wird nicht länger gefackelt! Wir haben die Nase voll. Im Notfall hauen wir ihnen eins in die Schnauze.«

Auf der Theke liegen Zeitungen herum: *L'Action Française, Le Figaro, Charivari.* Ich kenne ihre ewig wiederkehrenden Schlagzeilen: »Frankreich den Franzosen, Blum an den Galgen, *Frente popular, frente crapular.*«

Ich gebe meine Informationen an André weiter. Jetzt, da wir wissen, was wir eigentlich schon geahnt hatten, ist höchste Eile geboten. Aber das ist leichter gesagt als getan. Die Startbahn läßt sich leider nicht ausziehen und ist außerdem noch – absichtlich oder zufällig? – schlecht ausgeleuchtet. Wir lassen Scheinwerfer aufstellen, und nun zeichnen sich unsere Maschinen – ein halbes Dutzend etwa – als herrliche Zielscheiben in einem Lichterkranz vor dem Nachthimmel ab. Wir müssen uns beeilen! Ich vernehme Befehle und Gegenbefehle, ohne deren Sinn zu verstehen, und höre, daß es in Barcelona nachher noch viel dunkler sein wird, weil der Kriegszustand verhängt ist. Die ersten Maschinen, die noch bei Tageslicht abflogen, sind bis Madrid gekommen, doch wir werden unterwegs haltmachen und den Morgen abwarten müssen. Jetzt schert eine Maschine aus den Reihen der Wartenden aus; dröhnend und schnaubend rollt sie dahin und hebt ab – eine weniger zum Abschießen für die tapferen Kerlchen, die die Ehre Frankreichs zu verteidigen glauben!

Im fahlen Licht der Scheinwerfer vermeine ich jene Piloten zu erkennen, die ich selbst angeheuert hatte, während ich mit gewichtiger Miene in unserer Wohnung hinter Andrés Schreibtisch saß, die Lage erklärte und eine hohe Belohnung versprach.

Jetzt sind wir an der Reihe, und es wird ein Flug, als herrsche weltweit Frieden . . .

Während André sich jeden Morgen zum Stützpunkt unserer Flugzeuge begab, saß ich in einem Büro und versuchte, anhand von Presseausschnitten, die ich übersetzte, eine Zeitung für unser Geschwader *España* zu machen. Um mich herum herrschte ständiges Kommen und Gehen, Gesprächsfetzen drangen an mein Ohr, Getränke wurden von draußen gebracht, so daß ich mir vorkam wie im Café eines Garnisonsstädtchens. Es war schwer, sich hier zu konzentrieren, denn gleichzeitig wollte ich auch die Ab- und Anflüge

»unserer« Maschinen im Auge behalten, die wir mit vereinten Kräften in Frankreich »erobert« und bis hierher gebracht hatten. In Wirklichkeit waren sie aber inzwischen Andrés Geschwader geworden, da er sich wie durch böse Zauberhand zum Geschwaderführer mit dem wohlklingenden Titel eines Oberstleutnants aufgeschwungen hatte, ohne die für diese hochspezialisierte Aufgabe nötige Ausbildung zu besitzen, die übrigens nicht einmal alle aus Frankreich eingeflogenen Piloten und auch nicht alle Offiziere der spanischen Luftwaffe aufzuweisen hatten. Doch daß sie mehr von der Sache verstanden als André, war ja wohl selbstverständlich. Es ärgerte ihn, als ich ihm sagte, es gebe Bereiche, in denen man nicht improvisieren könne. Ich meinte auch, er habe andere Aufgaben zu erfüllen in unserem Kampf, für die er wie kein anderer geeignet sei. Aber er wollte sich nun einmal – wie er mir später bekannte – sein selbstgemeißeltes Denkmal schaffen.

Wenn ich André an Bord einer unserer Maschinen wußte, litt ich unter einer beklemmenden, betäubenden Angst und verspürte gleichzeitig eine Art Gewißheit, daß er wiederkommen würde, eine Gewißheit, die bestärkt wurde durch die Fürsorge seiner Männer, die ihn gern hatten, achteten und schonten, wie ich immer wieder beobachten konnte. Zu diesem Zeitpunkt gab es auch noch keine tragischen Vorkommnisse: Die republikanische Regierung hatte ein paar wichtige Stützpunkte zurückerobert; die ausländischen Freiwilligen rollten zwar erst in kleinen Einheiten an, doch glaubten wir uns der Sympathie des größten Teils Europas sicher. Einer unserer Leute zeigte mir eines Tages einen Brief an seine – wie er sagte »reaktionären, aber patriotisch gesonnenen« – Eltern, in dem er geschrieben hatte: »Hier kämpfe ich schon gegen die Deutschen und somit verteidige ich hier auch Frankreich.«

Doch bald gab es auch in unserem Geschwader Tote. Ich erinnere mich noch gut an jenen Abend, als André ganz verstört ins Hotel zurückkehrte, nachdem er einen schwerstverwundeten Mann aus dem Cockpit der Maschine hatte gleichsam herauspurzeln sehen. Andere Flugzeuge und Piloten kehrten gar nicht mehr wieder, und es kam auch vor, daß die Franco-Einheiten einen Schützen in unsere Reihen zurückjagten, nachdem sie ihm – vermutlich um ein Exempel zu statuieren – die Augen ausgestochen hatten. Ich stand immer häufiger auf unserem Flugfeld und sah angsterfüllt den Maschinen nach, die über der Sierra ihre Kreise zogen.

Es gab Stunden, in denen wir uns als Sieger fühlen durften, andere, in denen wir uns geschlagen glauben mußten und wieder andere, da wir in einem baskischen Restaurant vor einer kargen Mahlzeit mit neuen Freunden beisammen saßen und Gedichte rezitierten.

Zu viert fuhren wir eines Tages im Auto von Madrid nach Toledo: Lurçat, der den Wagen steuerte, ein Portugiese, der als Dolmetscher fungieren sollte, Soria, der damals als Reporter arbeitete, und ich, ohne bestimmte Funktion. Die leere Straße verlief zwischen unbestellten Feldern, und auch die vereinzelten Dörfer standen auf kargem roten Boden. Wir wollten zum Alkazar, wo sich seit Wochen Männer verschanzt hatten, die wir für Verbrecher, für unsere Feinde, für Helden hielten. Sie waren das eine wie das andere, denn diese Kadetten hatten, bevor sie sich selbst in ihrem historischen Gefängnis einsperrten, Frauen und Kinder als Geiseln genommen, die die Belagerer jetzt befreien wollten. Wir wußten aber noch nicht, daß diese listigen Kerkermeister auf dem Dach der Festung ein Bettuch als symbolische weiße Fahne ausgebreitet hatten und dann ein Flugzeug, das daraufhin von der Bombardierung Abstand nahm und darüber hinwegflog, von unten her beschossen.

Auch voneinander wußten wir vier, die wir durch diese öde Landschaft dahinfuhren und dumme Soldatenlieder absangen, nicht viel. Von Lurçat kannte ich Tapisserien, die mir sehr gefallen hatten, vom Portugiesen wußte ich nur, daß er Portugiese war, und Soria hatte ich wahrscheinlich mal auf einer Versammlung kennengelernt. Doch zehn Minuten später erfuhr ich, daß Lurçat taub war, zumindest schwerhörig. Das Geräusch, das bisher nur von Zeit zu Zeit unsere Ohren gestreift hatte, war aufdringlicher geworden, und plötzlich sagte Soria: »Sie bombardieren.« Das stimmte; und zwar gar nicht so weit entfernt. Bisher hatte sich für mich mit dem Wort Revolution immer der Begriff Menschenmenge verbunden, doch hier war Wüste, lagen gähnend leere Gehöfte, ausgestorbene Dörfer. »Halt dich ganz rechts«, rief Soria, doch Lurçat schien weder Sorias Stimme noch das Detonieren der Granaten zu hören. »Wir müssen in Deckung gehen!« brüllte Soria, und da endlich reagierte Lurçat:

»Laß mich in Frieden mit deinen Ratschlägen. Ich habe den Ersten

Weltkrieg mitgemacht und weiß, wie man sich unter Feuerhagel zu verhalten hat.«

Das wußte er vermutlich, aber woher die Geschosse geflogen kamen, wußte wohl auch er nicht.

Nun brüllten wir alle vier konfuse Ratschläge und versuchten, den eigenen Lärm, das Motorengeräusch und das Explodieren von Granaten zu übertönen. Lurçat fuhr unserer Meinung nach immer auf der falschen Straßenseite, von der kein Schutz zu erwarten war. Plötzlich stand ein Mann mitten auf der Fahrbahn; er glich einer schlaffen Vogelscheuche, doch uns sollte er vor dem Schlimmsten bewahren, denn Lurçat hielt endlich an. Er war das erste menschliche Wesen, das wir seit Stunden in dieser Einöde zu Gesicht bekamen, seit Milizposten inmitten schikanöser Barrieren Räuber und Gendarm mit uns gespielt hatten.

Nach einem kurzen Wortwechsel erklärte uns der Dolmetscher, daß dieser Bauer im flatternden schwarzen Kittel uns warnen wolle, auf dieser gefährlichen Straße weiterzufahren. »Sie sollten den schmalen Weg dort rechts einschlagen, er führt durch mein Dorf und liegt außerhalb der Schußlinie.«

Wir nahmen ihn mit, diesen Mann, der unaufhörlich redete. Ich verstand kein Wort; sein Spanisch klang ganz anders als das von Madrid. Er stand aufrecht in dem offenen Wagen und gestikulierte. Bald wurde ein Feld sichtbar, das wohl vor kurzem noch ein Pflug durchzogen hatte; und Wasser schien es hier zu geben, denn Bäume unterteilten geradlinig die Landschaft; dann tauchte ein Dorf auf, an dessen abbröckelnden Häuserfassaden getrocknete Zwiebelkränze hingen. Kinder in zerlöcherten Hosen und Hemdchen tummelten sich um einen mageren Esel, der einen Sack auf dem Buckel trug. Jetzt wollten sie auf das Auto zulaufen, aber unser Passagier verscheuchte sie mit einer gebieterischen Handbewegung wie lästige Fliegen. Dann bat er uns in sein Haus, das noch armseliger aussah als die schäbigste Hütte in der afghanischen Wüste. Er wollte uns etwas zu essen oder zu trinken anbieten, und seine gespreizten Finger tasteten im Halbdunkel auf einem an der Wand befestigten Regal entlang, fanden jedoch nichts. Als einzige Willkommensgabe entdeckte er schließlich eine angeschlagene Birne, die wir kaum anzunehmen wagten. Und dann bat er uns, ihn nach Toledo mitzunehmen.

Der Geschützlärm in der Ferne war unregelmäßiger geworden, und so machten wir uns wieder auf den Weg. Plötzlich fragte ich mich, wie der Krieg wohl aussähe, wenn nicht wie hier vom blauen, kaum bewölkten Himmel die Sonne schiene ... Aus dem von heftigen Gesten untermalten Gerede des Bauern verstand ich nur das immer wiederkehrende Wort: *muerte, muerte.* Mir war nicht recht klar, wen er töten wollte, aber es klang so, als gelte es aller Welt.

Als ich es am wenigsten erwartet hätte, tauchte die Stadt vor uns auf. Eine Brücke führte über den Fluß, und dann näherten wir uns den rötlichen Stadtmauern, zu denen zwei jahrhundertealte Stadttürme den Zugang freigaben. Der Lärm, der vorhin nur Geräuschkulisse gewesen war, hatte sich zu einem derartigen Getöse entwickelt, daß jetzt auch wir an ein Bombardement glauben mußten, und das allgemeine Kriegsgeheul war zu einem einzigen Aufschrei erstarrt: »Anhalten! Anhalten!« Und dann drängte sich der Alte zwischen uns hindurch, sprang aus dem Wagen, lief davon und überließ es uns, in die Stadt hineinzufahren. Es wimmelte von Menschen, und in den engen Gassen standen aufgereiht leere Milchkannen, als wollten sie ihren Besitzern das stundenlange Schlangestehen ersparen und es selber besorgen.

»Zocodover-Platz«, las Lurçat, als er den Wagen anhielt. Im linken Winkel des großen rechteckigen Platzes schlummerte ein Panzer. Das Geschützfeuer schien ebenfalls eingeschlafen.

Wir wußten tatsächlich nicht recht, was wir hier sollten, und das dürfte unser Benehmen verraten haben, denn plötzlich kam ein Mann auf uns zu und fragte auf Französisch:

»Ihr seid wohl Franzosen, Genossen?«

Er war in Hemdsärmeln und trug ein rot-schwarzes Halstuch; er hatte in Paris gearbeitet, war Friseur, Anarchist und Soldat der Miliz. Für uns spielte er den Fremdenführer: Von einer Terrasse aus zeigte er uns den die Stadt umschlingenden Fluß, machte kurz halt vor der Festung, vor der Kirche mit ihrem einzigen Turm, vor dem mit spindelförmigen Pilastern verzierten Haus El Grecos. Und hoch über uns erhob sich der Alkazar.

Gegen fünf Uhr verließ uns unser Führer, um den Abend im Kreise seiner Familie zu verbringen. Gegen sechs Uhr setzte – diesmal von unserer Seite aus – Kanonendonner ein. Es war sicher nicht leicht gewesen, die Bewohner von Toledo zu überzeugen, daß nichts anderes übrigblieb, als den Alkazar zu beschießen, denn viele von ihnen bangten ja um Frau und Kinder. Auf dem Platz stand die Menge, die Köpfe emporgereckt, und starrte angsterfüllten Blicks auf die Festung. Rings um den Panzer gruppierten sich Männer, die nun endlich zeigen wollten, was sie konnten. Der Geschützhagel prasselte immer schneller, hielt plötzlich inne und schuf eine Stille, die wohl den Sturm ankünden sollte. Aber die Männer, deren ganze Aufmerksamkeit eben noch auf den Angriff gerichtet war, begannen zu plaudern und ließen Befehle, die mal von hier, mal von dort kamen, unbeachtet.

»Was machen sie denn jetzt?« fragte ich.

»Sie warten«, antwortete der Portugiese.

»Und worauf warten sie?«

Der Portugiese blieb stumm, und ich konnte in der Dunkelheit nicht erkennen, ob er die Achseln zuckte.

»Sie lassen den Kadetten dort oben ja Zeit, sich zu sammeln.«

»Vermutlich«, erwiderte der Portugiese.

»Wer hat denn hier das Kommando?«

»Keine Ahnung.«

Ich hatte den Eindruck, daß die anderen auch nicht mehr wußten. Ein paar Männer liefen hin und her, aber sonst tat sich nichts. Hier und dort wurden Stimmen laut, ärgerliche Stimmen, die aber ungehört verhallten.

»Macht man nach einem Beschuß immer eine Pause?« fragte ich Soria.

»Niemals. Wenn man das tut, war alles umsonst.«

Einige der Umstehenden entfernten sich, und auch der Portugiese verlor sich im Dunkel. Ich fühlte mich einsam, der fremden Sprache ausgeliefert. Doch plötzlich setzte sich der Panzer rumpelnd in Bewegung, und wer aufsitzen sollte, kam herbeigelaufen und wurde von den anderen auch durchgelassen. Langsam und irgendwie feierlich schob der Zug sich nun vorwärts. Vor zwei Minuten noch waren mir alle fremd gewesen, und nun fühlte ich mich mit diesen Männern, die schwere Gewehre schleppten, zutiefst verbunden und wünschte von Herzen all diesen schattenhaften Gestalten, die sich entfernten, eine siegreiche Rückkehr. »Auf zum Sturm! Auf zur Attacke!«, schallte es von überall her.

Zwanzig Minuten später kamen sie – besiegt und schreiend vor Schmerzen – wieder. Ich erfaßte sofort den Sinn ihrer Worte: Man hatte sie verraten, hinter einer Brustwehr hatten jene Männer gelauert, denen sie mit ihrer Kanonade, die verpufft war, ohne jemanden zu verletzen, den Sturmangriff angekündigt und mit ihrer Pause Zeit gelassen hatten, sich darauf vorzubereiten.

Bis tief in die Nacht hinein half ich, Verwundete zu verbinden, Verzweifelte zu trösten, taumelte schlaftrunken durch die Nacht, bis man mich zur Kommandozentrale und von dort in ein beschlagnahmtes Haus brachte, wo ich wirren Träumen und Erinnerungen nachhing, in tiefen Schlaf versank und angstgepeinigt wieder aufschreckte.

Gegen fünf Uhr früh holte man mich, um mir zu eröffnen, meine Reisebegleiter seien festgenommen worden, weil wir es versäumt hätten, bei Ankunft in der Stadt unsere Papiere vorzulegen. Davon hatte uns kein Mensch etwas gesagt. Die Anarchisten hatten uns vielmehr ausführlichst ihre Stadt gezeigt, uns zu essen gegeben und ins Spital gelassen; doch jetzt fanden sie auf einmal, unser Platz sei nicht in Toledo, womit sie ja eigentlich recht hatten. Plötzlich war es also aus mit der Kameradschaft, und man könnte uns sogar erschießen . . .

Kein Mensch war beim Sturm auf den Alkazar zu Tode gekommen; würden sie jetzt uns töten, damit die Rechnung aufging? Aber so schlimm sollte es dann doch nicht kommen. Im Hauptquartier der Kommunisten berichtete der Portugiese unsere Geschichte. Wie wohltuend diese ruhigen, glatt rasierten Männer auf einmal wirkten im Vergleich zu den bärtigen Rauhbeinen mit dem Dolch in der Hand, dem rot-schwarz gestreiften Halstuch und dem breitkrempigen Schlapphut, dessen Aufschriften plötzlich wie eine Drohung ausgesehen hatten. Hier wurde Kaffee getrunken und gelacht: »Es stimmt schon, man braucht eine Genehmigung, wenn man sich in der Stadt aufhalten will. Aber wir werden das in Ordnung bringen. Wir kennen ja die Genossen Lurçat und Soria. Fahrt trotzdem so schnell wie möglich nach Madrid zurück.«

Da ich ab und zu nach meinem Töchterchen schauen wollte, das ich in der Obhut meiner Mutter gelassen hatte, gewöhnte ich mir an, zwei Wochen in Madrid und eine in Paris zu verbringen. Dort traf ich auch die Freunde von der Gruppe »Neu-Beginnen« wieder, bei denen sich immer mehr Flüchtlinge einfanden; manche gingen zu den Internationalen Brigaden, andere schafften auf illegalen Wegen Waffen nach Spanien, aber viele blieben auch da, um den Kontakt nach Deutschland aufrechtzuerhalten. Diesen Männern habe ich viel zu verdanken. Sie übertrugen mir verantwortungsvolle Aufgaben und zwangen mich nicht, wie mein Gefährte, zu kindlicher Gefolgschaft; mit ihnen durfte ich ernste Dinge besprechen, diskutieren, argumentieren, und das auch noch auf Deutsch, welches mir dadurch wieder sehr vertraut wurde. Gemeinsam entwarfen wir ein »Manifest an das deutsche Volk«, in dem von demokratischer Freiheit die Rede war und offen zugegeben wurde, daß der erste Schritt dazu nicht unbedingt die Schaffung einer sozialistischen Ordnung sein müßte. Das konnte auch ich voll und ganz unterschreiben, denn ich war mehr und mehr geneigt zu glauben, daß das Opfer einiger weniger erst dann seine Rechtfertigung erfährt, wenn dadurch vielen zu einem glücklichen Leben verholfen wird.

Doch was heißt Glück?

Das Katastrophenkarussell drehte sich seit 1934 auf vollen Touren. Hatte uns die Ermordung von Stalins Vertrautem Kirow eigentlich in gebührendem Maße entsetzt? Erstaunt hat sie uns, gewiß, aber entsetzt? Die UdSSR, die wir gesehen hatten, schien uns kein Land zu sein, wo die Ermordung von Führungspersönlichkeiten oder von zukünftigen Leitfiguren zum Alltag gehörte. Und was an Auskünften zu uns drang, machte die Dinge, wie üblich, nur noch verworrener.

Und blieb uns angesichts der faschistischen Greuel nicht nur die Hoffnung auf die Sowjetunion?

Dann kam für die Saar der Augenblick, einen neuen Status zu wählen: eine autonome Verwaltung, Anschluß an Deutschland oder – was unwahrscheinlich war – Anschluß an Frankreich. Und das Saargebiet stimmte, ohne zu zögern, für den Anschluß an das deutsche und nazistische Vaterland.

In Paris gab es damals auf den großen Boulevards kleine Aktualitätenkinos, in denen ich zum ersten Mal, in leinwandfüllender Größe, Hitler sah. Das war 1934. Und wußten wir damals wirklich schon, daß er schlimmer war als jeder andere? Die Wortfetzen, die in diesem

Saal an mein Ohr drangen, klangen zwar anders als das Deutsch meiner Kindheit, das Deutsch meiner Großeltern, Onkel, Vettern und Cousinen, aber war es deswegen verabscheuungswürdig? Diese Stimme und das maskenhafte Aussehen fesselten mich; vor diesem Minotaurus-Gesicht, das eher Schreie als Worte ausstieß, saß ich wie gebannt; doch die Verzauberung hielt nicht lange an, und als dieses Ungeheuer aus der Welt der Mythologie erneut auf der Leinwand erschien, begann ich auch seine Worte zu verstehen: Platitüden, Emphase, niedrigste Gesinnung breiteten sich da aus, wurden ausgespien von dieser geifernden und peinlich keuchenden Stimme. Nichts, aber auch gar nichts von dieser exhibitionistischen Raserei berührte mich. Diese schäumende, sich anbiedernde Riesenmarionette erweckte in mir nur mehr Ekel und Entsetzen darüber, daß ich minutenlang auf sie hereingefallen war.

Diese abscheuliche Erinnerung war eine von vielen Ursachen für mein entschlossenes Hin und Her zwischen Paris und Madrid. Ich wußte nur, daß wir siegen mußten – aber wie? Alles war so schwierig, und ich ahnte wohl auch schon, daß wir doch nicht siegen würden – aber was dann? Dieser Krieg hier in Spanien, der Faschismus dort drüben, und mein Kind in Paris . . . Was sollte aus all dem werden? Wie gehetzt lief ich in unserem Madrider Hotelzimmer auf und ab und ließ mich schließlich ermattet auf mein Bett sinken. Da klopfte es an der Tür. Es war Corniglion, der verlegen an seinem Schnurrbart zupfte: »Dein Mann hat wieder Blödsinn gemacht.« Diesen Satz hatte ich in letzter Zeit schon mehrmals gehört, und er verfolgte mich bereits bis in meine Träume, als müßte ich mich schuldig fühlen. »Er hat den Befehl gegeben . . .« Woher sollte ich denn wissen, welchen Befehl er gegeben hatte, den er besser nicht gegeben hätte? Ich wollte es auch gar nicht wissen, aber das war unmöglich. André hatte ja wirklich keine Ahnung von Navigation, schon ein Automotor war ihm völlig fremd. »Die Maschine ist nicht mehr zu gebrauchen . . . Ein Wunder, daß wir nicht schon mehr Verluste haben . . . Dieser Befehl war idiotisch, verstehst du das? (Natürlich verstand ich.) Zwei unserer Männer sind verletzt, für nichts und wieder nichts, kapierst du das?« (Leider nur zu gut.) Ich sollte nun den Inhalt »unseres Gesprächs« – wie er es nannte – André vorsichtig beibringen, denn weder er noch die anderen Männer der Schwadron hatten den Mut dazu, wie sie auch im großen und ganzen seine Direktiven unwidersprochen hinnahmen und nur ab und zu Änderungen im Detail vornahmen, aber so, daß er es nicht merkte. »Menschenleben hängen von dir ab«, mahnte mich Corniglion, bevor er ging, dabei wußte er doch, daß es zwischen André und mir von Tag zu Tag stärker kriselte. Als André zurückkam, entledigte ich mich beklommen der heiklen Aufgabe, einem Genie die Leviten zu lesen. Er hatte ja teilweise auch recht, denn vieles war ihm wunderbar gelungen. Aber hier ging es um Menschenleben . . . Ich tat also meine Pflicht, wohl wissend, daß ich das Vertrauensverhältnis zwischen uns dadurch noch mehr zerstörte. Ich versuchte, ihm klarzumachen, daß er auf anderen Gebieten auch Großes leisten könnte, und bemühte mich redlich, die Balance zu finden zwischen Tadel und Lob, Zweifel und Bewunderung. Doch was bekam ich zur Antwort?

»Ich kann deine Szenen nicht mehr ertragen. In einer halben Stunde starte ich zu einem Aufklärungsflug. Wenn ich nicht zurückkomme, ist es deine Schuld!«

Andrés Verhalten wurde mir immer unverständlicher. Warum verletzte er mich wissentlich? Es tat mir weh, wenn er den Helden spielte, während andere ihr Leben wirklich aufs Spiel setzten. Und in mir sah er überhaupt nurmehr ein Attribut seiner selbst.

Dann kam der Tag – es war 1936 –, als Saint-Exupéry mit seinem Flugzeug als verschollen erklärt wurde. Noch bevor wir die Zeitungen gesehen hatten, teilte uns Gide mit, der Kontakt mit Tonio sei abgerissen, als dieser sich gerade über dem Atlas, einer übel beleumdeten Gegend, befand. Stunden vergingen. Wir hatten ja leider keine Ahnung von einem Motor und den Flugeigenschaften solch einer Maschine und malten uns beklommen aus, was alles passiert sein konnte. Nur eines wußten wir: Uns war – vorübergehend oder gar endgültig – ein Freund verlorengegangen. Die Unruhe hielt uns bis tief in die Nacht hinein wach. Von einer Minute auf die andere nahm Consuelo, seine Frau, das Aussehen einer spanischen Witwe an: Sie hüllte sich in Schwarz und lief von einer Wahrsagerin zur anderen, von denen sie sich Auskünfte erhoffte, die sie auch zu glauben vorgab.

Saint-Ex gehörte damals zu unserem engsten Freundeskreis. Consuelo stammte aus San Salvador, war klein, redselig und ständig in Bewegung – ein entzückender Kontrast zu ihrem Mann. Ihr ovales

Ikonengesicht mit den dunklen Augen, die so lebhaft funkeln konnten, schien ihn, dessen Züge etwas Bäuerliches, etwas Seebärenhaftes hatten, immer von neuem in staunende Bewunderung zu versetzen.

Während ich mir das alles vor Augen führte und vor mich hin träumte, klingelte das Telefon. Ich hob ab und hörte eine Stimme aus weiter Ferne, die aber dennoch gestochen klar klang: »Ich bin's, Tonio. Ja, ich lebe noch. Nein, nicht verwundet, nur ein bißchen kaputt. Verständigt bitte Consuelo, ich habe sie nicht erreicht. In zwei Tagen bin ich wieder in Paris.«

Saint-Ex und Consuelo wohnten seit kurzem im Hotel uns gegenüber, daher war es ein leichtes, sie zu verständigen, und fast genauso leicht fanden André und ich an diesem Tag in Freude und Erleichterung wieder zusammen. Ja, man durfte sich niemals trennen!

Ich muß auf das Jahr 1935 zurückgreifen, um verständlich zu machen, was uns damals, allen politischen Katastrophen zum Trotz, ebenfalls sehr wichtig schien: Es genügte nicht, Männer und Flugzeuge an die spanische Front zu schicken, wir mußten auch unsere Kultur verteidigen, die man jenseits des Rheins zu zerstören sich anschickte. Der neue Mensch, offen für Vergangenheit, Gegenwart und Zukunft, geheilt vom Klassendenken, dieser neue Mensch würde schon kommen, doch vorerst war er im Vergleich zu dem faschistischen, alles verschlingen wollenden Drachen ein Schemen in weiter Ferne, während sich das Naziungeheuer vor einem Horizont des Schreckens Tag für Tag deutlicher abzeichnete.

In Deutschland hatte man sich schon daran gewöhnt, daß man in jüdischen Läden nicht zu kaufen und Juden sich nicht auf Parkbänke zu setzen hatten. Aber am schlimmsten traf uns der Exodus der Intellektuellen: Freud, Einstein, Oppenheimer, die Brüder Mann – sie alle waren schon fort. Es schien uns daher ein Gebot der Stunde, den »Kongreß für die Verteidigung der Kultur« nach Paris einzuberufen – die erste große gemeinsame Manifestation von Künstlern und Schriftstellern aus 15 Ländern gegen Krieg und Faschismus.

Schon gleich zu Beginn wurde offenkundig, daß jene, die Ehrenburg, Aragon, Gide, Malraux und andere als die literarischen Repräsentanten der Sowjetunion betrachteten, nicht erschienen waren. Daß Gorki nicht kommen konnte, war klar, denn er lag im

Sterben. Bitt-Telegramme wurden losgelassen, um Babel und Pasternak herbeizurufen, denn man verstand einfach nicht, warum sie nicht von offizieller Seite delegiert worden waren. Doch jetzt war nicht der Augenblick, um sich Fragen nach dem Wieso und Warum zu stellen; man freute sich einfach, als sie plötzlich doch erschienen. Pasternak wirkte verstörter, als wir ihn in Erinnerung hatten; er schien trauriger und bedrückter als ein ausgesetztes Kind. Man munkelte etwas von Krankheit oder Depressionen ... Babel dagegen war alles andere als deprimiert: Paris war der Ort, wo er sich wohl fühlte. Er hatte zwar vergessen, seinen Vortrag auszuarbeiten, doch was er dann aus dem Stegreif über seine Freunde, über Rußland und sich selbst berichtete, wobei er im Schatten ließ, was er nicht zeigen wollte, war blendend und brillant formuliert. Pasternak war nicht zu bewegen, eine Rede zu improvisieren, daher übersetzte Ehrenburg in aller Eile eines seiner Gedichte; Aragon gab der Übersetzung noch den letzten Schliff, und Malraux trug das Gedicht dann vor. Es war bewundernswert und meiner Ansicht nach einzigartig, wie André seine innere Ergriffenheit dem Publikum mitzuteilen vermochte. In seiner Stimme war kein falscher Ton, und er identifizierte sich voll und ganz mit dem, was er rezitierte. Das spürten auch die Anwesenden, die hier Worte vernahmen, die aus dem Schatz der Kindheit stammten und nun Dinge benannten, die für den Erwachsenen zu Problemen geworden waren. Hier war alles gesagt, doch nichts wurde scharf akzentuiert, fast unmerklich vollzog sich der Übergang von der lichten Schönheit der frühen Jahre zu jener späteren Phase des Bedauerns, der Sehnsüchte, des Nachtrauerns, das sich als so erschütternd nutzlos erwies. André las diese sogar in der Übersetzung noch wundervollen Verse in völligem Einklang mit Autor und Werk, und das Auditorium verharrte gebannt, mit Tränen in den Augen, selbst als er schon geendet hatte.

In seinem eigenen Vortrag sagte André später: »Ein Kunstwerk ist eine Begegnung mit der Geschichte«, und das war insofern bedeutsam, als zum ersten Mal auf einem französischen Kongreß Kunst und Geschichte vereint auftraten.

Während in Paris der Kongreß tagte, folgte in Moskau Prozeß auf Prozeß, und wenn man den Kongreß genießen wollte, durfte man nicht allzu intensiv an jene Prozesse denken, deren Verfahren uns immer merkwürdiger erschienen. So zum Beispiel im Fall Victor Serge*, einem russisch-französischen Schriftsteller, der 1933 verhaftet und in den Ural deportiert worden war und für den sich einige Teilnehmer unserer Kulturparade einsetzten. Vom realen Sozialismus enttäuscht, war der ehemalige Sinowjew-Mitarbeiter nämlich zum »Dissidenten« geworden und in Ungnade gefallen. Gide war auf sein Schicksal aufmerksam gemacht worden, und die Surrealisten wie auch Madeleine Marx forderten eine offene Aussprache über das sowjetische Vorgehen. Doch Ehrenburg und Malraux kamen überein, diese heikle Angelegenheit erst gegen Ende des Kongresses und vor nur wenigen Zeugen zur Sprache zu bringen. Auf jeden Fall kam Serge auf Intervention von Gide und Romain Rolland schließlich frei.

Obwohl André Aragon und Elsa Triolet nicht gerade liebte, waren wir vier in letzter Zeit doch recht häufig zusammengewesen. Wir waren einander schon in Moskau begegnet und hatten jetzt in Paris bei den Vorbereitungen der diversen Kongresse allerhand zu besprechen. Außerdem hatten Elsa und ich mancherlei gemeinsam: Beide hatten wir uns recht außergewöhnliche Männer gewählt, beide waren wir Ausländerinnen, beide Jüdinnen, und auch viele unserer Probleme waren die gleichen. Doch rein materiell gesehen lebten André und ich im Vergleich zu den beiden Aragons im Luxus. Sie hatten eine winzige Wohnung, kein Dienstmädchen, Elsa fabrizierte Ketten, die Louis noch bis vor kurzem eigenhändig bei den Couturiers abzusetzen versuchte, und nur selten gönnte sie sich einen freien Nachmittag, an dem wir beide dann durch dieses Paris bummelten, das wir auf fast die gleiche Weise liebten. Da waren die Boutiquen, die Parks, die Leute auf den Straßen, der Klang der Stimmen, die zaghaften oder grellen Lichter. »Wenn ich in eine Auslage schaue, frage ich mich immer sofort, ob sich aus diesem oder jenem Gegenstand nicht eine ausgefallene Kette machen ließe. Auf die Dauer ist es richtig lästig, nichts mehr unbefangen betrachten zu können«,

* Eigentlich Viktor Kibaltschitsch (1890–1947). Sein Roman *Jahre ohne Gnade* wurde 1981 vom Europa Verlag, Wien/München, in deutscher Übersetzung herausgebracht.

bekannte mir Elsa eines Tages. Ich beneidete sie eigentlich um diese Möglichkeit, die Dinge so »befangen« zu betrachten.

Ein Jahr später waren wir bereits so vertraut, daß sie mir erzählte, sie schreibe auch, insgeheim natürlich, und verstecke ihr Manuskript sogar vor ihrem Mann. Um sich seiner Maschine bedienen zu können, mußte sie immer warten, bis die Tür hinter ihm ins Schloß fiel. Dabei war sie doch in Rußland schon eine anerkannte Schriftstellerin gewesen, und auch Ehrenburg hatte uns gegenüber mit Hochachtung von ihren Büchern gesprochen. Und jetzt, wo sie die Frau eines berühmten Schriftstellers war, konnte sie es sich nicht mehr leisten . . . Ja, was eigentlich? Ein schlechtes Buch zu schreiben? Aber dafür wäre doch nur sie selbst verantwortlich . . . Oder fürchtete sie vielmehr die Feindseligkeit des Mannes, der für sich selbst den ersten Platz beanspruchte?

»Elsa, auch ich schreibe insgeheim und würde mich nie trauen, mein Gekritzel André zu zeigen . . . Er hält nämlich nichts von Autorinnen. Seiner Ansicht nach können Frauen – auch wenn sie begabt sind – nur Kitsch hervorbringen, sei es in der Literatur oder in der Malerei.«

Doch es kam der Tag, da Elsa *Bonsoir Thérèse* abgeschlossen hatte und Louis zu zeigen wagte. Und da geschah das Wunder: Aragon liebte das Buch und hatte den Mut, das auch laut zu verkünden, eine Geste, die André empörte, vielleicht weil er spürte, daß ich sie guthieß.

Als ich mich eines Tages dann auch aufraffte und meinem Herrn und Meister mein Elaborat vorlegte, schleuderte dieser es nach der Lektüre nur zornig durchs Zimmer und nannte das, was ich für eine Liebeserklärung gehalten hatte, einen Verrat an unserer Liebe. Jean Paulhan nahm es später, nach kleinen Streichungen, für die *Nouvelle Revue Française* an . . .

Als André in die Tschechoslowakei gefahren war, um weitere Flugzeuge zu erwerben, schloß ich mich drei Frauen an, die in Madrid eine Mission zu erfüllen hatten: Sie sollten dem Fünften Regiment, das im wesentlichen aus Kommunisten bestand, eine große, rote, goldbestickte Fahne, die eine Pariser Frauengruppe angefertigt hatte, überbringen und außerdem an jene Organisationen, die sich der Jugend annahmen, Kondensmilch verteilen.

Barcelona, die siegreiche Stadt, wo die Anarchisten die Oberhand gewonnen haben! Sie waren die ersten gewesen, die zu den Waffen gegriffen hatten. In Toledo hatten jene, die mich so beeindruckt hatten, es nicht geschafft. Während meine Begleiterinnen ihre Parteibüros aufsuchten, bummelte ich durch die Straßen.

»So eine Überraschung! Sie sind hier?« Eine Hand legte sich auf meine Schulter. Die Stimme klang russisch, das Gesicht war jüdisch, umrahmt von zerzausten grauen Haaren: Ilja Ehrenburg stand vor mir. Seine Anwesenheit überraschte mich nicht, da ich wußte, daß die *Iswestija*, für die er schrieb, ihn hergeschickt hatte.

»Ich mache hier nur Station und fahre weiter nach Madrid.«

»Trinken wir etwas zusammen?«

Warum nicht?

Ilja war etwas abgemagert seit unsrer letzten Begegnung. In Moskau läuft alles sehr gut. Aber hier? Schwer zu sagen. Zum Glück kann man sich auf die UdSSR verlassen. Um Banalitäten war er nicht verlegen. Doch plötzlich erklärte er übergangslos: »Dieser Krieg ist für mich ein echter Glücksfall. Wie Sie vielleicht wissen, war ich nach Moskau zurückbeordert worden, kurz bevor er ausbrach. Und von dort wäre ich nicht wiedergekommen.«

Beinahe hätte ich mich verschluckt. Ilja sprach weiter, in seinem gewohnten, leicht ironischen Ton, und schien das, was er da sagte, völlig normal zu finden.

»Nach Moskau zurück? Damit mir das gleiche passiert wie meinen Freunden? Sie verstehen . . .«

Nein, ich verstand nicht und wollte auch nicht gänzlich verstehen. Wie dumm, daß man nicht einfach über das Wetter reden konnte in dieser Stadt, wo der Himmel, von einigen Gewittern abgesehen, immer strahlend blau war! Ich sah auf die Uhr:

»Ilja, ich bin um zwei Uhr mit Genossinnen am Bahnhof verabredet.«

Ich konnte einfach nicht mehr. Die Welt war voller Rätsel.

Wenn ich nicht kurz zuvor Ehrenburg getroffen hätte, wäre ich wahrscheinlich weniger schockiert gewesen, als ich sah, wie in Madrid die für die Kinder bestimmte Milch ausgeteilt wurde: Die kommunistische Genossin begünstigte dabei vor allem Parteimitglieder. Als ich eine vorsichtige Bemerkung darüber machte, erhielt ich zur Antwort, daß sie den Organisationen der anderen Parteien in der Tat etwas weniger zukommen ließe, da diese sich in totaler Unordnung befänden und die Milch nur wahllos ausgeben würden ...

Dann kam der große Augenblick der Fahnenübergabe. Wie schön sie war, diese Fahne aus rotem Samt mit Goldstickerei: »Für das Fünfte Regiment von den Frauen von Paris.« Wir betrachteten sie mit Rührung, bevor wir uns von ihr trennten. Frauen, für die der spanische Kampf die Hoffnung auf Menschenwürde, auf Freiheit, auf Gerechtigkeit repräsentierte, hatten sie angefertigt. Diese Fahne löschte fast die bedrückenden Andeutungen Ehrenburgs aus, denn sobald man auf spanischem Boden stand, wußte man, daß man zunächst einmal siegen mußte, selbst wenn ein Teil unserer Hoffnungen erst von der nachfolgenden Generation realisiert werden würde. Und um zu siegen, mußte man ja wohl erst mal auf militärischem Gebiet erfolgreich sein. Diese Fahne war ein sprechender Beweis der Solidarität.

In praller Sonne und auf hohen Absätzen balancierend trugen wir zu zweit dieses Symbol durch die Reihen der mehr schlecht als recht uniformierten und bewaffneten Kämpfer. Wie viele es waren! Nach jeder Reihe meinte ich, unter der Last zusammenzubrechen, doch man glaubt gar nicht, zu welchen Hochleistungen der Mensch in der Euphorie fähig ist, selbst wenn er, wie ich, nur einen Meter dreiundfünfzigeinhalb mißt!

Auf dem Rückweg zum Hotel sah ich, wie in den Straßen die ersten Schützengräben ausgehoben wurden, wie ganze Kolonnen von Flüchtlingen – Frauen, Kinder, Greise und auch junge Männer – sich formierten und miserabel oder gar nicht bewaffnete Milizregimeter ausrückten, während von irgendwoher, gedämpft und zurückhaltend, Kanonendonner grollte.

Kurze Zeit später, als ich mich schon wieder in Paris befand, kamen noch betrüblichere Nachrichten aus Madrid: Die Faschisten hatten das Universitätsviertel besetzt, die Regierung war nach Valencia übergesiedelt, und unsere Schwadron wurde heftigst angegriffen von General Cisneros, dem Chef der republikanischen Luftwaffe, der sie für alle Fehlschläge verantwortlich machen wollte; jegliche Unterstützung wurde ihr entzogen, die Russen arbeiteten auf eigene Rechnung, und für die Franco-Truppen waren unsere Männer ja ohnehin Freiwild.

Über Spanien brach das Unheil herein. Ob die Russen, wenn sie ebenso massiv eingegriffen hätten wie die Deutschen und die Italiener, die Situation noch hätten wenden können? Ich wage es nicht zu beurteilen. An der Entwicklung der Ereignisse ließ sich jedenfalls ablesen, daß ihre Art der Intervention ungenügend war.

Ein Flug über spanischen Boden wurde zu einer gefährlich-hoffnungslosen Angelegenheit, doch André machte, wie immer, wenn etwas besonders schwierig war, verbissen und rücksichtslos weiter. Das Wichtigste für ihn war, seinen Traum auszuleben, und dafür war er bereit, jeden Preis zu zahlen. Doch da er keinerlei Verantwortungsbewußtsein besaß, ließ er auch andere dafür zahlen. Im Grunde war André vom Tode besessen, oder besser gesagt: Er war überzeugt von der totalen Absurdität unserer provisorischen Anwesenheit auf einer provisorischen Erde. Und dieses Gefühl der Sinnlosigkeit wuchs sich bei ihm aus zu einer so hemmungslosen Machtgier, daß er alles aufs Spiel zu setzen bereit war, ohne jedoch dadurch Ruhe zu finden.

Ich versuchte immer wieder, ihn in andere Bahnen zu lenken, wo er nicht so viele Fehlschläge hätte einstecken müssen. Schließlich bat ich Gide um Unterstützung, der sich auch bereit erklärte, mit mir beim Botschafter der Republik Spanien vorstellig zu werden und ihm Andrés Situation zu erläutern: Malraux täte gute Arbeit, das sollte nicht bestritten werden; aber jetzt, da sich der Kampf zu einem ausgewachsenen Krieg entwickelt habe, sei es doch vielleicht besser, sich auf die Techniker zu verlassen; die Russen hätten Flugzeuge dort, die Deutschen und die Italiener leider auch, und so könnte man Malraux doch vielleicht anderswo einsetzen, wo er der Sache besser und auf ungefährlichere Weise dienen würde. Es könnte Spanien doch auch nicht zum Ruhme gereichen, wenn einer der bedeutendsten europäischen Schriftsteller dort den Tod fände (ein Satz, auf den ich großen Wert legte). Daraus würde ihm doch wohl eher ein – nicht ganz unbegründeter – Vorwurf erwachsen. Man beklagte ja bereits Lorca und Unamuno, da niemand etwas zu ihrem Schutz unternommen hatte, aber Malraux wäre noch zu retten, wenn man ihm eine seinen Fähigkeiten angemessenere Aufgabe übertragen würde. Ist beispielsweise Propaganda in Kriegszeiten nicht auch eine wirksame Waffe?

Der Botschafter versprach uns, alles zu tun, um André mit einer wichtigen Mission in den USA und Kanada zu betrauen. Ich triumphierte innerlich: Jetzt hast du ihm zum zweiten Mal das Leben gerettet, aber das darf er auf keinen Fall erfahren, denn wie ich ihn kenne, wird er es niemals verzeihen.

André kam tatsächlich unerwartet schnell nach Paris zurück, wo eine neue Aufgabe seiner harrte, die ihm auch nicht zu mißfallen schien, hatte er doch gerade den schlimmsten Fehlschlag seiner Fliegerkarriere hinter sich: Am 6. Dezember 1936 war sein Flugzeug gleich nach dem Start wieder abgestürzt – wie durch ein Wunder war er allerdings mit ein paar Prellungen davongekommen.

Selten in meinem Leben wurde ich so gedemütigt wie in den wenigen Wochen zwischen Andrés Rückkehr nach Frankreich und seiner Abreise nach Amerika. Zu erkennen, daß er ein Mythomane war, hatte ich hinreichend Gelegenheit gehabt, doch daß er nun auch noch in unser Eheleben und in der leichtfertigen Überzeugung, es sei sein gutes Recht, die Unwahrheit trug, kränkte mich zutiefst. Aus Andeutungen von Freunden und Bekannten mußte ich entnehmen, daß er guten Gewissens sein Vergnügen auskostete. »Man kann ja schließlich nicht sein Leben lang Schulden abstottern.« Ich hatte geglaubt, ihm diese Last so leicht wie möglich gemacht zu haben, und hatte, was mich anbetraf, unsere gegenseitigen Verpflichtungen auch nie als Last empfunden: Er hatte mich mit seiner faszinierenden Intelligenz beschenkt, mit der Originalität seiner Lebenseinstellung, mit seinem Wissensdrang, seinen vielfältigen Kenntnissen, und ich hatte mich als Dank dafür voll und ganz untergeordnet.

Er fuhr nach Amerika, doch eine andere begleitete ihn auf dieser ruhmreichen Tournee, was er vor mir jedoch so geschickt verheimlichte, daß ich ihn noch zum Zug brachte, wo Corniglion, der ebenfalls mitgekommen war, Blut schwitzte bei dem Gedanken, jetzt könnten beide Frauen aufeinanderprallen. Mir war also die Rolle der komischen Alten zugedacht, während die andere ihr Debüt als jugendliche Liebhaberin feiern sollte: Die Grazie der Begleiterin des Helden wurde denn auch in Kanada und den USA allgemein bewundert.

Ich war es nicht gewohnt, durch unbelebte Zimmer zu gehen, war es nicht gewohnt, in ein Haus zurückzukehren, wo kein Gedankenaustausch meiner harrte. Wäre ich jünger gewesen, hätte ich mich mit dieser Art Stille vielleicht abgefunden oder sie sogar liebgewonnen, aber nach all diesen Jahren, in denen er mich mit seiner Vitalität überschwemmt hatte, irrte ich hier umher, als müßte ich ihn doch noch irgendwo finden. Ich mußte erst wieder lernen, ein Buch zu lesen, ohne innezuhalten, um seinen Kommentar abzuwarten, mußte das am Tag Erlebte für mich behalten, ohne es an den Erfahrungen eines anderen messen zu dürfen. Ich konnte nicht mehr sagen: Ich habe dies und jenes noch nicht verstanden ... Was bedeutet das? ... Glaubst du auch, daß ...? Manchmal sehnte ich mich sogar nach der Angst zurück, die ich ausgestanden hatte, als André in Spanien kämpfte: Da war ich zumindest ausgefüllt gewesen.

Im Sommer trafen André und ich uns in Toulon, nachdem wir beide, ein paar Kilometer von dort entfernt, einen Partner zurückgelassen hatten. Zuletzt war ich ein paar Wochen vor Flos Geburt in dieser Stadt gewesen, doch was war seitdem nicht alles geschehen!

Als es Abend wurde, übergab André mir ein dickes Manuskript, das ich während der Nacht vor dem Fenster mit Blick auf den Hafen durchlas. Und am nächsten Morgen fragte er mich:

»Was hältst du davon?«

Ich antwortete:

»Das ist kein Malraux.«

Ich meinte damit nicht die literarische Qualität des Werkes, wenn sie auch anders war als die der *Condition humaine*; gewisse Mängel im Aufbau wurden jedoch wettgemacht durch die ihm eigene Aussagekraft, durch Dichte und Gespür für das Wesentliche. Aber der Geist des Werkes war es, der sich nicht einzufügen schien in die Gedankenwelt des bisherigen Malraux, den ich gekannt oder zumindest zu kennen geglaubt hatte. So wie sich mir das Buch in jener Augustnacht des Jahres 1937 darstellte, war es nichts mehr und nichts weniger als ein Augenzeugenbericht über den spanischen Bürgerkrieg aus der Sicht eines orthodoxen Kommunisten.

Ich weiß nicht, wo ich die Überzeugungskraft hernahm, als ich ihm nochmals das von den Anarchisten zurückeroberte Barcelona, die großmütige Unterstützung einzelner, und als Kontrast dazu das befremdliche Verhalten der Kommunisten in Spanien und Rußland vor Augen führte, bis er schließlich zugeben mußte, daß seine erste Version tatsächlich etwas einseitig ausgefallen war. Und so blieb er länger als geplant, um – wenn ich so sagen darf – die Situation zu klären. Zwei Telegramme wurden an die abwesenden Statisten gesandt, und noch einmal saßen wir einander gegenüber und hatten eine gemeinsame Aufgabe zu erfüllen, bei der ich – ohne schwarzrotes Halstuch – in die Rolle der Anarchisten, die ja in Spanien schließlich auch mitgekämpft hatten, bei ihm aber kaum vorkamen, und er in die eines noch nicht korrumpierten Kommunisten schlüpfte. Wir kletterten Hügel hinauf und hinunter, schlenderten über das Pflaster von Straßen und Häfen, ließen uns auf glutheißen Terrassen nieder und fochten einen symbolischen Kampf aus, wobei jeder eine Denkrichtung repräsentierte, die mit der anderen zwar verwandt, jedoch nicht deckungsgleich war. Es waren herrliche, wenn auch anstrengende Stunden. In diesen vier Tagen schien uns nichts anderes von Bedeutung als diese Klarstellung beider Positionen.

Während der vorletzten gemeinsamen Mahlzeit sagte André – wohl mehr zu sich selbst als zu mir – mit träumerischem Blick: »Ich kann doch schließlich nicht den Rest meines Lebens mit einer Frau verbringen, die mir auf geistigem Gebiet gar kein Partner sein kann . . .«

Ich schwieg dazu, aber das Buch *Die Hoffnung* in seiner endgültigen Fassung trägt eindeutig das Siegel unserer letzten gemeinsam verlebten Tage.

JEDES ENDE IST EIN NEUER ANFANG

Wie vereinfachend er doch ist, dieser berühmte Satz der Pasionaria: »Lieber aufrecht sterben als auf Knien leben.« Weiß sie nicht, daß erst mit dem Tod die Hoffnung erlischt? Wir jedenfalls wollten leben, unbeschadet davonkommen, unsere Kinder in Sicherheit bringen, wenn uns schon die Männer geraubt wurden. Nizan, Aragon, meine Brüder, Léo Lagrange – einer nach dem anderen wurden sie eingezogen oder meldeten sich gar freiwillig. Madeleine Lagrange und ich schlossen uns enger zusammen, brachten unsere Kinder Serge und Florence in das noch friedliche Südwestfrankreich und harrten in einer gemeinsamen Wohnung in Paris aus, bis uns eines Nachts das Telefon aufschreckte: »Innenministerium«, sagte eine Stimme. »Hallo, hier C. L.« (ein Bekannter von Léo), ließ sich eine andere vernehmen. »Die Ministerien werden evakuiert, die Archive vernichtet. Es wäre ratsam, daß Madeleine Lagrange, geborene Weiller, und Clara Malraux, geborene Goldschmidt, so schnell wie möglich Paris verlassen. Meine Frau ist bereits abgereist und wird sich nach New York einschiffen.« Wir nahmen den Frühzug, doch in Orléans verließ mich Madeleine: »Léo könnte durch Paris kommen; ich will ihn daheim erwarten.« (Wir zogen getrennt unserem Schicksal entgegen und sahen uns erst zwei Jahre später wieder – Paris war in den Händen der Deutschen, und Léo war tot.)

Wie sollte ich überleben mit einem Kind, das einer doppelten Bedrohung ausgesetzt war; Flo war von schwacher körperlicher Konstitution und außerdem noch Halbjüdin. Doch an die Zukunft wagte man noch gar nicht zu denken, nicht einmal an den Winter in dieser einsamen Berghütte, in der ich mich mit Flo verschanzt hatte und von einem Tag auf den anderen und buchstäblich von der Hand in den Mund lebte. Es gab Pilze, Brombeeren, eine Quelle, Holz fürs

Kaminfeuer, und bei der einzigen Bäuerin weit und breit ergatterte ich Eier, Kartoffeln und ein halbes Spanferkel. Von Flo ging in dieser Zeit immer ein leichter Fischgeruch aus, da ich zwölf Liter Lebertran aufgetan hatte . . .

Vom 18. Juni 1940 an gestattete uns die »wohlwollende« Siegermacht wieder den Postverkehr, und so erfuhr man wenigstens, wer noch am Leben, wer tot und wer in Gefangenschaft war. Über einen Vermittler gelang es mir, von André, der auch eingezogen worden und in Gefangenschaft geraten war, die Zustimmung zum Verkauf einiger uns noch gemeinsam gehörender Kunstgegenstände sowie zur Aufgabe der Pariser Wohnung zu erlangen, die ohnehin bereits von der Gestapo überwacht wurde. Ich hatte das Geld dringend nötig, denn es wurde Winter, und uns waren nur mehr Kastanien geblieben, die ich auf dem Feuer röstete, und Wolle, aus der ich Handschuhe und Mützen strickte. Wir mußten hier weg . . .

Ich unternahm einen ersten Vorstoß bei einem befreundeten Arzt, Kunstkenner und glühenden Sozialisten in Toulouse, der mir versprach, für Flo und mich ein Quartier in der Stadt ausfindig zu machen. Ich schöpfte neue Hoffnung: In einer Stadt würde ich mich durchschlagen können.

Die erste Nacht mußten wir in einem Massenquartier in der Nähe des Bahnhofs, in der ehemaligen tierärztlichen Hochschule zubringen, wo es schon am Eingang nach Stroh, Holzteer, Chloroform, Pferde- und Kuhmist roch. Man wies uns den Weg zur Galerie, wo Bett an Bett aufgereiht stand.

»Oh«, rief Flo bewundernd aus, »ich habe noch nie ein so großes Hotel gesehen!«

Ihr fehlten die konventionellen Maßstäbe für Luxus und Elend, daher paßte sie sich den absonderlichsten Gegebenheiten mit Leichtigkeit an.

So ähnlich dürfte es in der Arche Noah gerochen haben, nur waren sie dort nicht so eng zusammengepfercht wie wir hier in diesem »Schlafsaal«. Ob meine Nachbarin wohl mal aufhören wird, sich im Schlaf zu wälzen? Warum sie wohl in Toulouse ist? Und die anderen? Jetzt, nach dem Waffenstillstand, kehren doch alle heim, und der Fall derer, die bleiben, ist klar. Dabei sieht sie gar nicht aus wie eine Jüdin, diese junge Person. Welche Krankheit sie wohl befallen hat? Antifaschismus? Kommunismus? Oder eine Allergie gegen die Deutschen, die sich wie ein Geschwür festgefressen hat?

Als Kind wollte ich immer wissen, was »Schreckensherrschaft« bedeutet: Ob man da in Kellerverliesen lebte und durch Schächte sein Essen zugeworfen bekam? Jetzt weiß ich es, dabei ist es im Augenblick noch gar nicht so schrecklich. Man kommt sich eher vor wie in einem nachts auf einem Bahnhof stehenden Zug; ich versuche zu begreifen, wo ich mich befinde; eine kratzige, stechende Decke – Flöhe oder Wanzen? Eine Wanze ist wie ein kleiner Tintenklecks, das habe ich auf Bildern gesehen. Nein, es muß die Decke sein. Ein Zug . . ., er rollt weiter, ein wundervolles, ununterbrochenes Geräusch; weit kommt er nicht, ach ja, er fährt ja gar nicht ab . . .

Zwei Tage später machte ich Bekanntschaft mit den Wanzen: Für sie mußte die Feuerwehrkaserne, in der wir jetzt untergebracht waren, ein wahres Paradies sein. Im Schutze halbhoher Tapetenfetzen warteten sie, bis es Nacht wurde und sie sich an menschlichen Körpern gütlich tun konnten. Ich riß diese bunten Tapetenfetzen herunter und schlug verzweifelt um mich, aber ihre Zahl wurde nicht geringer. Doch auch ohne Wanzen wäre diese Kaserne kaum weniger schauerlich gewesen. Die Pläne zu dieser Anlage mußten im Gehirn eines Feuerwehrmannes mit panischer Angst vor Feuer entsprungen sein, denn alle Türen dieser Halle ohne Zwischengänge öffneten sich zu einer den viereckigen Hof umlaufenden Eisenrampe, von der vier eiserne Treppen hinunterführten. Jeder Schritt auf diesem Metallgestänge ließ das ganze Gebäude erzittern. Auf diesem Umlauf gab es nur eine einzige Wasserstelle; keinerlei Heizmöglichkeit bestand, und das Mobiliar bildeten ein paar Eisenbetten und eine Kochplatte. Doch nun »wohnten« hier ja Menschen, die sich in den abenteuerlichsten Gewandungen vor dem gemeinschaftlichen Wasserhahn und dem einzigen WC zusammenfanden. Und so wußte ich schon bald, wer Schwarzhandel trieb und wer Unterstützung genoß, da er tote oder lebende Kinder ins Feld führen konnte. Eine Nachbarin empörte sich darüber, daß ich die Hilfe der Quäker nicht annehmen wollte. Sie wußte natürlich nicht, daß ich keineswegs zu stolz dafür war, sondern fürchtete, durch Eintragung in eine Liste die Aufmerksamkeit der Behörden auf mich zu lenken. Man hatte mir schließlich nicht umsonst zu höchster Vorsicht geraten. Besagte Nachbarin intervenierte dennoch bei den Quäkern und ergatterte eine wohl bescheidene, aber in meinen Augen geradezu überwältigende Geldsumme, die sie mir überreichte mit den Worten: »Mit einem so schwächlichen Kind wie dem Ihren hat man ein Anrecht auf Unterstützung. Und außerdem darf man ja auch die Kurse nicht kaputtmachen.«

Ob ich in ihrem Sinne handelte, als ich von dem Geld ein Fahrrad für Flo erstand? Der Arzt hatte ihr nämlich verboten, auch nachmittags zur Schule zu gehen, und so schien es mir wichtig, ihr auf anderen Gebieten ein Gefühl von Selbstsicherheit zu vermitteln.

Zwei Monate später wurde behördlicherseits beschlossen, uns umzusiedeln. Nicht etwa, weil man diese Behausung für einen längeren Aufenthalt als unzumutbar erachtete, sondern weil die sozialistische Stadtverwaltung in einem Handstreich von einer Gruppe Pétain-Schergen abgelöst worden war – und die Kaserne war Eigentum der Stadt.

Mein zweites Toulouser Obdach wirkte zwar besser als das erste, doch wohnlich einrichten durften wir uns auch dort nicht. Man wies uns einen Raum in einer Etagenwohnung zu, wo wir uns drei Tage lang wie im Himmel wähnten, bis die Inhaberin, eine geflüchtete Lothringerin, urplötzlich einen derartigen Horror vor mir entwikkelte, daß sie mir die Benutzung der Küche sowie eines gewissen Örtchens untersagte. Nun wurde der Alltag wieder schwieriger; es gab aber sonst keine Wohnmöglichkeit, und so blieb mir nichts anderes übrig, als mich wohl oder übel mit diesen absonderlichen Bedingungen abzufinden.

Doch dann geschah das Wunder: Als ich eines Tages melancholisch um den zoologischen Garten schlenderte, der sich unter unserem Zimmerfenster ausbreitete und unsere Nächte mit dem Gebrüll exotischer Tiere anzureichern pflegte, stand plötzlich der Bruder von Madeleine Lagrange vor mir. Er bewohnte mit den Seinen eine Villa, die eigentlich zu groß für sie war und in der sie Flo und mich herzlich gerne aufzunehmen bereit waren. Und so verfügte ich mehrere Monate lang, bis zu ihrer Abreise in die USA, über ein Zimmer, über fließendes Wasser und andere Annehmlichkeiten, die man uns vorher versagt hatte.

Ich wohnte also unter Freunden und verdiente mir ein wenig Geld, indem ich drei Studenten Deutschunterricht gab; Flo wurde von

Ärzten betreut und auch in der Schule gut behandelt – für Jüdinnen war das alles schon recht außergewöhnlich . . .

Ein spanischer Arzt brachte mich mit Leuten zusammen, die es sich zur Aufgabe gemacht hatten, all jenen, die sich den »Forces Libres« anschließen wollten, die Überquerung der Pyrenäen zu erleichtern. Meine Tätigkeit beschränkte sich auf die Vervielfältigung der Pläne und Routen und die Kontaktaufnahme mit einzelnen. Das war natürlich keine Leistung im Rahmen dessen, was später »Résistance« genannt werden sollte, doch für mich bedeutete es, daß ich mich meiner selbst weniger schämen mußte als während der ganzen letzten Jahre.

Und nachdem ich auf diese Weise ein wenig Selbstvertrauen zurückgewonnen hatte, beschloß ich, mich um die Ausreise aus Frankreich zu bemühen. Korrespondenz mit Amerika war noch möglich, und so schrieb ich an einen Bekannten in New York und bat ihn um ein Affidavit. Zwei Wochen später hatte ich die von ihm und seiner Frau unterschriebene Bürgschaft in Händen, und das bedeutete: Der Weg in die USA stand mir offen, sofern mein Gatte seine Einwilligung erteilte.

»Taschenkontrolle«, schnarrte die Wache.

In dem mit Besuchern vollgepfropften Autobus hatte man mich schon vorbereitet: »In dem Lager, Madame, leben sie hinter Stacheldraht, und alle dreihundert Meter stehen Wachposten. Dabei können diese Greise kaum mehr fünfhundert Meter weit humpeln.«

In diesem Lager also war mein Onkel eingesperrt, mit sechshundert weiteren alten Leuten, denen allen das gleiche Verbrechen angelastet wurde: Sie waren Juden. Begonnen hatte das Ganze schon vor der Niederlage Frankreichs. Eines Morgens hatte man sie im Velodrom zusammengetrieben und mit unbestimmtem Ziel abtransportiert; sie waren von vornherein Besiegte in einem Kampf, der niemals stattgefunden hatte. Nach dem Zusammenbruch hatte man dann einige als Freiwild ausgesetzt, und das in einem Land, das sich soeben schriftlich verpflichtet hatte, dem deutschen Sieger jeden Landsmann auszuliefern, auf den er Anspruch erhob.

Mein Onkel war weder Breitscheid noch Hilferding, sondern nur ein harmloser Bürger jener Stadt, deren Kathedrale schon den

Dreißigjährigen Krieg überlebt hatte. Von dort war er niemals fortgekommen, daher hatte er auch jeglichen Kontakt zu uns verloren und sprach ausschließlich Deutsch. Nachdem er nun ein paar Tage lang einsam und hungernd umhergeirrt war, suchte er selbst darum nach, wieder hinter Gitter zu kommen. Ich weiß nicht mehr, wie ich erfuhr, daß er sich in der Nähe von Toulouse befand. Nur eine halbe Stunde brauchte der Autobus bis zu diesem Menschen-Depot: Greise und Greisinnen in notdürftig geflickten Hosen, verwaschenen Miedertüchern, verdreckten Schuhen; Hände voller Pflaster, Gesichter, vom Milzbrand zerfressen, und mitten unter ihnen mein Onkel mit seinem gütigen Gesicht, aus dem das Unverständnis dessen, was hier mit ihm geschah, herauszulesen war. Er klagt nicht, ist immer noch gerecht, ganz wie es sich für einen anständigen Bürger gehört; natürlich hat man Hunger, ab und zu ein halbes Ei, das ist wenig. Aber alles in allem sind die Franzosen uns ja auch nichts schuldig.

Ich sagte ein paar nette Worte, die so gar nicht zu diesem Elend passen wollten, hörte mir an, was mein Onkel mir erzählte, und erfuhr, daß er ganz sicher war, seine Frau wiederzusehen, und daß ein Pritschennachbar auf einer umgestülpten Kiste eine Studie über den Menschen in Gefangenschaft schrieb, ohne je ein Wort an seine Mitgefangenen zu richten.

Ich gehe neben ihm her, stoße eine Tür auf und betrete einen Raum, der so düster ist, daß sich auf den ersten Blick nur die Umrisse von etwa fünfzehn mindestens Sechzigjährigen erkennen lassen; sie liegen auf Pritschen oder hocken um einen Schemel und spielen Karten. Flo wird sofort umringt, man möchte sie verwöhnen, Schokoladenkrümel und Bonbons werden hervorgekramt, man hebt sie auf den Schoß und singt für sie mit zittriger Stimme Lieder, deren Texte sie nicht versteht. Ihr kommt auch diese Behausung nicht trostlos vor, denn sie kann sie ja nicht in Raum und Zeit einordnen. Ich übrigens auch nur schwer ...

Zum Abschied drückt mein Onkel mir ein Päckchen in die Hand: »Versuch, es zu verkaufen, es ist mein Gebiß, ganz aus Gold. Dort neben unserem Lager ist das der Spanier; sie dürfen manchmal in die Stadt und können dann ein paar Lebensmittel mitbringen.«

Jetzt erst begreife ich, warum das Gesicht meines Onkels sich unter meinem Abschiedskuß so weich angefühlt hat.

Ein Jahr lang fuhren Flo und ich jeden Sonntag zum Lager; doch eines Tages war es leer: Man hatte seinen Inhalt ausgekippt – nach Auschwitz.

Am 18. Januar 1941 erhielt ich ein Telegramm von André, der mich um eine Unterredung tags darauf im Café Lafayette bat. Wollte er sich bedanken, daß ich in den Jahren zuvor, als er in Gefangenschaft geraten war, seinen Bruder auf seine Spur gesetzt und ihm somit indirekt zur Flucht verholfen hatte? Oder weil ich beiden auf Umwegen Geld hatte zukommen lassen? Oder beabsichtigte er gar, mit mir und Flo nach Amerika auszureisen? Vielleicht hatte der Krieg ihn uns zurückgebracht?

André wartet schon auf mich, streckt mir die Hand hin, küßt mich auf die Stirn, murmelt ein paar Dankesworte und schweigt. Meine Nerven drohen zu zerreißen – habe ich schon erraten, daß er einen Sohn mit J. hat? Ich sage nur:

»Na und?«

»Na ja, wir müssen uns scheiden lassen. Ich will keinen unehelichen Sohn.«

(Oh, um wieviel lieber wäre ich eine nicht-jüdische Mutter mit einem unehelichen Kind!)

»Gut. Ich habe für Flo und mich aus den USA ein Affidavit bekommen. Doch wie du weißt, können wir Frankreich nur mit deinem Einverständnis verlassen. Sobald alles geregelt ist, werde ich also um die Scheidung ersuchen.«

»Ich brauche dieses Scheidungsersuchen aber sofort. Wer garantiert mir denn, daß du es vor der Abreise auch tust?«

»Ich glaubte, genügend Beweise für meine Vertrauenswürdigkeit geliefert zu haben ...«

Aber das hatte er wohl alles längst vergessen. Ich beharrte also auf meiner und er auf seiner Position, dennoch redeten wir noch ein Weilchen, einer alten Gewohnheit folgend.

»Was gedenkst du jetzt zu tun?«

»Ich werde schreiben.«

»Du willst mit keiner Untergrundorganisation Kontakt aufnehmen?«

»Erst wenn die Amerikaner gelandet sind. Daß wir letztlich doch siegen werden, weißt du genausogut wie ich.«

Wie gerne würde ich ihm sagen, daß es so, wie die Dinge im Augenblick laufen, absolut nicht sicher scheint, daß Flo und ich dann noch am Leben sind. Aber ich bringe nur hervor:

»Und bis dahin willst du dich keiner Bewegung anschließen?«

»Ich bin es leid, aussichtslose Kämpfe zu führen.«

Ich weiß nichts mehr zu sagen.

»Ich werde dir Geld schicken, sobald ich etwas habe; das kann nicht mehr lange dauern«, sagt er.

»Schön; ich hatte mich schon fast an den Gedanken gewöhnt, mich allein durchschlagen zu müssen.«

Noch einmal kam er auf die Scheidung zu sprechen, doch ich mußte auf meinem Standpunkt beharren, denn solange die Deutschen sich in Frankreich breitmachten, war es lebenswichtig für mich, Clara Malraux und nicht Clara Goldschmidt zu heißen. Und ich konnte mich doch den Behörden des neuen Regimes mit einem Scheidungsersuchen nicht selbst in die Hände spielen! Aber das hatte André wohl nicht bedacht . . .

Ich jedoch vergaß nie, daß ich Jüdin war und meine Tochter mit diesem Virus infiziert hatte. Ich hatte das Lager gesehen und wußte, daß die Deutschen meiner Tätigkeit bei der Gruppe »Neu-Beginnen« nachgespürt und meine Pariser Wohnung inspiziert hatten. Ich mußte unbedingt im Schatten bleiben.

Ich betrachte André, doch seine Augen nehmen mich nicht wahr. Mitleid überkommt mich mit diesem Mann, der so gar nicht mehr jenem Menschen ähnelt, der aus seinem Leben eine Rechtfertigung für sein Werk hatte machen wollen. Doch Tränen sind jetzt nicht am Platze – außerdem müßte ich über mich selbst mindestens ebenso weinen wie über ihn. Ich nehme einen neuen Anlauf, gebe zu, daß es vielleicht nicht angenehm ist, unehelich zu sein, aber das ließe sich nach dem Krieg ja vielleicht noch beheben, Flos Situation sei ja auch nicht gerade rosig, da sie bewußt erleben müsse, was hier vor sich geht; ich erwähne das Lager, scherze über die Wanzen und die Eisenpritschen in unseren Notunterkünften, den Lärm, den Gestank und das enge Miteinander, worauf er nur sagt:

»Sie hat's dort immer noch besser gehabt als ich in Gefangenschaft.«

Nach dieser Bemerkung gingen wir auseinander.

Sollte die Falle jetzt schon zuschnappen? »Madame Malraux wird aufgefordert, morgen um ... Uhr auf der Polizeidienststelle vorzusprechen.« Also doch! Sie haben mich ausfindig gemacht, kennen meine spärlichen Aktivitäten, und das wird das Ende sein. Ein Brief an mich? O je, sicher jemand von »Neu-Beginnen«, Kurt, Günther oder Ernst ... Doch der Beamte fragt mich nach einem gewissen Claude Malraux. Das ist mein Schwager, der Halbbruder meines Mannes. Nach einem längeren Verhör wird die Sache fallengelassen, und ich bin noch einmal davongekommen. Jetzt weiß ich wenigstens, daß auch meine Post überwacht wird.

Ich hatte keine Ahnung, ob André nun das Scheidungsverfahren einleiten würde, beschloß aber, für alle Fälle Gide von meiner Situation zu unterrichten. Ich war zwar nicht so naiv zu glauben, er würde sich nun zu meinem Beschützer aufschwingen, doch hoffte ich, er würde André begreiflich machen, daß gewisse Handlungsweisen in gewissen Momenten unehrenhaft sind. Vielleicht tat er es, denn es kam kein Scheidungsbegehren. Mir schrieb Gide am 7. Februar 1941:

Meine liebe Clara,

gewiß, das alles ist recht betrüblich, und Ihr Brief, obwohl auf rosa Papier, drückt mir das Herz zusammen. Ich habe mich seit Anfang des Krieges zu viel mit den Juden beschäftigt, um die großen Schwierigkeiten Ihrer Situation nicht ermessen zu können. Doch nachdem ich lange Jahre die Freude hatte, Ihren und Andrés Namen in einem Atemzug zu nennen und Ihnen beiden gleichermaßen in Freundschaft verbunden sein durfte, waren Sie es, die mich eines Tages lehrte, Sie beide auseinanderzuhalten, was ich nur beklagen kann.

Aufgrund meiner Zuneigung und Hochachtung für André wäre ich eher geneigt, nichts zu unternehmen, nichts zu versuchen, was ihm in irgendeiner Weise schaden oder ihn auch nur verärgern könnte. Doch muß ich auch zugeben, daß sein Name für Sie und Flo einen sozusagen sicheren Schutz bedeutet. Daher habe ich mir vorgenommen, bei unserem nächsten Zusammentreffen, das er mir für bald in Aussicht stellte, mit ihm darüber zu sprechen, wenn es mir auch schwerfällt zu glauben, daß er nicht selbst die Argumente, die ich vorbringen könnte, längst gegeneinander abgewogen hat.

Was Sie mir über Flos Gesundheitszustand sagen, stimmt mich traurig, ebenso wie der Gedanke an Ihre mißliche Lage. Und dennoch wage ich zu hoffen, daß Sie sich – was auch immer geschehen mag – der Zuneigung Ihrer alten Freunde, zu denen, wie Sie wissen, auch ich als einer der empfindsamsten gehöre, würdig erweisen werden.

André Gide

Mit anderen Worten: Ich war in seinen Augen nichts weiter als ein auf einem männlichen Baum aufgepfropfter Schößling und als Ableger für ihn, der diesen Baum mit Recht bewunderte, nicht weiter interessant. Seine Wahl war klar, wenn ich auch einige Zeit brauchte, um den Sinn seines letzten Satzes zu verstehen.

In meiner Verblendung und Angst schrieb ich auch an Martin du Gard, der – wenn seine Antwort negativ ausfiele – sich zumindest damit entschuldigen könnte, mich niemals glauben gemacht zu haben, ich dürfte ihn zu meinen Freunden zählen. Im Grunde hatten diese Männer ja recht, wenn sie nichts davon hören wollten, was früher gewesen war oder daß ich noch vor kurzem André indirekt zur Flucht aus dem Lager verholfen und durch finanzielle Unterstützung während der ersten Tage der Freiheit beigestanden hatte, denn Malraux war ein Mann und eine Berühmtheit.

Der einzige, der mich nicht zurückstieß, war Jean Schlumberger – ein Freund Gides! –, dem ich daher auch ein paar Monate später das endlich abgeschlossene Manuskript meines ersten Romans anvertraute: »Wenn ich sterbe, lassen Sie es bitte veröffentlichen, sofern es Ihnen lohnend erscheint. Doch vorerst möchte ich Sie bitten, dieses Exemplar aufzubewahren, da ich absolut nicht weiß, wie meine Zukunft aussehen wird.«

Portrait de Grisélidis hatte ich in unserer Hütte droben in den Bergen vor dem kümmerlichen Feuer, auf dem unsere kärglichen Mahlzeiten brutzelten, begonnen und in Toulouse auf dreckigen Kneipentischen beim Geruch von Ersatzkaffee weitergeschrieben. Ich habe mit Feuereifer daran gearbeitet, war dies doch vielleicht mein »Testament«: Da nichts mehr sicher war, sollte zumindest dieses Manuskript von meinem Lebenswillen Zeugnis ablegen. (Zwei Verleger nahmen es übrigens gleich an, doch ich bestand darauf, die Veröffentlichung bis nach dem Friedensschluß hinauszuzögern: Je weniger man jetzt von mir redete, um so besser.)

Es kam der Tag, da meine freundlichen Gastgeber nach Amerika gingen und Flo und ich wieder zu obdachsuchenden Flüchtlingen wurden. Verloren irrten wir durch die Straßen, entdeckten ein schon kaum mehr leserliches Schild »Pension« und wurden tatsächlich – da wir ja Lebensmittelkarten besaßen, die für Kinder außerdem großzügiger bemessen waren – mit offenen Armen in ein Haus aufgenommen, wo Greise, Flüchtlinge und Studenten ein insgesamt recht friedliches Leben führten. In der Umgebung von Toulouse hatten sich inzwischen auch viele unserer Pariser Freunde einquartiert, so daß der bedrückende Alltag wenigstens durch Gespräche über Musik, Philosophie, Literatur und Kunst aufgelockert wurde. Weniger geredet wurde über die Geheimaktivitäten, denen jeder von uns nachging. Der Feind mußte bekämpft werden, und immer wieder gab es Leute, deren Leben bedroht oder zumindest unerträglich geworden war. Mit derlei Aktivitäten setzte man sich natürlich selbst einer Gefahr aus, aber meine Devise lautete schon seit längerem: »Wie einen Hasen lasse ich mich nicht abknallen. Wenn die Deutschen mich umlegen, sollen sie auch einen Grund gehabt haben.« Die Tatsache allein, daß man Jude war, rechtfertigte noch lange keine Lagerhaft!

Trotz aller Geschäftigkeit des Tages fand ich nachts keine Ruhe. Wie eingemauert fühlte ich mich in meine Trauer um André und unsere verlorene Liebe. Sätze aus vergangenen Zeiten und Erinnerungsfetzen geisterten um mich herum. Was hatten wir nicht alles gemeinsam erlebt, und wie hatten wir uns geliebt! Und darüber durften sich andere jetzt das Maul zerreißen? Aber ich weinte nicht nur um mich, sondern auch um den Mann, dessen höchstes Ziel es doch immer gewesen war, Leben und Werk als eine Einheit zu gestalten. *So lebt der Mensch* – hatte er das nicht vorleben wollen? Und wäre es nicht etwas Großes gewesen, all seine Erkenntnisse der Welt ins Gesicht zu schleudern, selbst wenn es den höchsten Preis, nämlich den Tod, gekostet hätte? Aber dieser Mann, der immer nur das Abenteuer, das Risiko gesucht hatte, schien den Kopf eingezogen zu haben und in einem Versteck abzuwarten . . .

Die im besetzten Frankreich über die Juden verhängten Schikanen wurden immer abscheulicher. Es reichte wohl noch nicht, daß sie sich nicht auf öffentliche Bänke setzen, kein Telefon haben und auch keinen öffentlichen Fernsprecher benutzen, keinen Beruf mehr ausüben und nur im letzten Metro-Wagen sich drängeln durften. Jetzt mußten sie auch noch den gelben Stern tragen. Ich studierte bis ins letzte Detail die von Pétain ausgearbeitete »Charta für die französischen Juden«. Gewiß, sie war nicht ganz so monströs wie die deutsche, genügte aber, um ihren Autor zu desavouieren. Ich mußte Flo, die ja Tochter eines Christen war, schleunigst taufen lassen, um diese Bestätigung gegebenenfalls vorweisen zu können, denn die Antisemitismuswoge schob sich nach und nach auch in unsere noch »freie Zone« vor.

Während Flos Schulferien fuhren wir nach Marseille, wo sich etliche Hilfsorganisationen befanden, mit deren Unterstützung ich auch ohne Andrés Einwilligung nach Amerika zu gelangen hoffte. Doch all unsere Demarchen waren vergebens: Flo und ich genossen nur eine provisorische Freiheit, denn André hatte nach wie vor die Verfügungsgewalt über uns. Ich versuchte es bei den Spaniern, von denen ich wußte, daß sie Republikanern zur Flucht nach Südamerika verhalfen. Und hatte ich nicht auf ihrer Seite gekämpft? Man beriet, war sichtlich peinlich berührt und teilte uns dennoch abschließend mit, die Schwadron »España« habe nicht zu den offiziellen Internationalen Brigaden gehört, und daher sei man auch nicht für uns zuständig. Ich fragte mich immer wieder, ob ich das Recht hatte, Flo bei mir zu behalten, da ich ja eine Gefahr für sie darstellte. Doch André hat mir nie angeboten, sie zu sich zu nehmen, und das Kind hatte sich auch schon daran gewöhnt, »anders« zu sein. Tapfer hielt Flo zu mir.

Das schöne Wetter hier an der Küste und die Strände, die weder für Juden noch für Hunde gesperrt waren, machten uns die Tage erträglicher. Doch als Flo wie wahnsinnig in die Pedale eines gemieteten Tretbootes trat und sagte: »Mama, wir müssen raus aus Frankreich, laß uns bis Afrika strampeln«, da war die grausame Gegenwart gleich wieder da. Sekundenlang verfiel zwar auch ich diesem Traum: Vielleicht würde uns ein Fischerboot oder ein Dampfer entdecken und aufnehmen . . .

Ein neuer Hoffnungsschimmer: Rußland war in den Krieg eingetreten, und die Russen waren noch nie besiegt worden. Doch waren in Rußland nicht schon einmal etliche meiner Hoffnungen enttäuscht worden? Damals hatte André mir beigestanden, aber jetzt? ... Und hatte Flo mir nicht nach ihrer Taufe gesagt: »Du willst mich in einer Religion erziehen, an die du selbst nicht glaubst?« Woraufhin ich ihr mühsam zu erklären versuchte, daß ich sie zu einem Leben in einer bestimmten Zeit und in einem bestimmten Land erziehen müsse und Religion vor allem Erkenntnis bedeute ... Woran sollte ich denn auch glauben? Jude zu sein, war etwas geworden, was mit Religion und Glauben nicht mehr viel zu tun hatte. Juden und Kommunisten wurden gejagt, und effizienter im Abwehrkampf schienen mir die Kommunisten zu sein. Wir kämpften also miteinander, um zu retten, was noch zu retten war. Wer aus Deutschland herauskam, wurde von uns kontaktiert, denn wir brauchten Informationen, die wir auf deutsch- und französischsprachigen Flugblättern weitergaben; wir beschafften gefälschte Papiere, damit die Flüchtlinge nicht mit den Behörden in Konflikt kamen und, sofern sie gewillt waren, in Frankreich zu bleiben, auf den gemeinsamen Kampf für Gegenwart und Zukunft vorbereitet werden konnten. Ich machte bei allem mit, nur nicht bei Attentaten, denn dafür schien mir der Preis zu hoch: Die Deutschen hielten ja Geiseln in Händen.

Flo ging zur Erstkommunion, ein Jahr darauf zur Firmung und meinte am folgenden Tag: »Vielleicht gibt es ja wirklich einen Gott, aber er ist bestimmt nicht so, wie man ihn uns im Katechismusunterricht geschildert hat.« Darauf wußte ich wieder einmal nichts zu sagen. Flo war vom Bischof auserwählt worden, im Namen aller Kinder das Glaubensbekenntnis zu sprechen, und ein Jahr darauf, genau zum selben Zeitpunkt, wurde dieser Bischof von den Deutschen verhaftet: »Begünstigung von Juden« und »Unterstützung der Résistance« wurden ihm vorgeworfen.

Leute von der Résistance hatten in einer Nacht einen Judentransport auf dem Bahnhof entdeckt. Der mittlere Waggon war voller Kinder. Diesen Waggon hängten sie mit Hilfe der Gleisarbeiter ab, schoben ihn auf ein totes Gleis und retteten auf diese Weise fünfzig Kindern das Leben. Was wohl aus ihnen geworden sein mag?

Sicherlich haben sie nie erfahren, daß eine Handvoll tapferer Männer in jener Nacht Schicksal gespielt hatten.

Mein eigener Heroismus wäre mir fast zum Verhängnis geworden: Als die Vichy-Regierung nämlich verlangte, alle Juden müßten sich registrieren lassen, gehorchte ich wie ein Automat diesem Befehl. Zum Glück haben Kameraden aus der Résistance diese Unterlagen auf der Präfektur gestohlen und mir neue Papiere ausgestellt. Nun hieß ich bereits von Geburt an Clara Malraux.

Kurz darauf siedelte ich mit Flo nach Montauban über, wo Madeleine Lagrange und ihr Sohn nach Léos Tod eine Villa bezogen hatten. Dort waren wir fast glücklich, umgeben von Gleichgesinnten, die alle »Radio Londres« hörten und einander Informationen und Hilfe zukommen ließen.

Weihnachten 1943 in Montauban. Wir spüren, daß es unser letztes Weihnachten in diesem Refugium sein wird; das Netz ist allzu gespannt, es wird bald reißen. Seit einiger Zeit hat sich der Schrekkensrhythmus regelmäßig beschleunigt, unsere Kameraden verschwinden einer nach dem anderen. Man kann nicht jahrelang tagtäglich auf der Hut sein. Gestern haben wir auf Serges Fahrrad ein dickes Bündel deutschsprachiger Flugblätter befestigt, die er dann vor der Kaserne »verlor«, woraufhin er schleunigst kehrtmachte und auch unversehrt wieder heimkam, obwohl wir schon seit vorgestern wußten, daß man uns beobachtet. »Für den Notfall« hatten wir zwischen Brand- und Innensohle unserer Schuhe Rasierklingen gesteckt . . .

Aber übermorgen werden wir noch Weihnachten feiern! Flo soll doch zumindest mit dem Datum der christlichen Feste etwas verbinden, daher habe ich ihr auch in Zeiten größter Not stets ein Tannenbäumchen oder einen Zweig geschmückt. Und dieses Weihnachtsfest muß ganz besonders prächtig ausfallen, denn vielleicht wird es das letzte sein! Wir hockten auf einem untergehenden Schiff, und dennoch gruben wir uns in einem Hain ganz in der Nähe unseres Hauses eine kleine Fichte aus. Ein hübsches Bäumchen, das seine Äste ausbreitete, als wollte es Geschenke darreichen. Da Flo es nicht sehen sollte, stellten wir es auf den Balkon, wo sie es sicherlich entdecken, aber als wohlerzogenes kleines Mädchen nicht erwähnen würde. Doch kaum hatten wir es dort deponiert, geschah, worauf wir nicht gefaßt waren: Drei streunende deutsche Soldaten entdeckten unseren Weihnachtsbaum. Da man diesen jugendlichen Siegern befohlen hatte, sich der Zivilbevölkerung gegenüber höflich zu benehmen, klingeln sie erst am Gartentor, bevor sie ein paar Schritte auf das Haus zu machen. Das Beste ist wohl, ihnen entgegenzugehen.

»Was wünschen Sie, meine Herren?«

»Der Baum . . ., ein Christbaum. Wir wollen ihn kaufen, bezahlen.«

Unseren Weihnachtsbaum!? Mein magdeburgischer Hitzkopf gerät in Wallung; ich vergesse, daß ich kein Deutsch spreche und brülle in schönstem Nordgermanisch:

»Wenn Sie unbedingt Weihnachten feiern wollen, was suchen Sie denn dann hier bei uns? Befreien Sie uns lieber von Ihrer Gegenwart und feiern Sie Ihr Weihnachten gefälligst daheim! Das Jesuskind ist nicht auf die Erde herabgestiegen, um Krieg zu führen, sondern um Liebe zu verkünden!«

Von Nahem besehen sind diese schmucken Sieger kaum den Kinderschuhen entwachsen; junge Burschen, nichts weiter. Der eine, der schon seine Geldbörse gezückt hatte, steckt sie brav wieder ein. Ich habe sie aus der Fassung gebracht; sie zögern und gehorchen dann doch zumindest einem Teil meines Befehls: »Haut ab, haut endlich ab von hier, haut ab aus Frankreich!«

Kurz darauf höre ich die alte Litanei: »Du bist verrückt . . .« – »Sie sind wohl wahnsinnig geworden . . .« – »Kein Fünkchen Verstand . . .« – »Mit deinem waschechten Deutsch . . .« – »Die können uns glatt denunzieren . . .!«

Sie haben uns nicht denunziert; danach hatten sie eigentlich auch nicht ausgesehen.

Weihnacht. Noch nie war die kleine Kirche so voll.

»Mama, schau mal den deutschen Soldaten an, dort, bei der Säule.«

Selbst kniend wirkt er noch groß. Er ist allein, Schluchzen schüttelt seinen jugendlichen Körper.

Er steht auch nicht auf, als die anderen sich beim lauten Einsatz der Orgel erheben, er reckt nicht den Kopf, als die Eucharistie gezeigt wird, er geht nicht zur Kommunion, da er sich selbst nicht akzeptieren, sich selbst nicht verzeihen kann. Ich starre wie gebannt auf dieses Symbol des reuigen Sünders, vermag die Augen nicht von ihm zu lösen. Mein Nachbar raunt mir zu: »In der Mitte da drüben: Das ist der Ortskommandant.« Auch dieser kniet. Eine hübsche junge Frau geht mit dem an einem Stab baumelnden Klingelbeutel von Bank zu Bank. Jetzt steht er kerzengerade, der Herr Ortskommandant, und hält ihr mit behandschuhten Fingern seine Spende entgegen. Die junge Frau tritt näher, schiebt den Stab ihm entgegen, blickt auf und zieht mit einem Ruck den Klingelbeutel zurück, und der Ortskommandant, der sich steif vorgebeugt und den Arm ausgestreckt hatte, hält noch immer sein Almosen zwischen den Fingerspitzen, während die stumme junge Frau seine Bankreihe einfach übersprungen hat. Der kniende Soldat neben dem Pfeiler drüben, vor dem ein schwaches Lämpchen brennt, schluchzt noch immer. Der Priester vorn am Altar spricht halblaut die Gebete; da setzt sich der Ortskommandant und sinkt in die Anonymität zurück. Der Abgesandte Gottes spricht den Segen über alle hier in der Kirche Versammelten – auch über mich, die Jüdin.

Zu Hause ist schon der Tisch gedeckt. Man braucht nur noch die kleinen Kerzen am Baum anzuzünden, und schon herrscht echte Weihnachtsstimmung. Tagelang hatte jeder bei der Vorbereitung des Festschmauses mitgeholfen: Serge hatte geduldig einen Liter Milch, den die Bauern von nebenan geschenkt hatten, zu Butter geschlagen und vom Land, unter Zeitungspapier versteckt, eine eigens für uns gemästete Gans mitgebracht. Madeleines Wangen glühen schon, als sie ihren Gästen liebenswürdig entgegentritt. Wir haben Ruben Lipschitz, den Bruder des Bildhauers, seine Lebensgefährtin, einen geflohenen spanischen Arzt und ein weiteres befreundetes Ehepaar eingeladen. Für Flo soll dieser Weihnachtsabend, der einzige Lichtblick in diesem grauenvollen Dickicht der Zeit, unvergeßlich bleiben! Auch sie hat Anrecht auf ein wenig Kindheit. Selbstgebastelte Geschenke werden ausgetauscht. Von mir bekommen alle Häkelhandschuhe, die auch die schmalsten Hände in Bärentatzen verwandeln. Flo überreicht mir eine Zeichnung, auf der – wie auf fast all ihren Zeichnungen – eine Straße sich gabelt und auf zwei Häuser zuläuft. Psychoanalytische Deutungen sind jetzt jedoch fehl am Platze; das Leben ist ohnehin schwierig genug. Madeleine und ich tauschen Bücher aus, natürlich keine neuen, die es ja kaum mehr zu kaufen gibt. Ein Kuchen kommt zum Vorschein, das Geschenk unserer Gäste. Wir küssen uns reihum, denn nächstes Jahr sind wir gewiß nicht beisammen; das ist so ungefähr das einzige, was wir sicher wissen. Madame C. spendiert eine Flasche: Garantiert die letzte vor dem Sieg! Denn daß wir siegen werden, dessen ist sie jetzt völlig sicher, nur – ob wir diesen Sieg erleben werden? Ich will lieber gar nicht daran denken, wer von all meinen Verwandten und Freunden diesen Augenblick nicht mehr miterleben sollte ...

Nachdem der Wein getrunken und Gans und Kuchen verspeist waren, stimmten wir – als sei es das Natürlichste von der Welt – das Lied »O Tannenbaum!« an. Flo sang mit ihrem Toulouser Akzent »Ich steh an deiner Krippen hier« ... Ja, glücklich soll sie werden, glücklich, glücklich, glücklich! Wir leben ja auf einem sicheren Inselchen! Ich will mit allen Kräften, daß es so ist! Das nennt man eine Oase ... mit Palmen, wie im Heiligen Land ... Wir befinden uns in den Katakomben ... wie die ersten verfolgten Christen ... Aber daß bloß niemand singt: »Stille Nacht, *heilige* Nacht ...«! Bitte, das nicht, das *darf* nicht sein! Das könnte ich nicht ertragen!

Draußen herrscht Finsternis, auch wenn ein paar Lichtpunkte hier und da von Zusammenkünften im Freundeskreise zeugen. Der Spanier neigt sich zu mir: »Wir sollten andere Lieder singen, Madame.« Er hat recht.

Kurz darauf erklingen in diesem bieder möblierten Speisezimmer die Lieder des spanischen Bürgerkriegs, deren Texte ich so oft in den Straßen Madrids gehört habe, daß ich sie immer noch mühelos mitsingen kann. Und da wir nun einmal in Schwung sind, schmettern wir danach deutsche Revolutionsgesänge, wobei für mich Kindheit und Erwachsensein miteinander verschmelzen und ich vergesse, daß wir ja besiegt worden sind. Aber uns alle hier eint die Hoffnung, wie die Christen vorhin in der Kirche ihr gemeinsamer Glaube.

Wie üblich, mußten auch wir im Morgengrauen das Haus verlassen. Seit dem Abend wußte ich, daß von unserer Widerstandsgruppe kaum mehr einer übrig war. Einige galten seit Monaten als verschollen, andere waren festgenommen worden, und viele Kontakte waren abgerissen. Mein Gepäck stand bereit: ein Koffer, den ich selbst zu tragen vermochte.

Die erste Etappe war einfach. Ich durfte bei Freunden unterschlüpfen und von dort aus, mit einem tief in die Stirn gedrückten Hut und einem viel zu weiten und zu langen Mantel getarnt, einen Sprung nach Toulouse machen, um mir Papiere zu besorgen: »echte« gefälschte Papiere. Die Widerstandsbewegungen setzten sich ja zumeist aus entkommenen Häftlingen zusammen, und so wurden gefälschte Papiere für Männer serienweise ausgestellt, doch auf Frauen und Kinder war man nicht eingerichtet. Was man mir vorlegte, sah zu eindeutig unecht aus. Ich mußte also warten, durfte aber trotzdem keinen meiner Asylgeber in Gefahr bringen. Nachdem wir drei Tage die Gastfreundschaft eines Mechanikers am Stadtrand, der zu unserer Gruppe gehörte, in Anspruch genommen hatten, entsann ich mich der Worte einer pensionierten Lehrerin, die mir vor einiger Zeit Unterkunft angeboten hatte: »Ich wohne in einem Dorf, ein wenig abseits von den anderen Häusern; ein sichereres Versteck können Sie sich gar nicht erträumen.« Und die Augen der Dame hatten mir Vertrauen eingeflößt.

Ich machte mich also mit Kind und Koffer erneut auf den Weg, doch die Strecke war weiter, als ich gedacht hatte. Flos Schritt zu meiner Rechten wurde immer schwerfälliger; sie mußte sich so anstrengen, daß sie aufhörte zu sprechen. Die Weinhänge mit ihren hochgebundenen Rebstöcken wirkten so eintönig wie die Reisfelder Asiens. Zwei oder drei Wagen mit deutschen Offizieren kamen uns entgegen. Ich wußte, daß das Dorf, das uns gastlich aufnehmen wollte, auf einem Hügel lag – aber weit und breit war kein Hügel zu entdecken.

Starr vor Anstrengung kämpfte Florence gegen den heftigen Wind an, der unsere Schritte hemmte.

»Bist du müde, Kleines?«

Ein zur Vernunft erzogenes Stimmchen antwortete:

»Das macht nichts; ich weiß ja: Je weiter wir gehen, desto besser.«

Doch besser war es nicht, denn nachdem wir die gütige Gastgeberin endlich gefunden hatten, entpuppte sie sich als wahrer Alptraum: »Ich kann Sie nicht hierbehalten . . . Sie sind zu gefährlich geworden . . . Ich weiß, daß man Ihre ganze Bande festgenommen hat.«

Was wußte sie wirklich? Vermutlich gar nichts, aber daß wir Schutz suchten, weil wir in Gefahr waren – soviel war klar. Da stand ich nun mit meinem erschöpften Töchterchen; es wurde schon dunkel und kalt, es war Ende März. Die Frau ließ uns ins Haus, denn draußen auf der Schwelle hätten wir ja Aufmerksamkeit erregen können. Kaum befand ich mich in der Behaglichkeit eines geschlossenen Raumes, ergriff mich hartnäckige Resignation: Ich setzte mich und hieß auch Flo an der rauhen Tischplatte Platz nehmen. Das blieb nicht ohne Wirkung auf die Hausherrin – sie war plötzlich bereit, uns wenigstens für ein paar Stunden Obdach zu gewähren. »Die Nacht über können Sie hierbleiben, aber morgen müssen Sie weiter. Vielleicht finde ich jemanden, der Sie nach Toulouse mitnimmt. Ich glaube, der Metzger fährt . . .« Gut; in Toulouse liefen wir zwar Gefahr, bei einer Kontrolle erkannt zu werden, nicht aber, uns zu verirren. Dort kannte ich außerdem ein paar Leute, die mir vielleicht einen Rat geben konnten. »Rühren Sie sich ja nicht, selbst wenn es an der Tür klopft. Ich lasse Ihnen Milch und ein Ei da. Schauen Sie, was Sie damit machen können. Ich komme so schnell wie möglich zurück.«

Im Morgengrauen durften wir unter einer Lieferwagenplane diesen ungastlichen Ort verlassen. Der Fahrer, der alle Kontrollpunkte kannte, rief den Posten einen Gruß zu, der als Parole diente. Morgengröte bedeutet Hoffnung; in ihrem Schein erkannten wir die Umrisse von Toulouse, wo wir ja schon einmal »daheim« gewesen waren . . .

Die Familie Strickler nahm uns auf, bis unsere »echten« Papiere einträfen. Nur eine Bedingung knüpfte sich daran: Ich durfte auf keinen Fall das Haus verlassen; aber Flo genoß, mit dem zehnjährigen Sohn des Hauses als Spielgefährten, eine begrenzte Freiheit und lernte auch wieder lachen.

Doch länger als eine Woche wagten wir auch hier nicht zu bleiben. Die Nachrichten, die uns von überall her erreichten, waren beängstigend. Da unsere Papiere nicht kommen wollten, ließen wir uns rasch andere ausstellen, die jeder Blinde als gefälscht erkannt hätte; in zweierlei Tinte war dort zu lesen: Lamy, Marie-Claire etc. etc. (Das war der Name von Andrés Mutter.) Als Clara Malraux wurde ich bereits steckbrieflich gesucht . . .

Wir warteten natürlich weiter auf unsere »echten« Ausweispapiere und pirschten uns nach und nach an einen Ort heran, wo Strickler und mein Bruder den Bürgermeister kannten und ein Mitglied unserer Gruppe ein Hotel besaß. Strickler gab uns noch den guten Rat mit auf den Weg, niemals mehr als zwei Nächte am selben Ort zu verweilen. Das Leben ist ein Risiko, das man auf sich nehmen muß, wenn man es behalten will . . .

Ziehen wir also weiter über die Landstraßen. Die eine Hand hält Flos Händchen, die andere ein Bündel umklammert, das von Etappe zu Etappe leichter wird, denn was man für unentbehrlich erachtet, erweist sich als überflüssig, sobald der nächste Tag nicht einmal mehr Zahnputzglas oder Bett bereithält. Wie zwei tapfere Wanderer stapfen wir dahin. Was ist schon Mut, was heißt Tapferkeit? Der Tod erwartet uns alle, irgendwann und irgendwo. Das Leben ist ein merkwürdiges Geschenk. Spielt man mit ihm, so schätzt man es eigentlich gering ein, findet man nicht genügend Geschmack daran, um es vorbehaltlos zu genießen. Die Gefahr heraufzubeschwören, um ihr Trotz zu bieten, ist in meinen Augen blanker Hohn, wenn nicht gar Blasphemie. Für mich ist Mut nichts anderes als das Akzeptieren und Bewältigen von Schwierigkeiten, die unsere menschliche Existenz mit sich bringt, was in meinem speziellen Fall bedeutet: Mut und Beharrlichkeit einer Frau, die – frei von jeder dramatischen Pose – das Kind oder den Mann, den sie liebt, zu verteidigen sucht.

Auf dieser Landstraße, die – wie alle anderen damals – in schlechtem Zustand war, bestand Mut nur darin, einen Fuß vor den anderen zu setzen, in dem Bewußtsein, daß auch diese Anstrengung sinnlos sein könnte.

Und in gewisser Weise war sie tatsächlich noch sinnloser. Die Ortschaft, die wir nach einstündiger Anstrengung erreichten, glich mit ihren leeren Straßen, ihren versperrten Toren, die längeres Unbewohntsein vortäuschen sollten, einer jener afghanischen Siedlungen, die ich im Laufe meiner Reisen kennengelernt hatte. An diesem Tag kam mir die fast orientalisch anmutende Neigung der Franzosen zum Sich-Abkapseln deutlich zum Bewußtsein. In den Ritzen hoher Mauern wucherte Unkraut, hier und da hob sich gelb leuchtend Löwenzahn vom düsteren Boden ab, und die Tore verharrten stumm, selbst wenn man mit dem – ebenfalls orientalisch geformten – Türklopfer auf sie einhämmerte. Mit einer vor Angst gellenden Stimme schrien wir mehrmals den Namen jener, die uns Obdach angeboten hatten, doch oberhalb der Torwölbung, an einem Fenster im ersten Stock, erschien ein Mann, der uns entgegenrief: »Was wollt ihr denn?«

Wie hätte ich diesem hochmütigen Individuum erklären können, daß wir damit gerechnet hatten, die Nacht hier zu verbringen? Ich stammelte: »Man hat mir gesagt . . .«

»Nichts hat man Ihnen gesagt. Lassen Sie uns in Ruhe!«

Das Fenster schloß sich wieder. Vor der Toreinfahrt lag ein Misthaufen.

Am äußersten Ende der Dorfstraße wurde ein menschliches Wesen sichtbar: eine in ein schwarzes Umschlagtuch gehüllte Frau, wie man sie überall in den Pyrenäendörfern sieht. Schon Fünfundzwanzigjährige kleiden sich so, doch diese hier schien alt, müde, resigniert und war daher wohl auch bereit, mir zu antworten. Warum wirkte das Dorf so ausgestorben? Es war nicht gänzlich leer, nur die jungen Männer waren aus der Gegend geflohen. Warum? Nun ja – die Résistance hatte sich hier häufig mit Lebensmitteln eingedeckt. Die Deutschen hatten das herausbekommen und erst gestern abend bei einer Razzia alle verdächtigen Subjekte kassiert. Deswegen war man jetzt besonders vorsichtig; verständlich, nicht wahr? Heute war weiß Gott nicht der Tag, hier etwas zu erbitten.

Aber für mich war es auch unmöglich, Flo noch einmal über eine Stunde Fußmarsch zuzumuten. Das mußte diese Frau doch verstehen. »Es geht nicht«, wiederholte sie. Ich werde wohl nie begreifen, was alles nicht geht . . . Wir standen voreinander, unschlüssig, bis sie plötzlich sagte: »Gehen Sie doch zum Gasthof.« Daß es hier einen Gasthof gab, hätte sie mir wirklich früher sagen können! »Aber wissen Sie . . ., die machen vielleicht auch nicht auf. Die haben nämlich einen Sohn.«

Die Tür stand weit offen, folglich dürfte der Sohn über alle Berge sein. Man gab uns ein Zimmer, ein Bett mit einer schönen roten Decke, einen Schrank, und dann durften wir in einem Speisesaal als einzige Gäste Platz nehmen und eine Mahlzeit, bestehend aus Bouillon, Eintopf, Käse und – als Krönung des Ganzen – Apfeltorte verzehren. Seit Wochen hatten wir solch herrliche Dinge nicht einmal zu sehen bekommen!

Auch am nächsten Tag kamen wir uns wie im Märchen vor. Die

Wirtin warnte uns zwar, die Deutschen kämen bestimmt wieder, das täten sie immer nach einer ersten Razzia, und diesmal würden sie das Dorf garantiert von Männern, Frauen, Tieren und wer weiß was sonst noch leerfegen, es wäre daher klüger, wenn wir uns nicht länger hier aufhielten, doch wir konnten uns von den Nachspeisen, die sie auftischte, nicht losreißen. Drei Tage blieben wir in diesem Schlaraffenland, wo der Schrecken herrschte, dann zogen wir weiter gen Tarbes.

Diesmal blieb mir kaum Zeit zum Nachdenken; die Reise war kurz, und kaum hatte der Zug den Bahnhof verlassen, stand auch schon Gestapo vor mir: »Ihre Papiere, bitte.« Flo saß eingeklemmt zwischen einer Nonne und einem Greis, der sich wie Pétain aufspielte, und ihr Gesichtchen leuchtete rosiger als gewöhnlich: Gebirgsluft und Desserts hielten offenbar immer noch vor. Doch als ihr bewußt wurde, wer uns da kontrollierte, wurde sie gleich wieder totenblaß. »Ihre Papiere, bitte.« In Rußland sagen sie sicher nicht einmal »bitte«. Diese Sieger hier befleißigen sich einer gewissen Höflichkeit, vorausgesetzt, daß sie auf keinen Juden oder Widerstandskämpfer treffen. Flo schrumpfte sichtbar zusammen, und ihr Gesicht bestand nur mehr aus Augen.

»Ihre Papiere?«

Ich hielt sie hin.

Der Mann war noch keine zwanzig Jahre alt; man hätte meinen können, diese Besatzer nähmen ein geheimnisvolles Elixier zu sich, denn sie wirkten von Tag zu Tag jünger. Sein Blick wandert von mir zu Flo, als wolle er ihre Größe messen. Stimmt schon: ein ganz kleines Mädelchen, das hier eigentlich nichts zu suchen hat.

Er fragt mich, wohin ich führe. Ich antworte: »Nach Salies-du-Salat, wo mein Kind eine Kur machen soll. Es ist nämlich sehr krank gewesen.«

Ich beherrsche Deutsch wie Französisch, und dennoch habe ich kaum verstanden, was er da zu sich selbst sagt: »Ein anderer mag es tun. Die Kleine ist zu niedlich.«

Und wenn ich hundert Jahre alt werde: Diesen gemurmelten Satz, der uns das Weiterleben ermöglichte, werde ich nie vergessen! Hätte ich doch nur die Kraft gehabt, mir diesen jungen Mann genauer anzusehen; doch das hatte ich nicht vermocht.

»Hier haben Sie Ihre Papiere« – sein Französisch klingt rauh –, und schon Sekunden später höre ich aus dem Nebenabteil: »Ihre Papiere, bitte.« Die Nonne atmet hörbar erleichtert auf; wahrscheinlich hatte sie's geahnt . . .

Der Besuch der französischen Miliz in unserem Hotelzimmer in Tarbes, wo wir bereits in einem riesigen Bauernbett lagen, erschien mir da vergleichsweise harmlos.

»Lassen Sie sich nicht stören, ich sehe, daß Sie Ihr Töchterchen bei sich haben, gute Nacht, Madame.«

Der Ortskommandant war ermordet worden, doch daß ich ihn vom Diesseits ins Jenseits befördert haben könnte, schien wirklich zu unwahrscheinlich.

Anschließend hielten wir uns für achtundvierzig Stunden in Pau bei meinem Bruder auf, der seit einiger Zeit zur Résistance gehörte. Ein Flugfeld der Deutschen war kürzlich – nicht ganz ohne seine Mithilfe – bombardiert worden; er wurde gesucht und war daher schon im Aufbruch, um sich mit Frau und Kindern in Sicherheit zu bringen. Blieb mir also nur mehr die Möglichkeit, mich vor dem festgesetzten Datum nach Aire-sur-Adour zu begeben, was ich auch tat.

Das Hotel dort gehörte einem Freund Stricklers; es wirkte einladend, ja sogar beruhigend. Flo und ich begannen uns zu entspannen, doch schon am zweiten Tag gab uns eine an der Hausecke postierte Serviererin unauffällig ein Zeichen: Wir sollten uns unsichtbar machen. Eine Stunde später erfuhren wir, daß die Gestapo eine Hausdurchsuchung vorgenommen hatte. Doch der Wirt sagte, dies sei fast schon Routine und kein Grund für uns, die Flucht zu ergreifen. Wir blieben also und waren glücklich, so freundschaftlich aufgenommen zu sein.

Aire-sur-Adour besitzt eine öffentliche Anlage, die in meiner Erinnerung die Ausmaße eines englischen Parks angenommen hat, was sicherlich nicht zutreffend ist. Aber wir, menschliche Wracks, fühlten uns dort wohl. Selbst die Sonne meinte es gut mit uns, und so kamen wir nach und nach erneut zu Kräften. Flo begann sogar wieder zu spielen, doch auch dabei blieb sie wachsam. Als ich sie nämlich eines Tages, ganz außer acht lassend, daß sie jetzt ja Claude hieß, nach alter Gewohnheit »Flo« rief, was sofort die Neugierde ihrer

Spielkameradin erweckte, antwortete sie auf die Frage der Kleinen: »Wie nennt dich deine Mama?« mit größter Selbstverständlichkeit. »Meine Mama ruft mich Clo, das ist die Koseform von Claude.«

Ich saß also auf den Parkbänken wie eine Gouvernante aus hochherrschaftlichem Hause und ließ die Zeit verstreichen.

Strickler sollte an einem Dienstag kommen, und Mittwoch wollten wir nach Grenade-sur-Adour fahren und uns durch Geburtsurkunden beglaubigte Ausweise abholen, die uns schemenhaften Wesen gleichsam einen neuen Körper verleihen würden. Unter falschem Namen würden wir endlich eine Daseinsberechtigung haben! An jenem Dienstag warteten wir auf Strickler, mal im Hotel, mal im Park, dann wieder auf der Straße, wo wir arglos spazierengingen und inständig hofften, ihn bei unserer Rückkehr anzutreffen. Dieser Mann, der nicht kam, hielt den Schlüssel zu unserem Leben in Händen. Diese Irrfahrten konnten doch nicht ewig so weitergehen! Es folgte eine endlos lange Nacht, die einzige mir endlos erscheinende Nacht meines Lebens, in der ich den Kampf mit dem Engel ausfocht: Das Kind war wieder von meinem Körper umschlossen, wie vor seiner Geburt, es konnte nur durch meinen Mund atmen, denn wir waren untrennbare siamesische Zwillinge. Und dennoch bestand zwischen uns ein erschreckender Unterschied: gelebtes Schicksal auf der einen und beginnendes Leben auf der anderen Seite. Flo durfte noch nicht sterben, durfte noch nicht leiden, ohne das Glück erlebt zu haben! Sie war ja für nichts verantwortlich. Ich war Jüdin, ich hatte beim Widerstand mitgemacht, und ich war bereit, für alles zu büßen, wenn man nur ihr dafür das Recht auf Jugend, Entfaltung, Reife und Alter zugestand!

Als sie gegen Morgen aus ihrem Halbschlaf erwachte, spürte sie sofort, daß ich weinte. Ihre Stimme klang sehr ernst, als sie sagte: »Wenn du es nicht ertragen kannst, hättest du es nicht anfangen dürfen.« Wie hätte ich ihr erklären sollen, daß ich nichts »angefangen« hatte, daß ich mich darauf beschränkt hatte weiterzumachen, daß die Résistance für mich die Option zwischen einem passiven und einem aktiven Tod bereitgehalten hatte . . .? Ich suchte nach Worten und drückte Flo noch fester an mich, doch sie war bereits wieder eingeschlafen.

Als es Morgen geworden war, standen wir auf, denn noch lebten wir ja. Wir gingen in den Speisesaal hinunter und taten so, als wollten wir nichts weiter als frühstücken. Die Serviererin goß Milch in meine Tasse – welchen Wert man solch alltäglichen Gesten beimißt, wenn man erst einmal weiß, daß auch sie vorübergehend sein können! »Madame«, murmelte sie da plötzlich, »Monsieur Strickler wird Sie gegen Mittag abholen.«

»Monsieur Strickler?« Beinahe hätte ich gesagt: »Er ist also nicht tot?« Doch ich stotterte nur: »Ist er denn hier?« – »Er ist gegenüber. Dort wohnen Landsleute von ihm, Schweizer.« Während sie die Milchtropfen aufwischte, hatte die Kellnerin uns unsere Zukunft zum Geschenk gemacht ...

Dann lief plötzlich alles wie von selbst: Die Papiere waren blendend! Wir fühlten uns wie neugeboren. Wer war ich nun eigentlich? Laut Geburtsurkunde, ausgestellt im 16. Pariser Arrondissement, hieß ich Marie-Claire Lamy und war Geschäftsfrau mit Wohnsitz in Bascons.

Plötzlich durften wir uns auf ein Morgen freuen, durften lachen, Pläne schmieden und mußten nicht mehr fürchten, es könnte das letzte Mal sein!

Nach mehreren Um- und Irrwegen gelangten wir nach Dieulefit, das merkwürdigerweise von Razzien verschont blieb, obwohl es eine Menge »suspekter Individuen« beherbergte. Nach einer kurzen Zeit der Entspannung fühlte auch ich mich wieder zum Handeln gedrängt. Ich streckte meine Fühler aus, um den Kontakt zur Résistance wiederherzustellen. In diesem Sommer und in dieser Gegend waren es die Kommunisten, die besonders aktiv und erfolgreich waren.

Der Kampf für Frankreich war hier mit dem Kampf für den Kommunismus verschmolzen. Man war der Meinung, der Sieg müsse ganz automatisch die Revolution mit sich bringen, und diese würde somit fröhlich beginnen, ganz im Gegensatz zu der russischen, die aus der Niederlage geboren ward. Die Sowjets kämpften tapfer und ließen im Austausch für wiedereroberte Gebiete Millionen Tote zurück, ein Beweis für ihren Mut und ihren Patriotismus, ein Beweis aber auch, daß sie auf diesen Krieg nicht vorbereitet waren. Kurzum: Sie taten alles, um den schmählichen Hitler-Stalin-Pakt vergessen zu machen. Daher widerstrebte es mir auch keineswegs, mich dem kommunistischen Flügel der Résistance anzuschließen. Es ging uns ja allen zunächst ums Überleben.

Freundlich empfing ich die beiden Delegierten aus Valence, die sozusagen meine Aufnahmeprüfung abnehmen sollten, und erst da begriff ich, daß nicht ich zu entscheiden hatte, ob ich mitmachen wollte. »Sie stehen seit Jahren in dem Ruf, Trotzkistin zu sein«, sagte der ältere der beiden. »Spielt das in Zeiten wie dieser denn eine Rolle? Außerdem gibt es unter den heute kämpfenden Trotzkisten ja etliche, die in den Augen der Ihren gar keine echten Trotzkisten sind. Was soll's also?«

Sie mußten mir recht geben, und eine halbe Stunde später waren wir bereits Verbündete, die vielleicht morgen schon Seite an Seite für die gemeinsame Sache fechten würden.

Doch zunächst blieb alles rein theoretisch. Anstatt in den Kampf zu ziehen, fuhr ich auf dem Motorrad des Briefträgers zu einem Haus außerhalb des Dorfes, wo lang und breit über Verhaltensmaßregeln in bestimmten hypothetischen Situationen, die niemals eintraten, diskutiert wurde.

Mir brachte dieser erste Aktionstag einen Heiratsantrag besagten Briefträgers ein: »Ich habe Sie beobachtet mit Ihrem Töchterchen, Sie sind eine sehr gute Mutter.« Das Haus, in dem die Versammlung stattgefunden hatte, gehörte übrigens ihm, wie auch ein Bauernhof und Ländereien in der Ebene. Ich hätte also reich sein können . . . Ich erklärte ihm, nicht frei zu sein . . .

Eines Morgens wachte ich auf und dachte, es sei Zeit aufzustehen und das Frühstück für Flo zu machen. Ein Blick auf die Uhr lehrte mich jedoch, daß es noch sehr zeitig war und ich noch ein wenig träumen konnte. Das Alltagskarussell würde früh genug beginnen. Das einzig Gute an diesem täglichen Einerlei war, daß es uns dem Ende des Krieges näherbrachte. Ich höre Stimmen unter meinem Fenster: Zwei Männer diskutieren; der anheimelnde, singende Tonfall der Südfranzosen. Ich höre Wortfetzen wie »Normandie«, »Meer«, »Arromanches«, »Cherbourg« . . . Was hat das zu bedeuten?

Es war der 7. Juni 1944.

Kurz danach brauchte man mich als Dolmetscherin: Zwölf feindliche Soldaten und ein Offizier waren gefangengenommen worden.

Die zwölf im Speisesaal der Schule empfingen mich geradezu

fröhlich – sie wußten ja nicht, daß sie eine Jüdin vor sich hatten. Sie waren Österreicher, das hörte ich sofort. Ihre Freude war ja eigentlich auch ganz natürlich: Sie brauchten ihr Leben nicht länger aufs Spiel zu setzen für ein Land, das nicht einmal das ihre war . . .

Doch ich freute mich gar nicht auf dieses Verhör, obwohl ich ja nur zu übersetzen brauchte. Sie machten es uns leicht, indem sie alles freiwillig preisgaben: »Wir gehören zum Regiment X, das dem Generalstab Z untersteht, der da und da stationiert ist.« Ehrlich gesagt, viel wußten sie nicht, aber das Wenige war angeblich auch interessant. Sie lenkten das Gespräch immer auf das zurück, was sie persönlich bewegte: »Es ist aus, endgültig aus, und bestimmt sehen wir bald die Unsrigen wieder . . .«

Wir gingen fast als Freunde auseinander.

»Der Mann, den wir jetzt verhören müssen«, sagte mir der Offizier, mit dem ich arbeitete, »hat einen Lungenschuß abbekommen. Die Kugel ist soeben entfernt worden.«

»Wir können ihn doch in diesem Zustand nicht verhören!«

»Der Arzt behauptet, er sei voll vernehmungsfähig.«

»Ist das wirklich nötig?«

»Ja, es ist wichtig.«

Besagter Mann ist ein junger Bursche, siebzehn, höchstens achtzehn Jahre alt. Ein hübscher Kerl; vielleicht hat das Leid seine Züge verklärt. Seine Hände liegen artig nebeneinander auf dem Bettuch. Er wendet kaum den Kopf und blickt nur flüchtig herüber, als er uns eintreten hört. Man hatte mir gesagt, er sei Leutnant.

Die erste Frage scheint mir leicht zu übersetzen; ich glaube, man wollte den exakten Standort seines Regiments wissen. Doch ein harter Blick trifft mich aus diesem Knabengesicht: »Warum soll ich Ihnen eigentlich antworten? Ich weiß doch, daß Sie zur Résistance gehören und uns alle früher oder später abknallen werden.«

Wer hat ihm bloß so etwas erzählt? Es war niemals die Rede davon gewesen, diesen jungen Burschen zu erschießen. Mit äußerst sanfter Stimme versuche ich, ihm zu erklären, daß wir uns mühsam diese Armbinden genäht haben, um deutlich zu machen, daß wir für die Armee arbeiten, und abschließend gebe ich ihm mein Ehrenwort, daß weder er noch seine Kameraden erschossen werden.

Der französische Offizier schaltet sich ein: »Sagen Sie ihm, daß wir bereits über alle Informationen, die er uns geben könnte, verfügen, daß es uns darum nicht geht und daß vielmehr wir ihm Aufschlüsse über so manches geben wollen; dann wird er vielleicht etwas weniger hochnäsig sein.«

Ich übersetze. »Der besiegte Feind« wirkt plötzlich so abwesend. Am liebsten würde er mir wohl den Rücken zudrehen, doch dazu ist er zu gut erzogen, und außerdem ist das mühsam für einen mit Verbänden umwickelten Körper.

»Sagen Sie ihm alles«, mahnt mich der Franzose.

Wie einen Film lasse ich die unmenschlichen Greueltaten, die sein Volk verübt hat, vor ihm ablaufen. Die Angaben sind so genau, daß man an ihrem Wahrheitsgehalt nicht zweifeln kann.

Doch er schüttelt den Kopf: »Das ist falsch, das ist pure Erfindung.« Ich verwandele mich in eine Präzisionsmaschine: liefere Beweise, nenne Überprüfungen, die die Echtheit unserer Informationen stützen, erwähne Details, Ortsnamen, ja zitiere sogar die ideologischen Phrasen, die das Schlimmste rechtfertigen sollten.

Die Hände des »Feindes«, fast noch Kinderhände, krampfen sich ineinander und umklammern das Bettuch. »Die Nazis haben . . . Die Nazis haben . . .« Ich kann nicht mehr! Der junge Offizier auch nicht. Er klappt als erster zusammen und bricht in Schluchzen aus. Ich schweige; warum auch noch weiterreden?

Wo nimmt er plötzlich die Kraft her zu sprechen?

»Wenn das alles stimmt, sind wir entehrt. Was bleibt uns dann noch?«

Und mir fällt nichts Besseres ein, als ihm zu sagen: »Es bleiben Ihnen Goethe und Hölderlin.«

Jetzt muß auch ich weinen. Noch eine Minute länger, und ich sage ihm, daß ich . . . Alles, was ich verschweigen muß, werde ich ihm sagen: daß ich Jüdin bin und daß er noch ein Kind ist, dem man eine solche Verantwortung nicht aufbürden darf, daß ich ihm verzeihe . . . Als hätte ich mich bereits schuldig gemacht, renne ich heulend davon. Auf der Treppe stoße ich mit Pierre Emmanuel zusammen. Als er meinem Geschluchze und Gestammel entnommen hat, worum es geht, sagt er: »Ich habe einen Hölderlin hier. Ich werde ihn diesem jungen Mann bringen.«

Der Kampf hatte uns also doch nicht völlig abgestumpft.

Ein paar Tage später ließ Pierre Emmanuel mich wissen, der »junge Mann« wünsche mich noch einmal zu sehen. Doch ich war zu feige und ging nicht zu ihm.

Am gleichen Abend fand zu Ehren unserer tapferen Fallschirmspringer, die von England aus gelandet waren, ein Essen im Festsaal des Rathauses statt. Eine riesige Tafel, eine karge Mahlzeit, dafür aber die gemeinsame Freude über den Sieg; lachende junge Gesichter, ein unbeschwertes Morgen scheint greifbar nahe.

Plötzlich sagt mein Nachbar: »Ich gehe jetzt schlafen, morgen muß ich früh raus, um die Exekution der Gefangenen mitzuerleben.«

Was soll denn das heißen? »Meine« Gefangenen, denen ich mein Ehrenwort gegeben habe, daß sie mit heiler Haut davonkommen, sollen erschossen werden? »Meine« Jungens, die sich schon so auf daheim gefreut hatten? Und der junge Leutnant?

»Was haben Sie da gesagt?«

»Daß die Gefangenen morgen früh erschossen werden.«

»Ja, aber . . .«

»Sie glauben doch wohl nicht, daß wir mit denen lange Umstände machen; die Gegend hier ist noch nicht einmal offiziell befreit.«

Ich kenne die Regeln des Kriegsspiels nicht; ich weiß nur, daß ich es nicht zulassen kann, daß diese jungen Männer, deren Gesichter ich gesehen habe, nicht mehr heimkehren; und wenn sie noch so unglücklich werden und es eines Tages bedauern müssen, nicht tot zu sein . . .

Wenn ich gewußt hätte, daß diese Straße so grauenvoll ist, hätte ich mich bestimmt nicht hergetraut. Hinter jedem Strauch lauert ein Ungeheuer aus den germanischen Sagen meiner Kindheit. Noch nie habe ich mich so allein gefühlt. Jeder meiner Schritte ruft ein Erdbeben hervor. Ich fürchte mich. Ich weiß, für vernünftige Leute ist dies nur eine Straße wie jede andere, zwei oder drei Kilometer geht's den Hang hinab, und ich habe ja auch schon ganz andere Gefahren gemeistert. Aber ich kann nichts dafür: Ich habe Angst, viel mehr Angst als unter dem Kanonendonner in Spanien, viel mehr als angesichts des Gestapo-Beamten, auf dessen Entscheidung ich warten mußte – ich habe Todesangst. Wenn nicht zwölf, ja sogar dreizehn Leben auf dem Spiel stünden, würde ich sofort kehrtmachen. Dort oben in unserer Familienpension ist es friedlich, dort schläft, warm zugedeckt, mein Töchterchen.

Diese Männer hatten mir vertraut. Mit welchem Recht habe ich ihnen denn gesagt, was ich gesagt habe, wenn ich jetzt zulasse, daß sie getötet werden? Vielleicht darf man ja in bestimmten Situationen lügen. Ich kenne die Gesetze des Krieges nicht. Sie interessieren mich auch nicht. Ich sehe nur Gesichter mit Augen und Mund vor mir, aus denen Lebenshunger spricht.

Häuser begannen sich abzuzeichnen, genauso düster wie die Nacht. Dämonen, Hexen und Ungeheuer verschwanden. Jetzt brauche ich mich nur noch vor der Begegnung mit ein paar aufgeregten Menschen zu fürchten. Meine Stimme klang ruhig, als ich unter dem Fenster des Geistlichen, der unsere Widerstandsgruppe betreut hatte, seinen Namen rief. Doch als der Mann Gottes schlaftrunken am Fenster erschien, hörte er nur wirres Zeug: »Ich bin doch Jüdin, ich habe mein Wort gegeben, und das muß ich doch halten!« Sehr logisch klang das alles nicht, aber er begriff, daß das Leben von dreizehn Männern auf dem Spiel stand, und das war das Wichtigste. Er zog sich an, und gemeinsam machten wir uns wieder auf den Weg nach »dort oben«, wo wir uns trennten; ich legte mich angezogen aufs Bett neben Flo und wartete. Kurz darauf ließ der Geistliche mich wissen, daß keine Rede sei von Exekution und die Gefangenen nach Valence gebracht werden sollten.

Im Morgengrauen schreckte ich auf: Steinchen flogen gegen meine Fensterläden. Mein Tischnachbar vom Vorabend rief zu mir herauf: »Sie sind ein richtiges kleines Biest; Sie haben den armen Priester aufgescheucht, dabei war alles nur ein Scherz. Ich war doch blau ... keinen Wein mehr gewöhnt.«

Dreißig Jahre später besuchte dieser Mann mich; die Erinnerung an jenen Abend und den folgenden Morgen hatte sich ihm unauslöschlich eingeprägt: »Sie müssen mir glauben, ich hätte sie nicht erschießen lassen.« Ich glaubte ihm, denn er sagte es ganz schlicht, ganz ernst.

Habe ich diese Männer nun gerettet oder nicht? Das ist nicht wichtig, wichtig ist nur, daß sie mit dem Leben davongekommen sind. Doch für mich persönlich ist auch wichtig, daß ich in jener Zeit des Massakers ihr Überleben gewollt habe. Vergeltungsmaßnahmen haben mich immer angewidert. Ich respektierte auch im damaligen Deutschen den Menschen.

Wie echte Sieger aussehen, lernten wir erst, als die Amerikaner kamen. Sie warfen den zerlumpten französischen Kindern Bonbons und Tomaten zu. Ein Soldat erklärte mir, dies sei ein freundlicher Empfang, die Italiener wären so feindselig gewesen, und die Tomaten enthielten doch so viele Vitamine. Wir lachten. Die Kinder balgten sich schon im Sand, nur Flo steht starr und steif neben mir. Warum läuft sie nicht auch und sammelt diese Süßigkeiten auf? Vorwurfsvoll blickt sie mich an; kindliche Verkörperung der Würde: »Sie sind doch nicht gekommen, um uns Bonbons zu schenken; sie sind gekommen, um uns zu befreien.«

Wir zogen mit den Amerikanern gen Paris, fanden eine Wohnung und horchten herum, wer von den Freunden noch übriggeblieben war. Zwischen diesen vier Wänden schrieb ich gleich in den ersten Tagen an André: »Ich bin bereit zur Scheidung, wo, wann und wie du willst.«

Auf diese paar Worte reagierte André erst 1947, und zwar in Form eines Scheidungsbegehrens aus beiderseitigem Verschulden. Irgendwelche Besserwisser müssen ihm dann wohl mitgeteilt haben, unter diesen Bedingungen lehnte ich eine Scheidung ab, woraufhin ich mich veranlaßt sah, ihm folgenden Brief zu schreiben:

Mein lieber André, hör doch bitte auf mit diesen Albernheiten, die weder Deiner noch meiner würdig sind. Damit will ich nicht sagen, Du sollst das Scheidungsbegehren zurücknehmen, Du sollst nur begreifen, daß es mir völlig egal ist, wer von uns beiden die Scheidung einreicht, denn klar ist ja, daß wir uns scheiden lassen *müssen*.

Ich werde nichts unternehmen, Dich daran zu hindern, die Gesetze, die Du, als Du zwanzig warst, so königlich mißachtetest, jetzt zu Deinen Gunsten auszuschlachten.

Wenn es Dir also angenehm ist, Waffen gegen mich ins Feld zu führen, so bin ich bereit, alle Fehler, die Du mir anlastest, zuzugeben, selbst jene, die ich tatsächlich begangen habe. Ich habe keinesfalls die Absicht, auch nur eine meiner Handlungen abzuleugnen. Als ich erfuhr, Du wünschtest eine Scheidung in dieser oder jener Form, habe ich gleich gesagt – und ich wiederhole es nochmals –, daß all dieses Feilschen um Recht und Unrecht sowie um Geld mich anwidert und ich nichts damit zu tun haben möchte; das bedeutet: Ich werde Deine Entscheidungen akzeptieren. Ich habe ohne Garantien geheiratet und werde mich auch ohne Garantien scheiden lassen.

Wie es sich für brave Staatsbürger gehört, erschienen André und ich wenig später zum »Schlichtungsgespräch«. Vor dem Richter präsentierten sich ein Herr im dunklen Anzug, seines Zeichens Unterstaatssekretär, und eine Dame ohne besondere Kennzeichen, die wohl irgend etwas mit der Schriftstellerei zu tun haben mochte. Der Herr bot als Unterhalt sein Unterstaatssekretärsgehalt an, doch die Dame protestierte: Sie habe einen Abenteurer, keinen Minister geheiratet und wollte mit dieser Funktion, die er außerdem nicht innehätte, wenn er noch mit ihr zusammenlebte, nichts zu tun haben. Außerdem wisse sie aus gutunterrichteter Quelle, daß die Regierung ohnehin bald stürzen werde. Der Herr widersprach heftig: Die Regierung werde sich noch lange halten. Der Richter schaute verwundert drein.

Drei Tage später stürzte das Kabinett de Gaulle. Die Scheidung wurde zu Andrés Lasten ausgesprochen. Florence und ich erhielten zumindest soviel, daß wir unser bescheidenes Auskommen hatten, das ich durch kleinere Einnahmen aus meiner schriftstellerischen Arbeit aufzubessern vermochte: *Portrait de Griséldis* war erschienen, *La maison ne fait pas de crédit* und *Par de plus longs chemins* kamen bald danach heraus. Ich wurde Mitarbeiterin bei drei Zeitschriften und übersetzte Virginia Woolf, *Gespräche mit Kafka* von Gustav Janouch, Ernst Wiechert, Luise Rinser und andere.

Und Florence wuchs heran, wurde kräftiger, dank der Fürsorge ihrer Ärzte, und vergaß dank ihrer Lehrer die Schrecken des Krieges: Sie gewann wieder Vertrauen, interessierte sich für das, was sie in der Schule lernen durfte, sowie auch für Menschen, für Malerei – und für Bücher . . .

PERSONENREGISTER

e5–